Barbara Zollinger

Die Entdeckung der Sprache

Beiträge zur Heil- und Sonderpädagogik

# Beiträge zur Heil- und Sonderpädagogik
herausgegeben von Urs Haeberlin

16. Beiheft zur Vierteljahresschrift
für Heilpädagogik und ihre Nachbargebiete

Barbara Zollinger

# Die Entdeckung der Sprache

2., unveränderte Auflage

Verlag Paul Haupt Bern · Stuttgart · Wien

Die Arbeiten an diesem Buch wurden durch den Schweizerischen Nationalfonds zur Förderung der wissenschaftlichen Forschung (Projekt-Nr. 11-33662.92) finanziell unterstützt.

Barbara Zollinger, Dr. phil., dipl. Logopädin, führt mit zwei Kolleginnen ein Zentrum für kleine Kinder mit Logopädischer Praxis, Forschung und Fortbildung in Winterthur. Sie ist Lehrbeauftragte am Heilpädagogischen Institut der Universität Freiburg/CH und am Sonderpädagogischen Institut der Universität Zürich.

Dieser Band ist das 16. Beiheft der VHN-Vierteljahreszeitschrift für Heilpädagogik und ihre Nachbargebiete.
Abonnementsbestellungen für die VHN: Heilpädagogisches Institut der Universität Freiburg, Petrus-Kanisius-Gasse 21, CH-1700 Freiburg.

1. Auflage: 1995

Die Deutsche Bibliothek – CIP-Einheitsaufnahme

*Zollinger, Barbara:*
Die Entdeckung der Sprache / Barbara Zollinger. – 2., unveränd. Aufl. –
Bern ; Stuttgart ; Wien : Haupt, 1996
(Beiträge zur Heil- und Sonderpädagogik ; 16)
ISBN 3-258-05262-X
NE: GT

Alle Rechte vorbehalten
Copyright © 1996 by Paul Haupt Berne
Jede Art der Vervielfältigung ohne Genehmigung des Verlages ist unzulässig
Dieses Papier ist umweltverträglich, weil chlorfrei hergestellt
Printed in Switzerland

für Volker

# Inhaltsverzeichnis

| | | |
|---|---|---|
| 1. | Einleitung | 11 |
| 2. | Entwicklung und Sprache | 19 |
| 2.1 | Der Schritt vom ersten ins zweite Lebensjahr: die Triangulierung als Ursprung der Sprachentwicklung | 20 |
| 2.2 | Die erste Hälfte des zweiten Lebensjahres: Behalten und Inhalte | 21 |
| 2.21 | Der Gebrauch alltäglicher Gegenstände | 21 |
| 2.22 | Das Du entdecken | 23 |
| 2.23 | Das sprachliche Handeln | 25 |
| 2.3 | Das Ende des zweiten Lebensjahres: Die Welt der Bedeutungen | 26 |
| 2.31 | Das Handlungsresultat | 26 |
| 2.32 | Ein Bild von sich und von der Welt | 28 |
| 2.33 | Die Sprache entdecken | 31 |
| 2.4 | Das dritte Lebensjahr: die Entdeckung des Imaginären oder wie verändere ich die Welt | 32 |
| 2.41 | Das Symbolspiel | 32 |
| 2.42 | Die Werkzeuge und "es liegt in meiner Hand"-Tätigkeiten | 33 |
| 2.43 | Ich verstehe und frage | 34 |
| 3. | Frühe Spracherwerbsstörungen | 39 |
| 3.1 | Entwicklungsverzögerung und spezielle Beobachtungen | 39 |
| 3.11 | Der praktisch-gnostische Bereich | 40 |
| 3.12 | Der symbolische Bereich | 44 |
| 3.13 | Der sozial-kommunikative Bereich | 47 |
| 3.14 | Der sprachliche Bereich | 50 |
| 3.2 | Störungen des Sprachverständnisses - ein Verlauf | 57 |
| 3.21 | Das Kleinkind | 59 |
| 3.22 | Das Vorschulkind | 61 |
| 3.23 | Das Schulkind | 66 |
| 3.24 | Diagnosen und Therapien | 67 |
| 4. | Erfassung | 69 |
| 4.1 | Die Ziele | 69 |
| 4.2 | Das Entwicklungsprofil: Forschung und Praxis | 70 |
| 4.21 | Statistische Untersuchungen | 70 |
| 4.22 | Die Video-Datenbank | 79 |
| 4.23 | Anwendungsbereich | 80 |
| 4.24 | Kritischer Vergleich mit anderen Beobachtungsinstrumenten | 80 |

| | | |
|---|---|---|
| 4.3 | Die Abklärung | 84 |
| 4.31 | Vorbereitung und Planung | 84 |
| 4.32 | Durchführung | 86 |
| 4.33 | Das Abklärungs-Gespräch | 90 |
| 4.4 | Die Beurteilung | 91 |
| **5.** | **Therapie** | **95** |
| 5.1 | Ziel und Indikation | 95 |
| 5.2 | Planung | 100 |
| 5.3 | Die therapeutische Situation | 103 |
| 5.4 | Der Einbezug der Eltern | 104 |
| 5.5 | Durchführung | 106 |
| 5.51 | Die Entdeckung der Welt | 107 |
| 5.52 | Die Entdeckung des Du | 111 |
| 5.53 | Die Entdeckung der Sprache | 114 |
| 5.6 | Der Verlauf | 119 |
| 5.7 | Die Institution Sprachheilkindergarten | 121 |
| 5.8 | Kritische Auseinandersetzung mit anderen Ansätzen | 124 |
| **6.** | **Die Kinder** | **133** |
| 6.1 | Lisa | 133 |
| 6.11 | Warten können | 134 |
| 6.12 | Die Gespräche mit den Eltern | 137 |
| 6.13 | Mit dem Kind sprechen | 138 |
| 6.2 | Sati | 140 |
| 6.21 | Spiegeln und ein Thema | 142 |
| 6.22 | Den Anderen entdecken | 144 |
| 6.23 | Eine fremde Sprache | 145 |
| 6.24 | Fragen zu "Autismus" und "Wahrnehmungsstörung" | 147 |
| 6.3 | Michi | 148 |
| 6.31 | Eine Riesenwut im Bauch | 150 |
| 6.32 | Ein Lied und eine Geste zur Entdeckung der Sprache | 151 |
| 6.4 | Martin | 153 |
| 6.41 | Die frühe Entwicklung und ein "Trauma" | 153 |
| 6.42 | Echolalien, Stereotypien, Selbstverletzungen | 157 |
| 6.43 | Die Gefahr einer "halben" Therapie | 158 |
| 6.44 | Die Zukunft und das Scheitern der Therapie | 159 |
| 6.5 | Marina | 160 |
| 6.51 | Wenn alles schief läuft | 162 |
| 6.52 | Bedeutungsvolle Inhalte | 163 |
| 6.53 | Erklären und verstehen statt Ratschläge geben | 165 |
| 6.54 | Die Veränderung der Mutter-Kind-Beziehung | 166 |

| | | |
|---|---|---|
| 6.6 | Daniel | 168 |
| 6.61 | Die therapeutische Gruppe | 170 |
| 6.62 | Die Einschulung in den Regelkindergarten | 172 |
| 6.7 | Nadine | 174 |
| 6.71 | Lernen, nicht zu fördern | 177 |
| 6.72 | Das Thema der sexuellen Misshandlung | 179 |
| 6.73 | Die Logopädin als Anwältin des Kindes | 181 |
| 6.74 | Die Entdeckung der Sprache mit elf Jahren | 183 |
| **7.** | **Literaturverzeichnis** | 187 |

| | |
|---|---|
| Anhang 1: Angaben zur Statistik | 198 |
| Anhang 2: Entwicklungsprofil | 200 |
| Anhang 3: Die Items des Entwicklungsprofils | 203 |

# 1. Einleitung

Die Sprache beinhaltet immer zwei Funktionen gleichzeitig: auf der einen Seite brauche ich die Wörter, um mich *über das Hier und Jetzt hinwegzusetzen*, d.h. um über Dinge zu berichten, welche nicht sicht-, hör- oder fassbar sind, oder von Ereignissen zu erzählen, welche bereits passiert sind oder vielleicht in Zukunft geschehen werden. In solchen Situationen stehen die Wörter stellvertretend für die Realität, d.h. sie haben eine repräsentative Funktion. Auf der anderen Seite richte ich die Wörter an eine andere Person, um etwas zu bewirken, die Vorstellungen der Anderen zu *verändern*. In diesem Sinne haben die Wörter neben der repräsentativen immer auch eine kommunikative Funktion.

Sprachliche Aeusserungen in diesen beiden Funktionen zu *verstehen*, bedeutet die Bereitschaft, Vorstellungen über die Realität aufzubauen, um diese dann zu verändern - oder aber eine solche Veränderung abzulehnen.

Aus dieser Sicht sind für die Entdeckung der Sprache zwei Entwicklungslinien von Bedeutung: einerseits muss das Kind die Welt der Gegenstände kennenlernen: es muss die Dinge sehen, hören und greifen, um später zu erfahren, dass sie auch existieren, wenn es sie nicht sehen, hören oder greifen kann, und um schliesslich zu entdecken, dass es diese nicht anwesenden Dinge durch Symbole repräsentieren kann.

Andererseits muss es die Welt der Personen kennenlernen: es muss seine eigenen Gefühle und Absichten kennen und von denjenigen anderer abgrenzen lernen, um sie dann teilen oder mitteilen zu können.

Schliesslich muss es diese beiden Welten miteinander verbinden, denn die Sprache kommt immer von den Personen und bezieht sich immer auf "etwas".

Während der ersten beiden Lebensjahre werden diese beiden Entwicklungslinien von der Sprache begleitet: Vom ersten Tag an spricht die Mutter mit dem Kind und dieses schenkt ihr seine ersten Laute. Die Form der sprachlichen Produktionen und die Art des Verstehens sind dabei ein genauer Spiegel von den Stufen in der Auseinandersetzung mit der Personen- und Gegenstandswelt.

Wenn das Kind im Alter von etwa zwei Jahren die Sprache in ihrer repräsentativen und kommunikativen Funktion entdeckt hat, verändert sich die Welt des Kindes radikal: die Sprache wird nun zu einer eigenständigen "dritten" Entwicklungslinie, welche von der weiteren symbolischen und sozial-kommunikativen Entwicklung zwar weiter unterstützt wird, diese von da an jedoch in entscheidender Weise auch beeinflusst.

Dies ist der Blickwinkel, aus dem ich folgende Fragen klären möchte:

1. Praktisch alle Kinder, welche die Sprache nicht in altersentsprechender Weise produzieren und gebrauchen können, zeigen bei genauen Untersuchungen auch Störungen des Sprachverständnisses.[1] Welche Rolle spielt das Sprachverständnis für den Erwerb der Sprache und wie zeigen sich dessen Störungen in den Handlungs- und Kommunikationsformen des Kindes?

2. Viele Kinder mit Sprachstörungen sind auch in ihrem emotionalen, sozialen und Spiel-Verhalten auffällig.[2] Welcher Art sind die Zusammenhänge zwischen Sprach-, Spiel- und Verhaltensstörungen? Welche Bedeutung hat das Symbolspiel für die weitere sprachliche und emotionale Entwicklung?

3. Viele Kinder, die spät zu sprechen beginnen, fallen auch noch im Schulalter durch Störungen der gesprochenen und geschriebenen Sprache auf.[3] Welcher Art sind die Ursachen und Zusammenhänge zwischen frühen Spracherwerbsstörungen und Auffälligkeiten der Sprache und des Lernens im Vorschul- und Schulalter?

4. Alle Autorinnen und Autoren, welche Untersuchungen zu den Zusammenhängen zwischen frühen Sprachwerbsstörungen und späteren Sprach-, Lern- und Verhaltensauffälligkeiten durchgeführt haben, folgern aus ihren Resultaten, dass eine frühe Erfassung spracherwerbsgestörter Kinder dringend notwendig sei. Wie können die Ziele einer solchen Früherfassung beschrieben werden, und welche Prozesse stehen dabei im Zentrum?

Die Art und Weise, wie ich die Entwicklung der Kinder, ihre Schwierigkeiten und mögliche Formen der Erfassung und Therapie in diesem Buch beschreibe, ist Ausdruck der wissenschaftlichen Erfahrung, welche ich in der Arbeit mit den Kindern und durch die Gespräche mit meinen Kolleginnen und Kollegen innerhalb verschiedener Institutionen gemacht habe. *Erdheim* bezeichnet die wissenschaftliche Erfahrung als "eine Form, sich mit der Realität auseinanderzusetzen, in der sich aggressive und libidinöse Triebregungen mischen und durch welche erkannt werden soll, was ist." (1988, 100).

Die Beschreibung dieses Weges durch die Institutionen möchte ich deshalb an den Anfang dieses Buches setzen.

---

[1] *vgl. Adams 1990, Dannenbauer/ Chipman 1988, Dannenbauer 1992, Ellis-Weismer 1985, Levi et al. 1988, Veit 1986, 1992, Veit/ Castell 1992*

[2] *vgl. Amorosa/ Benda/ Wagner 1986, Baker/ Cantwell 1982, Cantwell/ Baker 1987, Castell et al. 1980, 1981, 1985, Caulfield et al. 1989, Prizant et al. 1990, Tallal 1987, Tallal/ Dukette/ Curtiss 1989, Stevenson/ Richman 1976, Rutter / Lord 1987*

[3] *vgl. Aram/ Nation 1980, Aram/Ekelman/ Nation 1984, Bryant et al. 1989, Fundudis/ Kolvin/ Garside 1979, Gillam/ Johnston 1985, Hall/ Tomblin 1978, Howlin/ Rutter 1987, Kamhi/ Catts 1989, Scarborough 1990, Silva/ Williams 1983, Stevenson/ Richman/ Graham 1985*

In den ersten fünf Jahren nach dem Lizentiat arbeitete ich an der Kinderneuropsychiatrischen Universitätsklinik in Rom. In einem Team von über 20 PsychaterInnen, Psychologinnen, Logopädinnen und Lehrerinnen habe ich die Fragen und Probleme, welche sich in der Arbeit mit (sprach-) entwicklungsgestörten Kindern stellen, von Grund auf neu kennengelernt. Zum ersten Mal erlebte ich, wie spannend es ist, wenn theoretische Diskussionen direkt an Probleme aus der Praxis anknüpfen. Dabei habe ich entdeckt, dass die grosse Kunst in der Abklärung eines Kindes nicht darin besteht, alles zu wissen, sondern die richtigen *Fragen* zu stellen. Fasziniert war ich zudem von den kinderpsychoanalytischen Theorien und davon, wie gut sie die kognitiven und psycholinguistischen Beschreibungen der Entwicklung ergänzen.

Als ich in die Schweiz zurückkam, habe ich über diese Erfahrungen ein Buch geschrieben und dann voller Enthusiasmus eine Stelle gesucht. In einer grossen Klinik war eine halbe Stelle als Logopädin ausgeschrieben. Ich wusste zwar, dass dies die einzige Stelle für die Sprachtherapie von über hundert Langzeit- und sehr vielen Akutpatienten war. Ich stellte mir aber vor, dass ich aufzeigen würde, wie man auch mit schwer behinderten Kindern und Erwachsenen logopädisch arbeiten und welche Abklärungen sowie kurzfristigen Massnahmen im Akutbereich durchgeführt werden könnten, und war überzeugt, dass aufgrund dieser Erkenntnisse der Stellenanteil für Logopädie bald erhöht werden würde. Noch nie hatte ich mir Gedanken darüber gemacht, wie eigentlich eine Institution funktioniert - und während der Ausbildung hatte niemand davon gesprochen. Ich ging ganz einfach davon aus, dass die Stellen in den verschiedenen Fachbereichen aufgrund von Bedürfnis und Nachfrage ausgeschrieben und besetzt würden. Ganz anders sieht dies offensichtlich aus der Sicht der Administrativen Direktion einer Institution aus. Ihr ganzer Stolz besteht darin, schwarze Zahlen zu schreiben. Nur zu rasch musste ich entdecken, dass meine 50%-Stelle in Wirklichkeit eine Alibi-Funktion hatte: in dem "vielfältigen therapeutischen Angebot der Klinik" gibt es auch Logopädie - und für den Fall, dass Angehörige einer Patientin oder eines Patienten wirklich darauf bestehen sollten, gab es auch tatsächlich eine Logopädin.

Diese Realität stand in grossem Kontrast zu meiner Einstellung der neuen Arbeit gegenüber: voller Engagement konzentrierte ich mich darauf, zu erfassen, welche Kinder und Erwachsenen Unterstützung brauchten, damit sie die alltäglichen kommunikativen Situationen besser verstehen konnten. Als eindeutig unerwünscht stellten sich schliesslich auch mein Interesse und die entsprechenden Fragen bezüglich der unwürdigen Lebensräume auf den Wohn-Gruppen für geistigbehinderte Kinder und Erwachsene heraus. Schon nach einem halben Jahr wurde mir die Kündigung nahegelegt, doch ich wollte bleiben, denn meine Tätigkeit war ausserordentlich interessant. Im Zusammenhang mit spezifischen neurologischen Fragestellungen lernte ich, auch kleinste Verhaltensauffälligkeiten und -änderungen genau zu beobachten und zu beschreiben. Eine bedeutende Rolle spielte dabei der Chefarzt, und auch hier waren es seine *Fragen*, und nicht die Antworten, welche mich zu einer neuen Sichtweise der Schwierigkeiten der Kinder führten. Leider wurden die Konflikte mit der Administration so gross, dass ich die Klinik nach einem Jahr dennoch verlassen musste. Das Resultat meines ersten grossen Planes zur Veränderung der Institution bestand darin, dass die Logopädie-Stelle auf 25% reduziert wurde!

An einer Fortbildung lernte ich die Kinderärztin Lislott Ruf kennen. Sie ist Leiterin der Abteilung Entwicklungsneurologie des Kinderspitals Basel; neben der Abklärung und Beratung von Kindergarten- und Schulkindern mit Leistungs- und Verhaltensauffälligkeiten betreut sie die Kinder nach einer Früh- oder Mangelgeburt, indem sie regelmässige Nachkontrollen durchführt. Lislott Ruf's Problem bestand seit Jahren darin, dass sie zwar (sprachliche) Entwicklungsauffälligkeiten früh erkennen, die Kinder aber niemandem zu einer spezifischen Therapie überweisen konnte. Auf Anfrage hatte die Ciba-Geigy-Stiftung finanzielle Unterstützung für eine Stelle versprochen und gemeinsam planten wir unsere Zusammenarbeit. Lislott führte die Risikokinder-Nachkontrollen im Alter von drei, sechs, manchmal neun und zwölf Monaten durch; mit 18 Monaten machte ich die Abklärung; sie war jedoch immer dabei, und gemeinsam führten wir anschliessend das Gespräch mit den Eltern. Zeigten sich Diskrepanzen in der Entwicklung, kam das Kind für drei Monate zu mir in Therapie, wonach wir wieder gemeinsam eine Kontrolle durchführten. Zusätzlich hatten wir die KinderärztInnen der Region schriftlich informiert, dass sie Kinder, welche mit zwei bis drei Jahren noch nicht sprechen würden, anmelden könnten. Auch mit diesen Kindern führten wir Abklärung und Therapie in der gleichen Weise durch. Dadurch konnten wir nicht nur unsere Beobachtungen während der Abklärung diskutieren, sondern auch offene Fragen über den Verlauf klären bzw. unsere Diagnosen überprüfen und hinterfragen. So entstand eine erste Fassung des Entwicklungsprofils, welches in diesem Buch vorgestellt wird. Durch ein Stipendium des Schweizerischen Nationalfonds für wissenschaftliche Forschung wurde ein zweites Jahr der Zusammenarbeit möglich, wobei wir bald auch deren Grenzen und Gefahren erkannten: unsere Diskussionen wurden seltener, nicht etwa aus Zeitgründen, sondern weil wir immer häufiger eine gleiche Beurteilung vornahmen und manchmal schon ein Blick genügte, um uns zu verständigen.

Als sich deshalb die Möglichkeit ergab, gemeinsam eine Stelle im Forschungsbereich einer kinderpsychiatrischen Klinik anzunehmen, schien dies eine ideale Gelegenheit, unseren Austausch zu erweitern und gleichzeitig auch unsere Untersuchungen fortzuführen. Dabei stellten wir von Beginn an klar, dass wir keinesfalls auf die praktische Arbeit verzichten wollten. Dennoch wurde ich nach kurzer Zeit darauf hingewiesen, die praktische Tätigkeit zugunsten der Forschung einzuschränken - aber welcher Forschung? Unser Nationalfonds-Projekt zur Erfassung (sprach-) entwicklungsauffälliger Kinder wurde vom Klinik-Direktor umbenannt in "Entwicklungsneuropsychologische Testbatterie für Kleinkinder (ENPT 1)" und unter seine Leitung gestellt. Hier begannen die Auseinandersetzungen: es war klar, dass wir die Daten "unserer" Kinder nicht für eine Art von Forschung hergeben wollten, welche keine Fragen stellt und Produkte in Form von Zahlen produziert, die niemanden wirklich interessieren. In dieser Haltung wurden wir unterstützt von einem Kollegen, der ebenfalls an der Forschungsabteilung arbeitete. Er hatte Ideen und Kenntnisse für eine Statistik entwickelt, welche nicht bedeutungslose Zahlen produziert, sondern die Daten so ordnet und darstellt, dass sie neue Klarheit über die Aehnlichkeiten und Unterschiede jedes einzelnen Kindes in Beziehung zu den anderen geben.

Die Auseinandersetzungen mit der Leitung wurden immer grösser; nach kaum einem Jahr wurde die Forschungsabteilung "gesäubert"; wir mussten alle drei gehen, und das Resultat unserer Vorstellung einer echten Verbindung von Forschung und Praxis bestand darin, dass die Forschungsräume durch ein spezielles Schloss von der Klinik abgetrennt wurden.

Einen der entscheidensten Schritte habe ich dennoch während dieses Jahres gemacht: ich wollte mir etwas schenken und begann eine Psychoanalyse. Für meine eigene therapeutische Arbeit lag eines der wichtigsten Erlebnisse der analytischen Beziehung in der Entdeckung, welche Bedeutung das *Zuhören* hat, und in der Erfahrung, wie es ist, wenn jemand wirklich zu verstehen versucht.

Dies ist vorerst eine Bestätigung dafür, dass das Verstehen die Achse ist, um die sich das therapeutische Handeln dreht. Das analytische Verstehen-Wollen und Zuhören-Können weist jedoch weit über dieses Konzept hinaus: was die Analyse so spannend macht, ist nicht die Tatsache, dass die Psychoanalytikerin meine Schwierigkeiten zu verstehen versucht, sondern dass sie sich für mich als Person *interessiert* und ihre eigene Person ganz in dieses Interesse stellt.

In diesem Sinne sind es die Neugierde und die Verführung, welche die eigentlichen Antriebskräfte des psychoanalytischen Prozesses darstellen. *Freud* selbst formuliert dies treffend: "Die Psychoanalyse begann als eine Therapie, aber nicht als Therapie wollte ich sie Ihrem Interesse empfehlen, sondern wegen ihres Wahrheitsgehaltes, wegen der Aufschlüsse, die sie uns gibt über das, was dem Menschen am nächsten geht, sein eigenes Wesen, und wegen der Zusammenhänge, die sie zwischen den verschiedensten seiner Betätigungen aufdeckt." (1933, 584/585)

Im beruflichen Bereich entschloss ich mich nach der Enttäuschung in der Kinderpsychiatrie, die Institutionen zu verlassen und mit meinen Kolleginnen Ruth Kappeler-Rieser und Suzanne Walpen-Christ in einer Praxis zu arbeiten. Diese war ursprünglich privat; später hat die Schweizerische Heilpädagogische Gesellschaft die Trägerschaft übernommen, so dass wir eine feste Anstellung hatten. Damit stellten sich wenig institutionelle Probleme, da die fachliche Eigenständigkeit weitgehend erhalten blieb. Ruth Kappeler hat die Stellenleitung übernommen und ist die beste Chefin, die ich mir wünschen kann. Alle drei waren wir daran interessiert, unsere Arbeit ganz auf den Vorschulbereich zu konzentrieren. Immer häufiger wurden in der Folge kleine - aber auch grössere - Kinder zur Abklärung angemeldet mit der Frage, weshalb sie noch nicht sprachen. Welche Erfahrungen und Kenntnisse wir in der Arbeit mit diesen Kindern und ihren Eltern gesammelt haben, ist Gegenstand dieses Buches.

Zum Abschluss dieser Arbeit und zum Neubeginn in der Praxis haben wir einen kleinen grossen Traum realisiert: Wir sind umgezogen und haben nun neben den Therapie-Zimmern einen grossen Raum zur Verfügung, in dem wir Fortbildungen anbieten und unsere Forschungsarbeiten weiterführen können. Unsere neue Praxis heisst "Zentrum für kleine Kinder".

Eine Institution zieht sich wie ein roter Faden durch die Jahre. Am Heilpädagogischen Institut der Universität Fribourg habe ich das Diplom als Logopädin gemacht, dann als wissenschaftliche Mitarbeiterin über dreieinhalb Jahre in der Abteilung Logopädie gearbeitet und das Studium mit dem Lizentiat abgeschlossen. Zwei Jahre später habe ich einen Lehrauftrag für Psycholinguistik übernommen und bis heute weitergeführt. Die viersemestrige Vorlesung hat immer eine bedeutende Rolle für die Verarbeitung theoretischer wie praktischer Erkenntnisse und Erfahrungen gespielt. Die Möglichkeit, in einem Zyklus von zwei Jahren das Thema Entwicklung und Sprache mit den StudentInnen zu erarbeiten, war und ist eine interessante Herausforderung. Und schliesslich fanden meine Ideen und Projekte fast immer eine gute Unterstützung vom Direktor des Instituts, Prof. Urs Häberlin, wie von den MitarbeiterInnen der Abteilung Logopädie.

Grosse Bedeutung für die Realisierung einer kontinuierlichen Verbindung von Forschung und Praxis hatte der Schweizerische Nationalfonds für wissenschaftliche Forschung, welcher erste klinische Untersuchungen in Rom, ein Pilotprojekt in Basel und dann die Arbeit an diesem Buch finanziell unterstützt hat.

Eine Thematik, welche eng mit den Institutionen verknüpft ist, beschäftigt mich seit langem: die Rolle der Frauen in der Institution Sprachheilpädagogik. Seit ich vor zwanzig Jahren das Studium begonnen habe bis zu unserer Praxisgemeinschaft hatte ich ausschliesslich Frauen als Kolleginnen und Männer als Vorgesetzte. Die meisten Männer, welche eine Ausbildung als Sprachheilpädagogen gemacht haben, übernehmen nach kurzer Zeit praktischer Tätigkeit eine Funktion als Mitarbeiter oder Leiter in der Ausbildung oder Administration einer Institution. Damit stellt sich die Frage, was den Beruf des Sprachtherapeuten für Männer so uninteressant macht.

Der grosse Unterschied zwischen den Frauen und Männern in diesem (und vielen anderen) Berufen liegt darin, dass ihn die Frauen gerne teilzeitig und meist mit längeren Unterbrüchen ausüben, während die Männer vollzeitig und über viele Jahre arbeiten wollen bzw. müssen. Die Ursprünge dieser unterschiedlichen Bedürfnisse sind natürlich ebenfalls institutionell bedingt (vgl. *Meier-Seetaler* 1988, *Wetterer* 1992, *Widmer* 1993). Jedenfalls scheint der Beruf für eine vollzeitliche und langjährige Tätigkeit nicht interessant genug zu sein ist. Stimmt dies wirklich?

Ich würde die Frage so beantworten: in der Weise, wie die berufliche Tätigkeit vermittelt und innerhalb der Institutionen organisiert wird, ist die Vorstellung einer vollen, lebenslänglichen Ausübung tatsächlich sehr unbefriedigend. Dies bedeutet aber *nicht*, dass dies für den Beruf als solchen zutrifft. Wenn die Bedingungen in inhaltlicher, organisatorischer und finanzieller Hinsicht gut sind, ist er sogar ausserordentlich interessant. Was ich deshalb vielen Männern im Wissenschafts-, Ausbildungs- und Berufsbereich der Sprachheilpädagogik vorwerfe, ist die Tatsache, dass sie gerade an Formen und Inhalten festhalten, und von Anderen (Frauen) Tätigkeiten verlangen, welche sie selbst als nicht befriedigend erfahren haben. Der akademisierten Sprachheilpädagogik möchte ich dieses Buch entgegensetzen und schliesse ich mich den Ausführungen von *Dietmut Niedecken* an:

"Von meiner Grundhaltung her feministisch, hatte ich doch keineswegs vor, zu irgendeinem sogenannten Frauenthema zu arbeiten. Aber wie dies mit konsequent gedachter Kritik wohl kommen musste, konnte die Kritik in einem Teilbereich der patriarchal organisierten Gesellschaft nicht anders, als zur Kritik auch an dieser patriarchalen Struktur zu werden." (1989, 30)

Die Hierarchie zwischen Männern und Frauen hat aber nicht nur Auswirkungen auf die Stellung der Frau als Sprachtherapeutin oder -pädagogin, sondern auch auf das Fachgebiet der Sprachheilpädagogik als solches. Aufgrund des fehlenden praktischen Engagements derjenigen, welche das Tätigkeitsfeld erforschen und beschreiben, sind die Publikationen zur Förderung und Therapie immer so allgemeiner Art, dass eine echte fachliche Diskussion nie zustandekommen kann. Entsprechend gibt es in der Fachliteratur auch keine "Kultur" von Falldarstellungen, wie dies zum Beispiel im Bereich der Psychoanalyse der Fall ist (vgl. bspw. *Freud*'s Krankengeschichte der >Dora<, 1960).

Weshalb legen denn die Therapeutinnen selbst keine solchen Fallberichte vor? Das Problem besteht darin, dass die akademische Sprachheilpädagogik das Bild vermittelt, dass solche Beschreibungen *nicht wissenschaftlich* oder *nicht akademisch* seien, so dass sie oft von den Fach-Frauen selbst so eingestuft werden. Zudem werden sie nie dazu aufgefordert, ihre Erfahrungen in der Therapie eines bestimmten Kindes zu veröffentlichen, sondern ganz im Gegenteil auf das Berufsgeheimnis verwiesen, welches eine solche Publikation zu verbieten scheint. Dies ist ein Ausdruck dafür, dass auch die Inhalte der Wissenschaft eng mit Macht verknüpft sind (vgl. auch *Schiebinger* 1993). Was *Erdheim* für die Akademisierung im Bereich der Ethnologie beschreibt, gilt Wort für Wort auch für die akademische (Sprach-) Heilpädagogik.

"Der Akademisierung verfällt alles, was von der herrschenden Klasse nicht für sich selbst genutzt werden kann. Das Wissen über die eigene Gesellschaft und die fremden Kulturen geht durch eine Art Hackmaschine oder Anti-Aggressionsapparat, worin diese Erkenntnisse auch für diejenigen unbrauchbar gemacht werden, die nicht an der Herrschaft beteiligt sind und Ausschau halten nach den *untrüglichen Zeichen der Veränderung* (Parin). Dieser Prozess beschränkt sich aber nicht nur auf den Umgang mit Wissen, sondern er spiegelt vor allem die menschlichen Beziehungen, die im Zusammenhang mit dem Erwerb dieses Wissens stehen. Die Lebensfremdheit, mit welcher der Gegenstand angegangen wird, wurzelt im Unverständnis und in der Starrheit, - Produkten der Aggressionsverdrängung, die für den alltäglichen akademischen Verkehr charakteristisch sind.

Wie soll man eine fremde Kultur verstehen wollen, wenn bereits die Probleme in der Gruppe, mit der man zusammenarbeitet, unverständlich erscheinen und nur mit Macht zu regeln sind?" (1988, 102/103).

# 2. Entwicklung und Sprache

Je länger ich mich mit den verschiedenen Aspekten der Entwicklung befasse, desto mehr bin ich davon fasziniert, wie der Erwerb jeder neuen Fähigkeit von anderen unterstützt wird und wiederum andere bedingt. Die Entwicklung enthüllt sich dabei als ein perfektes Zusammenspiel von Erkenntnisprozessen auf der einen und Reifungsprozessen auf der anderen Seite: das Kind lernt bspw. genau zu dem Zeitpunkt gehen, wo es im kognitiven Bereich ein erstes Schema der Objektpermanenz entwickelt hat, wo im sozial-kommunikativen Bereich die Individuationsentwicklung ihren Anfang nimmt - und wo es "Mama" sagen kann, so dass es ihm möglich ist, auch aus Distanz Nähe herzustellen. Sobald es sich dann selbständig fortbewegen kann, wird aus dem Gehen selbst einer der wichtigsten "Motoren" für die weitere Entwicklung im kognitiven, sozial-kommunikativen und sprachlichen Bereich.

Im folgenden Text möchte ich das Zusammenspiel der verschiedenen Entwicklungsbereiche aufzeigen und beschreiben, welche Schritte das Kind zur Entdeckung der Sprache führen.
   Theoretisch können dabei vier Bereiche unterschieden werden: die *praktisch-gnostische* Entwicklung zeigt, wie das Kind den Gebrauch und die Handhabung alltäglicher Gegenstände erwirbt, während die *symbolische* Entwicklung darauf hinweist, welche Bedeutung es seinen Handlungen in den verschiedenen Phasen gibt. Im *sozial-kommunikativen* Bereich wird die Entwicklung der Auseinandersetzung mit den Personen beschrieben, und die *sprachliche* Entwicklung zeigt, wie das Kind die Wörter in ihrer repräsentativen und kommunikativen Funktion verstehen und produzieren lernt.
   Diese Sichtweise der Entwicklung ist aus der theoretischen und praktischen Auseinandersetzung mit der Thematik früher Spracherwerbsstörungen entstanden. (*Levi/ Zollinger* 1981, *Levi/ Piperno/ Zollinger* 1984, *Levi et al.* 1984a,b,c, *Levi/ Zollinger* 1986, *Zollinger* 1987, *Zollinger/ D'Andrea* 1987, *Levi et al.* 1988, *Zollinger* 1989,1991,1994).
   Zur Erfassung der spracherwerbsauffälligen Kinder habe ich ein Entwicklungsprofil entworfen, welches aus einer Zusammenstellung von Beobachtungsitems zu den vier oben genannten Bereichen besteht. Dieses Profil bildete in der Folge gleichsam den Rahmen für die detaillierte Beobachtung und Beschreibung der normalen wie auch der auffälligen Entwicklung (vgl. *Zollinger/ Conen/ Ruf* 1990, *Zollinger/ Conen* 1994).
   Das Entwicklungsprofil und eine Beschreibung der verschiedenen Items befinden sich im Anhang dieses Buches.

## 2.1 Der Schritt vom ersten ins zweite Lebensjahr: Die Triangulierung als Ursprung der Sprachentwicklung

*Stern* (1985) beschreibt sehr schön, wie sich das Kind in den ersten beiden Monaten als "auftauchendes Selbst" erfährt und die Bezugsperson als "auftauchenden Anderen". Schon mit etwa acht Wochen hat es ein "Kern-Selbst" entwikkelt, d.h. es erlebt sich als körperliches Ganzes in einem fortwährenden Sein. Die Bezugsperson wird nun zum "selbstregulierenden Anderen", indem sie immer schon von seinen Bedürfnissen weiss und sie auch befriedigen kann. In diesem Sinne kann die *Beziehung* zwischen dem Kind und seiner Bezugsperson während dieser Entwicklungsphase auch als eine Zwei-Einheit (*Spitz* 1965) oder Symbiose (*Mahler* 1979) beschrieben werden. Dies bedeutet nicht, dass der Säugling die Mutter nicht von sich und anderen unterscheiden könnte; auf der psychologischen Ebene macht er jedoch die Erfahrung, dass sie seine Gefühle, welche durch Veränderungen in den Bedürfnis- und Spannungszuständen geweckt werden, schon immer kennt und ihnen eine Bedeutung geben kann. Innerhalb dieser Beziehung spielen die sprachlichen Interaktionen von Beginn an eine bedeutende Rolle: Schon in den ersten Lebenstagen äussert das Kind einzelne Laute. Diese werden von der Bezugsperson aufgenommen und beantwortet, als ob es sich um echte Mitteilungen handelte. Bereits mit wenigen Monaten wird das Kind auch umgekehrt auf die Aeusserungen der Mutter mit Vokalisationen antworten: es kommt zu einem ersten "sprachlichen" Austausch.

Durch die physische Selbständigkeit, welche durch das Krabbeln und die ersten Schritte erreicht werden, wird gegen Ende des ersten Lebensjahres der Prozess der Loslösung eingeleitet. Das Kind hat nun die Möglichkeit, Nähe und Distanz zur Bezugsperson auch selbst zu regulieren. Gleichzeitig erfährt es mit der beginnenden Entwicklung der Objektpermanenz, dass Menschen und Dinge weiterhin existieren, auch wenn sie nicht mehr zu sehen sind (*Piaget* 1937). Das Kind beginnt deshalb, die Anwesenheit der Bezugsperson zu kontrollieren und kann sehr ängstlich reagieren, wenn sie aus seinem Blickfeld verschwindet.

Im Bereich der Auseinandersetzung mit der Welt der Dinge kann das Kind im Alter von neun bis zehn Monaten seine Handlungen schon so gut steuern und koordinieren, dass es ihm gelingt, diese zu wiederholen, wenn sie ihm genügend interessant erscheinen. Damit richtet sich sein Interesse auf die Erforschung der Gegenstände als solche. Es führt die gleiche Tätigkeit mit verschiedenen Dingen aus, und bald kann es diese so variieren, dass neue, unerwartete Ereignisse entstehen (*Piaget* 1936). Durch das Wiederholen und Variieren der Handlungen lernt das Kind die speziellen Eigenschaften der verschiedenen Gegenstände kennen, d.h. es entdeckt, dass sie sich unterschiedlich gut in den Mund nehmen lassen und unterschiedlich klingen, wenn sie zu Boden fallen.

Innerhalb des ersten Lebensjahres verlaufen die beiden Entwicklungslinien der Interaktion mit den Bezugspersonen auf der einen und der Handlungen mit den Gegenständen auf der anderen Seite noch in paralleler Weise: Ist das Kind mit einem Gegenstand beschäftigt, kann es die Person nicht in dieses Spiel einbeziehen, und wenn es in einem direkten Austausch mit einer Person steht, treten die Gegenstände in den Hintergrund.

Sehr gut ist dies bspw. beim Wickeln zu beobachten: Das siebenmonatige Kind ergreift eine Crème-Tube, dreht sie in den Händen und führt sie zum Mund. Die Mutter wird dies kommentieren mit den Worten "mmh, schmeckt die Crème?" oder "wäh, die Crème ist doch nicht gut!". Das Kind wird sich ihr nun zuwenden, lächeln und mit Vokalisationen antworten "ai-ai-ai!". Die Mutter wird diese aufnehmen und wiederholen "wäh, nein, die Crème ist wirklich nicht gut!". Während dieser Interaktion verschwindet die Crème selbst jedoch ganz aus dem Blick- und Interessenfeld des Kindes; sie liegt vielleicht noch lose in der Hand, doch obwohl sich die Worte nach wie vor auf das kleine Erlebnis beziehen, ist das Kind selbst doch ganz und gar auf die Mimik, die Töne und Berührungen der Mutter bezogen.

Diese Situation verändert sich radikal gegen Ende des ersten Lebenjahres. Das Kind hat sich nun so viele Kenntnisse und Erfahrungen mit der Personen- und Dingwelt angeeignet, dass es diese erstmals verbinden kann: Wieder nimmt es die Crème in den Mund; doch nun ist es nicht mehr ganz darauf konzentriert, diese oral zu erforschen, sondern es richtet den Blick hin zur Mutter, als ob es fragen wollte "was meinst du dazu, ist nicht gut, gell?" oder "hast du auch gesehen, dass ich die Crème grad in den Mund gesteckt habe?". Dieser Blick bildet den eigentlichen Ursprung der Sprache: von nun an sind die sprachlichen Rufe, Fragen und Kommentare der Erwachsenen nicht mehr nur zärtliche Begleitung, sondern sie werden zu Wörtern, welche von einer Person kommen und sich auf "etwas" beziehen. Da das Kind mit diesem Blick ein eigentliches Dreieck zwischen sich, der anderen Person und dem Gegenstand bildet, wird er als triangulärer oder referentieller Blickkontakt bezeichnet (vgl. auch *Bruner* 1974/75).

## 2.2 Die erste Hälfte des zweiten Lebenjahres: Behalten und Inhalte

### 2.21 Der Gebrauch alltäglicher Gegenstände

Die Spiele anfangs des zweiten Lebenjahres sind durch die Entdeckung geprägt, dass die Dinge auch dann existieren, wenn sie nicht mehr zu sehen sind (Objektpermanenz). Dies eröffnet die Möglichkeit, sie auch zu *behalten*. Die Faszination vieler Handlungen liegt nun in der Erforschung dieses Behaltens. Von besonderem Interesse sind dabei Gegenstände, welche diese Funktion erfüllen, nämlich Behälter wie Pfannen, Flaschen oder Becher. Das Kind beginnt, Dinge in die Gefässe zu legen und diese ineinanderzustellen, d.h. es legt Löffel,

Bürste oder Malstift in die Pfanne, stellt diese in ein anderes Gefäss und räumt dann alles wieder um. Es hebt die Deckel von Gefässen ab und schliesst sie wieder, und es untersucht und manipuliert deren *Inhalte*. Für das Kind im Alter zwischen 12 und 18 Monaten ist es etwas ganz Besonderes, Knete, Glasperlen und vor allem auch Wasser in eine Flasche zu füllen und umzuleeren (vgl. auch *Largo* 1993). Gerade beim Spiel des Umleerens ist es von grosser Bedeutung, dass die Materialien manipuliert werden können und dennoch nicht verlorengehen, d.h. dass sie in gleicher oder anderer Form *erhalten* werden können.

Im praktisch-gnostischen Bereich zeigt sich das neue Interesse an der Gegenstandswelt durch ganz spezielle Handlungen, welche das Kind nun mit alltäglichen Gegenständen durchführen kann (vgl. auch die Item-Beschreibungen im Anhang).

Das Interesse am Oeffnen und Schliessen von Behältern, verbunden mit dem Schauen, was sich unter und hinter Deckeln verbirgt, zeigt sich nicht nur bei Töpfen, sondern bspw. auch bei Malstiften. Ab etwa 15 Monaten versuchen die Kinder ganz spontan, die Kappe wegzunehmen, um sie jedoch gleich wieder aufzusetzen. Am Anfang braucht es dazu meist mehrere Versuche, da das Zielen auf die Oeffnung eine gute Koordination beider Hände und gezielte feinmotorische Bewegungen erfordert.

Auch die Formbox ist ein Gefäss, und vorerst ist es interessant, diese durch den Deckel zu öffnen und zu schliessen. Die Formen sind Dinge, die man aufeinanderstellen, ausräumen und wieder in die Box reintun kann. Da die Kinder spontan meist die runden Formen, also die Zylinder wählen, und gleichzeitig die runden Oeffnungen bevorzugen, gelingt es manchmal schon im Alter von 15-18 Monaten, einzelne Formen durch die Oeffnungen in die Box zu tun. Dabei spielt dieselbe Faszination eine Rolle, wie beim Einführen kleiner Steine in die Oeffnungen von Gullis.

Eine zweite Form der Spiele in der ersten Hälfte des zweiten Lebensjahres hat ihren Ursprung im triangulären Blickkontakt. Indem das Kind den Blick von den Dingen auf die Personen richtet, entdeckt es, dass es interessant ist, was die *Anderen* mit den Gegenständen tun und lernt dadurch die Funktion alltäglicher Gegenstände kennen. Da es nun auch seine Bewegungen entsprechend koordinieren kann, ist es ihm möglich, solche funktionalen Handlungen in Form einfacher Gesten nachzuahmen und dann spontan auszuführen (*Lowe* 1975, *Largo/ Howard* 1979, *Mc Cune Nicolich* 1981, *Westby* 1988). Die ersten funktionalen Handlungen wird das Kind natürlich mit Gegenständen ausführen, welche in der Welt der Erwachsenen eine besondere Bedeutung haben.

Ein solch faszinierendes Objekt ist zum Beispiel das Telefon, da es zum Sprechen da ist und die Kommunikation als solche repräsentiert. Beobachtet das Kind andere beim Telefonieren, stellt es vorerst fest, dass sie den Hörer ans Ohr führen. Die erste Telefon-Geste besteht deshalb anfangs des zweiten Lebensjahres darin, den Hörer in die Nähe des Ohres oder zum Hals zu halten.

Auch die Schreib- und Malstifte gehören zu den interessanten Dingen; beim Malen wird das Kind den Stift wie die Erwachsenen zum Papier halten und dort bewegen. Die Spuren, welche es auf diese Weise hinterlässt, sind die ersten Punkte und Striche.

Ebenso haben Bücher und Zeitungen in der Welt der Erwachsenen eine spezielle Bedeutung; sie bestehen aus vielen zusammengehefteten Seiten, welche durchgeblättert und angeschaut werden. Die erste Tätigkeit mit dem Bilderbuch ist deshalb nicht das Betrachten, sondern dieses Blättern und Schauen.

Das Spezielle der Handlungen in dieser Entwicklungsphase liegt darin, dass der Gegenstand sozusagen nach der ihm entsprechenden Handlung *ruft*. Ein Topf ist erst dann ein echtes Gefäss, wenn das Kind seinen Inhalt ausräumt oder etwas hineinstellt, und das Telefon existiert eigentlich erst dann als Telefon, wenn der Hörer abgehoben wird, und das Buch wird dann zum Buch, wenn es durchgeblättert wird. Das wichtigste Merkmal der Spielhandlungen in dieser Entwicklungsphase besteht deshalb darin, dass Gegenstand und Handlung unauflösbar miteinander verknüpft sind: die Handlung ist durch den Gegenstand bestimmt, und der Gegenstand bekommt erst durch die Handlung seine Bedeutung.

Eine weitere Eigenschaft liegt darin, dass die ganze Faszination in der Handlung selbst liegt und nicht in dem, was sie bewirkt. Ob nun die Haare der Puppe nach dem Bürsten glatt sind, ob der Turm hoch oder der Strich auf dem Papier farbig, gerade oder krumm ist, hat in dieser Entwicklungsphase noch keine Bedeutung. Gerade weil das ganze Interesse in der Handlung als solcher liegt, wird diese auch häufig wiederholt; beim Umleeren leert das Kind die Flüssigkeit immer wieder von einem Gefäss ins andere und zurück, und den Löffel hält es zum Mund der Puppe, zum Bären und dann auch zur Mutter. Die Spielhandlungen haben in diesem Alter deshalb meist eine repetitive oder zirkuläre Form.


## 2.22 Das Du entdecken

Der trianguläre Blickkontakt bildet nicht nur für den Handlungs-, sondern insbesondere auch für den sozial-kommunikativen Bereich die Basis für die zentralen Schritte innerhalb der ersten Hälfte des zweiten Lebensjahres. Ueber den Blick vom Gegenstand zum Du entdeckt das Kind, dass es *interessant* ist, was die Anderen zu den Dingen sagen und auch, was sie mit ihnen tun; und die Gegenstände selbst bekommen durch den Blick des Anderen eine ganz neue Bedeutung. Das Kind beginnt deshalb anfangs des zweiten Lebensjahres, diese dem Anderen zu geben. Dabei verbindet es das Geben immer mit einem erwartungsvollen Blick, als ob es fragen wollte "was meinst du dazu?" oder "was tust du damit?". Die Antwort des Erwachsenen macht das Geben zu einem kleinen *Ereignis*: es entdeckt, dass dessen Wörter wie auch dessen Handlungen eine besondere Bedeutung haben - und von nun an erhebt es auf sie *Anspruch* . Neben dem Geben beginnt es deshalb, auf die Dinge zu zeigen und drückt damit aus: "sag etwas!". Gleichzeitig will es aber auch überprüfen, ob es wirklich stimmt, dass die Erwachsenen immer etwas zu sagen haben, und dass sie zu ähnlichen Dingen immer dasselbe sagen. Das Zeigen bildet damit zusammen mit dem Geben die *erste aktive Form des Spracherwerbs* (vgl. auch *Bruner* 1977).

Indem es sich intensiv mit den Handlungen der Anderen auseinandersetzt und diese mit seinen eigenen in Beziehung bringt, entdeckt das Kind auch, dass die Erwachsenen auf seine Absichten und Wünsche reagieren, d.h. dass die Dinge nicht wie von allein in seine Arme kommen, sondern dass ein Anderer seine Bedürfnisse beantwortet. Es wird ihm deshalb seine Absichten mitteilen, d.h. es zeigt auf den gewünschten Gegenstand, äussert Laute oder zieht ihn am Aermel; vor allem aber schaut es ihn jetzt auch an, denn der Andere ist vom "Selbst regulierenden Anderen" zu einem Gegenüber, einem "Du" geworden.

Eine erweiterte Form der Triangulierung ist das Austauschen eines Gegenstandes im Turnus - oder das "ich bin dran - du bist dran"-Spiel. Im Unterschied zu den Turn-Taking-Spielen in früheren Entwicklungsphasen (z.B. beim Austausch von Vokalisationen) gibt es jetzt zwischen dem Ich und dem Du noch ein Ding, bspw. ein Auto oder einen Ball, der hin- und hergerollt wird. Darin liegt auch das Besondere an diesem Spiel: die Interaktion mit dem Anderen steht im Vordergrund, der Gegenstand ist ganz da und ist dennoch nur im Dienste der Interaktion da, nämlich zum Geben und Nehmen. Erst ab dem Alter von etwa 15 Monaten können die Kindern diese Spielregel einhalten (vgl. *Schlienger* 1988). Bis zu diesem Zeitpunkt sind sie entweder vom Auto angezogen, schieben oder stossen es, oder aber sie suchen den direkten Austausch mit der Person, bringen ihr andere Dinge und lassen das Auto stehen.

Die Entdeckung des "Du" als andere Person mit eigenen Absichten und Gefühlen wird neben dem triangulären Blick noch durch einen andere Errungenschaft unterstützt: *das Krabbeln und Gehen*. Sobald sich das Kind selbständig fortbewegen kann, beginnt es, sein Umfeld zu erforschen und erfährt dabei immer häufiger, dass seine Bedürfnisse nicht denjenigen Anderer entsprechen; bspw. wenn es sich für die Spielsachen der älteren Geschwister oder für die Erde in den Blumentöpfen interessiert. Diese Erfahrungen sind zwar manchmal schmerzlich, unterstützen aber den Prozess der Loslösung und Individuation, da es in diesen Situationen zu einer Auseinandersetzung mit dem Du kommt (vgl. auch *Herzka* 1989).

Wenn das einjährige Kind mit Handlungen konfrontiert wird, welche es nicht mag, zieht es sich einfach zurück oder wendet sich ab, ohne sich wirklich mit dem Anderen auseinanderzusetzen. Wird es an einer Handlung gehindert, scheint es in dieser Zeit oft untröstlich und weint heftig. Es ist, als ob es ahnen würde, dass seine Wünsche und Absichten nicht immer befriedigt werden können, sich aber noch verzweifelt dagegen wehrt. Ab dem zweiten Lebensjahr beginnt es sich nun aktiv vom Anderen abzugrenzen, d.h. es wendet sich nicht mehr einfach ab, sondern teilt ihm seine Ablehnung mit durch Kopfschütteln und deutliche Gesten mit der Hand oder dem ganzen Körper.

In solchen Situationen wird es nun häufig mit einem Wort konfrontiert, welches für die Entdeckung der Sprache eine ganz besondere Bedeutung hat: *das Nein*. Dieses "Nein"-Wort bedeutet zwar meist eine Einschränkung, es hat jedoch gleichzeitig etwas Faszinierendes, da es immer etwas *bewirkt* und auf diese Weise die Macht der Wörter erahnen lässt.


2.23 Das sprachliche Handeln

Die Fortschritte in der sprachlichen Entwicklung sind ein direkter Spiegel der Errungenschaften im Handlungs- und sozial-kommunikativen Bereich. Ausgangspunkt ist wiederum die Triangulierung, d.h. die Möglichkeit Gegenstands- und Personenwelt mit dem Blick zu verbinden. In immer wiederkehrenden Handlungskontexten entdeckt das Kind, dass bestimmte Wörter oder Sätze in diesen Situationen auftauchen und dort eine bestimmte Bedeutung haben. Anfangs ist diese Bedeutung noch stark an die Situation gebunden, d.h. in dem Sinne wie die Gegenstände mit den passenden Handlungen unlösbar verknüpft sind, werden auch die Wörter als Bestandteile des Geschehens verstanden und produziert.

Wird das Kind mit der Aufforderung "gib mir die Gabel" konfrontiert, wird es tun, was man normalerweise in solchen Situationen tut: es reicht den Gegenstand, mit dem es gerade hantiert. Hält es die Gabel in der Hand, kann es die Aufforderung befolgen, weil sie situational ist (vgl. *Chapman* 1978).

Durch das Funktionsspiel lernt es die Dinge besser kennen und entdeckt dabei, dass es mit ähnlichen Gegenständen gleiche Handlungen ausführen kann, also bspw. mit dem Spielzeug-Telefon wie mit dem richtigen telefonieren. Mit 15-18 Monaten kann es deshalb einen genannten Gegenstand aus mehreren auswählen, auch wenn sich dieser von demjenigen zuhause bspw. in der Grösse oder in der Farbe unterscheidet. In den meisten Fällen wird es diesen dann auch geben, weil dies aus der Situation heraus die naheliegendste Handlung ist.

Da der Gegenstand in dieser Entwicklungsphase erst durch die Handlung wirklich fassbar wird, kann auch das Wort erst durch die entsprechende Handlung verstanden werden: *verstehen ist handeln* in der Situation. Aus diesem Grund wird das Kind auf die Aussage "das Tier isst" genau gleich reagieren wie auf die Aufforderung "gib dem Tier zu essen" (vgl. auch *Sinclair* 1978)..

Anfangs des zweiten Lebensjahres spricht das Kind die ersten Wörter. Dazu gehören "Mama" und "Papa", das hinweisende Wort "da", häufig auch "dada" (danke) beim Geben und Nehmen und vor allem verschiedene Lautmalereien wie "gaga", "pipi" und "mämäm" (vgl. auch *Bates/ Thal/ Janowsky* 1992).

Die Lautmalereien bilden den Uebergang vom Lallen zu den ersten Wörtern; sie widerspiegeln aber auch die Art, wie das Kind die Welt erlebt. Sie sind nämlich fast immer Handlungs- und Gegenstandswort in einem, d.h. das Auto ist "brumbrum" und macht "brumbrum"; der Brei ist "mämäm" wie die Handlung des Essens. Zudem wird die Verknüpfung von Gegenstand, Handlung und Wort auch dadurch ausgedrückt, dass die Lautmalereien klanglich auf das hinweisen, was sie bezeichnen, d.h. ein Auto macht so etwas wie "brumbrum", nie aber "auto-auto" (vgl. auch *Herzka* [2]1979).

Wie im Verständnis sind diese ersten produzierten Wörter noch ganz an die Situation gebunden, d.h. sie sind Teil der Handlung oder des Gegenstandes, den sie bezeichnen. Sie werden durch die Situation hervorgerufen, dienen aber gleichzeitig auch als Mittel, um diese als "etwas" zu erfassen und ihr eine Bedeutung zu geben. Sehr deutlich zeigt sich dies beim Bilderbuch-Schauen: schon mit etwa 15 Monaten benennt das Kind einzelne Abbildungen in seinem Buch, und es entsteht ganz der Eindruck, dass die Bilder erst über das Benennen wirklich lebendig werden.

Da die Wörter in diesem Entwicklungsalter noch ganz an das Bezeichnete gebunden sind, kann sie das Kind jedoch noch nicht gebrauchen kann, um dem Anderen seine Absichten mitzuteilen. Dennoch ist es von grosser Wichtigkeit, dass die Erwachsenen diese Aeusserungen so behandeln, als ob es sich um Aufforderungen oder um Fragen handelte und entsprechend antworten, bspw. indem sie auf die Aeusserung "mämäm" sagen: "ja, jetzt kannst du gleich trinken" oder "ja, die Puppe isst jetzt".

Die *Verknüpfung* zwischen dem Sprachverständnis und der Sprachproduktion bildet in dieser Entwicklungsphase die direkte sprachliche Nachahmung: Solange das Kind noch keine Vorstellungen aufbauen kann, kann es die Sprache nur verstehen, wenn es entsprechend handelt. Nun ist auch das Sprechen eine Handlung, d.h. indem das Kind das Wort repetiert, gibt es ihm Bedeutung. Gleichzeitig ist die direkte sprachliche Nachahmung immer auch eine Frage nach dem Verstehen: Die Mutter weist zum Beispiel auf einen Hund hin und sagt "schau, siehst du den Hund? 'wuwu' macht er"; das Kind wiederholt "wuwu?", als ob es fragen wollte "hast du es so gesagt? habe ich dich richtig verstanden?" Die direkte sprachliche Nachahmung stellt damit eine der frühesten Formen der sprachlichen Kommunikation dar.

## 2.3 Das Ende des zweiten Lebensjahres: Die Welt der Bedeutungen

### 2.31 Das Handlungsresultat

Das Besondere des Funktionsspiels liegt darin, dass das Kind mit verschiedenen Gegenständen immer wieder dieselben Handlungen durchführt; dadurch lernt es die Dinge sehr genau kennen und die ihnen entsprechenden Handlungen mit einer gewissen Leichtigkeit auszuführen. Mit der Zeit erfordern die Handlungen selbst nicht mehr seine ganze Konzentration, so dass es mit etwa eineinhalb Jahren die Entdeckung machen kann, dass seine Handlungen auch ein *Resultat* haben: beim Malen entsteht ein Strich, beim Umleeren sieht es, dass die eben noch leere Tasse jetzt eine volle ist - und es realisiert auch, dass die *Anderen* auf bestimmte Handlungen *reagieren*. Durch diese Entdeckung erscheint die Welt in einem ganz neuen Licht: nicht mehr das Tun selbst oder der Gegenstand als solcher stehen im Vordergrund des Interesses, sondern die Tatsache, dass die Welt verändert werden kann. Die Handlung bekommt eine *Bedeutung*.

Die Möglichkeit, sich nicht nur auf die Handlung, sondern auch auf deren Resultat zu konzentrieren, ist eine der bedeutendsten Formen der kognitiven *Dezentrierung*: wenn das Kind in der Phase des Funktionsspiels dem Tier zu essen gibt, steht es selbst im Zentrum der Handlung. Beginnt es sich für das Resultat seines Tuns zu interessieren, heisst dies, dass das Tier als essendes, bzw. als gefüttertes Wesen in den Vordergrund rückt. In gewissem Sinne muss es sich also in die Situation des Essenden hineinversetzen, oder anders gesagt, eine *Vorstellung* des Essens aufbauen; das Füttern wird zu einer *symbolischen Handlung*. Wie aktiv das Kind an diesem Prozess beteiligt ist, kann man daran beobachten, dass es manchmal den Löffel kurz zum eigenen Mund führt oder diesen öffnet und schliesst, um sich die Handlung genau in den Sinn zu rufen - eben vorzustellen.

Mit der Konzentration auf das Handlungsresultat verändert sich auch der Umgang mit Bilderbüchern. Im Vordergrund steht nicht mehr die Handlung des Blätterns, sondern das Bild selbst. Auf der Beobachtungsebene zeigt sich dies durch eine Art Zurücktreten, Verweilen, um zu betrachten. Das Zeigen bezieht sich nicht mehr auf das Bild als Einheit, sondern verweist auf Einzelheiten. Mit der Möglichkeit, erste Vorstellungen aufzubauen, können zudem Zusammenhänge zwischen den Bildern und den abgebildeten Dingen der realen Welt hergestellt werden. Das Betrachten von Bilderbüchern ist damit auch entscheidend an der Begriffsbildung beteiligt.

Diese neue Art, die Welt zu erfassen, zeigt sich auch im praktisch-gnostischen Bereich in Form neuartiger Tätigkeiten (vgl. auch die Item-Beschreibungen im Anhang):

Beim Malen hält das Kind den Stift nicht mehr zum Papier, weil er dorthin gehört, sondern weil er dort etwas *bewirkt*. Da es gleichzeitig schaut, welche Spuren es auf dem Papier hinterlässt, dauert die Bewegung des Strich-Malens an, und es entsteht das eckige Kritzeln (vgl. *Bachmann* 1986). Anfangs hat dieses noch kein Ziel, sondern die Faszination liegt gerade darin, "Etwas" entstehen zu lassen.

Auch das Spiel mit der Formbox hat eine neue Bedeutung: das Resultat soll sein, dass die Formen in der Box drin sind. Damit verändert sich vor allem die *Haltung* der Aufgabe gegenüber; das Kind nimmt die Form und probiert, in welche Oeffnung sie passt. Dabei scheint mir wichtig zu betonen, dass eine solche Versuch-Irrtum-Strategie erst dann möglich ist, wenn das Kind die Gewissheit hat, dass die Formen auch sicher in eine der Oeffnungen passen, wenn es also ein gewisses Vertrauen in die Welt (der Erwachsenen) hat. Dies ist vielleicht auch der Grund, weshalb fast alle Kinder eine spezielle Freude daran haben, die Tätigkeit mit dem Anderen zu teilen, d.h. zu fragen "da?" und sich von seiner Antwort leiten zu lassen. Dass es sich um ein besonderes Spiel handelt, sieht man auch daran, dass sie manchmal die Form in der passenden Oeffnung nicht gleich loslassen, sondern einen kurzen Moment innehalten oder sie sogar noch in ein anderes Loch einführen, als ob sie das Spiel dadurch etwas länger auskosten wollten.

## 2.32 Ein Bild von sich und von der Welt

Das Kind, welches erkennt, was es in der Welt bewirken kann, hat sich zu einer kleinen eigenständigen Person entwickelt. Eine solche Person hat auch ein Bild von sich selbst: sie erkennt sich im Spiegel.

Die Auseinandersetzung mit dem Spiegelbild beginnt mit etwa einem Jahr durch die Untersuchung des (Hand-) Spiegels als Gegenstand; das Kind sieht ein Bild, welches sich bewegt; es betastet es und dreht den Spiegel um, als ob es nachsehen wollte, ob dort eine Fortsetzung der Figur sei. Findet es auf der Rückseite nur eine einfache Oberfläche, dreht es den Spiegel wieder um und erforscht das Bild von neuem. In der Folge zeigen die meisten Kinder dann ein eher zurückhaltendes, oft sogar abweisendes Verhalten, wenn sie mit dem (Hand-) Spiegel konfrontiert werden. Zum rein funktionalen Spiel eignet er sich nicht gut, und durch die früheren Explorationen haben sie bereits entdeckt, dass auf der glitzernden Oberfläche ein ganz spezielles Bild zu sehen ist. Noch scheinen sie aber nicht zu wissen, dass es sich dabei um ihr Spiegelbild handelt. Dennoch schauen sie nicht einfach unbeteiligt zur Seite, sondern wenden sich jetzt aktiv ab oder schauen beschämt weg, als ob sie mindestens ahnen würden, dass dieses Bild etwas mit ihnen zu tun hat.

Zwischen 18 und 24 Monaten beginnt sich das Kind aktiv mit seinem Spiegelbild auseinanderzusetzen. Zuerst schaut es ganz ernst in den Spiegel, lächelt und antwortet verlegen mit seinem Namen, wenn es gefragt wird, wen es dort sehe. Später lächelt es spontan und sagt stolz seinen Namen, macht auch Grimassen und erforscht so sein Gesicht und die Möglichkeiten, dieses zu verändern. Von diesem Zeitpunkt an wird es nie mehr ganz unbeteiligt hinschauen, wenn der Blick auf sein Spiegelbild fällt, sondern immer kurz innehalten - wie auch wir Erwachsenen es tun. Entdeckt es im Spiegelbild eine Veränderung, bspw. einen gemalten Punkt auf der Nase, wird es sofort zu seiner Nase greifen und zeigt so, dass es das Spiegelbild als Abbild seiner selbst erkannt hat (*Zazzo* 1983, s. auch *Pombili/ Bernabei* 1992).

Diese eigenständige kleine Person hat natürlich auch einen Namen. Diesen hört das Kind vom ersten Tag an: er wird geflüstert, gerufen, gesungen, liebevoll und manchmal auch fordernd ausgesprochen. In vielen Spielen versucht die Bezugsperson darauf hinzuweisen, dass dieser Name zu ihm gehört; sie fragt immer wieder "wo ist Luca?" und antwortet gleich selbst, indem sie auf ihn zeigt, ihn in die Arme nimmt und drückt. Dennoch weist das Kind auf viele andere Personen und Dinge hin und kann viele andere Wörter sagen, bevor es auf sich selbst zeigt und seinen Namen ausspricht. Dies ist insofern verständlich, als es die anderen Personen und Dinge ja auch sieht, während es von sich selbst nur Teile wie Arme, Beine oder den Bauch sehen kann. Gerade diese sind aber nicht "Luca", sondern eben "Bauch" oder "Bein". Erst wenn es sich als eigenständige Person erlebt, wird es von Bedeutung, dass diese einen Namen hat. Die meisten Kinder nennen sich deshalb dann erstmals beim Namen, wenn sie sich im Spiegel erkennen und betrachten (vgl. auch *Largo 1993*).

Gegen Ende des zweiten Lebensjahres hat das Kind aber nicht nur eine Vorstellung von sich selbst entwickelt, sondern ebenso von der Welt der Dinge und der anderen Personen. Damit kann es nun auch erkennen, wenn sich etwas oder jemand von diesen Vorstellungen unterscheidet. Solche Vorstellungen davon, wie die Welt sein sollte, bezeichnet *Kagan* (1982) als "Standards". Sobald das Kind solche Standards entwickelt hat, beginnt es sich für alles zu interessieren, was von diesen abweicht: es weist darauf hin, wenn eine Person auffällig gekleidet ist, wenn seine Hände schmutzig sind oder wenn es eine kleine Narbe hat; es stört sich, wenn ein Auto defekt oder der Tisch nass ist; stolz zeigt es seine neuen Schuhe oder ein Pflaster am Finger. Einige Kinder reagieren sogar sehr empfindlich auf Veränderungen der Standards und sind immer besorgt, die Welt wieder "in Ordnung" zu bringen, aufzuräumen, zu reinigen und zu ordnen.

Aber nicht nur bezüglich der äusseren Welt entwickeln sie solche Standards, sondern auch für sich selbst. In der Phase des Funktionsspiels stellt das Kind bspw. einzelne Klötze aufeinander und legt sie dann wieder in einen Behälter; mit etwa 18 Monaten entdeckt es, dass beim Aufeinanderstellen etwas entsteht, nämlich ein Turm. Von jetzt an sind die Bauklötze zum Bauen da, und es wird spontan versuchen, sie möglichst so zu plazieren, dass der Turm immer höher wird. Wenn ihm dies gelingt, freut es sich. Diese Freude äussert sich meist in einem zufriedenen Lächeln, welches ganz *privat* und nicht an den Anderen gerichtet ist; *Kagan* (1982) bezeichnet es als "smile of mastery". Dieses Lächeln nach gelungener Handlung hat für das Kind eine spezielle Bedeutung: es drückt aus, dass es eine selbstbestimmte Person ist, welche sich eigene Ziele setzt und diese auch verwirklichen kann. Interessant ist in diesem Zusammenhang, wie *Agnes Heller* die Emotion der Freude beschreibt. Sie bezeichnet es als ein reflexives Gefühl, das sich auf die erfolgreiche Erweiterung des Ich bezieht. "Die primäre Funktion der Freude-Emotion ist zu signalisieren: so war es richtig, nur so weiter, nochmal; deshalb ist sie *das* "gute" Gefühl." (1980, 193).

Gelingt es dem Kind nicht, diese Ziele zu erreichen, realisiert es seine Schwierigkeiten, und es ärgert sich. Natürlich stösst es schon während der ersten zwei Lebensjahre auf Hindernisse bei der Ausführung einer Handlung; im Unterschied zu dieser neuen Entwicklungsphase liegen diese jedoch ausserhalb von ihm selbst, d.h. in den anderen Personen oder in den Dingen selbst. Erst wenn es seine Ziele selbst bestimmt, erfährt es mögliche Probleme auch als seine eigenen. Dadurch lernt es im Laufe des dritten Lebensjahres, seine Fähigkeiten einzuschätzen und kann deshalb mögliche Schwierigkeiten schon bald antizipieren. Ab diesem Zeitpunkt stehen viele Kinder bestimmten Tätigkeiten skeptisch gegenüber und sind oft nicht mehr bereit, alle vom Erwachsenen geforderten Aufgaben auszuführen.

Wenn das Kind auf dem Weg zum Erreichen eines Ziels auf Schwierigkeiten stösst, stellt sich auch die Frage, wie es diese lösen kann. Eine Möglichkeit besteht darin, den Anderen um Hilfe zu bitten. Dazu muss es jedoch auch an diesen denken können und wissen, dass er Dinge kann, die es selbst nicht tun kann. Dann muss es ihm seine Absicht mitteilen, den Gegenstand übergeben und warten, bis er die Hilfestellung ausgeführt hat, um ihn dann wieder in Empfang zu nehmen. Die Fähigkeit um Hilfe zu bitten, erfordert deshalb eine echte Integration der Erfahrungen mit der Personen- und Gegenstandswelt. Bis zum Alter von 18 Monaten sind die Kinder meist so mit der Handlung beschäftigt, dass sie den Anderen auch bei Schwierigkeiten nicht einbeziehen können. Oder aber sie geben den Gegenstand für die Hilfestellung aus den Händen, wenden sich dann jedoch einer anderen Tätigkeit zu, weil er seine Bedeutung verliert, wenn sie ihn nicht mehr selbst in den Händen halten. Erst zwischen 18-24 Monaten kann das Kind die Dinge wirklich *teilen* und damit auch um Hilfe bitten (*Harmon/ Duhl Glicken/ Gaensbauer* 1982).

2.33 Die Sprache entdecken

Die neue Form der Integration von Personen- und Gegenstandswelt durch ein Kind, welches ein Bild von sich entwickelt hat und seinen Handlungen Bedeutung geben kann, führt im sprachlichen Bereich zu einer entscheidenden Wende. Es hat eine gewisse Distanz oder Dezentrierung zu den Dingen entwickelt: Es ist nun nicht mehr so, dass ein Gegenstand nach genau dieser Handlung ruft, sondern Gegenstand und Handlung sind zwei voneinander unabhängige Aspekte der Realität. Dies führt dazu, dass es im Sprachverständnis Verb und Substantiv voneinander unabhängig entschlüsseln und damit auch nicht-situationale Aufforderungen befolgen kann (vgl. *Oviatt* 1980, *Bridges/ Sinha/ Walkerdine* 1982).

In der Sprachproduktion verfügt es bereits über einen Wortschatz von etwa 50 Wörtern (vgl. *Füssenich* 1992), und ist damit fähig, alltägliche Gegenstände und Handlungen zu benennen. Auf der Lautebene tendiert es in dieser Entwicklungsphase jedoch noch dazu, die Wörter der Erwachsenensprache zu vereinfachen (vgl. *Ingram* 1976, *Hacker* 1992): dabei werden vor allem die Konsonanten einander angeglichen, z.B. "Dett" f. Bett, "Buppe" f. Suppe, "geggi" f. dreckig. Solche *Assimilationen* sind nicht konstant, sondern sie variieren in Abhängigkeit von der Komplexität des Wortinhaltes, der kommunikativen Situation und später auch des Satzbaus.

Vor allem aber entdeckt das Kind, dass die Wörter etwas bewirken, d.h. dass sie von den Anderen verstanden werden, und auch, dass es selbst die Wörter der Anderen verstehen kann - oder nicht. Diese aktive Auseinandersetzung zwischen der Sprachproduktion und dem Verständnis führt gegen Ende des zweiten Lebensjahres zum wohl entscheidendsten Schritt: Es entdeckt die repräsentative und kommunikative Bedeutung der Sprache.

Von nun an richtet es seine Aeusserungen direkt an den Anderen, um ihm seine Absichten und Gefühle mitzuteilen. Weil es gleichzeitig fähig ist, aufgrund der sprachlichen Mitteilungen anderer Personen erste Vorstellungen aufzubauen, kann es diese nun wenn nötig auch mit Nein-Sagen zurückweisen.

In dem Sinne, wie das Kind die repräsentative und kommunikative Bedeutung eines Wortes erfasst hat, bekommt dieses auch die Qualität eines Satzes: nach *Chomsky* (1957, 1965) ist der Satz die oberste Einheit des sprachlichen Geschehens; der Satz *ist* die Idee, er impliziert eine Intention, eine Vorstellung. Richtet das Kind ein Wort an den Anderen mit der Absicht, etwas zu bewirken, hat es die Stufe des *Einwort-Satzes* erreicht.

Sobald es gegen Ende des zweiten Lebenjahres auch erste Standards entwickelt hat, beginnt es sich für entsprechende Veränderungen und damit für die *Eigenschaften* der Personen und Dinge zu interessieren. Dies hängt damit zusammen, dass es einen Gegenstand erst dann als "kaputt" oder "schmutzig" erfassen kann, wenn es eine Vorstellung seiner Intaktheit hat; die Abwesenheit einer Puppe erfasst und bezeichnet es, wenn sie auch anwesend sein könnte; und es benennt das Subjekt und die Handlung dann, wenn die ausführende Person auch jemand anders sein könnte als es selbst. Diese neue Sicht der Welt drückt das Kind aus mit der *Zweiwort-Aeusserung*.

Aus dieser Darstellung wird deutlich, dass der *zentrale Schritt* in der sprachlichen Entwicklung *im Uebergang vom einzelnen Wort zum Einwort-Satz* liegt. Die Stufen zum Zwei- und Mehrwortsatz sind dann nicht mehr weit entfernt und werden von den Kindern auch in sehr kurzer Zeit erworben. Eine klare entwicklungspsychologisch fundierte Unterscheidung zwischen dem einzelnen Wort und dem Einwort-Satz hat deshalb sowohl für die Forschung eine zentrale Bedeutung (bspw. bei der Suche nach Zusammenhängen zwischen der symbolischen und sprachlichen Entwicklung), wie auch für die Praxis: äussert ein Kind nur einzelne Wörter, geht es vor allem darum, ihm zu zeigen, dass diese Wörter eine Bedeutung haben. Ist es hingegen bereits auf der Stufe des Einwort-Satzes, steht im Vordergrund die Entdeckung, dass Menschen und Dinge auch Eigenschaften haben.

## 2.4 Das dritte Lebensjahr: die Entdeckung des Imaginären oder wie verändere ich die Welt

### 2.41 Das Symbolspiel

Durch die Möglichkeit, Vorstellungen von Dingen und Situationen aufzubauen, sind die Spielhandlungen nicht mehr direkt an die vorhandenen Gegenstände geknüpft. Das Kind kann jetzt bspw. ein der Vorstellung entsprechendes Spielzeug suchen gehen oder durch ein anderes, ähnliches ersetzen.

Zudem steht nun nicht mehr die Handlung selbst im Vordergrund, sondern das Handlungsresultat. Während es im Funktionsspiel immer wieder zu dem Gegenstand zurückkehrte, welchen es eben gebraucht hat, kann es diesen jetzt weglegen und einen Schritt weitergehen: der behandelte Gegenstand wird zum Ausgangspunkt der zweiten Handlung.

Hat das Kind zum Beispiel die Puppe mit dem Löffel gefüttert, kann es den Löffel weglegen und die eben gefütterte Puppe zum Ausgangspunkt der nächsten Handlung machen: es nimmt sie und legt sie ins Bett zum Schlafen. Beachtet es nun wieder das Resultat seiner Handlung, so ist die Puppe eine Schlafende, d.h. der Ausgangspunkt für die nächste Handlung ist die schlafende Puppe: sie kann nun geweckt werden.

Auf dieser Basis entstehen die ersten symbolischen Sequenzen. Diese haben eine *lineare* Struktur, weil sich jede Handlung aus der vorherigen Situation ableitet und dem *Ablauf* noch keine übergeordnete Vorstellung zugrundeliegt.

Etwa ab Mitte des dritten Lebensjahres hat sich die Vorstellungskraft so weit entwickelt, dass sie ganze Ereignisse und Situationen umfasst. Der Spielablauf ist von nun an nicht mehr von der Abfolge der einzelnen Handlungen bestimmt. Szenen, welche das Kind gerne spielt, können ausgedehnt, andere wiederum verkürzt oder sogar ausgelassen werden. Das Merkmal der symbolischen Sequenzen ab der zweiten Hälfte des dritten Lebensjahres ist ihre hierarchische Struktur; sie sind geplant, d.h. an erster Stelle steht die Spiel-*Idee*, welche auf der Handlungsebene je nach Lust und Situation beliebig ausdifferenziert werden kann.

Die *Inhalte* dieser Spiele sind immer die alltäglichen Erfahrungen des Kindes: "Ebenso wie das Uebungsspiel durch funktionelle Assimilation jede der Neuerwerbungen des Kindes reproduziert, ebenso reproduziert das Phantasiespiel alles Erlebte, aber in symbolischer Darstellung, und in beiden Fällen ist diese Reproduktion vor allem Bestätigung des Ich durch das Vergnügen, seine Fähigkeiten zu erproben und die flüchtigen Erfahrungen wieder zu erleben." (*Piaget* 1975, 171). Die grundlegende Bedeutung des Symbolspiels liegt nach *Piaget* darin, die "Wirklichkeit an das Ich zu assimilieren, ...und zwar überall dort, wo die Wirklichkeit eher korrigiert als reproduziert werden muss, um sich Freude zu verschaffen" (1975,172). Damit hat das Symbolspiel auch eine zentrale Funktion beim Versuch, mit einer Sache fertig zu werden oder unangenehme Situationen zu überwinden. Die Illusion ist dabei willentlich und dem Kind vollkommen bewusst. "Die Phantasie stellt die spielerische Idee als wirklich dar, während uns das Vergnügen, Ursache zu sein, daran erinnert, dass wir selbst es sind, die die Illusion schaffen. Damit ist das Spiel mit einem Gefühl der Freiheit verbunden..." (*Piaget* 1975, 195). Noch deutlicher drückt dies *Sartre* aus: "Die Vorstellungskraft ist keine empirische und zusätzliche Fähigkeit des Bewusstseins, sie ist das ganze Bewusstsein, insoweit es seine Freiheit realisiert." (1971, 289).

## 2.42 Die Werkzeuge und "es liegt in meiner Hand"-Tätigkeiten

Durch die Lust, die Welt gemäss eigener Vorstellungen zu verändern und Neues zu bewirken, entwickelt das Kind auch einen anderen Umgang mit den Gegenständen. Im ersten und zweiten Lebensjahr wird es durch die Dinge herausgefordert, gerufen: es ergreift sie, bewegt und verschiebt sie im Raum, kippt oder stellt sie auf- und ineinander. Den Gegenstand selbst erfasst es als etwas Gegebenes: es kann ihn noch nicht verändern. Im dritten Lebensjahr beginnt eine ganz neue Entwicklungsstufe: das Kind kann die Gegenstände als *Werkzeuge* oder *Instrumente gebrauchen,* mit denen es andere Gegenstände behandelt und dadurch verändert.

Bei den Tätigkeiten im dritten Lebensjahr werden deshalb gehäuft zwei Dinge miteinander in Beziehung gebracht, bspw. Deckel und Flasche beim Schrauben, Filzstift und Papier beim Malen, Formen und Box bei der Formbox, Schere und Papier beim Schneiden.

Im Bereich der praktisch-gnostischen Entwicklung führt dies dazu, dass nun beide Hände gleichzeitig gebraucht werden, wobei deren Aufgabe unterschiedlicher Art ist. Die meisten Kinder beginnen, eine Hand gegenüber der anderen zu bevorzugen, d.h. die Händigkeit ist nicht mehr ambivalent, sondern bestimmt. Die Tätigkeit selbst wird nun von der bevorzugten, dominanten Hand ausgeführt; die andere Hand ist aber nicht nur Unterstützung, indem sie den zu behandelnden Gegenstand hält und wenn nötig Gegendruck gibt. Eigentlich ist sie der dominanten immer ein wenig voraus, d.h. sie bringt den Gegenstand in die richtige Position, so dass die spezialisierte Hand die Bewegung nur noch ausführen muss.

Die Bewegungen selbst bestehen nun nicht mehr aus einem einfachen Greifen und Verschieben der Dinge, sondern beginnen sich zu spezialisieren. Der Gegenstand wird ganz seiner Form und Beschaffenheit entsprechend in die Hand genommen, manchmal sogar in sie hineingelegt. Diese neuen, für das dritte Lebensjahr typischen Handlungen wie schrauben, zeichnen, schneiden oder kneten, kann man deshalb als *"es liegt in meiner Hand"*-Tätigkeiten bezeichnen.

Diese Entwicklungsstufe zeigt sich durch eine Vielzahl neuer Errungenschaften im Umgang mit alltäglichen Gegenständen (vgl. auch die Item-Beschreibungen im Anhang).

Eine der ersten "es liegt in meiner Hand"-Tätigkeiten ist das Schrauben. Die Finger der einen Hand legen sich um den Deckel, die Bewegung des Drehens wird unterbrochen und der Deckel von neuem gefasst. Diese Handlung wird solange wiederholt, bis beim Schrauben kein Widerstand mehr spürbar ist. Die andere Hand bringt die Flasche in die richtige Position, hält sie und gibt wenn nötig Gegendruck.

Das Einführen von Formen in die Formbox bekommt im dritten Lebensjahr eine neue Bedeutung: die Formen können nun durch leichtes Drehen der Oeffnung angepasst und damit ohne Widerstand in diese eingeführt werden. Da sich das Kind gleichzeitig für die Eigenschaften der Dinge zu interessieren beginnt, wird auch die Gestalt der Formen von Bedeutung. Im Alter von etwa zweieinhalb Jahren weiss das Kind, dass sich die Eigenschaften von Form und Oeffnung gleichen, und damit ändert es die Haltung dem Spiel gegenüber: der Reiz liegt jetzt nicht mehr im Ausprobieren, sondern gerade darin, zu antizipieren, welche Form in welche Oeffnung passt.

Die Verknüpfung der neuen "es liegt in meiner Hand"-Tätigkeiten mit der Möglichkeit, Vorstellungen aufzubauen, zeigt sich auch beim Malen. Anfangs des dritten Lebensjahres entsteht aus dem eckigen das zirkuläre Kritzeln als rhythmische, schwungvolle und lustvolle Bewegung, welche darauf gerichtet ist, ein Zeichen in der Welt zu sein (vgl. auch *Bachmann* 1986). Die geschlossene Form entwickelt sich etwa mit zweieinhalb Jahren, wenn das Kind "Etwas" malen will. Die Bewegung des zirkulären Kritzelns wird abgebrochen, sobald die fortlaufende Linie ihren Anfang berührt und so eine Form bildet. Von Bedeutung ist dabei, dass dieses erste "Etwas" immer eine *geschlossene* Form darstellt. Das Kind wird deshalb dazu tendieren, bspw. eine Spirale mit einem zusätzlichen Strich zu schliessen oder umgekehrt, nach dem Malen einer Linie nicht anzuhalten, sondern mit einem Bogen zum Ausgangspunkt zurückzukehren. Man könnte auch sagen, dass in dieser Entwicklungsphase eine Linie kein "Etwas" ist, noch nicht als "Etwas" erfasst werden kann. Das Schwierige an der Linie besteht denn auch weniger im Malen selbst, sondern darin, die Mal-Bewegung abzubrechen, einfach anzuhalten, wo doch noch "nichts" ist. Der Kreis ist die vollkommene geschlossene Form. Um einen Kreis zu malen, braucht es Entschlossenheit: von Beginn an kennt die Bewegung ihr Ende; kein Zögern, keine Ausschweifungen haben hier Platz. Das Kind malt nicht mehr "Etwas", sondern es malt jetzt "Dies".


2.43 Ich verstehe und frage

Die sozial-kommunikative Entwicklung ist von dem Moment an, wo das Kind die Sprache mit ihren repräsentativen und kommunikativen Möglichkeiten entdeckt, ganz von und durch die Sprache gestaltet (vgl. auch *Vygotsky* 1977).

Entsprechend ist die bedeutungsvollste Errungenschaft des dritten Lebensjahres in diesem Entwicklungsbereich ein Wort: das *Ich* (*Mahler* 1979). Das Ich-Wort ist insofern etwas Besonderes, als es im Gegensatz zu allen anderen Wörtern nicht über die direkte Nachahmung erworben werden kann. Denn wenn du "ich" sagst, bist du "du" für mich und wenn ich "du" sage, bist du "ich" für dich.

Das Wort "Ich" ist auch das einzige Wort, welches aus der Sicht des Sprechenden nur zu einem einzigen Objekt in dieser Welt passt, nämlich zu sich selbst. Um von sich selbst als "Ich" zu sprechen, braucht es also auch ein bisschen Mut; ich sollte mich über meine Unabhängikeit und Freiheit freuen: die Roberta bin ich für Dich genauso wie für mich; "Ich" aber bin ich nur für mich selbst.

Durch die Möglichkeit, Vorstellungen aufzubauen eröffnet sich dem Kind im dritten Lebensjahr eine Welt, welche nicht mehr auf das Hier und Jetzt beschränkt ist. Dies hat vor allem für die Entwicklung des Sprachverständnisses eine grosse Bedeutung. Es kann jetzt auch Aeusserungen verstehen, deren Inhalt nicht mit seinen bisherigen Erfahrungen und Kenntnissen der Welt korrespondiert, wie dies bspw. bei absurden Aufforderungen der Fall ist ('gib der Puppe mit dem Malstift zu essen' oder 'kämme den Bären mit dem Löffel') (*Levi et al.* 1988). Um eine solche Aeusserung zu verstehen, muss das Kind nicht nur zu jedem bedeutungstragenden Wort eine Vorstellung aufbauen, sondern diese innerlich auch zu einer kleinen Szene verknüpfen. Gerade zu Beginn des dritten Lebensjahres ist es dabei noch unsicher; es löst das Problem dann oft so, dass es die absurde Handlung kurz andeutet, um dann gleich die entsprechende sinnvolle hinzuzufügen: es hält bspw. den Löffel schnell zu den Haaren des Bären und führt ihn dann sofort zum Mund. Ab etwa 30 Monaten kann es die Szene ohne Konflikte aushandeln oder aber die Aufforderung mit "nein" zurückweisen. Schon mit zwei Jahren schaut es aber als erste Reaktion immer den Erwachsenen an mit einem Blick, der in etwa bedeutet 'spinnst du oder habe ich dich falsch verstanden?'. Dieser Blick verrät oft mehr über das Verstehen des Kindes, als die Handlung, welche es effektiv ausführt.
Etwa zur gleichen Zeit, in der es im Spiel kleine Szenen planen und darstellen kann, also etwa mit zweieinhalb Jahren, beginnt es auch, kleine Geschichten zu verstehen. Eine Geschichte ist die sprachliche Darstellung eines *Ablaufes* von Ereignissen. Um sie zu verstehen, muss das Kind nicht mehr nur aufgrund eines einzelnen Satzes die entsprechende Vorstellung aufbauen, sondern diese muss aufgrund der weiteren Sätze laufend *verändert* werden. Eine Geschichte verstehen bedeutet, im Kopf ein kleines Theater mit fremder Regieanweisung hervorzubringen.

Ueber das Verstehen und Sprechen entdeckt das Kind die Möglichkeit, die Welt auszudehnen und zu erobern. Ausdruck dieser neuen Errungenschaft sind die *Fragen*. Mit den Was-ist-das?-Fragen versucht es seine Kenntnisse über die Sprache zu erweitern und immer auch zu bestätigen. Mit den Wo?-Fragen zeigt es den Erwachsenen, dass sie ihm jetzt etwas von der Welt ausserhalb von Haus und Familie erzählen können, und gleichzeitig spielt es auf Vergangenes und Zukünftiges an. Es fragt bspw. "wo Mama?" und erhält je nachdem die Antwort "sie *ist* arbeiten *ge*gangen", "sie *wird* bald wieder kommen" oder "sie ist *in* der Garage". Es sind vor allem die Fragen, welche dazu führen, dass das Kind seinen

Wortschatz so stark erweitert, dass er bereits gegen Ende des dritten Lebensjahres sehr differenziert ist. So äussert es nun spontan Begriffe wie zum Beispiel "traurig" oder "ähnlich", und es kann verschiedene Tiere aus dem Zoo wie bspw. Schlange, Schildkröte, Krokodil und Nilpferd unterscheiden und korrekt benennen. Auf der Lautebene werden die längeren oder phonologisch komplexen Wörter noch häufig vereinfacht, wobei es vor allem zu Auslassungen oder zu Ersetzungen (bspw. S/SCH durch T, R durch L) kommt. Diese können auch im fünften und sechsten Lebensjahr noch auftreten; bei den schwer zu bildenden Lauten R, S und SCH sind sie auch im siebten Lebensjahr noch bei etwa 30% aller Kinder zu beobachten.

Durch die fortlaufende soziale und kognitive Dezentrierung im dritten Lebensjahr beginnt sich das Kind zunehmend für die Beziehungen *zwischen* den Dingen und den Personen, zu interessieren. Dies bedeutet vorerst, dass nun Subjekt und Objekt, aber auch Art oder Ort der Tätigkeit bezeichnet werden müssen. Die ersten Mehrwortsätze, welche das Kind im dritten Lebensjahr äussert, widerspiegeln diesen neuen Entwicklungsschritt. Charakteristisch für diese ersten Mehrwortäusserungen ist die Stellung des Verbs am Ende des Satzes, bspw. "Bäbi au Tisch sitze" oder "Mama glii glii heicho?" (gleich heimkommen).

Etwa ab Mitte des dritten Lebensjahres zeigt das Kind die für das Deutsche typische *Verbzweitstellung* (vgl. *Penner/ Kölliker Funk/ Zimmermann* 1992, *Hartmann* 1994); dies geschieht ungefähr zur selben Zeit, in der es beginnt, von sich selbst als "ich" zu sprechen. Man kann deshalb davon ausgehen, dass das Kind die Gewissheit, eine eigenständige und *aktiv handelnde* Person zu sein, auch sprachlich ausdrückt, indem es das "ich" direkt mit dem Verb verknüpft; bspw. "*ich tue* sniide - *ich mache* vill Slange" oder "*ich tue* mit mim Papa spiele".

Im gleichen Sinne widerspiegelt die fortlaufende grammatikalische Differenzierung in der zweiten Hälfte des dritten Lebensjahres die Erfahrungen, Kenntnisse und Interessen des Kindes: es ist von Bedeutung, wer was auf welche Weise tut, wann, wo und mit wem, und deshalb muss dies auch benannt werden (vgl. auch *Bruner* 1974/75).

Durch die Vorstellungsfähigkeit macht es zudem erste Erfahrungen mit der Verzeitlichung: es erfährt, dass die Ereignisse selten plötzlich auftreten, d.h. dass es fast immer einen Grund gibt, weshalb etwas passiert oder weshalb die Anderen sich gerade so und nicht anders verhalten. Gegen Ende des dritten Lebensjahres beginnt es sich deshalb für diese Art von *logischen Verknüpfungen* zu interessieren, und es fragt "warum?" oder "wieso?". Die Antworten der Erwachsenen lauten "weil..." oder "wenn..., dann..."; sie geben inhaltlich die Erklärung und formal das Modell, wie das Kind diese Zusammenhänge auch selbst sprachlich ausdrücken kann: durch komplexe Satzstrukturen mit über- und untergeordneten Satzteilen.

Das Spezielle im *Gebrauch* der Sprache liegt darin, dass diese ab dem dritten Lebensjahr eine wesentliche Rolle zur Unterstützung der weiteren kognitiven und sozialen Entwicklung einnimmt. Das Kind gebraucht die Sprache jetzt häufig, um Situationen und Ereignisse zu beschreiben und dadurch in seiner Welt Ordnung, Klarheit und Sicherheit zu schaffen; es führt bspw. die absurde Aufforderung "kämme die Puppe mit der Schere aus", macht anschliessend sofort einen Schnitt und sagt dann ganz für sich selbst "schneiden", als ob es dadurch noch deutlicher würde, dass die Schere zum Schneiden bestimmt ist. Oder es macht jedesmal, wenn es hinfällt (ohne sich zu verletzen), die Feststellung "umgheit", als ob es sagen wollte, das war jetzt die Tätigkeit des Hinfallens, so geschieht dies.

Durch die ersten Fragen zeigt das Kind den Erwachsenen, dass es sich nun auch für Ereignisse aus der Vergangenheit und unmittelbaren Zukunft sowie für abwesende Personen und Dinge interessiert. Es fragt plötzlich, wo die Oma sei, oder ob es wieder mit der Tschutschu-Bahn zu ihr fahren werde. Die Erwachsenen beginnen deshalb, ebenfalls nicht-situationale Fragen zu stellen und erkundigen sich zum Beispiel, was es bei der Grossmutter gemacht hat, oder wo es mit ihr gewesen sei. Das Kind erfährt so, dass es Ereignisse gibt, über welche die Anderen nicht Bescheid wissen, und ab Mitte des dritten Lebensjahres beginnt es spontan, ihnen davon zu erzählen, sie zu informieren. Noch mit fünf bis sechs Jahren fällt es ihm jedoch schwer, genau einzuschätzen, welche Kenntnisse eine fremde Person von seiner Welt haben kann, d.h. welche Informationen es ihr vermitteln muss, damit sie seine Geschichte verstehen kann (vgl. *Piaget* 1923).

Der *Ablauf* der sprachlichen Kommunikation ist innerhalb des dritten Lebensjahres noch meist wie ein einmaliges Geben und Nehmen: das Kind stellt eine Frage und erwartet eine Antwort, oder es antwortet umgekehrt auf eine Frage. Erst anfangs des vierten Lebensjahres wird es ihm möglich, die Wörter wie einen Ball hin- und herzurollen, d.h. an eine Antwort gleich eine Frage anzuknüpfen und das Wort so nicht nur zu nehmen, sondern dem Anderen gleich wieder zurückzugeben, also ein Gespräch zu führen.

# 3. Frühe Spracherwerbsstörungen

## 3.1 Entwicklungsverzögerung und spezielle Beobachtungen

In diesem Kapitel möchte ich versuchen, die Ursprünge früher Spracherwerbsstörungen aufzudecken. Insbesondere aber will ich zeigen, wie eng Auffälligkeiten der Sprache mit Entwicklungsverzögerungen und -störungen in anderen Bereichen verknüpft sind.

Die *Beobachtung* und *Beschreibung* von Entwicklungsauffälligkeiten erfolgt immer auf zwei Ebenen: zum einen gibt es Fähigkeiten, welche sich langsamer, d.h. in verzögerter Art und Weise entwickeln; zum anderen gibt es spezielle Verhaltensweisen, welche in der Entwicklung unauffälliger Kinder nicht beobachtet werden können. Diese zweite Gruppe von Beobachtungen ist viel kleiner und auch viel seltener als die erste. Wenn ein drei- oder vierjähriges Kind im Spontanspiel ausschliesslich verschiedene Gefässe ineinanderstellt oder Wasser hin- und herleert, tut es etwas, was normalerweise 15-18-monatige Kinder tun. Sein Handeln kann als Verzögerung der symbolischen Fähigkeiten beschrieben werden. Wenn sich ein vierjähriges Kind jedoch nur dafür interessiert, die Gefässe auf dem Tisch rotieren zu lassen, kann dies nicht mit einer früheren Entwicklungsstufe verglichen werden; ich bezeichne dies deshalb als eine "Spezielle Beobachtung" (s. auch die Beschreibung des Entwicklungsprofils in Kapitel 4).
Auch die *Beurteilung* von Entwicklungsauffälligkeiten erfolgt auf zwei Ebenen: einerseits kann ich beschreiben, welchem Entwicklungsalter die einzelnen Fähigkeiten der verschiedenen Kompetenzbereiche entsprechen; andererseits versuche ich alle Beobachtungen zusammenzufassen und zu *interpretieren*, um in Form einer Diagnose diejenigen Schwierigkeiten zu benennen, welche zu den Auffälligkeiten geführt haben könnten. Dabei muss betont werden, dass sich die Hauptprobleme in der Entwicklung nicht im selben Bereich zeigen müssen, in dem die ursprüngliche Schwierigkeit liegt. Viele Kinder mit einer motorischen Störung zeigen eine Verzögerung nicht im praktisch-gnostischen, sondern im symbolischen oder auch im kommunikativen Bereich, weil sie sich auf jeder Entwicklungsstufe so auf die Ausführung der Handlung konzentrieren müssen, dass deren symbolische wie kommunikative Bedeutung im Hintergrund bleibt. Für die Beurteilung spielen deshalb beide Ebenen eine wesentliche Rolle: wird die Verzögerung der symbolischen Fähigkeiten isoliert gesehen, verleitet dies leicht zu der Annahme, die geistigen Möglichkeiten des Kindes seien eingeschränkt. Wird hingegen nur die motorische Störung beachtet, besteht die Gefahr, dass genau diese behandelt wird und sich dadurch die Diskrepanz zu den symbolischen und kommunikativen Fähigkeiten noch vergrössert.

Im Folgenden möchte ich beschreiben, wie Entwicklungsverzögerungen und -störungen innerhalb der vier Kompetenzbereiche entstehen, wie sie beobachtet und interpretiert werden können. Mit Entwicklungsverzögerungen bezeichne ich die Beobachtung, dass alle oder einzelne Fähigkeiten eines Kindes nicht dem Entwicklungsstand entsprechen, welchen sein Lebensalter erwarten lässt. Mit Entwicklungsstörungen bezeichne ich die *speziellen Beobachtungen*, d.h. Handlungs- und Kommunikationsformen, welche in der normalen Entwicklung *nicht* oder nur sehr selten vorkommen.

Eine Entwicklungsverzögerung entspricht also immer der *Fähigkeit* eines jüngeren "normalen" Kindes, weshalb sie im Entwicklungsprofil nie speziell aufgeführt wird.

3.11 Der praktisch-gnostische Bereich

Die Beobachtungen im praktisch-gnostischen Bereich zeigen, welche Handlungen das Kind mit alltäglichen Gegenständen ausführen kann. Dadurch kann man beschreiben, welchem Entwicklungsalter die Fähigkeiten des Kindes entsprechen. Gleichzeitig wird auch beobachtet, wie das Kind eine Situation erfasst, den Handlungsablauf plant und durchführt. Auf diese Weise sollen Auffälligkeiten erfasst werden, welche in der normalen Entwicklung nicht oder zu einem sehr viel früheren Zeitpunkt auftreten (Spezielle Beobachtungen).

In den letzten zehn Jahren haben gerade die Auffälligkeiten im gnostischen Bereich, d.h. die "Wahrnehmungsstörungen", einen bedeutenden Platz in der sonderpädagogischen Praxis eingenommen und viele kontroverse Diskussionen ausgelöst, ohne dass die Positionen heute viel klarer sind. Der Hauptgrund für die vielen Unklarheiten liegt sicher darin, dass die *Wahrnehmung* selbst - und damit auch eine mögliche Störung - *nie direkt beobachtbar ist*. Was wir sehen, sind immer Produktionen: unerwartete, ausbleibende, andersartige Handlungen, aufgrund derer man auf eine Störung der Wahrnehmung schliessen *kann*. Ob und in welchem Ausmass dies getan wird, hängt oft weniger von der realen Störung des Kindes, als vom theoretischen Gefüge ab, welches dem diagnostischen Prozess zugrundeliegt. Wenn ein Kind bspw. beim Malen mit dem Stift sehr stark auf das Papier drückt, werden dies einige Fachleute als Ausdruck einer taktil-kinästhetischen Wahrnehmungsstörung interpretieren; andere sehen darin eher Anzeichen einer minimalen zerebralen Bewegungsstörung, während eine weitere Gruppe in derselben Handlung die Aggressionen aufgrund einer gestörten Mutter-Kind-Beziehung zu erkennen glaubt.

*Die Diagnose "Wahrnehmungsstörung" ist also in jedem Falle eine Interpretation*. Dies ist weiter nicht schlimm, solange die theoretischen Grundlagen sowie die Beobachtungen, aufgrund derer eine solche Interpretation erfolgt, transparent sind.

Die theoretische Ausgangsposition, auf deren Basis ich die speziellen Beobachtungen interpretiere, soll deshalb im folgenden dargestellt werden. Dabei verzichte ich auf eine detaillierte Beschreibung und Diskussion der Neuropsychologie früher Entwicklungsstörungen und verweise auf die Ausführungen von *Lislott Ruf* (1989, [2]1991).

Aus neuropsychologischer Sicht kann man die Auffälligkeiten im praktisch-gnostischen Bereich in zwei Teilgebiete unterteilen: auf der einen Seite gibt es Störungen, welche die Planung und Durchführung von Handlungen behindern; auf der anderen Seite gibt es Störungen, welche in erster Linie die Erfassung und das Begreifen der Situation erschweren, in der die Handlung stattfindet.

*Planung und Durchführung*
Bei der Durchführung bestimmter Handlungsabläufe zeigen einige Kinder auch im Alter von zwei bis drei Jahren noch eine pathologische Tonuserhöhung der Gegenseite mit Mitbewegungen der nicht direkt beteiligten Hand (assoziierte tonische Reaktionen).

Das Kind drückt bspw. mit der einen Hand wiederholt auf den Klingelknopf des Telefons, wobei sich gleichzeitig auch die andere zusammenzieht. Oder es dreht mit der einen Hand den Flaschendeckel hin und her, und bei der anderen erfolgt ebenfalls eine Rotation im Handgelenk. Assoziierte tonische Reaktionen entstehen durch eine mangelhafte Unterdrückung der tonischen Reflexe, wenn übergeordnete motorische Zentren nicht altersgerecht reifen, und weisen auf das Vorhandensein einer minimalen spastischen Zerebralparese hin.

Einige Kinder zeigen Auffälligkeiten in der motorischen Koordination der Bewegungsabläufe.

Ihr Ursprung kann in einer schlechten Steuerung der Spontanbewegungen liegen, d.h. bei einer eher schlaffen Haltung sind teilweise überschießende Bewegungen zu beobachten. Solche dyskinetischen Bewegungsstörungen können als Folge einer mangelhaften Reifung des extrapyramidalen Systems auftreten.

Andere Kindern zeigen eine schlechte Koordination der Bewegungsabläufe, welche nicht auf die Art der Durchführung, sondern auf die Planung, d.h. die Praxie, zurückzuführen ist. Die Praxie ist die Fähigkeit, komplexe motorische Funktionen zu planen, bspw. ein Stück Klebstreifen abschneiden und auf ein Papier aufkleben. Eine Dyspraxie zeigt sich darin, dass das Kind bei einem Handlungsablauf viele unrationelle Bewegungen ausführt, also zuerst das Papier hinlegt und mehrmals auf dem Tisch hin- und herrückt, dann den Klebstreifen nimmt und ein Stück aufrollt, erst jetzt die Schere sucht, wobei sich das Klebband bereits irgendwo verfangen hat.

Häufig wird bei einer Verzögerung im praktisch-gnostischen Bereich auch auf eine mangelhafte Hand-Augen-Koordination hingewiesen. Dazu ist folgendes zu sagen: die Fähigkeit, Hand- und Augenbewegungen zu koordinieren, erwirbt das Kind im Alter von etwa vier bis fünf Monaten, und sie bildet die Basis für das gezielte Greifen. Kinder, welche diese Fähigkeit im Alter von zwei, drei oder vier Jahren noch nicht erworben haben, sind in ihrer gesamten Entwicklung schwer behindert, da ihnen die Erfahrungen mit der Gegenstands- und vielen Elementen der Personenwelt fehlen. Nun gibt es natürlich Kinder, welche beim Ausführen einer Handlung nicht auf den Gegenstand schauen, also bspw. beim Malen nicht auf das Papier, sondern zum Fenster hinaus. Dies ist aber immer ein Ausdruck von Desinteresse an der Handlung selbst; dieselben Kinder zeigen nämlich eine ausgezeichnete Hand-Augen-Koordination, wenn sie sich von einer Handlung faszinieren lassen können.

*Erfassung*
Bei einigen Kindern liegen die Schwierigkeiten beim Hantieren mit alltäglichen Gegenständen im gnostischen Bereich, also im Bereich der Wahrnehmung. Auf der Basis der Untersuchungen von *Luria* (1970) unterscheidet *Ruf* ($^2$1991) drei Arten von Entwicklungsstörungen der Wahrnehmung: die verminderte Erfassungsspanne, die verminderte Diskriminationsfähigkeit und die Figur-Hintergrund-Differenzierungsstörung.

Der Begriff *"Erfassungsspanne"* bezeichnet die Menge der Informationen, die ein Sinneskanal aufs Mal aufnehmen kann. Die Anzahl solcher Informationseinheiten beträgt in den ersten zwei Lebensjahren eins bis zwei und erreicht bereits Ende des Grundschulalters das Erwachsenenniveau von etwa sieben Elementen. Bei einigen Kindern entwickelt sich diese Erfassungsspanne in einem oder mehreren Wahrnehmungsbereichen etwas langsamer, d.h. noch mit drei oder vier Jahren können sie statt drei nur eine Einheit einer Information erfassen. Für den visuellen Bereich bedeutet dies bspw., dass das Kind auch in diesem Alter noch Bilderbücher bevorzugt, in denen pro Seite jeweils nur ein einziger Gegenstand dargestellt ist, oder es beachtet nur Einzelheiten einer Gesamtdarstellung. Im auditiven Bereich kann es bspw. nur eines statt drei genannter Dinge bringen. Im taktilkinästhetischen Bereich zeigt es beim konzentrierten Manipulieren der Dinge noch während längerer Zeit Speichelfluss, da es beim Greifen und Tasten nicht gleichzeitig spürt, dass sich der Speichel im Mund gesammelt hat. Die Erfassungsspanne bezieht sich auch auf das Erfassen der verschiedenen Details eines einzelnen Gegenstandes; einige Kinder brauchen viel länger, bis sie ein Spielzeug visuell, auditiv oder taktil genügend exploriert haben. Nach *Ruf* haben viele der Kinder, welche als "wahrnehmungsgestört" beschrieben werden, nicht eine veränderte, andersartige Wahrnehmung, sondern eine verminderte Erfassungsspanne.

Ein weiterer Bereich der Wahrnehmung ist die Fähigkeit, bedeutungsvolle Ereignisse in anderen Bereichen zu erfassen und dementsprechend von einem Kontext in den anderen zu wechseln. *Ruf* ($^2$1991) bezeichnet diese Fähigkeit als Kanalkapazität. Bei einigen Kindern entwickelt sich auch dieses Fassungsvermögen langsamer.

*Ruf* ($^2$1991) beschreibt zudem die Fähigkeit, Unterschiede zu erfassen und damit auch Aehnlichkeiten zu erkennen. Auch die *Diskriminationsfähigkeit* kann sich verzögert entwickeln, wodurch schon bei kleinen Kindern z.B. das Erfassen und Wiedererkennen von Mimik, Gestik, Intonation oder bestimmter Körperberührungen erschwert sein kann.

Die *Figurhintergrund-Differenzierung* ist die Fähigkeit, aus sehr vielen wahrnehmbaren Aspekten der Realität die wesentlichen herauszulösen und zu erfassen. Auch diese Fähigkeit verändert sich in der Entwicklung; für sehr kleine Kinder sind andere Aspekte von Bedeutung als für grössere. Kommt ein drei- bis vierjähriges Kind in einen Raum mit fremden Personen, erfasst es diese sofort und wird zuerst einzuschätzen versuchen, ob es ihnen vertrauen kann, bevor es sich den Spielsachen zuwendet. Einige Kinder im selben Alter stürzen sich sofort auf einen bestimmten Gegenstand, wenn sie in einen neuen Raum kommen, und erschrecken später sehr, wenn sie sich plötzlich der anwesenden Personen gewahr werden. Nur bei ganz wenigen Kindern ist die Figurhintergrund-Differenzierung nicht verzögert, sondern verändert. Diese Kinder scheinen sich für ganz andere Aspekte der Realität zu interessieren, bspw. horchen sie nur auf Töne von sehr hoher Frequenz oder sie scheinen ganz fasziniert zu sein von einer bestimmten Wand, fürchten sich aber gleichzeitig vor - aus unserer Sicht - harmlosen Dingen wie bspw. fallenden Blättern.

Auf diesem Hintergrund können die Beobachtungen, wie das Kind die Handlungen mit verschiedenen Gegenständen durchführt, interpretiert werden. Im folgenden will ich versuchen, einzelne Beobachtungen zusammenzustellen, welche auf das Vorhandensein einer verzögerten oder eingeschränkten Fähigkeit der verschiedenen Wahrnehmungsbereiche hinweisen. Die Interpretation, um welche Form von Entwicklungsstörung der Wahrnehmung es sich dabei handelt, kann nicht absolut, sondern nur aufgrund des Gesamtbildes erfolgen, d.h. mit Bezugnahme zum Alter, zu den übrigen Fähigkeiten und Verhaltensweisen des Kindes sowie zu seinem sozialen Umfeld.

Auf Auffälligkeiten in der *taktil-kinästhetischen Wahrnehmung* deuten vor allem Handlungen hin, bei denen das Kind eine mangelhafte Kraftdosierung zeigt; dadurch kann es den Widerstand, den die Dinge der Hand bieten, nicht deutlich spüren.
Beim Malen zeigt sich dies durch sehr starkes oder nur schwaches Drücken des Stiftes auf die Unterlage; beim Schneiden kann es dazu führen, dass das Kind die Schere nicht öffnen oder wenn sie ganz offen ist, nicht mehr schliessen kann; beim Klebband können einige Kinder noch im Alter von vier Jahren die klebende nicht spontan von der nichtklebenden Seite unterscheiden; einzelne Kinder im selben Alter können die Bürste nicht durch die Haare führen, weil sie sich durch zu starke Druckgebung sofort verfängt oder aber der Widerstand der Haare gar nicht überwunden werden kann; beim Aufschrauben gibt es Kinder, welche nicht spüren, wann das Ende der Windung erreicht ist und endlos weiterschrauben; einzelne Kinder können auch nach mehreren Versuchen den Hörer des Telefons nicht auf die Gabel legen; das Rollen der Knetmasse gelingt nicht, weil diese bei zu starker Kraftdosierung plattgedrückt und bei zu leichtem Druck gar nicht verändert wird; einzelne Kinder pressen beim Zusammenfügen der Schienen der Brio-Bahn die Teile aufeinander und die Wagen so zusammen, dass sie nicht spüren, ob die Magnete zusammenpassen; beim Fahren mit dem Zug drücken sie die Wagen so stark auf die Schienen, dass sie nicht dem Strang entlang fahren können; und auch beim Einführen von Formen in die Formbox pressen sie die Formen in leicht schräger Lage so in die Oeffnung, dass sie steckenbleiben.

Auf Schwierigkeiten in der *visuellen* und *räumlichen Wahrnehmung* weisen vor allem Handlungen hin, die auf ein "Uebersehen" hinweisen, bei denen die räumliche Anordnung auffällig ist oder nicht beachtet wird (vgl. *Zollinger* 1989).

Einzelne Kinder malen noch mit drei Jahren immer wieder über den Rand des Papiers hinaus oder sie bemalen regelmässig nur eine kleine Ecke des Papiers; beim Kleben können sie auch mit fünf oder sechs Jahren die Nahtstelle nicht erfassen und kleben das Band immer wieder auf die Wand oder das Papier; einzelne Kinder legen den Hörer des Telefons jeweils quer zur Gabel; bei der Brio-Bahn wie bei der Formbox können sie noch mit vier Jahren die korrespondierenden Teile nicht antizipieren und beim Aufbauen die durch den Raum gegebenen Grenzen nicht vorsehen. Beim Betrachten eines Klapp-Bilderbuches können sie die aufklappbaren Teile nicht sofort erfassen und tasten jede Seite mit der Hand ab; bei bestimmten Abbildungen erfassen sie nur ein Detail und benennen sie entsprechend, bspw. ein Auge mit Wimpern als "Sonne", ein Rad mit Naben als "Uhr" oder eine Brille als "Fahrrad".

Auffälligkeiten der *auditiven Wahrnehmung* sind während der Handlungen mit Gegenständen schlecht zu beobachten; sie zeigen sich mehr dadurch, wie das Kind auf unterschiedliche Geräusche reagiert sowie im sprachlichen Bereich, wobei dort klar zwischen auditiver Wahrnehmung und Sprachverständnis unterschieden werden muss (s. Kapitel 3.2).

Auf eine Schwierigkeit, bedeutungsvolle Ereignisse in anderen Bereichen zu erfassen und zu integrieren, weist vor allem eine fehlende Reaktion auf zusätzliche Reize hin. Diesen Kindern fällt es schwer, von einem Kontext in den anderen zu wechseln: so zeigen sie während des konzentrierten Spiels keine Reaktion, wenn sie angesprochen werden, wenn das Telefon klingelt oder wenn sie am Rücken berührt werden. Bei einzelnen kann es sogar vorkommen, dass sie während einer bestimmten Tätigkeit speicheln oder auch einnässen. Am besten lassen sich diese Schwierigkeiten mit den Begriffen der "Selbstvergessenheit" oder manchmal auch "Selbstverlorenheit" beschreiben.

Es gehört zu den wichtigsten Zielen unserer weiteren Forschungsarbeit, diese Schwierigkeiten im Bereich der Wahrnehmung genauer zu beschreiben. So wäre es zum Beispiel interessant, der Frage nachzugehen, *wo das Kind ist*, wenn es den Eindruck der Selbstvergessenheit erweckt.

3.12 Der Symbolische Bereich

Kinder im dritten und vierten Lebensjahr erfassen die Funktionweise auch neuer Gegenstände sehr rasch und konzentrieren sich deshalb nach kurzer Zeit darauf, was bei der Manipulation dieser Dinge entsteht, so dass sie diese dann in einen Handlungsablauf einbinden können. Einige Kinder zeigen auch in diesem Alter noch keine Konzentration auf das Handlungsresultat und können so ihren Handlungen keine symbolische oder kommunikative Bedeutung geben. Meistens führt dies dazu, dass das Kind einen Gegenstand nach dem anderen nimmt, kurz exploriert, dessen Funktion andeutet und fast enttäuscht wieder hinlegt. Das Spiel erscheint sprunghaft und bald ist der Tisch oder gar der Raum übersät von Gegenständen. Das Kind steht dieser Unordnung hilflos gegenüber, und die Eltern beklagen sich, dass es nicht alleine spielen könne, unruhig und unzufrieden sei.

Einzelne Kinder, welche auch mit drei oder vier Jahren ihren Handlungen noch keine symbolische Bedeutung geben können, zeigen eine ganz andere Spielform: sie beschäftigen sich über lange Zeit hinweg mit den gleichen Gegenständen und führen damit immer dieselben Handlungen aus; bspw. spielen sie nur mit Autos, welche sie der Reihe nach aufstellen, um sie bei Beendigung einer Reihe gleich wieder von neuem zu gruppieren. Oder sie füllen scheinbar endlos Wasser, Glasperlen oder Knete von einem Gefäss in ein anderes, ohne dass sie sich dabei zu langweilen scheinen. Bei einzelnen Kindern sind solche Handlungen auf eine einzige Funktionsweise eingeschränkt wie bspw. das Rotieren, Kreisen oder Spicken; ihrer monotonen Gleichförmigkeit wegen werden diese auch als stereotype Handlungen bezeichnet.

Wie bereits beschrieben liegt das Gemeinsame dieser Spielformen darin, dass sich die Kinder ganz auf die Handlung selbst konzentrieren und dadurch nicht entdecken können, dass sie Veränderungen in der Welt bewirken. Der Ursprung dieser Schwierigkeit liegt oft im praktisch-gnostischen Bereich. Hat das Kind Probleme in der Erfassung, Planung oder Durchführung von Handlungen, braucht es länger, um die Aehnlichkeit eines neuen Gegenstandes zu anderen bekannten zu erkennen. Es wird deshalb wieder ganz damit beschäftigt sein, seine Funktion zu erfassen, oder die passende Handlung durchzuführen. Ein knapp vierjähriges Mädchen findet eine Puppe, welche in Verbandstoff eingewickelt ist. Ich sage "hat die Puppe einen Verband? - war sie beim Doktor?". Während das Kind beginnt, den Verband abzuwickeln, sagt es "ja" und repetiert das Wort "Doktor", ohne aber innezuhalten und mich anzuschauen. Ich muss deshalb davon ausgehen, dass es die Situation selbst nicht erfasst und damit auch meine Wörter nicht verstanden hat. Beim Abwickeln fällt es ihm schwer, das Tuch mit den Fingern zu fassen, dann scheint es sich die Bewegung des Um- bzw. Abwickelns nicht vorstellen zu können, d.h. es zieht immer wieder am Stoff, bis er sich langsam löst. Liegt die Puppe schliesslich ohne Verband vor ihm, schaut es staunend von dieser zum Verband und wieder zur Puppe. Dies ist eine Sequenz, welche die Schwierigkeiten vieler Kinder deutlich macht: der Gegenstand der einbandagierten Puppe ruft nach der Handlung des Abwickelns; durch die Konzentration auf das Abwickeln rückt nun die Ausgangsposition weit weg, so dass die Veränderung nicht erfasst werden kann. Dadurch kann das Kind der Handlung aber auch keine Bedeutung geben. Spontan würde es nun einfach einen anderen Gegenstand nehmen, mit dem sich eine ähnliche Sequenz abspielen würde.

Nicht alle Kinder sind so "geduldig" wie dieses Mädchen; stossen sie bei der Durchführung auf Schwierigkeiten, legen sie den Gegenstand sofort beiseite und wenden sich einem anderen zu. Manche Kinder werden auch wütend ob der immer wieder auftauchenden Probleme und zeigen dies dann durch aggressive oder destruktive Handlungen.

Auch das Betrachten von Bilderbüchern setzt voraus, dass sich das Kind auf das Handlungsresultat konzentrieren kann; nur auf dieser Basis wird es die Bilder nicht nur als Hinweis auf den abgebildeten Gegenstand verstehen, sondern aufgrund der Abbildungen lebendige Vorstellungen aufbauen können. Viele drei- und vierjährige Kinder manipulieren das Bilderbuch wie einen beliebigen Gegenstand, d.h. sie blättern die Seiten durch und schauen auf die farbigen Bilder, die sie zwar erkennen, zu denen sie aber keine lebendigen Vorstellung aufbauen. Etwas interessanter sind Bücher mit aufklappbaren Bildteilen, da die Kinder selbst aktiver sein können. Einige erfassen aber auch mit drei Jahren noch nicht auf den ersten Blick, welche Elemente aufklappbar sind und tasten deshalb die ganze Seite ab. Damit wird die Konzentration wiederum auf die Handlung gerichtet, so dass die Bedeutung der Darstellungen von neuem in den Hintergrund rückt. Dies zeigt sich darin, dass das Kind auch bei einem einfachen Handlungsablauf das Ende der Geschichte nicht begreift und deshalb auf der Umschlagseite nach weiteren aufklappbaren Teilen sucht.

Beim Malen liegt ab dem dritten Lebensjahr die ganze Faszination darin, etwas entstehen zu lassen, die eigenen Produktionen zu betrachten und ihnen dann Bedeutung zu geben. Ist das Kind aber immer durch die Tätigkeit selbst beansprucht, kann diese Faszination nie entstehen, oder sie verblasst gleich wieder. Sogar wenn das Kind mit vier oder fünf Jahren gelernt hat, bestimmte Figuren wie eine Sonne oder einen Kopffüssler wiederzugeben, bleiben diese statisch, d.h. sie weisen passiv auf etwas hin, aber es kann sich von ihnen nicht verzaubern lassen, ihnen keine Lebendigkeit geben. Vielen Kinder mit Entwicklungsauffälligkeiten fällt eine korrekte Linienführung und Kraftdosierung beim Malen schwer und sie müssen sich deshalb sehr anstrengen. Der Grund aber, weshalb sie das Malen oft meiden, liegt darin, dass sie die Magie der Striche und Kreise noch nicht entdeckt haben. Setzt eine Förderung nicht hier, sondern bei der mangelnden Linienführung oder Kraftdosierung an, beginnt ein Teufelskreis, welcher sich bis ins Schulalter wiederholt: kaum hat das Kind eine neue Technik oder Form erworben, wird es mit der nächsten konfrontiert, d.h. es muss sich immer wieder auf die Ausführung konzentrieren.

Kinder, welche beim Spiel die Gegenstände nur kurz manipulieren und sie dann gleich weglegen oder fortwerfen, machen einen unruhigen, ungeduldigen, gehetzten Eindruck. Sie werden deshalb häufig als "hyperaktiv" oder "aufmerksamkeitsgestört" bezeichnet, wobei einige Fachleute davon ausgehen, dass es sich hier um ein Syndrom mit zentraler Ursache handelt. Aufgrund unserer Beobachtungen ist diese Annahme klar zurückzuweisen. Während der Therapie mit diesen Kindern zeigt sich deutlich, dass die Hyperaktivität wie auch die Aufmerksamkeitsstörung verschwinden, wenn das Kind den Handlungen - sowie den sprachlichen Aeusserungen - eine Bedeutung geben kann. Ich werde diese Thematik in den Kapiteln über den Verlauf und über die Therapie noch ausführlicher diskutieren.

Damit sich ein Kind auf das Resultat einer Handlung konzentrieren kann, braucht es aber nicht nur die entsprechenden Fähigkeiten im praktisch-gnostischen Bereich, sondern auch eine gewisse innere Ruhe und Sicherheit. Es ist sicher nicht zufällig, dass die symbolische Entwicklung zu jenem Zeitpunkt beginnt, wo das Kind den Höhepunkt der Individuationsentwicklung erreicht und ein gewisses Vertrauen in sich selbst und in die Anderen aufgebaut hat. Wenn es jedoch ausschliesslich damit beschäftigt ist, sich zu vergewissern, dass die Bezugsperson noch anwesend ist, wird es sich der Gegenstandswelt nicht auf die Art widmen können, dass es die Bedeutung seiner Handlungen entdecken kann. Ist es einem Kind nicht möglich, eine gute Beziehung zu einer anderen Person aufzubauen, kann es sich auch von den Gegenständen nicht rufen lassen und deshalb lange kein Funktions- und Symbolspiel entwickeln.

3.13 Der sozial-kommunikative Bereich

Die erste und wichtigste Form des sozialen Austausches ist der direkte Blickaustausch. Es gibt einzelne Kinder, welche den direkten Blickaustausch nur ganz selten zulassen. Dies ist das Hauptmerkmal derjenigen Kinder, welche als "autistisch" beschrieben werden; häufig suchen sie auch kaum körperlichen Kontakt und zeigen keine speziellen Reaktionen, wenn man zu ihnen spricht. In den Beschreibungen heisst es deshalb oft, autistische Kinder würden den sozialen Kontakt verweigern. Eine solche Aussage muss entschieden zurückgewiesen werden. Was wir beobachten können, ist, dass sie den Kontakt nicht auf die Art aufnehmen und auf die Kontaktsuche der Erwachsenen nicht so reagieren, wie wir es erwarten. Die Aussage, das Kind verweigere den Kontakt, beschreibt aber nicht eine Beobachtung, sondern eine Haltung des Kindes. Wenn man nun versucht, sich in diese Haltung den anderen Personen gegenüber hineinzuversetzen, wird man diese nie als Verweigerung, sondern am ehesten als Aufforderung beschreiben: "so nicht - anders schon!". Die ablehnenden Verhaltensweisen des Kindes können dann so interpretiert werden, dass es sich im Anderen nicht wiederfinden kann, weil es in anderer Art und Weise angeschaut und berührt werden möchte und sich wünscht, dass man anders zu ihm spricht. Wie dieses "anders" sein soll, ist von Kind zu Kind verschieden; ein Beispiel werde ich bei der Beschreibung von Sati darstellen.

Gegen Ende des ersten Lebensjahres kann das Kind die Gegenstands- und Personenwelt erstmals über den triangulären Blickkontakt verbinden. Fast alle Kinder mit Entwicklungsauffälligkeiten zeigen auch im Alter von zwei, drei und vier Jahren diesen triangulären Blickkontakt nur sehr selten. Beschäftigen sie sich mit einem Gegenstand, sind sie entweder ganz davon eingenommen oder aber sie manipulieren ihn ohne echte Freude und Interesse - in beiden Situationen gibt es keinen Anlass, ein Erlebnis zu teilen. Steht das Kind in direktem Kontakt mit einer anderen Person, ist es oft ganz vom Anderen fasziniert oder aber so damit beschäftigt, mit ihm über den direkten Blick, Gesten oder Laute zu kommunizieren, dass es einen Gegenstand in diese Interaktion nicht einbeziehen kann; dies habe ich bspw. sehr oft bei Kindern mit Down-Syndrom beobachtet.

Mit etwa eineinhalb Jahren können viele der entwicklungsauffälligen Kinder einen Gegenstand geben, doch auch hier fehlt der erwartungsvolle Blick, d.h. sie bringen das Ding, legen es dem Erwachsenen auf den Schoss und gehen gleich wieder weg, um etwas neues zu holen. Wenn sie dem Anderen eine Absicht mitteilen wollen, zeigen und vokalisieren sie oder ziehen ihn am Arm, doch auch in dieser Situation schauen sie nicht vom gewünschten Gegenstand zum Erwachsenen, um zu sehen, wohin er seinen Blick richtet.

Am deutlichsten zeigen sich die Schwierigkeiten in der Triangulierung beim um Hilfe Bitten. Stossen die Kinder beim Spiel mit einem Gegenstand auf Probleme, wechseln sie die Tätigkeit, als ob sie noch nicht entdeckt hätten, dass der Andere ihnen helfen könnte. Andere bringen ihn zwar, wenden sich aber in dem Moment einem anderen Spielzeug zu, wo sie ihn übergeben haben, d.h. ist er aus den Händen, scheint er auch aus dem Sinn zu sein.

Eine wichtige Folge der Auseinandersetzung mit der Personen- und Gegenstandswelt ist das Nein-Sagen. Einige Kinder fallen dadurch auf, dass sie sich selten wehren, nie lustvoll alle Aeusserungen des Erwachsenen mit "nein" beantworten und Aufforderungen zu schwierigen, ungeliebten Handlungen nicht zurückweisen können. Oft stehen sie dann auch dem "Nein" der Anderen hilflos gegenüber, d.h. wenn ihnen ein Wunsch nicht erfüllt werden kann, werfen sie sich verzweifelt zu Boden, weinen, schlagen um sich und sind für lange Zeit untröstlich. Gerade bei Kindern, welche sich motorisch langsamer entwickeln oder in ihrer Bewegungsfähigkeit eingeschränkt sind, gestaltet sich die freie Exploration der Gegenstandswelt schwieriger. Dadurch werden sie auch viel seltener mit dem "Nein" des Erwachsenen konfrontiert und können sich nicht aktiv mit ihm auseinandersetzen. Auf die Frage, ob das Kind "nein" sage, schauen manche Mütter fast erschrocken; dann werden sie nachdenklich und sagen, dass sie selbst die Wünsche des Kindes nur selten zurückweisen würden, da es doch schon so ein schwieriges Leben habe.

Mit etwa zwei Jahren erreicht das Kind den Höhepunkt der Individuationsentwicklung, was sich in vielen neuen Errungenschaften zeigt. Eines der wichtigsten Ereignisse ist dabei das Lächeln nach gelungener Handlung, da es in gewissem Sinne die Freude an der Welt und an sich selbst verbindet. Sehr viele Kinder mit Entwicklungsauffälligkeiten zeigen dieses private zufriedene Lächeln nicht oder nur ganz selten; statt dessen lachen sie nach jeder Tätigkeit und klatschen in die Hände, als ob dies ein Teil der Handlung selbst wäre. Nun setzt das Lächeln nach gelungener Handlung natürlich voraus, dass das Kind das Resultat seiner Handlungen beachten kann. Gleichzeitig muss es auch möglich sein, sich eigene Ziele zu setzen, etwas zu wagen, auszuprobieren. Gerade dies aber wird vielen Kindern dadurch verunmöglicht, dass sie durch Ueber-Förderung ständig überfordert und in ihren Handlungen fremdbestimmt sind.

Dass das Kind sich als individuelle und eigenständige Person erlebt, zeigt es auch dadurch, dass es sein Bild im Spiegel erkennt und sich interessiert betrachtet. Wenn sich ein Kind in der Interaktion mit dem Anderen nicht finden und wiedererkennen kann, zeigt es dies manchmal dadurch, dass es sein Spiegelbild zurückweist. Wird es mit dem Spiegel konfrontiert, schiebt es ihn bestimmt weg oder aber es spiegelt den Hintergrund und vermeidet mit grosser Geschicklichkeit das Zusammentreffen mit seinem Abbild

Einzelne Kinder weisen nicht nur das Spiegelbild zurück, sondern zeigen auch auto-aggressive Handlungen, d.h. sie schlagen sich selbst oder sie schlagen den Kopf gegen die Wand oder auf den Boden. Solche Handlungen können als Ausdruck der Entfremdung der Welt und den Anderen gegenüber verstanden werden. Wenn ein Kind spürt, dass es mit seinen Aengsten, aber auch mit seinen Interessen und Freuden alleine ist, wenn es sich im Anderen nicht wiedererkennen und deshalb auch kein Bild von sich selbst als Person in der Welt entwickeln kann, dann lebt es eigentlich immer in der Gefahr, verloren zu gehen, sich aufzulösen, einfach nicht mehr da zu sein. Ich stelle mir vor, dass es diese Gefahr durch das Schlagen verringern möchte, weil es dann erlebt: ich spüre meinen Kopf, es gibt mich, ich bin noch da. Bei der Beschreibung der Geschichte von Martin werde ich diese Entwicklungszusammenhänge näher zu erklären versuchen.

Mit dem Ich-Sagen im Alter zwischen zweieinhalb und drei Jahren zeigt das Kind sich und den Anderen, dass es keine Zweifel mehr gibt über seine Eigen- und Selbständigkeit. Interessant ist die Beobachtung, dass das Ich-Sagen fast immer zur gleichen Zeit auftritt wie die Fähigkeit, das Verb im Satz an die zweite Stelle zu setzen. Das Kind eröffnet nun die meisten Sätze mit "ich" und hält dann oft in fast rhetorischer Weise kurz inne, bevor es den Satz weiterführt; auf die Frage, wie die Ferien waren, welche die zweieinhalbjährige Roberta ohne den Vater verbringen musste, sagt sie "ich - *bin* jetzt da bei meinem Papa".

Bei der Beobachtung und Beurteilung von Kindern mit (Sprach-) Entwicklungsauffälligkeiten ist das Wort "ich" insofern von grossem Interesse, als es als einziges Wort nicht über die direkte Imitation erworben und damit auch nicht antrainiert werden kann. Ein Kind, welches mit vier oder fünf Jahren zwar viel spricht, aber noch nicht "ich" sagt, kann nicht deutlicher zeigen, wo seine ursprünglichen Schwierigkeiten liegen. In meiner Arbeit mit älteren geistig behinderten Kindern war dies eine der wichtigsten Beobachtungen: keines dieser Kinder sprach von sich mit "ich". In der Logopädie aber wurde bis anhin an der

Fähigkeit gearbeitet, S und SCH zu differenzieren oder den R zu bilden, und in der Schule wurden einzelne Wörter geschrieben. Eine entwicklungspsychologisch fundierte Förderung aber heisst: bevor ein Kind nicht "ich" sagt, darf ihm keine Tätigkeit vorgeschlagen und gelehrt werden, welche einem Entwicklungsalter von mehr als drei Jahren entspricht.

## 3.14 Der sprachliche Bereich

*Das Sprachverständnis*
Schon in den ersten Tagen nach der Geburt zeigt das Baby deutliche Reaktionen, wenn man zu ihm spricht und es scheint sogar die sprachlichen Laute gegenüber allgemeinen Geräuschen zu bevorzugen. Zeigt ein Kind ab etwa sechs Monaten keine Reaktion, wenn es beim Namen gerufen wird, kann dies auf eine Beeinträchtigung der Hörfähigkeit hinweisen. Einige Kinder reagieren aber nur dann nicht auf ihren Namen oder auf Geräusche wie das Klingeln des Telefons, wenn sie sich gerade mit einem Gegenstand beschäftigen. Ganz selten gibt es Kinder, welche gar nicht auf sprachliche Aeusserungen, wohl aber auf spezielle Geräusche achten. Als Sati mit zweieinhalb Jahren zur Abklärung vorgestellt wurde, erzählten die Eltern, dass sie nur auf ein einziges Geräusch reagiere, nämlich das Rascheln der Papierwindeln beim Wickeln ihrer kleinen Schwester. Dies deutet auf eine intermodale Störung hin, wobei die Tatsache, dass diese einseitige Reaktionsweise bereits nach drei Monaten Therapie nicht mehr zu beobachten war, eine solche Diagnose in Frage stellt. Ich werde diese Frage bei der Beschreibung ihrer Fallgeschichte nochmals aufnehmen.

Ab dem dritten Lebensjahr rufen die Wörter der Anderen beim Kind erste Vorstellungen hervor, und es entdeckt, dass seine Wörter vom Anderen verstanden werden können. Das Wort bekommt dadurch seinen eigenen Stellenwert, d.h. es ist nicht mehr nur Begleitung von Tätigkeiten und Interaktionen, sondern es steht für sich und wird in seiner Bedeutung sehr ernst genommen. Wird das Kind nun mit Aufforderungen konfrontiert, deren Inhalt ihm nicht sinnvoll erscheint, zeigt es dies durch einen fragenden Blick oder aber es weist die Aeusserung sogleich mit "nein" zurück. Einige Kinder zeigen auch im dritten und oft noch bis zum fünften oder sechsten Lebensjahr eine ganz andere Reaktion: die Widersprüchlichkeit der Aeusserung scheint sie nicht zu irritieren, sondern sie führen eine Handlung aus, die in etwa zu der Situation und zu der Aeusserung passen könnte. Fordert man sie bspw. auf, ein Fenster zu schliessen, welches bereits geschlossen ist, gehen sie ohne Nachfrage hin und öffnen es. Oder sagt man, sie sollen die Puppe mit dem Löffel bürsten, nehmen sie diesen und geben ihr zu essen. Sie scheinen sich also beim Verstehen nur auf einzelne Wörter abzustützen; ich bezeichne diese Art des Sprachverständnisses deshalb als Schlüsselwort-Interpretation. Da unsere Umgangssprache hochgradig redundant ist, lässt sich diese Form des Verstehens für sehr viele kommunikative Ereignisse erfolgreich anwenden. Wie sie sich aber auf eine etwas komplexere Situation auswirkt, zeigt folgendes Beispiel. Ein vierjähriges Kind, das wegen Sprechunflüssigkeiten zur Abklärung angemeldet wurde, sitzt auf dem Schoss der Mutter und schaut mit ihr ein Bilderbuch an. Sie erzählt ihm, dass der Igel und der Maulwurf den Winter unter der Erde verbringen und fährt fort: "sie müssen warten, bis der Frühling kommt". Das Kind wendet sich jetzt plötzlich der Mutter zu und fragt "wer biisd?" (wer beisst?). Diese Frage weist darauf hin, dass es den Wörtern der Mutter wie einem Musikstück lauschte, und dann bei der interessanten Lautkombination "bis d" im Satz "warten, bis der Frühling kommt" aufhorchte und nachfragte.

Tendieren Kinder ab dem dritten Lebensjahr dazu, sprachliche Aeusserungen aufgrund einzelner Schlüsselwörter zu interpretieren, deutet dies darauf hin, dass sie die repräsentative und kommunikative Bedeutung der Sprache noch nicht kennen, d.h. noch nicht entdeckt haben, dass sie mit ihr die Welt darstellen und verändern können.

Eine andere Kommunikationsform, welche auf ein solches "passives" Sprachverständnis hinweist, ist das Ja-Sagen. Einige Kinder antworten auf sprachliche Aeusserungen einfach mit "ja", unabhängig davon, ob es sich um eine offene oder geschlossene Frage, eine Aufforderung oder eine Aussage handelt. Da in vielen Gesprächssituationen gerade von Kindern - aber oft auch von Erwachsenen - eine inhaltlich bedeutungsvolle Antwort nicht wirklich erwartet wird, wird dieses Ja-Sagen als Zeichen des Verstehens gedeutet und deshalb oft "erfolgreich" bis zum Kindergarten- und Schulalter angewandt.

Eine weitere Beobachtung, welche auf Schwierigkeiten im Sprachverständnis hindeutet, ist das Vorhandensein vieler direkter Repetitionen. In der Phase der direkten Imitation zwischen 12-18 Monaten stellt das Wiederholen des Wortes eine Möglichkeit dar, dieses in seiner Bedeutung verstehen und kennenzulernen; in der Phase der verschobenen Imitation geht es darum, dieses Verständnis zu überprüfen. Die verinnerlichte sprachliche Nachahmung bedeutet dann, dass das Wort eine Vorstellung hervorgerufen hat oder anders gesagt - in seiner Bedeutung verstanden wurde. Wenn nun Kinder im dritten und vierten Lebensjahr immer noch häufig Teile oder ganze Sätze der Erwachsenensprache repetieren, weist dies darauf hin, dass sie die Bedeutung der Wörter nicht direkt erfassen können. Eine ausgeprägte Form der direkten Repetition und somit eines fehlenden Sprachverständnisses ist die Echolalie; man spricht von echolalischen Aeusserungen, wenn das Kind die Erwachsenensprache in unveränderter Form repetiert, was unter anderem zu einem inadäquaten Gebrauch der Pronomina führt, d.h. das Kind spricht von sich in der "Du"-Form.

*Das Sprechen*
Ungefähr im Alter von einem Jahr kann das Kind den Speichelfluss kontrollieren; ist die Speichelkontrolle mit zwei Jahren noch mangelhaft, weist dies auf

das Vorhandensein motorischer Probleme, bspw. einer (minimalen) Zerebralparese, oder einer Störung der taktil-kinästhetischen Wahrnehmung hin. Bei einigen Kindern ist die Speichelkontrolle während der direkten Interaktion und speziell beim Produzieren von lautlichen Aeusserungen gut und nur dann mangelhaft, wenn sie sich sehr auf eine Handlung konzentrieren. Diese Beobachtung weist auf eine Schwierigkeit hin, bedeutungsvolle Ereignisse in anderen Sinnesbereichen zu erfassen und zu integrieren.

Verbunden mit einer mangelnden Speichelkontrolle ist oft eine hypotone, d.h. eher schlaffe Mund- und Zungenmuskulatur, was dazu führt, dass der Mund meist leicht geöffnet ist und die Zunge zwischen den Zahnreihen liegt. Da diese Kinder häufig auch durch den Mund atmen, gelangt die Luft gerade im Winter kalt und ungefiltert in die Luftröhre und Lungen, was zu Erkältungen führt und so die Tendenz zu Mundatmung noch vergrössert. Bei diesen Kindern ist bereits beim Produzieren der ersten Lall-Laute und Lautmalereien eine multiple Interdentalität zu beobachten. Andere Formen von Lautfehlbildungen können auch bei Zahnstellungs- und Kieferanomalien auftreten.

Bei Kindern mit einer allgemeinen motorischen Koordinationsstörung ist die Artikulation oft verwaschen und undeutlich; eine solche Sprechweise kann aber auch auf eine Hörstörung oder eine starke Verzögerung des Sprachverständnisses hinweisen (s. auch Kapitel 3.2).

Motorische Störungen im Mundbereich betreffen meist auch das Gaumensegel, wodurch die Abgrenzung der nasalen zu den oralen Sprachlauten unscharf wird, was zu einer erhöhten Nasalität führen kann - sofern die Nase nicht gerade durch eine Erkältung verstopft ist. In dieser Situation ist auch die Stimmgebung fast immer auffällig, d.h. eher schwach oder aber überschiessend. Diese Auffälligkeiten in der Stimmgebung sind zu unterscheiden von der eher heiseren, überspannten Stimme, welche manchmal bei Kindern zu beobachten ist, die viel schreien oder geschrien haben.

Einzelne Kinder haben zwar eine gute Stimmgebung und Artikulation, äussern aber die sprachlichen Laute in auffälliger Intonation oder auch Stimmlage. Häufig ist eine gleichförmige, monotone Intonation verbunden mit einer sehr hohen Stimmlage; es gibt aber auch Kinder, welche schon beim Produzieren von Lall-Lauten eine so ausgeprägte Intonation zeigen, dass es sich anhört, als würden sie in einer fremden Sprache sprechen. Bei Kindern mit einer Pseudosprache ist diese Art ausgeprägter Intonation oft zu beobachten, während Kinder mit einer Echolalie eher eine monotone Intonation bei erhöhter Stimmlage zeigen.

Bei einigen Kindern ist der Sprechablauf unflüssig, wobei es sich meist um Repetitionen einzelner Laute, Silben oder Wörter handelt. In isolierter Form tauchen solche Sprechunflüssigkeiten bei sehr vielen Kindern zwischen dem zweiten und vierten Lebensjahr über eine kürzere oder längere Zeit auf; sie sind Teil der normalen Entwicklung und nicht unter den speziellen Beobachtungen anzuführen (vgl. dazu *Baumgartner* 1992). Ganz anders ist dies bei den Kindern, welche neben den Sprechunflüssigkeiten noch andere sprachliche Auffälligkeiten haben. Oft haben wir bei ihnen ein eingeschränktes Sprachverständnis mit einer starken Tendenz zu Schlüsselwort-Interpretationen beobachtet; diese Kinder sprechen, wie sie verstehen, d.h. ihre Sprechunflüssigkeiten sind ein Spiegelbild ihres Sprachverständnisses.

*Die Sprachproduktion*
Bei Kindern, welche im Alter zwischen zwei und drei Jahren zur Abklärung gebracht werden, besteht die Störung der Sprachproduktion fast immer darin, dass sie noch nicht oder nur einzelne Wörter sprechen. Drei- bis vierjährige Kinder werden selten wegen Auffälligkeiten in der Sprachproduktion angemeldet, sondern weil sich die Eltern Sorgen machen, dass das Kind nicht allein spielen kann und sich sehr zurückgezogen oder im Gegenteil unruhig oder auch aggressiv verhält. Kinder mit den üblicherweise als Sprachentwicklungsstörungen beschriebenen Auffälligkeiten wie Dyslalie, eingeschränkter Wortschatz und Dysgrammatismus werden selten vor dem fünften Lebensjahr zur Abklärung angemeldet.

Auf der Lautebene zeigen viele Kinder zwischen zwei und drei Jahren noch starke Assimilationen, so dass ihre Sprache für Aussenstehende grösstenteils unverständlich ist. Sind auch im fünften und sechsten Lebensjahr noch sehr viele Assimilationen zu beobachten, weist dies auf eine allgemeine motorische Koordinationsstörung oder auf eine eingeschränkte Erfassungsspanne im taktil-kinästhetischen Bereich hin. Diese Annahme wird dadurch unterstützt, dass die Assimilationen mit steigender Komplexität der Sätze und der kommunikativen Situation fast immer zunehmen.

Einzelne Kinder zeigen eine ganz spezielle Art von Assimilation: sie gleichen die Laute nicht innerhalb des Wortes einander an (bspw. "Boppe" f. Schoppen), sondern sie assimilieren alle Laute an einen einzigen Laut, z.B. an D oder G; man spricht dann von einer D- bzw. G-Sprache. Da die frühen labialen Laute fehlen, kann diese Form der Lautbildung nicht als phonologische Verzögerung beschrieben werden. Ganz spontan entsteht der Eindruck, als ob die Sprachlaute im Hals oder bei den Zähnen hängen blieben und gleich wieder verschluckt würden. Fast immer werden die Aeusserungen nur von der Mutter verstanden, so dass diese in der Kommunikation mit Aussenstehenden immer die Rolle der Dolmetscherin übernehmen muss. Diese Beobachtungen haben mich zu folgenden Ueberlegungen geführt. Solange das Kind nicht spricht, ist es sehr darauf angewiesen, in seinen Gefühlen und Absichten von der Mutter verstanden zu werden. Mit der Entwicklung der Sprache wird es von ihr unabhängiger, d.h. es kann seine Wünsche und Bedürfnisse auch anderen, zum Beispiel dem Vater mitteilen. Manchmal gibt es Mütter, welche sich zwar wünschen, dass das Kind zu sprechen beginnt, doch gleichzeitig sind sie überzeugt, dass nur sie es wirklich verstehen können. Durch die G- oder D-Sprache erfüllt das Kind beide Wünsche der Mutter: es spricht, aber nur sie kann es verstehen.

Zwei Kinder habe ich beobachtet, welche die Laute in einer Art und Weise austauschten und ersetzten, in der keine Systematik erkennbar war. Da alle anderen Fähigkeiten und speziell auch das Sprachverständnis altersentsprechend entwickelt waren, stellte ich die Diagnose "orale Dyspraxie". Beide Kinder wurden mit vier Jahren zur Abklärung angemeldet und wurden dann auch logopädisch behandelt, doch die Sprache veränderte sich über mehrere Jahre überhaupt nicht. Zumindest langsame Fortschritte wären aber auch bei einer zentralen Störung zu erwarten, so dass sich diese Diagnose als nicht haltbar erwies. Im Verlauf zeigte sich, dass auch bei diesen Kindern der Ursprung der phonologischen Störung in der Art der Mutter- oder besser Vater-Kind-Beziehung lag. Beides waren Knaben, deren Väter aus beruflichen Gründen nur selten zuhause waren, und beide hatten ältere Schwestern, welche immer viel zu erzählen wussten und mit Leichtigkeit sprachen. Schon bei der Abklärung war mir aufgefallen, dass die Knaben grosse Ansprüche an ihre eigenen Fähigkeiten stellten und dazu tendierten, etwas schwierigere Handlungen zu verweigern. Ueberdies hatten beide nicht verspätet zu sprechen begonnen. Die Wahl, eine solch schwer verständliche Sprache zu sprechen, kann man auf folgendem Hintergrund interpretieren: zum gleichen Zeitpunkt, wo das Kind die Sprache entdeckt, beginnt es sich auch aus der Sicht des Anderen Dritten zu sehen; es entsteht das "Für sich für Andere" (*Sartre* 1943). Dies bedeutet, dass es sich jetzt auch als Sprechendes aus der Sicht des Anderen erlebt. Die Freude darüber zeigt sich in der kindlichen Entwicklung durch eine gewisse sprachliche Koketterie vor allem dem Vater (als dem Anderen Dritten) gegenüber. Die Beobachtungen weisen darauf hin, dass der Blick des Vaters bei den beiden Knaben nicht zu Freude über ihre eigene Sprache geführt hat, sondern eher zu einem Schreck darüber, wie mangelhaft diese noch war.

Wenn das Kind zwischen 18 und 24 Monaten die Sprache entdeckt, erweitert es seinen Wortschatz so schnell und stark, dass es bereits mit zweieinhalb Jahren schwierig ist, die Anzahl der produzierten Wörter zu schätzen. Spontan benennt es nun die alltäglichen Gegenstände, ihre Eigenschaften und die Handlungen, welche es oder andere damit ausführen. Bei einigen Kindern fällt in der Spontansprache auf, dass sie vor allem hinweisende Wörter gebrauchen wie "der", "das", "dort", "da", sowie viele allgemeine Wörter wie "tun" oder "machen". Da diese zu sehr vielen Situationen passen, kann man sie als Passe-par-tout-Wörter bezeichnen. Fragt man diese Kinder nach dem Namen der Dinge oder Tätigkeiten oder lässt sie Bilder benennen, kann man fast immer beobachten, dass ihr Wortschatz eingeschränkt ist, d.h. dass sie viele Namen nicht kennen und die einzelnen Wörter stark übergeneralisieren. Fast immer zeigen sie auch ein verzögertes Sprachverständnis und tendieren dazu, die sprachlichen Aeusserungen mehr als Kommentar ihrer Handlungen denn als Kommunikation ihrer Absichten zu gebrauchen. Dies weist darauf hin, dass sie die kommunikative Bedeutung der Sprache noch nicht entdeckt haben und deshalb auch nicht aktiv über das Fragen versuchen, diese zu erweitern.

Einzelne Kinder fallen speziell beim Benennen von Bildern dadurch auf, dass sie Wörter sagen, deren Bedeutung überhaupt nicht zu den Abbildungen passen, z.B. "Schmetterling" für Auge oder "Fahrrad" für Brille. Solche Fehlbenennungen können darauf hinweisen, dass das Kind bei der visuellen Erfassung der Abbildung nur einzelne oder ganz andere Merkmale in den Vordergrund stellt, was die Begriffsbildung sehr erschweren kann.

Das Spezielle bei der Entwicklung der Satzbildung liegt darin, dass das Kind auf allen Stufen neue Satzkonstruktionen kreiert, wobei diese bereits im Alter von etwa drei Jahren der Erwachsenensprache sehr ähnlich sind. Bei einigen Kindern kann man beobachten, dass sie über lange Zeit nur einzelne Wörter produzieren und dann plötzlich in Sätzen zu sprechen beginnen. Analysiert man diese Sätze, fällt auf, dass sie fast immer dieselbe Form und Struktur haben, d.h. dass die Wörter nicht variabel miteinander kombiniert, sondern immer in der gleichen Abfolge geäussert werden. Man kann diese Sätze oder Satzteile als Phrasen bezeichnen; es sind Aeusserungen wie bspw. "tümmer" für tun wir/ tue ich/ tut man; "hämmer" für haben wir/ habe ich/ hat es; "gunntsi wide" für kommt sie/ er/ es wieder; "woissi?" für wo ist sie/ es/ er?, wo sind sie?, bzw. ich will dieses Ding haben. Inhaltlich haben diese Phrasen die gleiche Funktion wie die Passe-partout-Wörter, d.h. indem sie stark übergeneralisiert werden, passen sie zu fast jeder Situation. Und auch sie sind fast immer ein Zeichen dafür, dass das Kind die Sprache noch nicht entdeckt hat und sie deshalb auch nicht aktiv konstruiert, sondern passiv übernimmt.

Zum Zeitpunkt, wo das Kind zu sprechen beginnt und dann erstmals solche Phrasen äussert, also mit etwa drei Jahren, wird es nicht zur Abklärung gebracht, denn nun spricht es ja. Verändert sich diese Art der passiven Aneignung der Sprache aber nicht, wird mit fünf oder sechs Jahren ein Dysgrammatismus diagnostiziert, da nun diese Formen von Uebergeneralisierungen nicht mehr toleriert werden.

*Die sprachliche Kommunikation*
Bei der Beobachtung der sprachlichen Kommunikation geht es darum, zu beurteilen, wie das Kind seine sprachlichen Aeusserungen gebraucht, unabhängig davon, wie weit diese selbst entwickelt sind. Ein einziges Wort kann die Bedeutung eines Satzes ausdrücken, während umgekehrt ein komplexer Satz keine wirklich bedeutsame Mitteilung enthalten kann. Ganz anders ist dies mit dem Sprachverständnis: ohne die Bedeutung eines Wortes zu verstehen, kann man es dem Anderen nicht geben; wenn das Kind die Wörter der Anderen nicht versteht, kann es unmöglich entdecken, dass sie seine eigenen Wörter verstehen können. Die Beziehung zwischen Sprachproduktion, Verständnis und sprachlicher Kommunikation kann so ausgedrückt werden: man kann Wörter sprechen,

ohne sie zu verstehen; man kann Wörter verstehen, ohne sie zu sprechen; man kann die Wörter dem Anderen aber nur dann mitteilen, wenn man sie versteht. Die sprachliche Kommunikation ist also immer ein Spiegel des Sprachverständnisses.

Zwischen 12-18 Monaten gebraucht das Kind die Wörter vorwiegend als Begleitung seiner Handlungen oder der direkten Interaktion; bspw. wenn es dem Anderen etwas gibt, sagt es dazu "dada" (danke). Im Alter von eineinhalb bis zwei Jahren beginnt es, erste Wörter an den Anderen zu richten, um ihm eine Absicht mitzuteilen; bspw. sagt es "meh" (mehr), wenn es ein Spiel wiederholen möchte, und schaut den Anderen an, weil es weiss, dass dieser das Wort verstehen, d.h. dass es eine passende Reaktion erwarten kann. Doch auch nachdem es die kommunikativen Möglichkeiten der Sprache entdeckt hat, gebraucht es diese noch häufig in "privater" Weise, d.h. ohne sie an den Anderen zu richten. Zu der früheren Form der handlungsbegleitenden Aeusserungen gibt es aber einen wesentlichen Unterschied. Die begleitende Sprache schmückt die Welt mit Worten, belässt sie aber immer, wie sie ist; die verstandene Sprache hat immer auch eine Bedeutung und damit die Kraft, die Welt zu verändern. Wenn das Kind im dritten Lebensjahr bei den ersten Versuchen mit der Schere zu sich selbst sagt "das mache ich" oder "das kann ich", oder wenn es sein Hinfallen kommentiert mit "umgheit" (hingefallen), äussert es diese Wörter *anstatt* aufzugeben oder zu weinen. Es schafft eine gewisse Distanz und gleichzeitig eine Brücke zwischen sich und der Situation; die weiteren Handlungen werden nicht mehr unausweichlich bestimmt durch die äussere Situation, sondern vom Kind selbst. Auch während des Spiels sind die Aeusserungen nicht einfach Kommentare, sondern das Kind spricht zu und für die Dinge, es gibt ihnen neue Formen, Strukturen und Lebendigkeit, wobei manchmal das Wort die Handlung und manchmal die Handlung das Wort stützt und ergänzt; bspw. sagt es zum Auto "das ist ein Flugzeug" und lässt es durch die Luft kreisen oder aber es hebt das Auto vom Boden ab und äussert dann voller Begeisterung "dieses Auto kann fliegen!".

Einige Kinder gebrauchen auch mit drei und vier Jahren ihre sprachlichen Aeusserungen noch vorwiegend in handlungsbegleitender Funktion; während sie bspw. die Brio-Bahn aufbauen, sagen sie "und jetzt tümmer (tun wir) das da hin, und jetzt das dort, und dann -tschutschu- der Zug, da, den tun wir da hin...". Durch diese Wörter verändert sich die Welt der Dinge nicht, sondern sie bleibt statisch und unlebendig. Interessant ist, dass das Spiel selbst meist denselben statischen Charakter hat: auch die Handlungen können die Gegenstände nicht verändern, beleben, sondern sie sind an sie gebunden, von ihnen bestimmt. Hat ein Kind die symbolische und kommunikative Bedeutung der Sprache noch nicht erfasst, zeigt sich dies nicht nur während des Spiels, sondern auch in der direkten Kommunikation mit anderen Personen. Wie bereits unter den speziellen Beobachtungen im Sprachverständnis beschrieben, weisen diese Kinder eine Aufforderung selten mit "nein" zurück, sondern tendieren im Gegenteil dazu, einfach mit "ja" zu antworten oder aber Teile der Aeusserung direkt zu repetieren. In diesen Situationen wird die Bedeutung nicht nur nicht verstanden, sondern sie wird der Gesprächspartnerin eigentlich weggenommen und vernichtet, so dass nur eine grosse Leere zurückbleibt. Folgendes Beispiel aus der Therapie mit einem vierjährigen Knaben soll dies darstellen: beim Hantieren mit dem Kochherd nehme ich die Kerze und sage "soll ich die Kerze anzünden?"; er wiederholt im gleichen Tonfall "die Kerze anzünden?". Ich frage erwartungsvoll "wollen wir das tun?" und er antwortet "jaja". Ich zünde an und rufe "oh, schau, es brennt!". Das Kind ruft "es brennt, es brennt" und bläst die Kerze aus. Ich sage "oh, jetzt ist das Feuer weg" und es wiederholt "jetzt ist das Feuer weg". Ich übernehme nochmals die Initiative "siehst du den Rauch? riech mal!" und schnüffle. Der Knabe sagt "der Rauch, riech mal" und schnüffelt ebenfalls. In solchen Momenten möchte man schreien 'sag nichts mehr! lass die Wörter doch wenigstens stehen, wenn du sie nicht nehmen kannst.'

Der eigentliche Spiegel der Entwicklung des Sprachverständnisses sind die Fragen. Solange die Wörter als Teil von dem, was sie bezeichnen, betrachtet werden, kann das Kind nicht nach ihnen fragen. Das weitgehende Fehlen von Fragen in der Kommunikation drei- oder vierjähriger Kinder weist ebenfalls darauf hin, dass das Kind die Bedeutung der Sprache noch nicht entdeckt hat. Einzelne Kinder erkennen dann später, dass man durch die Frage den Anderen zum Sprechen bringen und dadurch die Kommunikation formal aufrechterhalten kann. Bspw. stellen sie zu jedem Gegenstand dieselbe Frage "du..- hast du auch ein Bett zuhause", "du.. - hast du auch einen Ball zuhause?". Das Spezielle solcher stereotyper Fragen liegt darin, dass sehr bald deutlich wird, dass sich das Kind für den Inhalt der Antwort überhaupt nicht interessiert. Auch in dieser Situation erlebt die Gesprächspartnerin das eigenartige Gefühl, dass ihr die Sprache weggenommen werden könnte.

## 3.2. Störungen des Sprachverständnisses - ein Verlauf

Das Sprachverständnis baut auf den Erfahrungen des Kindes mit der Personen- und Gegenstandswelt auf, integriert diese und bildet so die Brücke zwischen der vorsprachlichen und sprachlichen Kommunikation. Es spielt deshalb auch in der Entstehungsgeschichte von Entwicklungsstörungen eine wichtige Rolle.

Diese Auffassung steht in einem krassen Widerspruch zum Stellenwert, welcher dem Sprachverständnis in Forschung, Theorie und Praxis eingeräumt wird. Sucht man in der Fachliteratur eine Antwort auf die Frage, welche Bedeutung das Sprachverständnis für die Sprachentwicklung hat, findet man im allgemeinen die Beschreibung, dass das Sprachverständnis der Sprachproduktion vorausgeht. Erkundigt man sich etwas genauer nach der Art dieses Vorausgehens, stösst man auf eine eigenartige Situation: während in unzähligen Fachpublikationen beschrieben wird, wie und wann Kinder lernen, erste Wörter und Sätze zu sprechen, gibt es nur ganz vereinzelt Aussagen zur Entwicklung des Sprachverständnisses.

Nicht anders sieht es aus, wenn man sich den Störungen der Sprachentwicklung zuwendet. Geht das Sprachverständnis der Produktion voraus, müsste man annehmen, dass bei der Abklärung von Störungen der Sprachproduktion sofort das Verständnis genauer untersucht würde. Aber auch dies ist nicht der Fall; wenn der Begriff "Sprachverständnis" in der Fachliteratur überhaupt auftaucht, dann meist innerhalb der allgemeinen Aussagen, dass theoretisch zwischen Störungen des Verständnisses und der Produktion unterschieden werden muss, bzw. dass das Verständnis an der Sprachentwicklung und folglich auch an dessen Störungen "mitbeteiligt" ist. Erst in letzter Zeit wird den Störungen des Sprachverständnisses auch im Bereich der Sprachheilpädagogik mehr Beachtung zuteil (bspw. *Dannenbauer* 1992, *Schöler/ Fromm/ Kürsten* 1993, *Veit* 1992).

Auch in der Praxis stellt sich das Problem nicht anders. Obwohl die Untersuchungsmethoden zur Abklärung von Sprachstörungen in den letzten Jahren stark erweitert, differenziert und auch normiert wurden, gibt es im deutschsprachigen Raum bis heute nur einen einzigen Test, welcher speziell die Ueberprüfung des Sprachverständnisses zum Ziel hat: den Logopädischen Sprachverständnis-Test von *Wettstein* ($^2$1987).[1]

Wie aber konnte das wissenschaftliche und praktische "Desinteresse" an diesem Thema zustandekommen? Es gibt eine Tatsache, welche diese Frage grösstenteils klärt: das Sprachverständnis und damit auch dessen Störungen sind als solche nie direkt beobachtbar. Was man beobachten kann, sind immer "Produktionen", d.h. Handlungen oder Aeusserungen, welche aufgrund der sprachlichen Mitteilung erwartet oder eben nicht erwartet werden. Bei der Erforschung, Beschreibung und Beurteilung des Sprachverständnisses geht es folglich immer darum, die Re-Aktionen auf eine sprachliche Aeusserung als Ausdruck ihrer Verarbeitung zu *interpretieren.*

Diese Reaktionen sind jedoch keine Konstanten, sondern sie verändern sich mit und durch die soziale, kommunikative und geistige Entwicklung. Dies bedeutet, dass sich *eine Störung des Sprachverständnisses in jeder Entwicklungsphase in einer anderen Form zeigt.*

---

[1] Manchmal wird vor allem von Kinderärzten auch der "Token-Test" durchgeführt; dieser Test wurde 1962 von *De Renzi* und *Vignolo* zur Abklärung von Paienten mit Aphasie entwickelt wurde. Aus der Aphasieforschung ist jedoch seit langem bekannt, dass dieser Test nicht das Sprachverständnis misst, sondern der "Auslese von aphasischen Patienten aus einer Gesamtpopulation von hirngeschädigten Patienten" (*Poeck* 1982) dient.

## 3.21 Das Kleinkind

Die Basis für die Entwicklung des Sprachverständnisses bildet der referentielle Blickkontakt als erste Form der Verbindung zwischen der Personen- und Gegenstandswelt. Da dieser nur dann zustande kommen kann, wenn das Kind eine gewisse Sicherheit im Umgang mit den Dingen und Personen erreicht hat, ist er bei allen Kindern gefährdet, deren Entwicklung aufgrund organischer oder sozialer Faktoren beeinträchtigt wird.

Das Kind mit einer leichten zerebralen Bewegungsstörung wird beim Manipulieren der Gegenstände länger brauchen, bis es sie "im Griff" hat, d.h. bis sie nicht mehr seine vollständige Aufmerksamkeit beanspruchen. Ein Kind, welches Schwierigkeiten hat, eine Beziehung zu seiner Bezugsperson aufzubauen, wird in jedem Moment der Interaktion ganz damit beschäftigt sein, sich mit der Mimik und Gestik sowie den Handlungsweisen Anderer vertraut zu machen, so dass es in solchen Situationen nicht noch an die Gegenstände "denken" kann (vgl. auch *Fox/ Long/ Langlois* 1988). Dies gilt fast immer auch für Kinder, welche im ersten Lebensjahr über längere Zeit hospitalisiert werden müssen.

In der Beobachtung von Kindern im zweiten Lebensjahr ist der trianguläre Blickkontakt das zentrale Merkmal jedes einzelnen kommunikativen Ereignisses. Erst aus dieser Sicht kann man erahnen, was es bedeutet, wenn diese Form des Austausches fehlt.

Die ersten verstandenen Wörter sind in diese Triangulierung eingebettet: das Kind lässt den Gegenstand zu Boden fallen und schaut erwartungsvoll das Gesicht der Mutter an; diese verzieht den Mund zu einem Lachen und sagt "pum!". Oder die Mutter zeigt ihm einen Ball und lässt ihn hinter ihrem Rücken verschwinden; das Kind schaut dem Ball nach, dann zum Gesicht der Mutter; diese hebt die Brauen und sagt "weg!"; gleich darauf hält sie den Ball dem Kind hin und sagt "da!"; das Kind schaut vom Gesicht der Mutter zum Ball und erwartungsvoll wieder zu ihrem Gesicht. Solche Situationen wiederholen sich unzählige Male, und das Kind wird die Entdeckung machen, dass bestimmte Wörter immer wieder in der gleichen Situation auftauchen. Natürlich sagt die Mutter auch "pum", wenn das Kind sie nach dem Fallenlassen des Gegenstandes noch nicht anschaut. Wenn das Kind aber ganz vom Ereignis des fallenden Dings gefangen ist, hört es das Wort höchstens im Hintergrund und erlebt es vor allem nicht als eines, das aus dem Mund der Mutter kommt, ganz an das Kind gerichtet ist und doch auch in Bezug zum Ereignis steht.

Hat es aber über den triangulären Blickkontakt diese spezielle Eigenschaft der Wörter entdeckt, wird es selbst aktiv; es beginnt, der Mutter die Dinge zu bringen und auf diese zu zeigen und schaut erwartungsvoll auf ihr Gesicht: welches Wort wird sie sagen? wird sie wieder dieses Wort sagen? Dieser Blick verbunden mit dem Geben und Zeigen wird zur ersten Form der *Frage*. Die Frage ist ein Ruf; sie signalisiert einen Anspruch auf den Anderen und die Welt.

Bei Kindern, welche den triangulären Blick erst spät, selten oder gar nicht zeigen, ist diese aktive Form des Spracherwerbs nicht möglich. Im Laufe des zweiten Lebensjahres erfahren sie dennoch im Rahmen der direkten Interaktionen, dass alltägliche Ereignisse von bestimmten Wörtern begleitet werden, und dass auf eine Aufforderung auch eine Handlung erwartet wird. Zum Beispiel wird das Kind abends nach dem Baden aufgefordert, sein Pyjama zu holen. Oder am Tisch fehlt ein Löffel und das Kind soll diesen bringen. Auch wenn es die Wörter selbst noch nicht oder nur teilweise versteht, kennt es doch die Situation oder den Ablauf der Ereignisse und kann die Aufforderung deshalb ausführen. Wenn ich das Kind bei der Abklärung bspw. während des Spiels mit einem Auto auffordere, mir einen Löffel zu geben, kommt es oft vor, dass es mir das Auto gibt, d.h. es führt auch hier die Handlung aus, die am besten zu der Situation passt. Die Beobachtung, das Kind verstehe das Wort "Löffel" nicht, wird von der Mutter jedoch meist entschieden zurückgewiesen mit der Begründung, zuhause verstehe es das Wort sehr wohl. Entscheidend sind hier zwei Dinge: erstens ist die alltägliche Kommunikation ausserordentlich redundant, d.h. ein kommunikatives Ereignis kann aufgrund mehrerer Elemente, wie Kontext, Blickrichtung, Zeigen, Wörter, entschlüsselt werden. Zweitens ist es durchaus möglich, dass das Kind das Wort Löffel zuhause wirklich versteht; es hat aber noch nicht entdeckt, dass das Wort nicht nur zum Löffel zuhause passt, sondern für alle Löffel der Welt steht, und nicht nur von der Mutter, sondern auch von anderen Personen mit der gleichen Bedeutung ausgesprochen werden kann.

Wenn es zwischen 12 und 18 Monaten erfahren hat, dass es zu den Gegenständen nicht nur korrespondierende Handlungen, sondern ebenso passende Wörter gibt, wird es diese während der Handlung auch selbst äussern. Der entscheidende Schritt für die Entwicklung der Sprachproduktion passiert aber erst dann, wenn es entdeckt, dass diese Wörter von den Anderen auch verstanden werden, d.h. dass es damit beim Anderen eine Reaktion, eine Veränderung bewirkt. Dieser, nach dem triangulären Blickkontakt, zweite entscheidende Schritt für den Spracherwerb, erfolgt ab etwa eineinhalb Jahren, wenn das Kind beginnt, auf das Resultat seiner Handlungen zu achten.

Auch dieser zweite Schritt ist bei fast allen Kindern mit Entwicklungsstörungen verzögert. Um die Schwierigkeiten beim Spiel mit den Dingen zu überwinden, müssen sie sich lange Zeit ganz auf die Handlung selbst konzentrieren, und einige sind immer so damit beschäftigt, die Anwesenheit der Bezugsperson zu kontrollieren, dass sie nur selten in Ruhe und Sicherheit spielen können. Die Handlung selbst bleibt dadurch an die Gegenstände gebunden und auch die ersten produzierten Wörter können nicht von der Situation gelöst und zu verstandenen Wörtern werden. Anders ausgedrückt ruft das verstandene Wort - wie auch später der verstandene Satz - keine lebendige Vorstellung hervor, sondern es führt zu einer an es gebundenen Handlung; im produzierten Wort liegt nicht der Anspruch, etwas zu bewirken, sondern es ist bestenfalls "tönende" Begleitung von Spiel und Interaktion.

Wenn die produzierten Wörter aber nichts bewirken, besteht auch kein Anlass, aktive Formen wie das Fragen zu entwickeln, um die Sprache zu erweitern und besser kennenzulernen. Die Anzahl der produzierten Wörter bleibt deshalb oft bis zum Alter von drei Jahren beschränkt auf fünf oder zehn; man bezeichnet dies als "verspäteten Sprechbeginn".

3.22 Das Vorschulkind

Interessanterweise beginnen jedoch im Alter zwischen drei und vier Jahren fast alle Kinder in Sätzen zu sprechen, auch wenn ihr Verständnis immer noch passiver Art, d.h. an das Bezeichnete gebunden ist. Analysiert man diese sprachlichen Aeusserungen etwas genauer, sind die Produktionen jedoch ein genauer Spiegel der Schwierigkeiten im Sprachverständnis. In ihrer kommunikativen Funktion sind sie meistens Kommentar oder Begleitung von Handlungen und Situationen. Nur selten werden sie dazu gebraucht, um dem Anderen Absichten mitzuteilen oder Informationen zu geben, und vor allem die Fragen fehlen fast immer. Sehr viele Aeusserungen sind zudem direkte Repetitionen von dem, was die Gesprächspartnerin eben gesagt hat.

Da sich diese Kinder die Sprache vorwiegend über die direkte Imitation aneignen, unterscheidet sie sich auch in ihrer Struktur von der aktiv konstruierten. Die Sätze bestehen grösstenteils aus Phrasen, d.h. aus starren, unflexiblen Wortkombinationen. Da die Kinder kaum Fragen nach dem Namen der Dinge stellen, bleibt der Wortschatz eingeschränkt. Auf der lexikalisch-semantischen Ebene werden die Inhaltswörter deshalb grösstenteils durch Passe-par-tout-Wörter ersetzt. Und da diese Produktionen nicht über das Sprachverständnis kontrolliert werden, bleibt die Artikulation oft verwaschen und undeutlich, und in der Sprechweise kommt es gehäuft zu Sprechunflüssigkeiten.

Die Beschreibung von *Dannenbauer* und *Chipman* zum Verlauf entwicklungsdysphasischer Kinder weist auf genau diese Merkmale hin:
"Fast alle beginnen verspätet zu sprechen. Ihr Wortschatz bleibt längere Zeit beschränkt auf wenige, teils recht idiosynkratische Wörter. Hervorstechend sind ihre Schwierigkeiten beim Erwerb und Gebrauch der formalen Aspekte der Sprache (...). Ihr Repertoire an Aeusserungsmustern ist meist eingeschränkt auf wenige Konstruktionstypen (...), die unflexibel und stark kontextverhaftet ("sympraktisch") verwendet werden." (1988, 68).

Was aber heisst es für die weitere Entwicklung des Sprachverständnisses, wenn das Kind die Wörter nicht von dem, was sie bezeichnen, lösen kann. In sehr eindrücklicher Weise zeigt dies *Sartre* in seiner Analyse der frühen Entwicklung von *Gustave Flaubert*. Es ist bekannt, "dass der zukünftige Schriftsteller mit der ersten grossen Probe, dem Erlernen der Wörter, Schwierigkeiten hatte. Wir werden gleich herauszufinden versuchen, ob es ihm von Anfang an schwergefallen ist, sprechen zu lernen. Sicher ist, dass er bei der zweiten linguistischen Probe, dem Initiationsritus des Lesenlernens, eine unglückliche Figur machte..." (1977, 11). *Sartre* beginnt seine Analyse anhand eines Berichtes der Nichte Flauberts über die Naivität und Begriffstutzigkeit des sechsjährigen Gustave: "Das Kind war von ruhigem, nachdenklichem Wesen und von einer Naivität, von der es sein ganzes Leben lang etwas behalten sollte. Meine Grossmutter hat mir erzählt, dass es stundenlang, den Finger im Mund, völlig abwesend und mit einem fast blöden Gesichtsausdruck dasass. Als es sechs Jahre alt war, amüsierte sich ein alter Hausknecht namens Pierre über seine Arglosigkeit, indem er ihm sagte, wenn er von ihm gestört wurde: Geh einmal ... in der Küche nachsehen, ob ich dort bin. Und das Kind ging tatsächlich zur Köchin und sagte: Pierre hat mir gesagt ich soll einmal nachsehen, ob er dort ist." (15).

Wie kann man dieses Verhalten des kleinen Flauberts erklären? Er scheint die Bedeutung der Wörter durchaus zu verstehen, aber das Verstehen bleibt sozusagen auf halber Strecke stehen. "Der Satz wird in ihm nicht aufgelöst, er verlischt nicht gegenüber dem *gesagten Ding* oder dem, der es gesagt hat: das Kind versteht ihn, ohne ihn assimilieren zu können. Als wenn die verbale Operation nur halb ausgeführt wäre. Als wenn der - richtig gesehene - Sinn am Zeichen klebenbliebe, anstatt zu einem begrifflichen und praktischen Schema zu werden und mit anderen gleichartigen Schemata in Beziehung zu treten. Als wenn das Zeichen selbst für dieses Bewusstsein seine Lautmaterialität behielte, anstatt mit seiner inneren Vorstellung zu verschmelzen. Als wenn die Sprache für das Kind nur erst sprechende Geräusche wäre - so wie man von singenden Steinen und weinenden Fontänen spricht." (*Sartre* 1977, 22).

Die Verwechslung von Zeichen und Bedeutung weist zunächst auf ein schlechtes Verhältnis zum Anderen hin: "er glaubt tatsächlich alles, was man ihm sagt; aus Verstörtheit gegenüber dem verbalen Objekt, aus devoter Liebe zu den Erwachsenen" (23). Die Wörter drängen sich dem Kind auf und werden dadurch eher zu Imperativen als zu Aussagen: "Etwas *sagen* heisst nicht etwas *aussagen*: der Satz, eine voluminöse Präsenz, ist ein materielles Geschenk, das ihm gemacht wird; man schenkt ihm eine Spieldose"(23). Was fehlt ist die Intention, d.h. das Kind erlebt die Wörter als Ausdruck einer zärtlichen Geste und nicht als Ausdruck einer Absicht: "Sprechen oder ihm durch die Haare fahren sind ein und dasselbe"(*Sartre* 1977, 24).

In treffender Weise beschreibt *Sartre*, was Verstehen bedeutet. Sobald das Kind die Sprache erworben hat, *ist* es Sprache, d.h. wenn von nun an ein Wort auftaucht, wird dieses von der Sprache aufgenommen: "...es ist für von aussen kommende Sinngehalte durchlässig, weil es selbst *sinngebend* ist." (25). Beim kleinen *Gustave Flaubert* aber ist das Wort niemals sein eigen: "entweder wird es von der Geistesabwesenheit verschlungen, oder es fällt vom Himmel und tyrannisiert ihn." (25). Diese Art des Verstehens zeigt sich auch beim Sprechen und in seinem Verhältnis zur Welt. Der Knabe spricht zwar in wohlgeformten Sätzen und hat auch einen guten Wortschatz erworben. "Die Wörter bezeichnen in seinen Augen indessen niemals, was er empfindet, was er fühlt. ... Die Gegenstände der Umgebung sind Dinge der Anderen. Seine Eltern zwingen ihn manchmal, sich mit den Zeichen zu bezeichnen, die sie ausgewählt haben: sag der Dame guten Tag, sag ihr, wie du heisst; wo tut es dir weh? Hier oder hier? Aber indem er es sagt, wird ihm klar, dass ihm die Wahrheit fremd bleibt. ...er bleibt bei der Ansicht, dass das Wort ihn angreift und ihn niemals bezeichnen kann. In seinem Fall rührt die Schwierigkeit, lesen zu lernen, von einer früheren allgemeinen Störung her, der Schwierigkeit, sprechen zu lernen." (*Sartre* 1977, 25/26).

Wie aber kommt es dazu, dass das Kind ein schlechtes Verhältnis zum Anderen entwickelt? Mit etwa zwei Jahren kann es sein Bild im Spiegel wiedererkennen und erfährt sich als kleine eigenständige Person; es kann erste Vorstellungen aufbauen und damit das Hier und Jetzt überschreiten, und es hat die kommunikativen und repräsentativen Möglichkeiten der Sprache entdeckt. Sein Interesse richtet sich nun auf den Anderen Dritten; bei uns ist dies fast immer zuerst der Vater - es kann aber selbstverständlich auch die Mutter sein. Es ist diejenige Person, die an einen anderen Ort geht und irgendwann wieder kommt und damit gewissermassen Raum und Zeit in die Erlebniswelt des Kindes bringt. Es macht sich Vorstellungen darüber, wo sie hingeht und seine Gedanken wandern so in die Welt hinaus; dorthin, wo auch alle anderen Menschen und Dinge sind: die Grosseltern, die Nachbarskinder, die Autos und Trams in der Stadt oder der Bauernhof mit den Tieren.

In dieser Auseinandersetzung mit dem Anderen Dritten spielt die Sprache eine ganz entscheidende Rolle: das Kind stellt Fragen über seine An- oder Abwesenheit und darüber, was er tut und wo er sich befindet. Ebenso ist es im direkten Kontakt von besonderem Reiz, mit ihm erste Gespräche zu führen und dabei mit dem Charme der frühen Kindersprache zu kokettieren.

Bei einigen Kindern verzögern sich die Loslösungs- und Individuationsprozesse, wodurch sich auch das Interesse für den Anderen Dritten später entwickelt. Bei Kindern mit schweren Entwicklungsbehinderungen kann es vorkommen, dass sie diese Stufe nicht erreichen. Dies ist gerade für die Frage, wie der Vater in die Förderung des Kindes einbezogen werden soll und kann, eine wichtige Beobachtung. Denn in der normalen Entwicklung ist es das Kind, welches ihn von sich aus auf eine oft unwiderstehliche Art und Weise einbezieht, indem es nach ihm verlangt und mit ihm kokettiert. Erreicht es aber diese Entwicklungsstufe nicht, ist es für den Vater sehr schwer, eine Rolle in dem Gefüge zwischen Mutter und Kind zu finden, und viele Väter resignieren schliesslich nicht aus Desinteresse, sondern aus Hilflosigkeit.

Wenn ein Kind mit zwei oder drei Jahren noch nicht spricht, fehlt ihm die Möglichkeit, sich sprachlich mit dem Vater als Anderem Dritten auseinanderzusetzen, und dessen Wörter bedeuten nicht Oeffnung zur Welt, sondern werden abwechslungsweise als Ausdruck von Zärtlichkeit oder aber als Imperative zum Handeln erlebt. Und wenn es dann zu sprechen anfängt, bleiben seine Wörter oft leere Hülsen, so dass ihnen der spielerische Charme entgeht.

Geht das Kind auf den Spielplatz, fällt es ihm im Kontakt mit anderen Kindern schwer, sich körperlich abzugrenzen, zu wehren und Aufforderungen durch "nein" zurückzuweisen. Oft erzählen die Eltern, dass es nur am Rande des Spielplatzes steht, aus Angst, dass ihm die anderen sein Spielzeug wegnehmen.

Dieses Kind kommt nun in den Kindergarten, der ersten Institution in seinem Leben. Hier nimmt es bereits an kleinen Lektionen teil: die Kinder sitzen im Kreis und die Kindergärtnerin erzählt eine Geschichte, welche anschliessend das Thema verschiedener Spiele darstellt. Einer Geschichte zuhören und sie verstehen heisst, den eigenen Kopf zu einer Bühne zu machen, wo die verschiedenen Figuren ein kleines Theater spielen. Wenn das Kind die Geschichte jedoch aufgrund einzelner Schlüsselwörter zu erfassen und anhand seines bereits vorhandenen Wissens zu interpretieren versucht, entsteht kein lebendiges Theater, sondern ein statisches Bild mit einer langen Aneinanderreihung von Wörtern. Beim "Zuhören" sitzt das Kind nun auch nicht mehr geborgen auf dem Schoss der Mutter, sondern ganz alleine auf einem kleinen, unbequemen Stuhl, auf dem es jetzt hin- und herzurutschen beginnt. Es schaut sich um und versucht die Aufmerksamkeit anderer Kinder auf sich zu ziehen. Ist das Verstehen noch an die Handlung gebunden, d.h. sind die Wörter Imperative und nicht Aussagen, kann es auch vorkommen, dass es mitten in der Geschichte aufsteht und eine beschriebene Tätigkeit ausführt. Oder aber es zieht sich zurück und versinkt in Träumereien und Phantasien. Wird es von der Kindergärtnerin auf den Inhalt der Geschichte angesprochen, ist die Antwort oft so unpassend, dass viele Kinder laut lachen, und es erlebt zum erstenmal den Blick des Anderen Dritten auf sich. Dieser Blick ist aber nicht liebevoll lächelnd, sondern erstaunt, fragend, manchmal auch spöttisch. Einige Kinder reagieren auf solche Situationen mit Wut, andere wissen keinen anderen Ausweg, als mitzulachen und später die Rolle des "Kasperle" zu übernehmen; einzelne ziehen sich noch mehr zurück und verweigern den Kindergartenbesuch.

Eine grosse Bedeutung haben im Kindergarten auch das freie Spiel und das Basteln. Einige Kinder müssen sich dabei immer noch stark auf die Durchführung von Tätigkeiten wie Malen, Schneiden oder Bauen konzentrieren und laufen Gefahr, dass deren Bedeutung in den Hintergrund tritt. Die Gegenstände bleiben ihnen so in gewisser Weise fremd; sie können nicht über die Tätigkeit angeeignet, assimiliert und verändert werden, wie dies beim Symbolspiel und lustvollen Basteln passiert. Ich möchte betonen, dass viele Kinder durchaus Tätigkeiten ausführen, welche auf den ersten Blick symbolischen Charakter haben, also bspw. kochen und die Puppe füttern oder Dinge auf die Eisenbahn aufladen und transportieren. Wie bei der Sprachproduktion handelt es sich dabei aber mehr um "Phrasen", d.h. aus der Erwachsenenwelt kopierte Spielsequenzen, und nicht um neue Welten, welche vom Kind aufgrund einer Idee erschaffen werden. Einige Kinder deuten die Handlungen nur an, nach kurzer Zeit langweilen sie sich, und das Spiel erscheint unruhig und sprunghaft; andere hingegen scheinen sich in endlosen, monotonen Sequenzen zu verlieren, sie sind wie abwesend, in die Handlung eingelullt. Obwohl dies in der Erzählung nicht ausdrücklich erwähnt wird, kann man sich aufgrund der Beschreibung des kleinen *Flaubert* doch vorstellen, dass er sich im Spiel ähnlich verhalten hat.

In den Spiel- und Erzählsituationen des Kindergartens werden jetzt auch an die Sprachproduktion grössere Anforderungen gestellt und gleichzeitig wird erstmals der Anspruch auf korrektes Sprechen erhoben. In vielen Spielen geht es darum, Dinge, Eigenschaften und Tätigkeiten zu bezeichnen, deren Aehnlichkeiten und Unterschiede in differenzierter Weise zu erfassen und zu benennen, kleine Erlebnisse zu berichten und Geschichten nachzuerzählen. Dabei erlebt das Kind oft zum ersten Mal, dass es die entsprechenden Wörter nicht kennt, dass ihm die Satzstrukturen fehlen, um die logischen Verknüpfungen einer Geschichte wiederzugeben und dass viele seiner Aeusserungen aufgrund phonetisch-phonologischer Probleme nicht verstanden werden. Insbesondere für Kinder, denen es aufgrund motorischer oder taktil-kinästhetischer Schwierigkeiten schwer fällt, die Abfolge verschiedenster Laute innerhalb eines Wortes korrekt wiederzugeben, wäre das Sprachverständnis als Möglichkeit zur Kontrolle und Entwicklung eigener Kompensationsstrategien von grösster Bedeutung.

Schliesslich erlebt nicht nur das Kind selbst sein Nicht-Spielen- und Nicht-Zuhören-Können als äusserst unbefriedigend und verunsichernd; auch die Erwachsenen, d.h. seine Eltern und die Kindergärtnerin können sich seine Verhaltensweisen oft nicht erklären und fühlen sich ihrerseits verunsichert. Dies zeigt sich häufig in zu strengen oder nachgiebigen oder aber stark variierenden Interaktions- und Erziehungsformen, was im Sinne eines Teufelskreises die Unsicherheit des Kindes noch vergrössert.

Einzelne Kinder werden deshalb als verhaltens- und/oder sprachgestört bezeichnet und psychologisch oder logopädisch abgeklärt. Auch in diesem Fall wird das Sprachverständnis selten überprüft; ganz im Gegenteil werden ihm viele Tests verbal erklärt, oder sie enthalten selbst verbale Teile, welche ein gutes Sprachverständnis voraussetzen, dieses als solches aber nicht prüfen.

Zeigt das Kind grössere sprachliche Auffälligkeiten speziell auf der Satzebene, wird die Diagnose "Entwicklungsdysphasie" gestellt. *Grimm* (1983, 1988, 1989) bezeichnet damit eine strukturelle Störung in der Sprachproduktion, deren Ursachen sie in einer mangelhaften Informationsverarbeitung und emotionalen Störungen im Mutter-Kind-Verhältnis vermutet. Während *Grimm* und ihre MitarbeiterInnen jedoch die sprachlichen Fähigkeiten sehr detailliert untersuchen und beschreiben, fehlen entsprechende Beobachtungen für das Sprachverständnis und das Symbolspiel. Stellt man aber an die "Syntax" des Spiels und des Verstehens ähnlich hohe Ansprüche wie an die Produktion, muss die Aussage, dass die Entwicklungsdysphasie eine spezifische Störung der Sprachproduktion sei, zurückgewiesen werden (vgl. auch *Adams* 1990, *Chipman/ Bar-*

*blan/ Dannenbauer* 1986, *Dannenbauer/ Chipman* 1988, *Dannenbauer* 1992, *Holtz* 1987, *Veit/ Castell* 1992).

Wie auch immer die Diagnose ausfällt, die Massnahmen sind aus institutionellen Gründen voraussehbar: da das Kind in der grossen Gruppe des Regel-Kindergartens nicht "tragbar" ist, wird es in den Sprachheilkindergarten eingeschult; dieser stellt im Vorschulbereich neben dem heilpädagogischen Kindergarten die einzige sonderpädagogische Einrichtung mit kleinen Gruppen dar. Diese Massnahme wird dann durch das Vorhandensein der sprachlichen Auffälligkeiten begründet, obwohl dies häufig nicht ausschlaggebend für die Abklärung war. Auch im Sprachheilkindergarten findet das Sprachverständnis aber keine besondere Berücksichtigung, sondern in erster Linie wird versucht, die sprachproduktiven Auffälligkeiten zu behandeln.

*Mathieu* (1993) hat eine vergleichende Untersuchung des Sprachverständnisses von 19 Kindern eines Regelkindergartens und 18 Kindern aus drei Sprachheilkindergärten durchgeführt. Die Ergebnisse zeigen, dass im Regelkindergarten 3, im Sprachheilkindergarten aber 9, d.h. die Hälfte aller Kinder deutliche Störungen des Sprachverständnisses aufweisen. Bei keinem Kind wurden diese Auffälligkeiten in einem Untersuchungsbericht erwähnt, und dementsprechend wurden sie auch in der Behandlung nicht berücksichtigt.

3.23 Das Schulkind

Im Alter von sechs oder sieben Jahren wird das Kind eingeschult. Formal gesehen ist die Sprache bei den meisten Kindern nun unauffällig; inhaltlich aber haben viele ihre wahre Funktion noch immer nicht entdeckt. Nämlich, dass die Sprache da ist, um die Welt zu repräsentieren und gleichzeitig auch zu verändern: in der Produktion sage ich Wörter, um die Handlungen, Gedanken und Gefühle der Anderen zu verändern und im Verstehen bin ich bereit, aufgrund der Wörter des Anderen meine eigenen Vorstellungen über mich, ihn und die Welt der Dinge zu verändern.

Einige Kinder behandeln die Sprache immer noch als Begleiterscheinung, als Teil und nicht als Repräsentation von Gegenständen, Personen und Handlungen. Und jetzt sollen sie in der Schule die Schriftsprache, also ein zweites Repräsentationssystem erwerben. Die Wörter sind Zeichen für das, was sie repräsentieren; auch die Schrift besteht aus Zeichen, welche ihrerseits die sprachlichen Zeichen repräsentieren: Buchstaben sind also Zeichen von Zeichen für die reale (und imaginäre) Welt.

Neuere Untersuchungen zeigen eindrücklich, dass viele Kinder mit Schriftspracherwerbstörungen genau diesen Aspekt der Schriftsprache nicht entdeckt haben, und deshalb auch keine aktiven Lernformen entwickeln, um sich mit der Schrift auseinanderzusetzen (vgl. zusammenfassend *Sassenroth* 1991). Gleichzeitig weisen andere Untersuchungen deutliche Zusammenhänge zwischen frühen Sprach- und Verhaltensauffälligkeiten und Schriftspracherwerbstörungen nach (*Beitchman et al.* 1989, *Cantwell/ Baker* 1987, *Mc Donald/ Sigman/ Ungerer* 1989, *Kamhi/ Catts* 1989, *Scarborough/ Dobrich* 1990, *Tallal/ Dukette/ Curtiss* 1989); auch bei diesen Arbeiten wird das Sprachverständnis aber nicht speziell berücksichtigt.

In der Schule müssen die Kinder aber nicht nur die Schriftsprache erwerben; sie lernen auch Rechnen und erwerben neue Kenntnisse über die Welt der Tiere, der Landschaften und anderer Menschen. Viel von diesem Wissen wird in Erzählform vermittelt und folglich über das Sprachverständnis angeeignet. Gerade beim Rechnen spielen nun Begriffe wie "grösser/kleiner", "mehr/weniger", "zwischen" oder "hintereinander" eine zentrale Rolle; Begriffe, zu denen die Kinder keine Vorstellung aufbauen können. Zudem sind auch in der Schule die vielen Stunden des Zuhörens für jene Kinder eine Qual, welche aufgrund der Erzählungen keine lebendigen Vorstellungen aufbauen können. Zeigen sie sich in solchen Situationen unruhig, angespannt, oder erscheinen sie "abwesend", unkonzentriert, ist dies gut verständlich.

Wieder erfolgt eine Abklärung mit den entsprechenden Diagnosen "Legasthenie", "Dyskalkulie" und/oder "Hyperkinetisches Syndrom" sowie die entsprechenden therapeutischen Massnahmen.

3.24 Diagnosen und Therapien

Störungen des Sprachverständnisses äussern sich in Abhängigkeit des Entwicklungsalters und der sprachlichen Fähigkeiten in zwei Formen: In einer ersten *non-verbalen Phase* sind vor allem Handlungen aufgrund von Schlüsselwort-Interpretationen sowie ein verspäteter Sprechbeginn zu beobachten. In der zweiten *verbalen Phase* drückt sich die Sprachverständnisstörung häufig durch eine Diskrepanz zwischen Form und Inhalt aus. Das Kind äussert sich, indem es mit Passe-par-tout-Wörtern auf die gegenwärtige Situation hinweist und es interpretiert Aeusserungen Anderer aufgrund von Schlüsselwörtern, überdeckt Unsicherheiten durch "Ja-Sagen" und "stereotype" Fragen. Viele Kinder beherrschen die formalen Aspekte einer Kommunikation, interessieren sich jedoch wenig für den Inhalt von Aeusserungen. Sie scheinen die Möglichkeit, über die Sprache die Welt erobern und verändern zu können, noch nicht entdeckt zu haben (vgl. auch *Piperno/ Maurizi/ Levi* 1992).

Im Kindergarten und in der Schule führt die Schwierigkeit, aufgrund von sprachlichen Erzählungen lebendige Vorstellungen aufzubauen, zu Unsicherheiten, Unruhe oder innerem Rückzug; in der Schule kommen dann vor allem Probleme beim Verstehen der Rechen-Prozesse hinzu. Da die Kinder oft auch in diesem Alter die Funktion der Sprache als Repräsentationssystem noch nicht wirklich entdeckt haben, sind zusätzlich Störungen beim Erwerb der Schriftsprache als zweites Repräsentationssystem zu beobachten.

Für die Eltern, aber vor allem auch für die Kinder selbst, bedeutet dies ein Leben voll von verschiedenen Diagnosen und entsprechenden Therapien: oft wird im ersten Lebensjahr eine minimale Zerebralparese festgestellt und eine Physiotherapie verordnet. Im dritten Lebensjahr ist es ein Kind mit einem verzögerten Sprechbeginn, von dem man sagt, es sei ein Spätzünder, aber es komme schon noch. Im vierten Lebensjahr und dann vor allem im Kindergarten fällt es auf, weil es nicht gut spielen und ruhelos oder in sich gekehrt ist; die Diagnose lautet dann "verhaltensauffällig" oder "hyperaktiv"; eine mögliche Behandlung besteht aus einer Elternberatung oder seltener einer Spieltherapie. Etwas später ist es wiederum sprachgestört mit "Dyslalien", "Dysgrammatismus", "Dysphasie" oder "Stottern", und die Massnahme ist eine logopädische Therapie. In der Schule heissen die Diagnosen "Legasthenie", "Dyskalkulie", "Aufmerksamkeitsstörung" oder "Hyperaktivität", und die therapeutischen Angebote reichen von Logopädie, Psychomotorik, Graphomotorik über Kinesiologie, Neurolinguistisches Programmieren zu systemischen Therapien.

# 4. Erfassung

## 4.1 Die Ziele

Wenn kleine Kinder zur Abklärung kommen, weil sie noch nicht sprechen, weil sie in ihrem Verhalten auffallen oder in ihrer gesamten Entwicklung verzögert sind, geht es in erster Linie darum, zu verstehen, weshalb sich dieses Kind in dieser Weise entwickelt.

Als Fachperson versuche ich deshalb, mir ein Bild von den Fähigkeiten und Schwierigkeiten des Kindes zu machen, indem ich den Stand in den verschiedenen Entwicklungsbereichen erfasse und in Beziehung zu seinem Alter setze. Gleichzeitig suche ich nach den Ursprüngen der Auffälligkeiten und versuche mir vorzustellen, wie sich diese im Laufe der Entwicklung auf andere Fähigkeitsbereiche ausgewirkt haben könnten.

Denn das erste Ziel einer Erfassung besteht darin, den Eltern die Schwierigkeiten ihres Kindes auf eine Weise zu erklären, dass sie wieder verstehen können, weshalb es in alltäglichen Situationen auf diese Weise handelt und kommuniziert.

Das zweite Ziel der Erfassung liegt darin, eine Grundlage zu erarbeiten für die Entscheidung, ob dieses Kind eine Therapie braucht oder nicht.

Ein drittes Ziel besteht darin, die Fachpersonen, welche uns das Kind zugewiesen haben, darüber zu informieren, wie seine Auffälligkeiten erklärt werden können und welches weitere Vorgehen wir als sinnvoll erachten.

Um diese Ziele zu realisieren, müssen die Beobachtungen während der Abklärung in eine Entwicklungsmodell eingefügt und dann in einen grösseren Zusammenhang gebracht und miteinander verknüpft werden. Entscheidend ist dabei die Tatsache, dass ich nur diejenigen Fähigkeiten und Schwierigkeiten beobachten kann, welche in meinem Modell enthalten sind. Wenn also bspw. das "Nein-Sagen" in meinem Entwicklungsmodell keine Bedeutung hat, werde ich später nicht sagen können, ob sich das Kind mit "nein" gewehrt hat.

Entwicklungsprofile haben damit in erster Linie die Funktion eines (Orientierungs-) Rasters, um die Fähigkeiten des Kindes - und nicht seine Störungen - zu beschreiben. Die dem Profil zugrundeliegende Theorie sollte dann aufzeigen, welche Bedeutung die entsprechenden Fähigkeiten innerhalb normaler und gestörter Entwicklungsverläufe haben können.

## 4.2 Das Entwicklungsprofil: Forschung und Praxis

Das Entwicklungsprofil, welches ich im folgenden vorstellen möchte, hat mittlerweile eine lange Entstehungsgeschichte. Eine erste Form habe ich im Buch "Spracherwerbsstörungen" (1987) vorgestellt. In der Folge wurden durch die Auseinandersetzung mit neuropsychologischen Fragestellungen vor allem die Beobachtungen im praktisch-gnostischen Bereich erweitert und differenziert. Gemeinsam mit *Lislott Ruf* habe ich 1988 eine Fassung der heutigen Form entworfen, in der die verschiedenen Entwicklungsstufen und Teilaspekte einer Tätigkeit beschrieben werden.

Das Entwicklungsprofil besteht aus einer Zusammenstellung der Fähigkeiten, welche das Kind im praktisch-gnostischen, symbolischen, sozial-kommunikativen und sprachlichen Bereich zwischen dem ersten und dritten Lebensjahr erwirbt. Für jeden Bereich sind auch einzelne spezielle Beobachtungen zu Handlungs- und Kommunikationsformen aufgeführt, welche innerhalb der normalen Entwicklung nicht oder nur sehr selten vorkommen. Die Bedeutung der einzelnen Items habe ich in den Kapiteln "Entwicklung und Sprache" und "Entwicklungsverzögerung und Spezielle Beobachtungen" beschrieben. Das Entwicklungsprofil und eine gesonderte Zusammenstellung und Beschreibung der Items finden sich im Anhang.


### 4.21 Statistische Untersuchungen

Durch die Unterstützung des Schweizerischen Nationalfonds für wissenschaftliche Forschung war es 1989 möglich, die in der Praxis erhobenen Abklärungsdaten statistisch zu untersuchen und auf diese Weise verschiedenen Fragen hinsichtlich der Validität dieses Profils nachzugehen (*Zollinger/ Conen/ Ruf* 1990).

Wir suchten nach statistischen Verfahren, welche es erlauben, die Daten in ihrer Gesamtheit zu überblicken, gleichzeitig aber auch ermöglichen, die individuellen Profile miteinander zu vergleichen und auf die einzelnen Beobachtungen zurückzukommen. Wir haben deshalb Methoden der beschreibenden Statistik gewählt, welche in das Gebiet der Mustererkennung fallen.

*Beobachtungsdaten*
Die in die statistischen Untersuchungen einbezogenen Beobachtungsdaten setzen sich folgendermassen zusammen:
1. Die Beobachtungen der entwicklungsauffälligen Kinder bestehen aus 94 Entwicklungsprofilen von Kindern im Alter zwischen 17 und 51 Monaten. Alle Abklärungen habe ich selbst am Basler Kinderspital durchgeführt. Wir haben diese Daten als *Klinische Gruppe* bezeichnet.

2. Die Daten von den in ihrer Entwicklung unauffälligen Kinder haben wir als *Kontrollgruppe* bezeichnet. Je zwei Logopädie-Studentinnen haben im Rahmen ihrer Diplomarbeit Beobachtungen von entwicklungsunauffälligen Kindern durchgeführt. *Jöhr* und *Koch* (1989) haben 30 Kinder im Alter von 9-28 Monaten abgeklärt (KG 1), *Aeschbacher* und *Scholtes* (1989) haben 20 Kinder zwischen 29-52 Monaten beobachtet (KG 2). Zusätzlich haben die Logopädin *Margrit Aeberhard* und ich selbst eine weitere Gruppe von 43 entwicklungsunauffälligen Kindern im Alter von 11-42 Monaten abgeklärt (KG 3). Die Daten der Kontrollgruppe bestehen damit aus einer Anzahl von insgesamt 93 Entwicklungsprofilen von Kindern zwischen 9 und 52 Monaten. Die Altersbereiche der Kinder in der Kontrollgruppe wurden so gewählt, dass sie den Bereichen des Entwicklungsalters der Kinder in der klinischen Gruppe möglichst gut entsprachen (s. Tabelle 1).

Tabelle 1: Verteilung der Beobachtungsdaten nach Altersphasen

| Beobachtungsdaten Alter | Klinische Gruppe | Kontrollgruppe | KG 1 | KG 2 | KG 3 |
|---|---|---|---|---|---|
| 9-15 Mte | - | 19 | 10 | - | 9 |
| 16-18 Mte | 11 | 11 | 6 | - | 5 |
| 19-24 Mte | 16 | 15 | 7 | - | 8 |
| 25-30 Mte | 18 | 20 | 7 | 2 | 11 |
| 31-36 Mte | 17 | 14 | - | 7 | 7 |
| 37-42 Mte | 13 | 8 | - | 5 | 3 |
| 43-52 Mte | 19 | 6 | - | 6 | - |
| Insgesamt | 94 | 93 | 30 | 20 | 43 |

Wie ich oben beschrieben habe, hat das Entwicklungsprofil vor allem die Funktion, die Fähigkeiten eines Kindes zu beschreiben. Es gehört zu den Hauptanliegen meiner theoretischen und praktischen Arbeit, eine Grundlage für eine entwicklungspsychologische Betrachtungsweise von Entwicklungsstörungen vorzustellen. Von Anfang an haben wir deshalb die Beobachtungen zu den spezifischen Störungen, die sogenannten Störungs-Items, für die statistischen Untersuchungen ausgeschlossen.

Dann haben wir die ursprünglich 222 Entwicklungs-Items in mehreren Phasen auf 94 Entwicklungs-Items reduziert. Ausschlaggebend für diese Reduktion waren vor allem die Redundanz (viele Items waren bereits durch das Vorhandensein anderer definiert), Missing Data (zu einzelnen Items lagen nur wenige Beobachtungen vor) und Rating-Probleme (einzelne Items waren unklar definiert).

Die 94 in die statistichen Analysen einbezogenen Items gruppierten sich wie folgt: 53 Items beschreiben den Handlungsbereich, wobei sich 41 Items auf die praktisch-gnostischen Fähigkeiten und 12 Items auf die symbolischen Fähigkeiten beziehen. 41 Items beschreiben den kommunikativ-sprachlichen Bereich, wobei sich 24 Items auf die Sprachproduktion und das Sprachverständnis und 17 Items auf die vorsprachliche Kommunikation und die psycho-sozialen Fähigkeiten beziehen. Betrachtet man die symbolischen Fähigkeiten als eine Art Verbindungsglied zwischen den beiden Bereichen der Handlung einerseits und der Sprache und Kommunikation andererseits, kann man davon ausgehen, dass die beiden Bereiche mit je 41 Items in gleicher Gewichtung vertreten waren.

*Statistische Analysen*
Am Anfang unserer Untersuchungen wollten wir uns einen ersten Ueberblick über die Daten verschaffen und prüfen, ob sie die kindliche Entwicklung in zeitlicher Hinsicht und den theoretischen Erwartungen entsprechend wiedergeben können. Zu diesem Zweck wollten wir die Daten in eine Form bringen, welche eine einfache Gesamtdarstellung erlaubt.

Zuerst wurden die Items dichotomisiert, d.h. für jedes Item gab es den Wert 1 (beobachtet) oder 0 (nicht beobachtet). Dann fügten wir zu jedem Item das Alter hinzu, in dem die Fähigkeit aufgrund unseres (Vor-) Wissens zu beobachten sein sollte, und sortierten die Items nach diesem "theoretischen" Entwicklungsalter. Zuoberst kamen die frühesten Fähigkeiten wie bspw. "geben" oder "einzelne Wörter", am Schluss die schwierigsten wie "Kreis malen" oder "Gespräch führen". Schreibt man nun für jedes Kind die beobachteten Fähigkeiten, also alle 1-er untereinander, gibt es bei den kleinen Kindern eine ganz kurze senkrechte Reihe, bei den grössten Kindern wird die 1-er-Reihe hingegen sehr lang, da auch die schwierigsten Fähigkeiten vorhanden sind.

Wenn man nun auch die Profile der Kinder nach dem Alter sortiert, ergibt sich folgendes Bild: links sind die jüngsten, welche eine kurze senkrechte 1-er Reihe aufweisen. Ganz rechts sind die ältesten Kinder mit einer langen Reihe vorhandener Fähigkeiten. Die Darstellung links in Abbildung 1 zeigt, wie das Bild von den 93 normalen Kindern zwischen 9 und 52 Monaten aussehen *sollte*, wenn sie sich genau nach der Theorie entwickeln würden. (Die weissen Bereiche kommen dadurch zustande, dass bestimmte Fähigkeiten wie bspw. die Lall-Laute nur in frühen Entwicklungsphasen zu beobachten sind.) Im Vergleich zu diesem Modell zeigt die rechte Darstellung nun die Daten, d.h. das Bild der tatsächlich beobachteten Merkmale der Kinder in der Kontrollgruppe.

Im Anschluss an die erste Darstellung zeigt Abbildung 2 das Modell sowie die Daten der 94 entwicklungsauffälligen Kinder zwischen 17 und 51 Monaten.

Abb. 1: Modell und Daten der Item-Muster für die Kontrollgruppe

*Modell*          *Daten*

Profile nach Alter sortiert
9-          52 Monate          9-          52 Monate

Abb. 2: Modell und Daten der Item-Muster für die klinische Gruppe

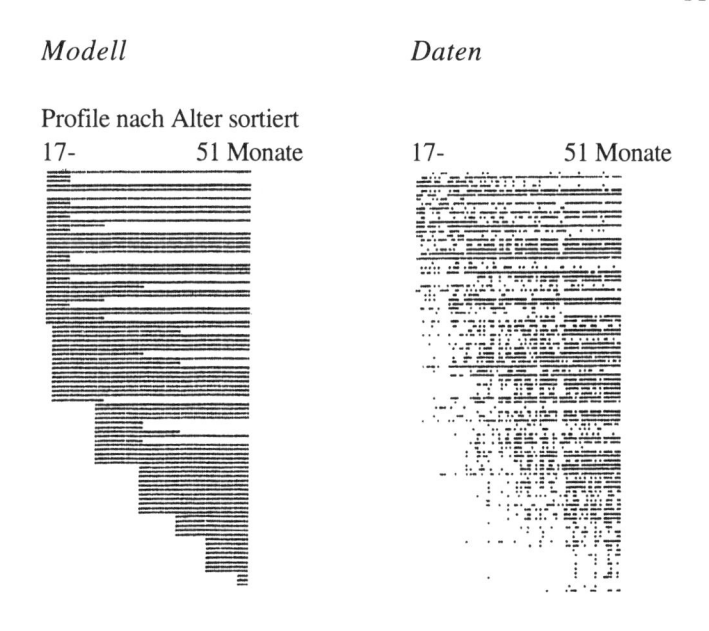

*Modell*          *Daten*

Profile nach Alter sortiert
17-          51 Monate          17-          51 Monate

Abbildung 3 zeigt die negativen und positiven Unterschiede zwischen dem Modell und den Daten der beiden Untersuchungsgruppen. Negative Unterschiede entstehen dann, wenn eine erwartete Fähigkeit nicht beobachtet werden konnte; positive Unterschiede ergeben sich, wenn eine Fähigkeit früher als erwartet auftritt.

Abb. 3: Negative und positive Unterschiede zwischen Modell und Daten der beiden Untersuchungsgruppen

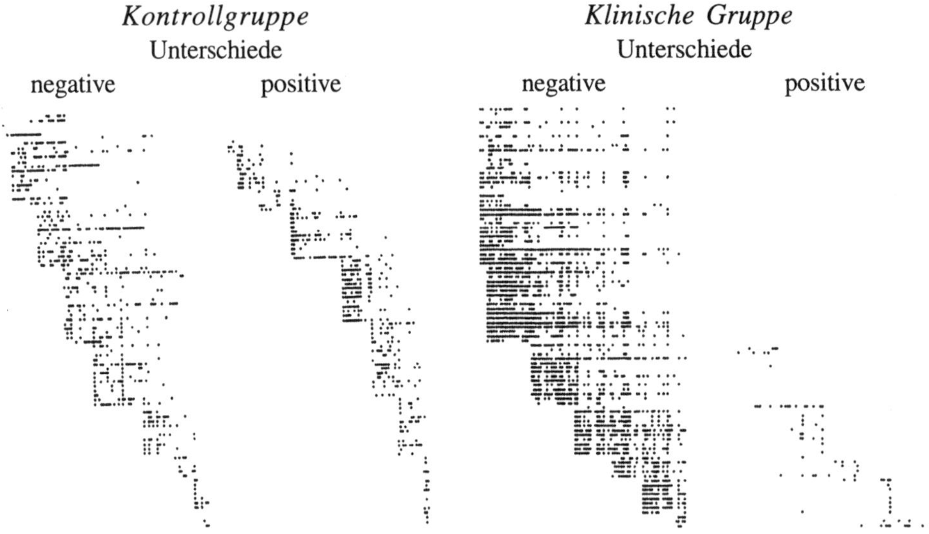

Aus diesen ersten Darstellungen lässt sich folgendes ablesen:

Die Daten aus den Beobachtungen der normalen Kinder passen sehr gut zu unseren theoretischen Erwartungen. Die Uebereinstimmung ist mit ca. 76 % hoch, wenn man bedenkt, dass die Beobachtungen aus sehr vielen Items zu einem breiten Entwicklungsbereich (1-4 Jahre) bestehen und die Protokolle von verschiedenen Beobachterinnen erstellt wurden.

Die Daten der entwicklungsauffälligen Kinder weichen stark vom Modell einer erwarteten normalen Entwicklung ab (negative Unterschiede). Dies bedeutet, dass das Beobachtungsinstrument geeignet ist, normale und abweichende Entwicklungen differenziert zu beschreiben und voneinander zu unterscheiden. Aus den Abbildungen 2 und 3 kann man erkennen, dass die Daten-Matrix als ganze dem Modell gegenüber nach rechts verschoben ist, was auf eine allgemeine Entwicklungsverzögerung hinweist. Die Darstellungen zeigen hingegen nur undeutlich, dass sich die Profile der entwicklungsauffälligen Kinder auch in ihrer Struktur von den Kindern der Kontrollgruppe unterscheiden. Das heisst, dass nicht alle Items einfach später auftreten, sondern dass bestimmte Fähigkeiten stärker verzögert sind als andere.

Wir suchten deshalb nach einem statistischen Verfahren, welches die Struktur der Daten sichtbar macht und ermöglicht, die beiden Gruppen miteinander zu vergleichen, ohne dass die individuellen Unterschiede dabei vernachlässigt werden.

Eine solche Vorgehensweise wird durch das Verfahren der Multidimensionalen Skalierung ermöglicht. Zunächst haben wir jedes Profil mit jedem verglichen und so eine Aehnlichkeitsmatrix aufgebaut (s. Abb. 4 im Anhang), in welcher die individuellen Unterschiede erhalten bleiben und nicht in einem Gesamtpunktwert verwischt werden, wie dies bei einer Aufsummierung der beobachteten Fähigkeiten der Fall wäre.

Auf der Basis der errechneten Aehnlichkeitskoeffizienten suchten wir dann nach einer Darstellung, in der alle Aehnlichkeiten bzw. Unähnlichkeiten auf einen Blick erfasst werden können, wie bspw. die Distanzen zwischen vielen Punkten, Städten und Ländern auf einer Landkarte.

In der Darstellung müssen die Verhältnisse dazu vereinfacht werden; es ist deshalb von grosser Bedeutung, ein Verfahren zu wählen, welches erlaubt, den Grad der Vereinfachung abzuschätzen und den verlorengegangenen Informationsanteil kontrollieren zu können.

Aufgrund dieser Ueberlegung haben wir eine nichtmetrische Variante der Multidimensionalen Skalierung (MDS) nach *Kruskal/ Young/ Seery* (1978) gewählt.[1] Es hat sich gezeigt, dass zwei bis drei Dimensionen ausreichen, um die Aehnlichkeiten bzw. Unähnlichkeiten zwischen den Profilen metrisch zu repräsentieren (vgl. Abb. 5 und 6 im Anhang).

Entsprechend der durch die MDS errechneten Koordinaten können die Profile nun als Punkte oder Säulen innerhalb eines 3-dimensionalen Raumes dargestellt werden. Jede Säule repräsentiert das Profil eines Kindes; wenn die Säulen sehr nahe beieinander liegen, bedeutet dies, dass die entsprechenden Profile einander (in ihrer Struktur) sehr ähnlich sind; je weiter sie hingegen entfernt sind, desto mehr unterscheiden sie sich voneinander.

---

[1] Häufig wird bei ähnlichen Fragestellungen das Verfahren der Faktorenanalyse angewandt. Dabei werden die Informationen jedoch auf eine unkontrollierbare Weise reduziert, und es lässt sich am Ende kaum noch abschätzen, inwieweit die Ergebnisse die zugrundeliegenden Daten adäquat wiederspiegeln. Bei der Multidimensionalen Skalierung ist es vereinfacht ausgedrückt hingegen so, dass die mathematische Modellierung gelingt oder nicht. Wenn sie gelingt, kann man mit grosser Sicherheit davon ausgehen, dass die Darstellung die den Daten zugrundeliegende Struktur so genau wiedergibt, dass sie zum Ausgangspunkt für weitere Untersuchungen gemacht werden kann (vgl. *Stassen* 1983).

Wenn also zwei Kinder etwa gleich viele, aber ganz unterschiedliche Fähigkeiten zeigen, liegen die Säulen weit auseinander; wenn bei einem Kind aber die Entwicklung nur leicht verzögert ist, d.h. wenn es im Vergleich zu einem anderen nur einzelne Fähigkeiten noch nicht erworben hat, liegen die Säulen relativ nahe.

Interessant ist nun, zu jeder Säule das Alter des Kindes hinzuzuschreiben, wie es die Abbildung 7 zeigt. In der Darstellung kann man erkennen, dass sich die Profile nach Altersstufen gruppieren. Die Grenzen sind fliessend, aber die Reihe erscheint doch so deutlich, dass man sofort sieht, dass das Profil eines 17-monatigen Kindes bei den 12- und 13-monatigen, und das Profil eines 26-monatigen Kindes bei den den 15- und 16-monatigen liegt, d.h. dass beide Kinder eine leicht verzögerte Entwicklung zeigen (vgl. die mit Pfeil markierten Säulen ).

Abb. 7: Verteilung und Altersangaben der MDS-skalierten Entwicklungsprofile der Kontrollgruppen 1+2

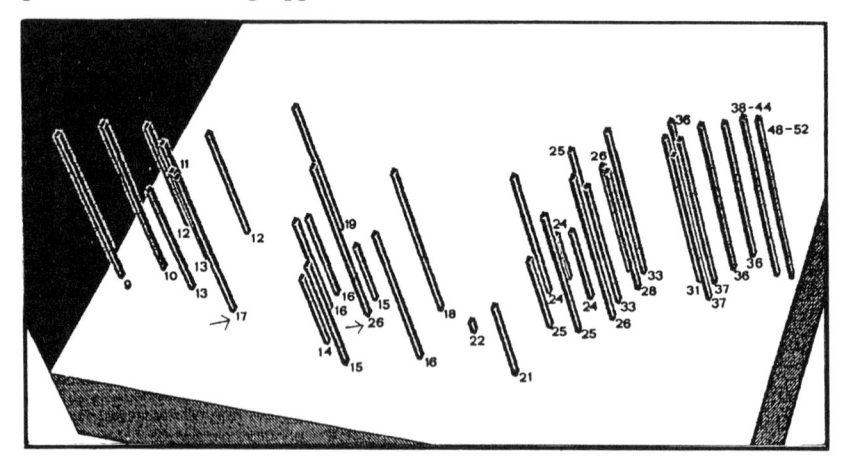

Nun stellt sich die Frage, ob diese Art von Darstellung auch Vergleiche zwischen verschiedenen Untersuchungsgruppen ermöglicht. Abbildung 8 zeigt eine Darstellung der Profile der Kontrollgruppen 1+2 im Vergleich mit der Kontrollgruppe 3.

Die Darstellungen in Abb. 8 zeigen, dass die beiden Kontrollgruppen in ihrer Gesamtstruktur recht ähnlich sind, d.h. links und in der ganzen rechten Hälfte sind dieselben Regionen besetzt. Die Profile scheinen also den Entwicklungsstand der Kinder weitgehend unabhängig von den Beobachterinnen zu wiederspiegeln.

In den Darstellungen kann man zudem gewisse natürliche Gruppierungen der Säulen erkennen. Diese legen nahe, dass man ein Entwicklungsmodell formulieren könnte, welches nicht nur die zeitliche Abfolge der einzelnen Fähigkeiten beschreibt, sondern eigentliche Entwicklungsphasen mit einer speziellen Kombination von Fähigkeiten definiert.

Abb. 8: Verteilung der MDS-skalierten Entwicklungsprofile der Kontrollgruppen 1+2 im Vergleich mit Kontrollgruppe 3

*Kontrollgruppen 1+2*               *Kontrollgruppe 3*

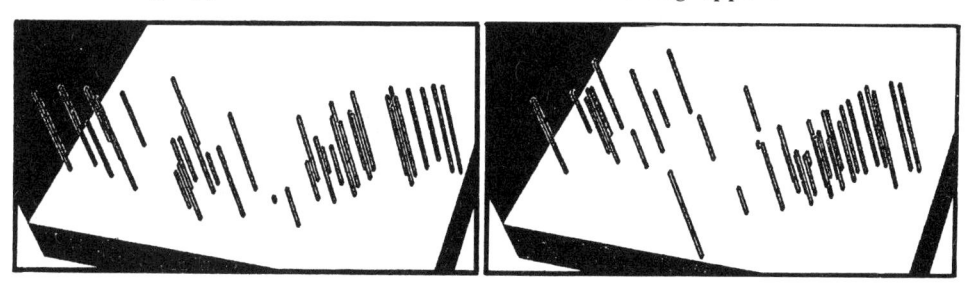

Was beim Betrachten der Abbildungen sofort auffällt, ist die Tatsache, dass sich die Profile der Kinder im mittleren Bereich, also zwischen 15 und 24 Monaten, sowohl innerhalb als auch zwischen den Kontrollgruppen relativ unähnlich sind. Geht man nun zurück zu den Beobachtungsprotokollen und untersucht die Einzelprofile in dieser Entwicklungsphase, findet man einige Unstimmigkeiten in den Protokollen der Beobachterinnen, aber auch grosse Unterschiede in der Entwicklung der einzelnen Kinder. Diese Unterschiede können als Ausdruck des Vorhandenseins unterschiedlicher Spracherwerbsstrategien interpretiert werden. *Nelson* (1973, 1981) hat auf solche individuellen Unterschiede aufmerksam gemacht und zwei Formen von Strategien beschrieben, welche zur Entdeckung der Sprache führen können. Kinder mit einer referentiellen Strategie interessieren sich in der Phase von 15-24 Monaten vor allem dafür, die Gegenstände kennenzulernen und sie zu benennen, um dann diese Wörter in die Kommunikation einzubauen. Kinder mit einer expressiven Strategie konzentrieren sich hingegen zuerst auf die Möglichkeiten der (sprachlichen) Kommunikation und versuchen erst später herauszufinden, was die einzelnen Wörter eigentlich bedeuten. Die Entwicklungsphase von 15-24 Monaten ist deshalb bei vielen Kindern durch eine spezielle Form von "Ungleichgewicht" zwischen den symbolischen und kommunikativen Fähigkeiten gekennzeichnet, welche erst durch deren Integration anfangs des dritten Lebensjahres aufgelöst wird.

Aus dieser Sicht ist es sicher kein Zufall, dass gerade in dieser Entwicklungsphase auch gehäuft Unstimmigkeiten in den Protokollen auftraten. Deren Analyse zeigt, dass einige der beobachteten Fähigkeiten in inkonstanter Weise oder gar nicht wirklich vorhanden waren, d.h. dass die Beobachterinnen vom Kind sozusagen verführt wurden, das Vorhandensein anzunehmen, auch wenn sie es gar nicht direkt beobachtet hatten. Ich möchte dies am Beispiel der Items "Lächeln nach gelungener Handlung" und "um Hilfe bitten" verdeutlichen. Beide Fähigkeiten sind erst dann möglich, wenn das Kind das Resultat einer Handlung beachtet, denn nur so kann es sie als gelungen bzw. "hilfebedürftig" einschätzen. Gerade die expressiven Kinder beginnen jedoch erst relativ spät, das Handlungsresultat zu beachten, lächeln aber andererseits schon früh und häufig dem Erwachsenen zu und zeigen oder bringen ihm Gegenstände. Während die Beobachterinnen gesehen haben, dass sich das Kind noch nicht auf das Handlungsresultat konzentriert, hat das häufige Lächeln und Geben offensichtlich dazu geführt, dass sie bei einigen Kindern die Items "Lächeln nach gelungener Handlung" und "um Hilfe bitten" als vorhanden angekreuzt haben.

Interessant wird es nun, die 93 Profile der Kontrollgruppe mit den 94 Profilen der Klinischen Gruppe zu vergleichen (s. Abb. 9).

Abb. 9: Verteilung der MDS-skalierten Entwicklungsprofile der Kontrollgruppe im Vergleich mit der Klinischen Gruppe

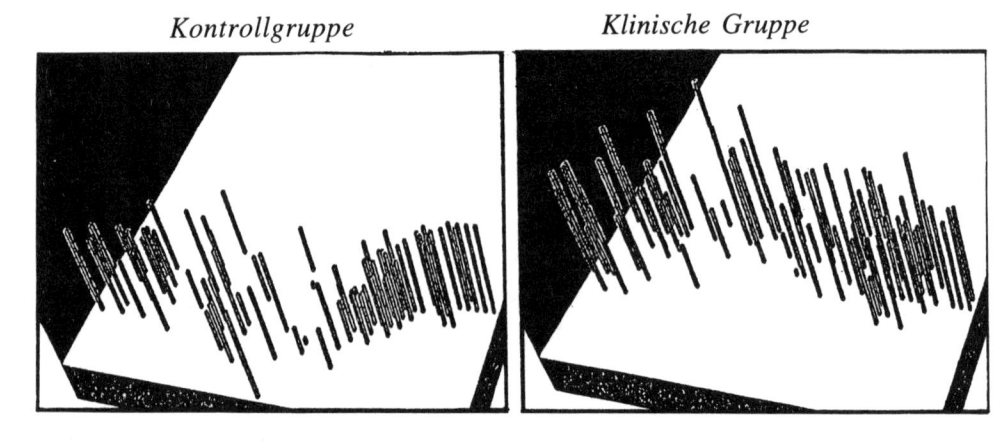

*Kontrollgruppe*  *Klinische Gruppe*

Der Vergleich der Darstellungen in Abb. 9 fällt sehr deutlich aus. Einerseits sieht man, dass die Profile der klinischen Gruppe ausserordentlich stark streuen. Andererseits erscheinen sie in anderen, weiter in der Tiefe liegenden Regionen als die Profile der Kontrollgruppe. Daraus können einige wichtige Schlüsse gezogen werden:

1. Die Profile der entwicklungsauffälligen Kinder lassen sich auch dann eindeutig von den normalen Profilen unterscheiden, wenn man auf die Störungsitems verzichtet. Dies bestätigt, dass sich spezifische Störungen wie bspw. eine Zerebralparese oder eine Auffälligkeit der taktil-kinästhetischen Wahrnehmung nicht in isolierter Weise manifestieren, sondern die Entwicklung ganz allgemein beeinflussen.

2. Dass die Profile der auffälligen Kinder in ganz anderen Regionen liegen, weist darauf hin, dass ihre Fähigkeiten nicht einfach denjenigen jüngerer Kinder entsprechen, sondern dass ihre Fähigkeiten ungleich weit entwickelt sind. Je weiter eine Säule also von der Entwicklungslinie der unauffälligen Kinder entfernt liegt, desto heterogener sind die Fähigkeiten im Profil verteilt. Dies wiederum heisst, dass bei der Bildung einer klassischen Entwicklungsskala wahrscheinlich gerade diese Unterschiede verloren gingen, weil sie für beide Gruppen eine identische Struktur impliziert.

Zusammenfassend zeigen die statistischen Untersuchungen der Beobachtungsdaten, dass die normale Entwicklung wie auch spezifische Entwicklungsstörungen mit dem Profil differenziert erfasst und beschrieben werden können.

In einem nächsten Schritt begannen wir, die benachbarten Entwicklungsprofile Fall für Fall zu vergleichen, um mehr über die individuellen Unterschiede zu erfahren. Bei dieser Arbeit zeigte sich jedoch, dass eine solche Analyse auf der Basis der Protokolle unbefriedigend war. Da wir die meisten Beobachtungen nicht selbst durchgeführt hatten, war es gerade im Einzelfall schwierig, die Besonderheiten eines Profils zu erfassen, wenn nicht gleichzeitig Widersprüche in der Protokollierung mit Sicherheit ausgeschlossen werden konnten. Immer häufiger trat deshalb der Wunsch auf, die verschiedenen Kinder zu *sehen* .

So entstand die Idee, eine Video-Datenbank mit Filmsequenzen zur Entwicklung kleiner Kinder aufzubauen.


4.23 Die Video-Datenbank

Für die Video-Aufzeichnungen luden wir einzelne Kinder in die Praxis ein, und ich spielte dort mit ihnen in der gleichen Weise, wie ich eine Abklärung durchführe, während die Mütter oder manchmal auch die Väter ihr Kind mit der Videokamera filmten. In der Folge schaute ich die Videobänder an und markierte jene Sequenzen, welche eine im Entwicklungsprofil beschriebene Fähigkeit darstellten. Dann digitalisierten wir die ausgewählten Video-Ausschnitte und schnitten sie zu kleinen Szenen. Während dieser Arbeit zeigte sich rasch, dass es interessant wäre, diese Szenen auch zu kommentieren. Wir programmierten eine zu der Video-Datenbank passende Text-Datenbank, so dass nun zu jedem kleinen Film auch eine entsprechende Beschreibung verfügbar wurde. Und noch etwas später entwickelte sich die Idee, nicht nur die Video-Szenen, sondern auch die einzelnen Beobachtungs-Items zu beschreiben.

Diese Arbeit wurde zu einer der interessantesten Tätigkeiten. Zu jenem Zeitpunkt hätte ich nie gedacht, nochmals soviel Neues über die normale Entwicklung erfahren zu können. Natürlich konnte ich schon vorher erklären, weshalb es interessant ist, die Kinder beim Umgang mit der Schere oder dem Klebband zu beobachten. Diese Tätigkeit genau zu beschreiben und in einen grösseren Entwicklungszusammenhang einzufügen, wurde nun zum Gegenstand unzähliger Analysen und Gespräche. Durch die Möglichkeit, gewisse Sequenzen oder einzelne Bilder immer wieder anzuschauen, zu anderen Szenen überzuwechseln und so verschiedene Kinder bei der gleichen Tätigkeit miteinander zu vergleichen, spielte die Video-Datenbank eine bedeutende Rolle bei der Beschreibung der einzelnen Items und Szenen.

In den letzten zwei Jahren hat sich die Technik auf diesem Gebiet stark weiterentwickelt, so dass es möglich wurde, die Video- und Text-Datenbank auf eine CD-ROM zu drucken und in dieser Form zu veröffentlichen (*Zollinger/ Conen* 1994).

4.23 Anwendungsbereich

Das Profil stellt die Entwicklungsphase vom Ende des zweiten zum dritten Lebensjahr in den Mittelpunkt der Beobachtungen und beschreibt detailliert die Uebergänge von der einfachen Exploration der Gegenstände zum Symbolspiel und von der vorsprachlichen Interaktion zur Sprache. Damit eignet es sich am besten für die Erfassung und Beschreibung von Kindern, deren Schwierigkeiten innerhalb dieses Entwicklungsalters liegen.

Dies sind in erster Linie Kinder, welche angemeldet werden, weil sie im Alter zwischen zwei und vier Jahren noch keine, nur wenige Wörter oder in sehr unverständlicher Weise sprechen; es sind aber auch Kinder im selben Alter, welche vor allem in ihrem Spiel- und Sozialverhalten auffallen. Das Beobachtungsinstrument eignet sich auch zur Abklärung von älteren Kindern, deren Entwicklungsstand einem Alter von ein bis drei Jahren entspricht.

Für die Abklärung von spracherwerbsgestörten Kindern im Vorschulalter, d.h. zwischen vier bis sechs Jahren, müssen die Beobachtungen in allen Bereichen stark ergänzt werden. Um zu beurteilen, in welchem Entwicklungszusammenhang die Sprachstörung eines sechsjährigen Kindes steht, reicht es nicht, zu beobachten, ob es symbolisch "kochen" oder eine nicht-situationale Aufforderung ausführen kann. Wie ich bereits im Kapitel zum Verlauf von Sprachverständnis-Störungen beschrieben habe, wäre es von grosser Bedeutung, auch für das Vorschulalter detaillierte Beobachtungsgrundlagen speziell für die Bereiche des Symbolspiels, der sozial-kommunikativen Entwicklung und des Sprachverständnisses zu erarbeiten.

4.24 Kritischer Vergleich mit anderen Beobachtungsinstrumenten

Von anderen Beobachtungsinstrumenten zur Abklärung kleiner Kinder unterscheidet sich das Profil in erster Linie dadurch, dass den Beobachtungen ein

Entwicklungsmodell zugrundeliegt, welches den Erwerb der einzelnen Fähigkeiten und deren Bedeutung für die gesamte Entwicklung beschreibt.

Die Hauptkritik an vielen bestehenden Instrumenten besteht denn auch darin, dass die Auswahl und Zuordnung der Items zu den Entwicklungsbereichen häufig einen zufälligen Charakter haben. Man muss annehmen, dass diese Zufälligkeit durch einen unreflektierten Gebrauch von statistischen Verfahren entstanden ist, und dass diese bei der Auswahl und Zuordnung der Items mehr Gewicht hatten als ein möglicherweise zugrundeliegendes Entwicklungsmodell. Dies kann sich jedoch in schwerwiegender Weise auf die Einschätzung der Fähigkeiten und Schwierigkeiten eines Kindes auswirken.

Ich möchte dies anhand von zwei ausgewählten Beispielen verdeutlichen, der Münchener Funktionellen Entwicklungsdiagnostik für das 2. und 3. Lebensjahr, M.F.E. (*Köhler/ Egelkraut* 1984) und dem Entwicklungs- und Verhaltensprofil für Kinder von 1-7 Jahren, P.E.P. (*Schopler/ Reichler* 1980).[1] Die M.F.E. ist ein weit verbreitetes Instrument, mit dem ich selbst gearbeitet habe; das P.E.P. enthält neben Entwicklungs-Skalen auch Kriterien zur Beurteilung von "pathologischem Verhalten", so dass es vor allem zur Erfassung von Kindern mit Wahrnehmungs- und Verhaltensstörungen empfohlen wird.

In der Münchener Funktionellen Entwicklungsdiagnostik wird das Entwicklungsalter von 7 Bereichen erfasst: Laufalter (Körperbewegung), Handgeschicklichkeitsalter, Perzeptionsalter (Erfassen von Zusammenhängen), Sozialalter, Selbständigkeitsalter, Sprachverständnisalter und Sprechalter (Aktive Sprache).

Im Handlungsbereich wird also zwischen Fähigkeiten zur Handgeschicklichkeit und solchen zur Perzeption unterschieden. Dies ist für das Verständnis von Entwicklungsstörungen insofern irreführend, als damit der Anschein erweckt wird, dass sich diese Bereiche voneinander unabhängig entwickeln und somit auch getrennt beobachtet und beurteilt werden können. Tatsächlich ist es jedoch so, dass es keine Tätigkeit gibt, welche nur die Handgeschicklichkeit oder nur die Wahrnehmung und Erfassung beinhaltet. Ein Vergleich einzelner Items zeigt denn auch deutlich, dass die Zuordnung zum einen oder anderen Bereich eher zufällig ist. So wird die Fähigkeit "steckt den kleinsten in den grössten Becher" als Ausdruck der Perzeption, "steckt zwei Stifte in das Steckbrett" jedoch als Ausdruck der Handgeschicklichkeit bewertet; oder die Fähigkeit "baut eine Reihe aus fünf Würfeln nach" wird als perzeptive Leistung, "baut einen Turm aus acht Würfeln" jedoch als Handgeschicklichkeit beurteilt. Eine eigene Skala zur symbolischen Entwicklung gibt es nicht; einzelne Fähigkeiten werden im Bereich "Sozialalter" erwähnt, bspw. "kommt manchmal mit einem Bilderbuch, um es sich zeigen zu lassen" oder "versorgt spontan Puppe oder Stofftier".

1 Eine Zusammenstellung von anderen Entwicklungstests findet sich bei *Sarimski* (1986a,b) oder *Rennen-Allhoff/ Allhoff* (1987).

Im sozial-kommunikativen Bereich wird zwischen dem "Sozial-" und "Selbständigkeitsalter" unterschieden. Fast alle Items, anhand welcher das Selbständigkeitsalter überprüft wird, setzen jedoch eine gute Handgeschicklichkeit voraus, bspw. "spiesst Essen manchmal mit der Gabel auf", "rührt dosiert mit dem Teelöffel in der Tasse um", "öffnet grosse Knöpfe selbst". Kinder mit einer motorischen Entwicklungsverzögerung werden deshalb auch im Bereich "Selbständigkeit" eine starke Verzögerung aufweisen, auch wenn sie bezüglich ihrer *Möglichkeiten* vielleicht sehr selbständig sind.

Im sprachlichen Bereich wird zwischen Sprachverständnis und Sprechalter unterschieden, was sehr positiv ist. Der Schwerpunkt der Beobachtungen im Sprachverständnis liegt jedoch ganz auf der Wortebene, und der Entwicklungsabfolge der Items fehlt ein sprachpsychologischer Hintergrund. So können gemäss der Skala 50% aller Kinder mit 13 Monaten auf "einen Körperteil", mit 15 Monaten auf ihren "Bauch", mit 18 Monaten auf "drei Körperteile" und mit 22 Monaten auf ihren "Arm" zeigen oder blicken. Offensichtlich konnten die untersuchten Kinder den Begriff "Arm" erst relativ spät verstehen, während sie die Namen von drei anderen Körperteilen schon früher kannten - aber gehörte da etwa das Bein dazu? oder waren es Kopf, Bauch und Hand, oder vielleicht der Fuss?

Diese Ueberlegungen sollen verdeutlichen, wie wichtig es bei der Durchführung von Entwicklungs-Tests ist, dass man sich auch eine Vorstellung davon macht, was man eigentlich überprüft, d.h. welche Bedeutung eine bestimmte Fähigkeit innerhalb der Entwicklung hat.

Werden diese Kritikpunkte bei der Auswertung der Beobachtungen und Beurteilung des Kindes berücksichtigt, ist die M.F.E. für die Praxis sehr geeignet.

Eine ähnliche Kritik wie an der M.F.E. gilt auch für das Entwicklungs- und Verhaltensprofil von *Schopler* und *Reichler*, mit dem Unterschied, dass hier die Auswahl der Bereiche wie die Zuordnung der Items völlig willkürlich und überhaupt nicht mehr nachvollziehbar sind. Die beiden Autoren unterscheiden sieben "Funktionelle Bereiche der Entwicklung": Imitation, Wahrnehmung, Feinmotorik, Grobmotorik, Auge-Hand-Koordination, kognitive und verbale Leistungen.

Schon bei der Auflistung dieser Bereiche wird klar, dass einer solchen Aufteilung nicht ein entwicklungspsychologisches Konzept, sondern entsprechende statistische Analysen zugrundeliegen müssen. Die Imitation und die Auge-Hand-Koordination als eigene "Funktionelle Bereiche der Entwicklung" zu bezeichnen und von der Feinmotorik oder der Wahrnehmung zu unterscheiden, ist aus entwicklungspsychologischer Sicht unhaltbar. Noch schlimmer aber ist die Zuordnung der einzelnen Items zu den Bereichen: bei der Manipulation mit der Knetmasse gibt es die zwei Items "rollt hin und her" und "formt Schale"; das erste wird als Fähigkeit zu Imitation, das zweite als Fähigkeit zu "Feinmotorik" beurteilt. Beim Spiel mit den Handpuppen gibt es fünf Items: "bewegt Katze imitierend" und "ahmt Tierstimmen nach" sind Fähigkeiten der Imitation, "lässt Puppen interagieren", "zeigt Körperteil an Puppe" und "zeigt eigene Körperteile" sind kognitive Leistungen. Interessant ist auch die Bewertung des Umgangs mit fünf Tassen und Untertassen: "ordnet fünf Farben zu" ist eine Fähigkeit der Wahrnehmung, "benennt fünf Farben" ist eine verbale und "erkennt fünf Farben" eine kognitive Leistung. Das Kritzeln, Kopieren von Linien und anderen Formen wie auch das Ausmalen einer Figur sind hingegen alles Leistungen der Auge-Hand-Koordination. Gemäss dieser Skala hat das Kopieren einer Linie also nichts mit Imitation zu tun, auch die Feinmotorik und Wahrnehmung spielen keine Rolle, und es ist auch keine kognitive Fähigkeit wie etwa das Erkennen von fünf Farben!

Neben den Funktionsbereichen werden auch "Bereiche pathologischen Verhaltens" beurteilt, wobei hier zwischen Affektivität, Sozialer Kontakt, Kooperativität, Materialbetätigung, Spielverhalten, Einsatz der Sinnesmodalitäten und Sprachverhalten unterschieden wird. Diese Fähigkeiten können also nur in ihrer Gestörtheit (Pathologie) erfasst werden. Wie dies nun geschieht, zeigen folgende Beispiele. Die "Affektivität" ist dann in höchstem Masse pathologisch (nach Punkten), wenn ein Kind beim Spiegel, Kitzeln und Kneifen "auffällig reagiert", und wenn es während der ganzen Untersuchung "auffällige affektive Reaktionen", "übermässige/ fehlende Furcht", "übermässige/ fehlende Schmerzreaktionen" zeigt und "keine Unterbrechungen toleriert". Eine Pathologie im Sprachverhalten zeigen folgende Beobachtungen: "auffällige Stimmführung", "Lallen", "spricht ohne bzw. mit falschem Sinnesbezug", "spricht 'Jargon'", "unmittelbare Echolalie", "verzögerte Echolalie", perseverierendes Sprechen", Vertauschen von Pronomina", "semantische Verwechslungen", "Verwechslungen von Lauten", "syntaktische Fehler".

In dieser Auflistung sprachpathologischen Verhaltens werden komplexe Störungsbilder wie die Echolalie mit ganz normalen Entwicklungsprozessen wie Lallen oder semantische Verwechslungen vermischt, mit demselben Punktwert versehen und gedankenlos aufaddiert. Dies kann zu so gravierenden Fehleinschätzungen der Schwierigkeiten eines Kindes führen, dass man dieses Instrument eigentlich verbieten sollte.

Es gibt auch entwicklungspsychologisch gut abgestützte Testverfahren wie bspw. die Ordinalskalen zur sensomotorischen Entwicklung (*Uzgiris/ Hunt* 1975), den Symbolic Play Test (*Lowe/ Costello* 1976) oder die Skala zur Kommunikativen Entwicklung (*Sarimski* 1993). Der Nachteil dieser Tests liegt jedoch darin, dass sie jeweils nur einen Entwicklungsbereich erfassen, so dass für eine vollständige Abklärung verschiedene Testsituationen geschaffen werden müssen.

Ein grosser Vorteil des vorliegenden Entwicklungsprofils im Vergleich mit anderen Instrumenten besteht zudem darin, dass alle Beobachtungen in eine Spielsituation integriert werden können, so dass die Kinder nicht das Gefühl haben, "getestet" zu werden.

Einige Fachpersonen haben die Kritik geäussert, dass es keine Auswertung aufgrund von Punktwerten oder Skalen gibt. Wie die statistischen Analysen zeigen, wäre es im Prinzip möglich, eine entsprechende Fassung zu erarbeiten. Dennoch möchten wir das Profil nicht als "Mess-Instrument" verstehen, sondern vielmehr als Orientierungshilfe der Art "Achte darauf, was sich Dir enthüllt, wenn Du auf Folgendes achtest!". Was sich uns enthüllt, sind nicht Zahlen, sondern "Welten", und das Ziel einer Abklärung besteht darin, diese zu verstehen und ihnen eine Bedeutung zu geben.

## 4.3 Die Abklärung

### 4.31 Vorbereitung und Planung

Die Abklärung kleiner Kinder hat einige Besonderheiten, durch welche sie sich grundlegend von der Untersuchung älterer Kinder unterscheidet, und deren Berücksichtigung oft entscheidend für die weitere Beziehung zwischen dem Kind, der Mutter und der Therapeutin sind.

Kleine Kinder wollen spielen; sie sind deshalb selten bereit, vom Erwachsenen geforderte Aufgaben auszuführen, wenn sie deren Sinn nicht kennen, die Tätigkeit ungern ausführen, oder wenn sie sich von anderen Handlungen stärker angezogen fühlen.

Dem Entwicklungsalter entsprechend müssen die zu beobachtenden Handlungen deshalb in eine Spielsituation integriert werden.

Viele kleine Kinder sind nicht bereit, in einer fremden Situation mit einer fremden Person sofort Kontakt aufzunehmen; ängstlich klammern sie sich an die Mutter, und manche scheinen bereits bei der Begrüssung fest entschlossen zu sein, dass sie an diesem Ort in gar keinem Falle einen Gegenstand berühren und an diese Person nie ein Wort richten werden.

Die grosse Angst, welche manche Kinder bei der ersten Kontaktnahme zeigen, widerspiegelt die Sorge und Unsicherheit der Mutter. Häufig ist es so, dass sie sich bereits seit Monaten Gedanken darüber macht, weshalb ihr Kind nicht spricht, nicht alleine spielen will, so ängstlich, aggressiv oder ungestüm ist. Meist hat sie darüber schon mehrmals mit ihrem Mann, dem Kinderarzt, mit Freundinnen und Verwandten gesprochen. Die einen betrachteten ihre Sorge als übertrieben, während andere ihr rieten, sich von einer Fachperson beraten zu lassen. Nun hat sie sich zu diesem Schritt entschlossen, und in Gedanken ist sie hin- und hergerissen zwischen dem Wunsch nach einer Diagnose, welche den Schwierigkeiten einen Namen geben könnte, und der Hoffnung, dass ihr Kind gesund sei. Eine Diagnose verbunden mit einer Therapie würde sie in ihrer Verantwortung als Mutter entlasten, doch gleichzeitig schämt sie sich für diesen

Wunsch. Umgekehrt wäre die Aussage einer Fachperson, dem Kind fehle nichts, eine Beruhigung, doch bliebe sie dann mit ihren Sorgen wieder allein.

Für die Organisation in der Praxis ist es deshalb von grösster Bedeutung, dass der Zeitraum zwischen der Anmeldung bis zur Durchführung der Untersuchung nicht länger als einen Monat beträgt. Haben wir sehr viele Anmeldungen, lösen wir das Problem so, dass wir eine Abklärung ausnahmsweise nicht zu zweit, sondern allein durchführen.

Am Tag der Abklärung sind auch die Kinder häufig nervös, denn natürlich spüren sie aus der Stimme und Haltung der Mutter, dass es nicht nur darum geht, mit dieser fremden Person zu spielen, als ob es eine Freundin der Mutter wäre.

Den Unsicherheiten von Mutter und Kind muss ich als Fachperson gleich von Anfang Ruhe und Sicherheit entgegensetzen, d.h. ich muss überzeugt sein, dass das Kind früher oder später mit mir Kontakt aufnehmen wird, und dass ich diesen Moment ruhig abwarten kann, weil ich genügend Zeit habe. Damit dies auch wirklich stimmt, setzen wir die Abklärung zeitlich immer so an, dass direkt danach keine festen Termine folgen; also bspw. um 10.30 Uhr oder seltener um 16.00 Uhr. Die Abklärung selbst dauert etwa eine Stunde; das anschliessende Erst-Gespräch eine halbe bis dreiviertel Stunden.

Wenn das Kind und die Mutter oder auch beide Eltern ins Zimmer kommen, beginne ich gleich mit der Abklärung. Damit verkürze ich die Zeit der Ungewissheit und stelle den Phantasien der Mutter eine reale Situation gegenüber, nämlich die der Interaktion zwischen mir und ihrem Kind. In der Art wie ich mich ihm zuwende, zeige ich ihr auch, wer ich bin und was ich tue. Fast immer ist es so, dass sich ihre Spannung in gleichem Masse löst, wie es mir gelingt, mit dem Kind einen Kontakt aufzubauen. Das Gespräch über seine Entwicklung und Schwierigkeiten am Ende der Abklärung kann so in einer weit ruhigeren und vertrauensvolleren Atmosphäre stattfinden, als dies zu Beginn möglich gewesen wäre. Zusätzlich ist es so, dass kleine Kinder nach einer Stunde Spiel in einer ganz neuen Situation meist richtig erschöpft sind. Wenn das Gespräch am Anfang stattfindet und das Kind bereits die Gegenstände zu erkunden beginnt, komme ich unter zeitlichen Druck, oder aber ich kann mich nicht auf das Gespräch konzentrieren, weil ich gleichzeitig das Kind bei seinem Tun beobachte.

Zur Ruhe und Klarheit in der Situation der Erstabklärung gehören auch passende Sitz- und Spielgelegenheiten und deren sinnvolle Anordnung im Raum. Kleine Kinder brauchen einen kleinen Tisch und kleine Stühle, wo sie sich selbst hinsetzen und ebenfalls wieder aufstehen können. Gleichzeitig muss auch Platz da sein, um am Boden zu spielen. Der Tisch sollte an der Wand stehen und seitlich durch ein Regal abgegrenzt sein, damit eine Art geborgener Ecke entsteht. Auf dem Regal liegen die Spielgegenstände, so dass sie für das Kind, aber auch für mich direkt zugänglich sind. Einem kleinen Kind setze ich mich nie direkt gegenüber, sondern seitlich, damit ich es bei motorischen Unsicherheiten stützen und je nachdem auch halten oder berühren kann. Die Stühle für die Erwachsenen stehen in einiger Distanz an der gegenüberliegenden Wand (vgl. Abb.10).

Abb. 10: Anordnung der Sitz- und Spielgelegenheiten im Abklärungs- und Therapieraum

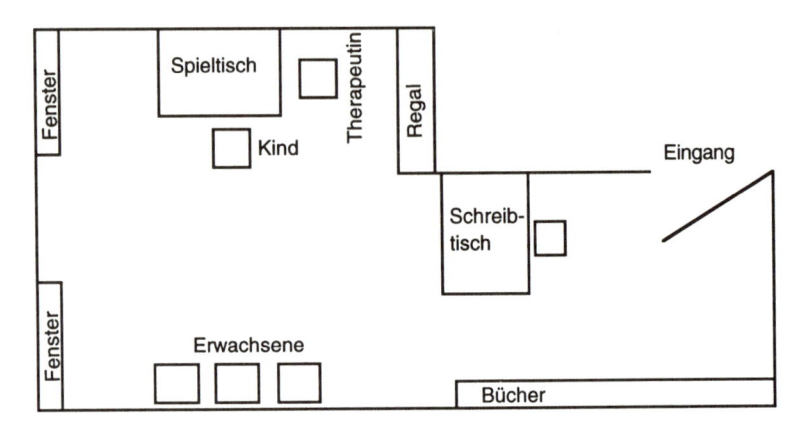

[Raumskizze: Fenster (oben links und unten links), Spieltisch, Therapeutin, Regal, Kind, Schreibtisch, Eingang (rechts), Erwachsene (unten), Bücher]

## 4.32 Die Durchführung

Nachdem ich das Kind und die Mutter oder beide Eltern begrüsst habe, leite ich die Abklärung ein und sage: "Ich werde nun mit dem Kind spielen; dabei beobachte ich, wie es mit den Dingen umgeht, was es besonders gerne tut, wie es mir seine Wünsche mitteilt und ob es meine Wörter und Sätze verstehen kann. Gleich danach werde ich Ihnen sagen, was ich gesehen habe, und wir werden über das weitere Vorgehen sprechen."

Ist das Kind sehr ängstlich, bitte ich die Mutter, es auf den Schoss zu nehmen und sich mit mir an den Spieltisch zu setzen. Geht das Kind spontan auf die Spielsachen zu oder scheint es nur wenig verunsichert, lade ich es ein, mit mir zu spielen und biete der Mutter einen Platz auf dem Stuhl an der Wand an. Als Ausgangslage arrangiere ich meist Gegenstände zum Kochen: verschiedene Gefässe wie Flaschen, Schoppen, Becher, kleine Kochtöpfe, dann Instrumente wie Löffel, Gabel und Trichter sowie die Materialien Wasser, Knetmasse, Holz- und Glasperlen; ist das Kind schon etwas grösser, stelle ich auch einen Kochherd hin, in den man kleine Kerzen stellen und Wasser erwärmen kann. Dazu setze ich eine Puppe und einen Bären. Natürlich kommt es auch vor, dass sich ein Kind spontan für ein bestimmtes Spielzeug auf dem Regal entscheidet, bspw. für das Telefon. Dies ist insofern kein Problem, als die Abfolge der Beobachtungen in jedem Falle von den Interessen des Kindes geleitet und in keiner Weise durch das Beobachtungsinstrument vorgegeben ist.

Grundsätzlich nehme ich bei der Durchführung einer Abklärung die Haltung ein, möglichst viele Fähigkeiten des Kindes zu entdecken. Das heisst, ich versuche eine Atmosphäre zu schaffen, in der es sich wohl fühlt und in der es unterstützt wird, so dass ihm auch Handlungen gelingen können, welche es noch nicht kennt oder die ihm normalerweise Schwierigkeiten bereiten.

An dieser Stelle muss betont werden, dass vor allem im schulpsychologischen Bereich viele Abklärungen mit dem Ziel durchgeführt werden, primär die Störungen oder Fehler des Kindes aufzudecken. Ausdruck solcher Zielsetzungen sind Test-Anweisungen, welche jede Art von Erklärung oder Hilfestellung verbieten, und Testleiter, welche mit unbeteiligtem Gesichtsausdruck den hilflosen Versuchen beim Lösen bestimmter Aufgaben zuschauen. Diese Art von Untersuchungen widerspiegeln nicht nur psychologische, sondern auch logopädische Abklärungs-Berichte, in denen mit keinem Wort erwähnt wird - und bei entsprechender Nachfrage auch nicht erfasst wurde - was das Kind *kann*.

In der ersten Phase der Abklärung geht es immer darum, das Interesse des Kindes für die Dinge und auch für meine Person zu wecken, es zu verführen, sich in ein Spiel mit mir einzulassen. Fast alle Kinder sind vom Wasser angezogen und vom Feuer fasziniert, weshalb sich diese Elemente besonders gut für diese erste Kontaktnahme eignen.

Wenn das Kind spontan keine Gegenstände anfasst, beginne ich alleine zu spielen: ich unterhalte mich mit dem Stofftier, koche ihm Wasser für einen Schoppen und füttere es, wobei ich es laut schmatzen lasse. Ich lege die Gegenstände in die Nähe des Kindes auf den Tisch, fordere es aber nie direkt zum Spiel auf. Da die Mutter in dieser Phase noch sehr gespannt und voller Angst ist, das Kind werde sich weigern mitzuspielen, versucht sie es immer wieder zum Handeln aufzufordern: "schau, was die Frau Zollinger Tolles macht, willst du nicht auch spielen?". Fast immer klammert es sich dann noch stärker an sie. Ruhig und bestimmt sage ich dann, dass wir genug Zeit hätten, und dass das Kind die fremde Person eben erst beurteilen wolle; dann werde es ganz bestimmt zu spielen beginnen. In vielen Abklärungen ist dies der wichtigste Moment. Ich kann diesen Satz nur dann sagen, wenn ich wirklich genug Zeit habe, und wenn ich ganz auf das Kind setze. Für mich selbst habe ich einmal die Regel aufgestellt, dass es keine "nicht-testbaren" Kinder gibt, sondern nur Erwachsene, welche sich nicht die Zeit dazu nehmen.

Meist sind es nur fünf bis zehn Minuten, bis das Kind erstmals die Hand nach einem Gegenstand ausstreckt, ganz selten dauert es aber bis zu einer halben Stunde. Tatsächlich ist auch dies keine sehr lange Zeit, doch wenn man in dieser spannungsvollen Situation alleine spielen muss, erscheinen schon zehn Minuten sehr lang. Wenn das Kind nun einen ersten Gegenstand greift, spiele ich ruhig weiter. Ich beobachte es aus den Augenwinkeln, und etwas später biete ich ihm vielleicht einen neuen Gegenstand an, warte aber grundsätzlich mit direkten Aufforderungen zum Spiel, bis es spontan Kontakt aufnimmt.

Während dieser Abklärungsphase beobachte ich, wie es die Gegenstände in die Hand nimmt und manipuliert, ob es beachtet, was es durch seine Handlungen bewirkt hat, ob es auch mir zuschaut und meine Tätigkeiten imitiert. Ich erweitere die Situation durch neue Gegenstände wie die Bürste, den Spiegel und das Telefon, ein mechanisches Spielzeug, und später durch Papier und Malstifte, Schere und Klebband, Formbox und Bilderbuch. Ist das Kind noch in der Entwicklungsphase des Funktionsspiels, kann ich ihm diese Gegenstände reichen, und es wird sie sofort erkunden. Hat das Kind bereits eine Vorstellung der Spielsituation, bspw. des Kochens und Fütterns aufgebaut, versuche ich die neuen Gegenstände in den Handlungsablauf einzugliedern. Bspw. schlage ich vor, die Puppe anzurufen und zum Essen einzuladen, um sie dann noch mit Bürste und Spiegel schön zu machen. Oder das Tier will noch das Spiel mit der Formbox machen, und bevor es zu Bett geht, schauen wir gemeinsam ein Bilderbuch an.

Gerade bei Kindern in einem Entwicklungsalter zwischen zwei und vier Jahren ist es wichtig, dass die neuen Gegenstände in das Spiel integriert werden. Während des "Kochens" entwickeln fast alle das Vertrauen, dass hier nichts Schlimmes passiert, dass sie nicht getestet werden; zudem haben sie Spass am Spiel. Will der Erwachsene nun das Spiel beenden und ein anderes vorschlagen, reagieren viele sofort mit Misstrauen, andere wollen die Tätigkeit ganz einfach nicht wechseln. Häufig spreche ich deshalb das Tier an oder lasse es seine Wünsche formulieren. Ich sage "so jetzt hast du genug gegessen, du bist ja so ein Fressack! Du wolltest doch noch malen!" oder "Oh, es ist schon so spät, jetzt aber ab ins Bett! Du willst noch ein Bilderbuch anschauen? Na gut, aber dann gehst du sofort schlafen".

Kinder zwischen vier und sechs Jahren interessieren sich oft mehr für die Brio-Bahn als für das Kochen. Gemeinsam fügen wir die Schienen zusammen und fahren mit dem Zug. In diesem Alter wissen sie meist schon sehr genau, dass ihnen viele Tätigkeiten Schwierigkeiten bereiten und lehnen deshalb alle Vorschläge zu anderen Tätigkeiten ab. Aus diesem Grund baue ich auch hier neue Handlungen in das Spiel ein, indem ich bspw. vorschlage, den Tieren im Zoo mit der Bahn Knetwürste und Wasser zu bringen. Dann braucht es einen Parkplatz am Bahnhof, wozu ich ein Rechteck auf ein Papier male; ein weiteres Auto kommt angefahren und fragt das Kind nach mehr Parkplätzen; es erscheint ein Polizist und verbietet das Parken, indem er Kreuze malt. In der Folge muss der Mechaniker telefonisch gerufen werden, um mit dem Klebband Schienenteile, den Zug oder ein Auto zu reparieren.

In der *ersten Phase* der Abklärung konzentriere ich mich ganz darauf, einen Kontakt mit dem Kind aufzubauen und es für das Spiel zu gewinnen.

Wenn es mit ganzem Interesse dabei ist, beobachte ich in einer *zweiten Phase* sein spontanes Spiel, d.h. ich mache keine neuen Vorschläge. Ich schaue nun, wie es die Tätigkeiten weiterführt, ob es sie immer wieder repetiert, nach kurzer Zeit abbricht oder erweitert und spontan nach neuen Gegenständen auf dem Regal sucht; ob es mich wieder einzubeziehen versucht, seine Absichten ausdrückt oder um Hilfe bittet. Gleichzeitig versuche ich in dieser Zeit, die Beobachtungen zu einem Bild zusammenzufügen, zu verstehen, wo seine Schwierigkeiten liegen könnten.

Sobald ich eine bestimmte Vorstellung habe, stellen sich auch spezifische Fragen, denen ich in der *dritten Phase* nachgehe. Dabei werde ich wieder aktiver, d.h. beim Auswählen und Anbieten der neuen Gegenstände fordere ich das Kind zu bestimmten Handlungen auf, manchmal provoziere ich es auch, indem ich einen Wunsch ablehne oder ihm sogar einen Gegenstand wegnehme. Zum Beispiel bin ich unsicher, ob es sich selbst erkennt und ein Selbstbild entwickelt hat. Bei der Bürste fordere ich es nun auf, sich selbst zu bürsten und reiche ihm dann den Spiegel. Oder ich habe beobachtet, dass es manchmal gar nicht auf meine Aeusserungen reagiert, während es in anderen Situationen jedoch gut zu verstehen schien. Also stelle ich nun einige nicht-situationale Aufforderungen, oder ich spreche ganz leise mit der Puppe. Oder ich bin nicht sicher, ob und wie es seine Absichten ausdrückt und ob es sich mit "nein" wehren kann; ich leere also alles Wasser weg oder stelle die Knete auf das Regal und schaue nun, ob es sich wehrt oder die Dinge zurückverlangt.

In dieser Phase mache ich mir auch Notizen, vor allem bezüglich der spontanen sprachlichen Aeusserungen. Aeltere Kinder wollen sofort wissen, was ich schreibe; ich erkläre ihnen dann ganz offen, dass ich aufschreibe, welche Wörter oder Sätze sie sagen können oder was sie gerade gemalt oder gekocht haben. Auch wenn ich bei einem älteren Kind bspw. einen Wortschatztest durchführe, teile ich ihm mit, dass ich alles aufschreiben möchte. Ich sage, es dürfe nicht zu schnell sprechen, weil ich nicht so rasch schreiben könne. Natürlich benennt es die Abbildungen nun ganz schnell, so dass ich stöhne und schimpfe und schwitze, was der Test-Situation etwas ihren Ernst nimmt.

Ich beende die Abklärung dann, wenn ich mir eine erste Vorstellung darüber machen kann, weshalb dieses Kind nicht oder auf diese Weise spricht, weshalb es die Gegenstände so in die Hand nimmt und warum es ihnen noch keine oder gerade diese Bedeutung gibt. Dann sage ich zum Kind "jetzt möchte ich noch mit deiner Mutter sprechen und ihr erzählen, was ich alles bei unserem Spiel gesehen habe; wenn du möchtest, kannst du weiterspielen - du kannst uns aber auch zuhören".

## 4.33 Das Abklärungs-Gespräch

Ein erstes kurzes Gespräch mit den Eltern führe ich immer gleich nach der Abklärung. Meist ist es so, dass die Mutter gegen Ende der Untersuchung nicht mehr so angespannt ist, vor allem wenn es mir gelungen ist, einen guten Kontakt mit dem Kind aufzubauen, und wenn sie sehen konnte, dass ich nicht primär nach seinen "Fehlern" suche. Dennoch scheint es mir wichtig, die Spannung ganz aufzulösen, indem ich sage, wie ich die Fähigkeiten und Schwierigkeiten des Kindes einschätze und über das weitere Vorgehen spreche.

Das Kind ist bei diesem Gespräch anwesend. Häufig ist es so, dass es vom Spiel ganz erschöpft ist und sich auf dem Schoss der Mutter ausruht, etwas isst oder einen Schoppen trinkt. Einzelne spielen weiter, manche werden aber bald unruhig, so dass wir nur kurz sprechen und gleich einen zweiten Termin vereinbaren.

Ich bereite mich auf dieses Gespräch vor, indem ich am Ende der Abklärung das Kind für kurze Zeit alleine spielen lasse und innerlich die wichtigsten Beobachtungen zusammenfasse.

Ich beginne mit einer ausführlichen Beschreibung dessen, was das Kind gut kann, also bspw. dass es viele Tätigkeiten seinem Alter entsprechend durchführen kann, dass es sehr interessiert an der Erforschung der Gegenstände ist, und dass es auch mit einer fremden Person in kurzer Zeit einen guten Kontakt aufbauen konnte. Dann spreche ich von den Schwierigkeiten, die ich beobachtet habe, wobei ich versuche, diese auch zu erklären. Ich sage bspw. "wenn das Kind einen Gegenstand in die Hand nimmt und etwas bestimmtes damit tun möchte, muss es sich sehr auf die Durchführung der Bewegungen konzentrieren; der Ablauf ist noch nicht automatisch. Es ist wie bei einem kleineren Kind, für das auch jede Bewegung noch neu ist. Das kleine Kind ist aber damit zufrieden, die Dinge einfach hin- und herzudrehen oder zu Boden zu werfen. Ihr Kind hingegen weiss schon viel von den Dingen; es möchte also viel mehr damit tun und ist dann frustriert, wenn es zu keinem Ziel kommt. Zum Beispiel braucht es seine ganze Energie, um die Schienen der Brio-Bahn zusammenzusetzen, so dass es dann gar keine Lust mehr hat, mit der Bahn zu spielen, wenn die Schiene endlich steht."

Ich verweise auch auf einzelne Situationen, die sich während der Abklärung ergeben haben und stelle die Beobachtung in einen grösseren Zusammenhang. Ich sage bspw. "eine spezielle Schwierigkeit besteht darin, dass es meine Wörter nur dann versteht, wenn sie gerade zu seiner Tätigkeit passen. Als ich zum Beispiel sagte, es solle die Puppe kämmen, hat es ihr zu essen gegeben, weil es gerade am Kochen war. Dies ist natürlich sinnvoll; wenn das Kind meine Aufforderung jedoch verstanden hätte, hätte es sie gerade aus diesem Grund mit "nein" zurückgewiesen. Ich kann mir gut vorstellen, dass es zuhause Situationen gibt, wo Sie denken, es wolle einfach nicht folgen, es hätte nicht zugehört oder schon wieder alles vergessen. In Wirklichkeit aber hat es gar nicht genau verstanden, was Sie ihm gesagt haben."

Wenn ich auf diese Weise spreche, ist es fast immer so, dass die Mutter oder auch der Vater spontan von Situationen erzählen, die sich zuhause ereignet und die sie nicht genau verstanden haben. Daraus kann ein Anamnese-Gespräch entstehen, welches vom Interesse der Eltern geleitet und nicht durch vor-formulierte Fragen bestimmt ist. Oft kommt es vor, dass die Mutter oder der Vater schon nach diesem ersten Gespräch sagen, dass sie sich nun viele Verhaltensweisen des Kindes erklären könnten, und dass sie es mit ganz anderen Augen anschauen würden. Dies gehört zu den wichtigsten Erfahrungen, denn ich bin überzeugt, dass sich die Art der Interaktion zwischen dem Kind und seinen Bezugspersonen dann verändert, wenn sie seinen Handlungen eine neue Bedeutung geben können.

Zeigen die Beobachtungen während der Abklärung, dass eine Therapie sinnvoll ist, versuche ich bereits in diesem ersten Gespräch, die Ziele und Inhalte wie auch die therapeutischen Möglichkeiten zu beschreiben.

## 4.4 Die Beurteilung

Die Beurteilung enthält die Beantwortung von vier Fragen:
1. Welchem Entwicklungsalter entsprechen die Fähigkeiten des Kindes in den verschiedenen Bereichen, d.h. sind sie altersentsprechend oder verzögert entwickelt?
2. Sind alle Fähigkeiten gleich weit entwickelt oder gibt es grosse Unterschiede zwischen den Bereichen, d.h. ist das Entwicklungsprofil homogen oder heterogen?
3. Gibt es Beobachtungen, welche auf das Vorhandensein von neurologischen oder neuropsychologischen Auffälligkeiten hinweisen?
4. Wie können die Schwierigkeiten des Kindes erklärt werden, d.h. welche Prozesse könnten zum heutigen Stand der Entwicklung geführt haben?

Die ersten beiden Fragen können beantwortet werden, indem ich das Alter, in welchem entwicklungsunauffällige Kinder eine entsprechende Fähigkeit zeigen, zum realen Alter des Kindes in Beziehung setze. Auch hier ist wichtig, dass ich nicht einfach stur Zahlen berechne, sondern versuche, mir ein *Bild* des Entwicklungsstandes in den einzelnen Bereichen zu machen. Wenn das Kind also bspw. den Hörer des Telefons nicht auf die Gabel gelegt oder weder mit Modell noch spontan den Klingelknopf gedrückt hat, ansonsten aber im praktisch-gnostischen Bereich viel weiter entwickelte Fähigkeiten zeigt, ist dies sicher nicht Ausdruck einer Heterogenität, sondern es wurde vielleicht gerade abgelenkt oder hatte einfach kein Interesse.

Manchmal wird von Fachleuten die Kritik geäussert, dass die Beobachtungen davon abhängig seien, ob das Kind die entsprechenden Spielsachen schon kenne, oder auch, dass das Kind zuhause vielleicht viel bessere "Leistungen" zeigen würde als in der fremden Beobachtungssituation.

Diese Kritik ist aus entwicklungspsychologischer Sicht unbegründet - unter der Voraussetzung, dass die Fachperson mit dem Kind während der Abklärung eine gute Beziehung aufbauen kann. Kinder spielen mit jedem Gegenstand so, wie es ihrem Entwicklungsstand entspricht. Keines wird zuhause spontan ein ausgedehntes Symbolspiel kreieren und in der Praxis nicht darauf achten, was es mit seinen Tätigkeiten bewirkt. Kein Kind wird sich langweilen, wenn es an einem fremden Ort einen Gegenstand entdeckt, den es von zuhause oder bspw. aus einer anderen Abklärung schon kennt - vorausgesetzt, die entsprechende Tätigkeit liegt im Bereich seines Entwicklungsstandes. Wenn sich Kinder bspw. für das Betrachten von Bilderbüchern interessieren, sind sie hocherfreut, wenn sie dasselbe Buch an einem anderen Ort wiederentdecken. Nur Kinder, welche in Wirklichkeit zu den Bildern gar keine Vorstellung aufbauen können, werden das Betrachten eines Buches ablehnen, "weil sie es schon kennen". Auch die eigentliche Handhabung der Gegenstände ist in erster Linie vom Entwicklungsstand des Kindes und nur wenig davon abhängig, ob es das Ding schon kennt. Ich möchte dies am Beispiel der Schere zeigen, ein Gegenstand, den viele Kinder zuhause nicht gebrauchen dürfen, während andere speziell zu ihrem Gebrauch angeleitet wurden. Ein dreijähriges Kind, welches die Entwicklungsstufe zum Gebrauch der Schere erreicht, aber noch nie geschnitten hat, wird sie freudig entgegennehmen, ihr Funktionieren überprüfen, indem es sie mit beiden Händen öffnet und schliesst. Dann wird es versuchen, einen Schnitt zu machen und sich freuen, wenn ihm dies gelingt. In der Folge wird es diese Tätigkeit viele Male wiederholen wollen und dadurch die Tätigkeit des Schneidens sehr rasch "in den Griff" bekommen.

Ein in seiner Entwicklung verzögertes dreijähriges Kind, welches die gleiche Stufe eigentlich noch nicht erreicht hat, aber zum Schneiden angeleitet wurde, wird die Schere seinem Wissen entsprechend in die Hand nehmen und das Klebband abschneiden. Dann wird es sie weglegen und sich den Gegenständen widmen, deren Manipulation wirklich seinem Entwicklungsstand entsprechen, also bspw. den Gefässen mit Wasser. Die Fähigkeiten des "geförderten" Kindes werden im praktisch-gnostischen Bereich tatsächlich einem relativ hohen Entwicklungsalter entsprechen, doch wird sich gerade dadurch eine Diskrepanz zum symbolischen Bereich (noch keine Konzentration auf das Handlungsresultat) und dadurch eine Heterogenität des Profils abzeichnen.

Oft kommt es auch vor, dass die Mutter berichtet, zuhause verstehe das Kind bspw. das Wort "Gabel", während es in der Abklärungssituation auf die Aufforderung "gib mir die Gabel" den Löffel gab, den es gerade in der Hand hielt. Diese beiden Beobachtungen sind nun nicht widersprüchlich, sondern sagen viel über die Entwicklung des Sprachverständnisses dieses Kindes aus. Offensichtlich hat es erst eine assoziative Verbindung zwischen dem Wort Gabel und den Gabel-Situationen zuhause und noch keinen *Begriff* von Gabel entwickelt; es kann deshalb in einer anderen Situation den genannten Gegenstand noch nicht als solchen erfassen. Dieses Beispiel macht deutlich, dass es bei der Beurteilung nicht darum geht, die Beobachtungen der Eltern gegenüber meinen Untersuchungsdaten zu vernachlässigen, bzw. zu bevorteilen, sondern sie ergänzen sich gegenseitig.

Zusammenfassend kann man davon ausgehen, dass die ersten beiden Fragen zum Entwicklungsstand und zur Homogenität des Profils aufgrund der Beobachtungen während der Abklärung klar beantwortet werden können.

Anders ist dies bei der dritten und vierten Frage nach möglichen zugrundeliegenden Störungen und der Erklärung der Entwicklungsprozesse. Hier handelt es sich praktisch immer um eine *Interpretation* der Beobachtungen, was auch als solche gekennzeichnet werden muss. Ich habe dieses Problem bereits im Kapitel "Entwicklungsverzögerungen und spezielle Beobachtungen" beschrieben und zu klären versucht. Dennoch bildet die Beantwortung dieser Fragen einen wichtigen Bestandteil der Beurteilung. Denn es ist selten so, dass die ursprünglichen Schwierigkeiten des Kindes in dem Bereich liegen, in dem es das tiefste Entwicklungsalter zeigt. Gerade Störungen der Motorik oder der Wahrnehmung äussern sich häufig primär im symbolischen und weniger im praktisch-gnostischen Bereich. Dies hängt damit zusammen, dass die meisten Kinder spontan versuchen, ihre Schwierigkeiten zu kompensieren, dadurch aber Gefahr laufen, dass die symbolische und kommunikative Bedeutung ihrer Handlungen immer im Hintergrund bleibt. Da solche spontanen Kompensationsversuche eines Kindes auch Ausdruck seiner Intelligenz sind, wäre es absolut falsch, aufgrund der eingeschränkten symbolischen Fähigkeiten auf eine geistige Behinderung zu schliessen.

Die Phase der Erfassung wird mit einem Bericht abgeschlossen. Dabei geht es in erster Linie darum, die Fachperson, welche das Kind zugewiesen hat, über die Beobachtungen und die Beurteilung zu informieren und das geplante Vorgehen zu erklären. Wir schreiben aber auch einen Bericht, wenn die Eltern das Kind zugewiesen haben und nicht wollen, dass wir andere Fachpersonen informieren. Denn häufig kommt es vor, dass zu einem viel späteren Zeitpunkt ein solcher Bericht trotzdem verlangt wird.

Die Information anderer Fachpersonen hat gerade im Frühbereich eine besondere Bedeutung. Es scheint mir wichtig, dass auch der Kinderarzt verstehen kann, welche Beobachtungen dazu geführt haben, dass wir eine Therapie als sinnvoll betrachten, und welches Ziel wir mit dieser erreichen möchten. Dadurch ist nicht nur eine Grundlage für die weiteren Gespräche mit den Eltern geschaffen, sondern auch eine Basis für die Zuweisung anderer Kinder.

Der Bericht sollte deshalb die wesentlichen Beobachtungen während der Abklärung enthalten, und in der Beurteilung sollte klar definiert sein, was wir wissen und wie wir die Beobachtungen interpretiert haben. Damit er auch gelesen wird, sollte der Bericht insgesamt nicht mehr als drei Seiten lang sein. (In den Fall-Darstellungen im 6. Kapitel sind auch Beispiele von Berichten enthalten.)

Manchmal fragen die Eltern nach einer Kopie des Berichtes. Grundsätzlich verschicken wir keine solchen Kopien, da es manchmal vorkommt, dass sich die Eltern beim Lesen Gedanken machen über eine spezielle Beschreibung oder die Beurteilung, ohne mit uns darüber sprechen. Vielleicht fragen sie eine andere Fachperson oder eine Bekannte, und es können Missverständnisse entstehen, welche sehr schwer aufzudecken sind und die Therapie indirekt belasten. Wir ziehen es deshalb vor, die Eltern zu einem Gespräch einzuladen, während dem wir ihnen den Bericht zeigen; mögliche Fragen oder auch Einwände können wir auf diese Weise direkt besprechen und zu klären versuchen.

Der Bericht schliesst ab mit der Information darüber, welches weitere Vorgehen wir geplant haben, d.h. ob dieses Kind eine Therapie braucht und wenn ja, welche Schwerpunkte wir dabei setzen möchten.

# 5. Therapie

## 5.1 Ziel und Indikation

Die Frage nach dem Ziel einer Therapie ist eng mit dem Begriff der Heilung verbunden. Sie verweist damit nicht nur auf den entwicklungspsychologischen Hintergrund des therapeutischen Handelns, sondern auch auf die Haltung der Therapeutin gegenüber dem Anderen und der Welt.

Viele Untersuchungen zeigen, dass ein grosser Prozentsatz der sprachgestörten Kinder zu einem späteren Zeitpunkt durch Lese- und Rechtschreibschwierigkeiten auffallen, und es ist ebenfalls bekannt, dass diese trotz Behandlung in mehr oder weniger ausgeprägter Form bis ins Erwachsenenalter bestehen bleiben. Wir wissen auch, dass die sprachlichen, Verhaltens- und Leistungsauffälligkeiten dieser Kinder praktisch immer Ausdruck sind von Problemen anderer Art wie bspw. der Motorik, der Handlungsplanung oder der Erfassung, wie auch der psychischen und sozialen Entwicklung. Darauf sind auch viele Förderkonzepte und -programme ausgerichtet, doch wird die Frage, ob und wann ein Kind als "geheilt" beurteilt werden kann, fast immer ausgeklammert. Bereits 1979 hat *Motsch* darauf hingewiesen, dass das "Ziel emanzipatorischer Rehabilitation sprachbehinderter Menschen die Herstellung oder Verbesserung verbaler Kommunikationsfähigkeit sein (sollte), *nicht das Erreichen einer fiktiven, idealen Verwirklichung des sprechtechnischen und sprachstrukturellen Aktes.*" (82).

Dennoch fallen immer noch Begriffe wie "Korrektur" oder sogar "Eliminierung", wenn in der Fachliteratur von Therapiezielen gesprochen wird, oder aber sie werden kurzschlüssig definiert, d.h. als Therapieziel wird die Förderung oder das Training einer bestimmten Fähigkeit genannt.

Darauf weist auch die Tatsache hin, dass viele Kinder über mehrere Jahre, manchmal sogar während der ganzen Schulzeit in eine spezielle Behandlung gehen (müssen). Offenbar konnten ihre Störungen nie als "geheilt" beurteilt werden, bzw. ihre Leistungen waren zu keinem Zeitpunkt zufriedenstellend. Müsste man sich hier nicht die Frage stellen, ob das Problem vielleicht weniger bei den Kindern liegt, als darin, dass die Zielsetzung der Behandlung nicht von den kindlichen Bedürfnissen, sondern durch den gesellschaftlichen Druck bestimmt wird.

Die praktische Erfahrung zeigt klar, dass es nicht möglich ist, von der Norm abweichende Funktionen einfach zu normalisieren. Die motorischen oder praktischen Fähigkeiten eines Kindes mit einer Zerebralparese bzw. einer Dyspraxie werden im Vergleich zur Norm immer eingeschränkt bleiben; entscheidend ist denn auch nicht die Korrektur oder Eliminierung solcher Störungen, sondern die Frage, welche Möglichkeiten es gefunden hat, mit dieser Einschränkung zu leben.

Natürlich verbessern sich die Motorik und die Praxie eines zerebralparetischen oder dyspraktischen Kindes im Laufe der Entwicklung, doch geschieht dies weniger durch wöchentliches Training, als durch ständiges Bewegen und Tun beim Versuch, die Welt zu erobern. Beobachtet man die Entwicklung eines "gesunden" Kindes, ist man in erster Linie davon beeindruckt, wie es in einer Problemsituation spontan nach Lösungen sucht und diese dann immer und immer wieder ausprobiert. Wenn ein Kind zum ersten Mal eine Treppenstufe erklommen hat, wird es diese neue Tätigkeit ganz spontan unzählige Male wiederholen. Oder es wird ganz von sich aus tausende von Schnipseln machen, wenn es die Funktion der Schere entdeckt hat, und sich später intensiv mit dem Falten des Papiers auseinandersetzen, wenn es versucht, das Prinzip der Scherenschnitt-Löcher zu erfassen. Wenn ein Kind entdeckt, dass die Dinge einen Namen haben, wird es in der Folge unzählige Male die Frage stellen "was ist das?". Oder aber es realisiert plötzlich beim Aussprechen eines schwierigen Wortes, dass unterschiedliche Laute zu unterschiedlichen Bedeutungen führen. Daraus kreiert es ein Sprachspiel, bei dem es einzelne Laute eines Wortes solange verändert, bis eine neue Bedeutung entsteht, und lacht sich zwischendurch krumm ob der seltsamen Wörter, welche es auf diese Weise produziert hat. In solchen Situationen übt und trainiert es über Tage und Wochen die entsprechenden Funktionen der Grob- und Feinmotorik, Praxie, taktil-kinästhetischen, visuellen oder auditiven Wahrnehmung; doch tut es dies nicht in isolierter, sinnloser Weise, sondern im Rahmen bedeutungsvoller Tätigkeiten: kurz, es fördert sich selbst.

Vergleicht man nun diese Beobachtungen mit der Uebungssituation im Rahmen einer Therapie, fällt als erstes der zeitliche Faktor auf. Nach wie vor werden speziell im Vorschul- und Schulbereich Lektionen durchgeführt, wo einmal wöchentlich während zehn Minuten die Motorik, die visuelle oder auditive Wahrnehmung, das Benennen von Bildern oder Differenzieren von Lauten gefördert wird. Insbesondere dann, wenn die Schwierigkeiten des Kindes genau in diesen Bereichen liegen, wird es diese Aufgaben nur ungern ausführen und vor allem zuhause spontan nicht wiederholen. Besonders schlimm ist es, wenn die Aufgaben inhaltlich nur wenig bis keinen Bezug zur Realität haben; so kann man sich wirklich nicht vorstellen, was bspw. das Ausmalen von rechtsgerichteten Fähnchen mit einer so komplexen Fähigkeit wie der visuellen Wahrnehmung zu tun haben sollte.

Auf dem Hintergrund dieser Ueberlegungen kann das Ziel einer Therapie folgendermassen formuliert werden: Es geht darum, dem Kind Wege und Möglichkeiten zu zeigen, welche ihm erlauben, die Welt *trotz* möglicher Einschränkungen oder Behinderungen zu entdecken und sich anzueignen.

Ganz konkret bedeutet dies, gemeinsam mit dem Kind nach Tätigkeiten zu suchen, welche sein Interesse an den Dingen und an den Anderen (wieder) wekken. Gelingt dies, wird es sich beim Ausführen dieser Tätigkeiten selbst fördern. Aus dieser Sicht ist das, was ich mit dem Kind vorhabe und tue, nicht Förderung, sondern Therapie. Oder anders gesagt, das Ziel einer Therapie ist dann erreicht, wenn das Kind nicht (mehr) gefördert werden muss, weil es eigene Wege zur Entdeckung der Welt entwickeln kann.

Um mögliche Missverständnisse auszuschliessen, möchte ich diese Aussagen präzisieren. Zuerst muss die Therapie ganz klar abgegrenzt werden von der Schulung. Jedes Kind hat das Recht, ausserhalb des Hauses und gemeinsam mit anderen Kindern von einer Lehrperson neue Fähigkeiten und Kenntnisse zu erwerben. Zudem ist es natürlich nicht so, dass das Kind keine anderen Personen mehr braucht, wenn das genannte Therapieziel erreicht ist. Selbstbestimmtes, entdeckendes Lernen ist nur dann möglich, wenn das Kind Bezugspersonen hat, welche ihm Sicherheit, Geborgenheit und Unterstützung geben können, welche bereit sind, auf seine Absichten und Bedürfnisse einzugehen und den Wunsch haben, ihm die Welt zu zeigen. Dies ist jedoch bei den meisten Eltern der Fall, und es ist falsch, ihnen diese Fähigkeiten abzusprechen.

Diese Feststellung spielt eine wichtige Rolle bei der nächsten Frage, nämlich bei welchen Kindern eine Therapie sinnvoll ist.

Die Beantwortung dieser Frage lässt sich vorerst einfach durch die Zielsetzung ableiten: Eine Therapie ist dann angezeigt, wenn das Kind spontan keine Handlungsweisen entwickeln kann, um auftauchende Probleme in der Realität in einer Weise zu lösen, dass es mit sich und den anderen zufrieden ist.

Dies äussert sich praktisch immer dadurch, dass sich einzelne Fähigkeitsbereiche nicht weiter entwickeln können, was zu einer Unausgeglichenheit oder Heterogenität des Entwicklungsprofils führt. Nun ist ein leichtes Ungleichgewicht sozusagen der Motor für die Entwicklung, denn genau dies führt zu neuen Formen des Problemlösens im Sinne der Akkommodation, oder des Ausprobierens im Sinne der Assimilation nach *Piaget*. Wenn das Ungleichgewicht aber ein gewisses Mass überschreitet, gelingt es dem Kind nicht mehr, die verschiedenen Fähigkeiten zu integrieren, d.h. weder Akkommodation noch Assimilation sind mehr möglich. Ein fünfjähriges Kind mit einer leichten Zerebralparese sieht zum Beispiel eine selbst gebastelte Krone und möchte genau diese auch selbst realisieren, doch seine motorischen Fähigkeiten erlauben ihm kaum, einen einzelnen Schnitt zu machen; eine Akkommodation ist deshalb nicht möglich. Ein anderes fünfjähriges Kind kann auf Aufforderung komplexe Figuren ausschneiden, doch in Wirklichkeit hat es die Bedeutung des Zerschneidens noch nicht entdeckt. Beide Kinder erleben die Situation als sehr unbefriedigend und werden unzufrieden oder aber passiv, wenn sich solche Erlebnisse häufen. Auch ihre Eltern sind verunsichert, denn sie wissen nicht, welche Tätigkeiten dem Kind Spass machen könnten. Bei diesen Kindern ist eine Therapie sicher angezeigt.

Ein anderes fünfjähriges Kind nimmt die Schere, dreht sie in den Händen hin und her, wirft sie zu Boden und schaut dann zur Mutter, um zu sehen, was sie nun tut. Kaum hat sie ihm die Schere gegeben wiederholt es die Handlung und lacht jetzt die Mutter freudig an. Die Entwicklung dieses Kindes ist schwer verzögert; seine Fähigkeiten entsprechen einem Entwicklungsalter von etwa einem Jahr. Doch haben seine Bezugspersonen und es selbst gute Wege gefunden, wie es tagtäglich kleine Errungenschaften machen kann; es beginnt zu gehen, produziert viele Lall-Laute und sagt manchmal "Mama", es exploriert die Gegenstände, indem es sie fortwirft oder in den Mund nimmt, und es schaut auch immer wieder, was die Anderen mit den Dingen tun. Dieses Kind braucht keine Therapie, denn es macht täglich neue Erfahrungen und ist fähig, diese mit den vorhandenen zu verbinden und zu integrieren, wenn auch in langsamerer Weise als andere Kinder. Dies zeigt sich vor allem dadurch, dass das Kind zufrieden ist.

Nun muss ich an dieser Stelle betonen, dass sich die Entscheidung, ob eine Therapie sinnvoll ist oder nicht, natürlich nicht auf das ganze Leben, sondern auf diese spezielle Entwicklungsphase bezieht, in der sich das Kind gerade befindet. Dies bedeutet, dass ich mich von den Eltern eines Kindes mit einem ausgeglichenen, doch verzögerten Entwicklungsprofil nie definitiv verabschiede, sondern dass wir in jedem Falle eine Kontrolluntersuchung nach Ablauf von drei Monaten vereinbaren. Ich werde dies im Kapitel über den Verlauf noch genauer ausführen.

Im Zentrum der Frage, wann eine Therapie angezeigt ist, steht also nicht die Form oder der Schweregrad einer Störung an sich, sondern die Art, wie sich das Kind und seine Bezugspersonen mit dieser auseinandersetzen, und ob es alltägliche Erfahrungen machen und dadurch die Welt auf seine Weise entdecken kann.

Diese Sichtweise führt bei einigen Fachleuten immer wieder zu heftiger Kritik mit der Begründung, ich würde gewisse behinderte Kinder einfach sich selbst überlassen. Eine solche Kritik zeugt meines Erachtens jedoch weniger von einer speziellen Sorge um das behinderte Kind, als von einer Unsicherheit um die eigene Funktion oder Rolle im Rahmen der Institution Geistige Behinderung. Sie offenbart eine Einstellung, welche bereits die *Vorstellung* verbietet, dass Eltern ihr behindertes Kind auch ohne "fachliche" Unterstützung erziehen könnten.

Es gibt sogar Situationen, in denen Mütter fast dafür kämpfen müssen, dass sie mit ihrem Kind ungestört eine Beziehung aufbauen können. "Wie jene Mutter, deren Kind wegen Hydrocephalus-Operationen das erste Lebensjahr im Krankenhaus verbringen musste, und der gesagt wurde, dass das Kind eine sehr schlechte Prognose habe und dringend gefördert werden müsse, weil es noch nicht einmal lächle - und die darauf antwortete: "Er hat ja auch noch keinen

Grund gehabt, es zu lernen. Ich werde ihm den Grund schon geben!" - was dann auch bald gelang." (*Niedecken* 1989, 185).

Nun gibt es auch Kinder, welche sich nicht altersentsprechend entwickeln können, weil sie in sehr schwierigen sozialen Verhältnissen aufwachsen. Ihre spontanen Versuche, die Welt zu entdecken, wurden nicht unterstützt, sondern im Gegenteil so oft unterbunden, dass sie ganz oder teilweise resigniert haben. Ich glaube, dass für die Therapie dieser Kinder ein ähnliches Prinzip gilt wie für die oben beschriebenen. Es ist eine Tatsache, dass wir die sozialen Bedingungen, in denen ein Kind aufwächst, nur sehr selten verändern können. Denn fast immer handelt es sich um gesellschaftliche Probleme wie Arbeitslosigkeit, sexuellen und Drogenmissbrauch, Fremdsein, aber auch Ueberbehütung und Entfremdung, welche die Bezugspersonen daran hindern, sich für ihr Kind zu engagieren. Es scheint mir wichtig, in solchen Situationen deutlich festzuhalten, was ich als Therapeutin tun kann und was nicht. Für eine verbesserte soziale Lebenssituation dieser Familien kann ich mich als Politikerin engangieren; innerhalb meiner Arbeit als Therapeutin muss ich die Verantwortung für diese Probleme jedoch an andere Institutionen wie bspw. den Sozialdienst oder eine psychologische Beratungsstelle abgeben, denn nur so kann ich mich ganz mit dem Kind auseinandersetzen. Das Ziel meiner Arbeit besteht darin, mit dem Kind nach Wegen zu suchen, wie es sich *trotz* der schwierigen sozialen Bedingungen einen Platz in der Welt sichern kann. Dazu gehört in erster Linie die Entdeckung, dass es auf eine andere Person setzen kann, dass es möglich ist, seine Wünsche auszudrücken und dass diese verstanden werden *können*. Dazu gehört auch, dass es möglich ist, sich durch das "nein" vom Anderen abzugrenzen und eigene Bedürfnisse zu verteidigen. In den Beschreibungen von Michi und Nadine versuche ich aufzuzeigen, auf welche Weise diese Zielsetzung realisiert werden kann.

Es gibt aber auch Kinder, bei denen sich mein therapeutisches Handeln darauf beschränken muss, einfach "nur" eine Person zu sein, die zu verstehen versucht. Ich stelle mir dann vor, dass sich diese Kinder vielleicht später in einer kritischen Situation daran erinnern werden, dass es diese Person gegeben hat, und dass sie deshalb nach anderen solchen Personen suchen. Beim Scheitern einer Therapie muss ich mir dann einen Vorwurf machen, wenn ich auch dieses Ziel nicht realisiert habe. Eine solche Situation habe ich in der Darstellung der Geschichte von Martin beschrieben.

Zusammenfassend ist eine Therapie dann angezeigt, wenn die Beobachtungen zeigen, dass das Kind spontan keine Schritte (mehr) unternimmt, die Welt der Personen und Dinge seinem Entwicklungsstand entsprechend zu erforschen und zu verstehen.

Das Ziel der Therapie ist dann erreicht, wenn das Kind diese Lust wieder entdeckt hat, d.h. wenn es den Anderen nonverbal oder verbal Fragen stellt und sich im Spiel mit den Gegenständen auseinandersetzt.

## 5.2 Planung

Eine entwicklungspsychologische Sichtweise von (Sprach-) Entwicklungsstörungen hat direkte Auswirkungen auf die Planung der Therapie. Diese besteht nicht in einer langen Serie von Einzelsitzungen, sondern wird in Phasen durchgeführt:

Das Kind kommt während drei Monaten zweimal wöchentlich in Therapie; dann erfolgt eine Pause und nach weiteren drei Monaten eine Kontrolluntersuchung. Dabei wird entschieden, ob eine weitere Therapiephase angezeigt ist, oder ob die Pause um drei Monate verlängert wird. Anschliessend wird wieder eine Kontrolle durchgeführt und über das weitere Vorgehen entschieden. Die Begründung dieser Therapieform ergibt sich aus verschiedenen Gesichtspunkten:

*1. Die Zielsetzung*
Wenn das Ziel der Therapie nicht in der Heilung oder Korrektur einer Störung liegt, sondern darin, mit dem Kind nach Wegen des entdeckenden Lernens zu suchen, wird es möglich und meist sogar zwingend, die Therapie in dem Moment zu beenden, wo das Kind beginnt, die Welt selbständig zu erforschen.

*2. Die Psychologie des Lernens*
Lernen beinhaltet immer die beiden Prozesse der Akkommodation und Assimilation, d.h. die Entdeckung von Neuem und das Ausprobieren. Wenn das Kind im Rahmen der Therapie neue Aspekte der Realität entdeckt hat, braucht es vor allem Zeit, in der es alle möglichen Situationen aus der neuen Perspektive explorieren kann. Als Therapeutin bin ich dann in dem Sinne "zuviel", als ich während dieser Phase effektiv nichts zu tun habe. Wenn bspw. ein vierjähriges Kind in der Therapie entdeckt hat, dass seine Handlungen ein Resultat haben, beginnt es vielleicht zu bauen und freut sich über seine Konstruktionen. Wenn es nun in dieser Phase bereits damit konfrontiert wird, den Erwachsenen in sein Spiel einzubeziehen, ihm eine Rolle zu geben, besteht die Gefahr, dass sich die natürlichen Prozesse der Assimilation nicht vollständig entfalten können, weil zu früh oder in einseitiger Weise neue Entwicklungen in Gang gesetzt werden. Dies gilt nicht nur für die kleinen Kinder, sondern für jede Entwicklungsstufe. Ein Kind, das eben gelernt hat, seinen Namen zu schreiben, muss diesen unzählige Male auf alle möglichen Unterlagen hinmalen, bevor es mit der Bedeutung einzelner Buchstaben oder dem Schreiben auf einer Linie konfrontiert wird. Dazu aber braucht es keine therapeutische Hilfe.

*3. Die Zeit*
Sie ist keine fixe Dimension, sondern hat für das Kind wie für die Eltern in Abhängigkeit des Alters jeweils eine andere Bedeutung. So beobachten Eltern bei

ihrem Säugling fast täglich neue Entwicklungsschritte, und beim Kleinkind können sie sicher jede Woche eine neue Errungenschaft nennen. Entsprechend wird auch das Alter des Kindes anfangs in Tagen, später in Wochen, dann in Monaten angegeben, und erst im Erwachsenenalter sind es Jahre, im fortgeschrittenen Alter manchmal gar Jahrzehnte. Viele Beobachtungen weisen darauf hin, dass auch das Kind selbst die Zeit ganz anders erlebt; kleine Kinder fragen bei einer Zugfahrt von einer Stunde hundertmal "wann sind wir da?", und wenn sie einen oder mehrere Tage auf ein Ereignis warten müssen, werden sie sich stündlich danach erkunden. Will man diesen Beobachtungen gerecht werden, müssen speziell im Frühbereich lange Wartezeiten für eine Abklärung und sogenannte Wartelisten für die Therapie unter allen Umständen vermieden werden. So wird nicht nur das Warten als vielfach lang erlebt, sondern es passieren in dieser Zeit ja auch vielfach mehr entscheidende Entwicklungsschritte als bspw. bei einem Erwachsenen.

Für die Therapie ist vor allem der zeitliche Rhythmus von Bedeutung. Eine Woche Pause zwischen zwei Stunden wird vom Kind wie etwa ein Monat erlebt; und wenn nur eine Stunde ausfallen muss, wird es bereits schwierig, noch einen gemeinsamen Anknüpfungspunkt zu finden. Für den Aufbau einer therapeutischen Beziehung ist deshalb ein Rhythmus von mindestens zwei Stunden pro Woche unbedingt notwendig.

Für die Dauer gilt hingegen das Umgekehrte, d.h. wenn bspw. ein zweijähriges Kind ein Jahr lang in Therapie kommt, ist dies ein Drittel seines Lebens. Gleichzeitig machen kleine Kinder in kurzer Zeit sehr viel mehr Entwicklungsschritte, so dass in einer Phase von drei Monaten wesentliche Prozesse in Gang gesetzt werden können.

Nun ist es natürlich nicht so, dass bei allen Kindern im gleichen Zeitraum dasselbe passiert. Dennoch ist es wichtig, den Zeitraum einer Phase vorher zu bestimmen. Nur so ist es möglich, dass sich alle Beteiligten auf einen Prozess mit einem Anfang und einem Ende vorbereiten und einstellen können. Weshalb gerade die Zeit von drei Monaten als Phase geeignet ist, werde ich im Kapitel über die Durchführung der Therapie beschreiben.

4. *Die Motivation*
Das Spezielle an der Stimmung während der dreimonatigen Therapiephase liegt darin, dass eigentlich immer alle engagiert sind. Für die Kinder ist es vorerst ein Ort mit vielen Spielsachen und einer Person, welche ganz für sie da ist. Später steht dann das Interesse für diese Person im Mittelpunkt. Die Mutter sieht voller Erwartung einem Geschehen entgegen, welches einen Anfang und ein Ende hat. Dies macht es möglich, aktiv nach Lösungen zu suchen, wie sie ihren Wochenplan den beiden Stunden entsprechend organisieren kann. Die Therapeutin hat eine klare Aufgabe vor sich und schaut den Stunden voller Erwartung, aber auch immer mit einer Spur Nervosität entgegen. Nach Ablauf der drei Monate verabschieden sich die drei mit ein bisschen Traurigkeit und auch etwas Unge-

wissheit darüber, wie es gehen wird, gleichzeitig aber auch mit Stolz, dass nun keine Therapie mehr "nötig" ist. Dem Kind werden die Stunden anfangs sehr fehlen, und es wird eine Zeitlang häufig, dann immer seltener nach der Therapeutin fragen. Die Mutter ist in der ersten Zeit vielleicht noch etwas unsicher, freut sich aber auch über den wieder gewonnenen Freiraum.

Die Kontrolluntersuchung nach einer Pause von drei Monaten ist für alle etwas besonderes. Die Mütter berichten fast immer, dass sich das Kind sehr auf das Wiedersehen gefreut hat, und sie selbst sind voller Erwartung, was die Therapeutin wohl zu den Fortschritten meint, häufig auch sicher und bestimmt in der Beurteilung, dass eine weitere Therapiephase momentan nicht nötig ist. Auch die Therapeutin freut sich auf das Kind und ist oft richtig gespannt, wie die Zeit verlaufen ist.

Es ist dieses Engagement aller Beteiligten und zu jedem Zeitpunkt des therapeutischen Prozesses, welche auch von Aussenstehenden wahrgenommen wird, wenn sie darauf hinweisen, dass sie speziell von der Stimmung sehr beeindruckt waren.

*5. Die Beziehung zwischen der Therapeutin und dem Kind*
Für die Begründung einer Therapie in Phasen gibt es einen weiteren Aspekt, welcher speziell im Frühbereich eine grosse Bedeutung hat, nämlich die Beziehung zwischen der Therapeutin und dem Kind und die Rivalität mit der Mutter. Im Rahmen der normalen Entwicklung ist es das Kind, welches die Bezugsperson im Laufe des dritten Lebensjahr darauf hinweist, dass es sich auch für Personen ausserhalb der Familie interessiert und mit diesen Kontakte aufbauen möchte. Es beginnt, nach den Grosseltern, Bekannten oder den Nachbarkindern zu fragen und geht spontan auf diese zu, wenn es sie sieht. Beide, das Kind und die Mutter können sich so langsam darauf vorbereiten, ihre Welt für Andere zu öffnen. Kinder mit einer Entwicklungsverzögerung zeigen dieses Interesse zu einem späteren Zeitpunkt. Viele Mütter erleben deshalb die Therapeutin wie eine Einbrecherin in ihr Beziehungsgefüge. Wenn nun diese fremde Person auch fähig ist, das Kind zu verstehen, d.h. ruhig mit ihm zu spielen und so auf es einzugehen, dass es ganz zufrieden scheint, ist sie nicht nur eine gute Therapeutin, sondern auch eine Rivalin der Mutter. Diese Situation zu ertragen, ist dann sehr viel einfacher, wenn von Beginn an klar ist, dass es nicht das Ziel der Therapeutin ist, die Stelle der Mutter einzunehmen, d.h. dass sie sich nach einem definierten Zeitraum von beiden verabschieden wird.

Zusammenfassend ist das Modell einer Therapie in Phasen die konsequente Realisierung einer dynamischen Entwicklungspsychologie, welche Lernen als aktiven Prozess der Auseinandersetzung zwischen einer Person und der Welt begreift.

## 5.3 Die therapeutische Situation

Als erstes stellt sich gerade im Frühbereich die Frage, wo die Therapie stattfinden sollte. In der heilpädagogischen Früherziehung ist es üblich, dass die Heilpädagogin zu der Familie nach Hause geht. Das Konzept dieser Hausbesuche ist auf der Basis des Gedankens entstanden, dass es bei der Früherziehung nicht um Trainings oder Therapie, sondern "um eine umfassende Förderung und Erziehung des Kindes und insbesondere um die Verbesserung der Erziehungskompetenz der Eltern geht. Mit den Haupterziehern zusammen versucht der Früherzieher, optimale Entwicklungs- und Erziehungsbedingungen für Kind und Familie zu schaffen." (*Grond*, 1985, 98).

Ich habe oben beschrieben, in welcher Hinsicht sich das therapeutische Handeln von der Förderung - und damit von der Früherziehung - unterscheidet. Es gehört zu den Grundgedanken des hier vorgestellten Konzepts, dass die Therapie auch kleiner Kinder nicht zuhause, sondern an der Arbeitsstelle der Therapeutin durchgeführt wird, denn entscheidend ist in erster Linie sie selbst. Damit sie mit dem Kind eine therapeutische Beziehung aufbauen kann, muss sie sich wohl fühlen und bewegen wie ein Fisch im Wasser, d.h. sie muss zu jedem Zeitpunkt frei entscheiden können, welche Tätigkeit sie dem Kind vorschlagen will und genau wissen, wo sich der Gegenstand befindet, der zu dieser Tätigkeit passt. Es ist für mich unvorstellbar, dass ich in einer Situation, wo ich plötzlich genau weiss, was die richtige Antwort auf eine Handlung des Kindes ist, erst die Mutter nach dem entsprechenden Gegenstand fragen müsste. Zusätzlich muss ich auch selbst darüber entscheiden können, wo und wann ich einer Tätigkeit Grenzen setze, bspw. wenn das Spiel sehr laut wird oder wenn das Kind den Fussboden bemalt oder einer Puppe die Haare abschneidet. Gerade solche Situationen sind fast immer Ausdruck einer Spannung zwischen dem Kind und mir; diese würde sich noch vergrössern, wenn ich mich damit auseinandersetzen müsste, ob diese Tätigkeit noch den Normen dieser Familie entspricht.

Genau dies ist das Thema des zweiten Argumentes, welches für die Durchführung der Therapie an der Arbeitsstelle spricht. Ich bin der festen Ueberzeugung, dass es *nicht* zu den Aufgaben der Therapeutin gehört, solche Normen in Frage zu stellen, und auch falsch wäre, sie nicht zu respektieren. Wenn bspw. eine tadellose Ordnung und Sauberkeit einen sehr hohen Stellenwert in einer Familie haben, kann dies für gewisse Tätigkeiten wie das Spiel mit Wasser zwar hinderlich sein. Doch haben die Eltern einen Grund und auch das Recht, sich ihr eigenes Zuhause so und nicht anders einzurichten.

Natürlich ist es für viele Mütter eine Erleichterung, wenn sie mit dem Kind nicht wegfahren müssen. Wie bereits erwähnt, hat dies jedoch dann einen ganz anderen Stellenwert, wenn es sich dabei um eine definierte Zeitspanne handelt.

Das dritte Argument betrifft die Kinder selbst, denn sie fahren normalerweise gerne weg. Insbesondere aber bewirkt gerade die *andere* Situation häufig ganz entscheidende Prozesse bspw. bezüglich der Begriffsbildung. So liegt das Problem vieler Kinder in der situationalen Gebundenheit ihrer Fähigkeiten, d.h. dass sie zuhause jeweils diesen Stuhl nehmen, um jene Dose aus dem Regal zu holen, oder auf die Aeusserung "kannst du einen Löffel bringen" jeweils diesen Löffel aus dieser Schublade holen gehen. Es kann dann eine tolle Entdeckung sein, dass man auch in einem anderen Zimmer einen Stuhl nehmen kann, um eine Flasche Wasser vom Regal zu nehmen; oder eben, dass der kleine Spielzeug-Löffel auch zum Löffeln da und deshalb auch ein "Löffel" ist.

Dieses Argument führt zum Thema der Gestaltung des Therapieraumes. Wenn es darum geht, dem Kind Möglichkeiten der Entdeckung der Welt zu zeigen, muss die Therapie in einer Situation stattfinden, welche diese Welt möglichst gut repräsentiert. Die Welt des Kindes besteht normalerweise nicht aus einem "reizarmen" Raum, in dem ihm ein einzelnes, seinem Entwicklungsstand angepasstes Spielzeug oder Lernspiel zum Gebrauch präsentiert wird, sondern aus einer Wohnung, in der ganz verschiedene Gebrauchs- und Spielgegenstände auf Regalen, in Kisten und Schränken stehen. Oft liegt eine der Hauptschwierigkeiten des Kindes darin, eine Wahl zu treffen und sich dann mit dem gewählten Gegenstand zu beschäftigen, ohne sich von der Gegenwart der anderen ablenken zu lassen.

Bereits bei der Gestaltung des therapeutischen Rahmens kommt nun eines der wichtigsten Therapiekonzepte zum Ausdruck: Eine Therapie hat nur dann einen Sinn, wenn sie sich den zentralen Problemen des Kindes stellt, d.h. wenn diese zum eigentlichen Thema gemacht werden. Wenn also die Schwierigkeit des Kindes darin zu liegen scheint, dass es sich wegen der vielen "Reize" in unserer Welt nicht zurechtfinden kann, wird eine Therapie im leeren Zimmer dieses Problem sicher nicht lösen; genauso wenig wie die Massnahme, alle Autos wegzuschliessen, wenn ein Kind ausschliesslich mit Autos spielt. Der Therapieraum sollte folglich einem Kinderzimmer möglichst ähnlich sein, d.h. die Spielgegenstände liegen frei zugänglich in Regalen oder Kisten, so dass das Kind selbst bestimmen kann, womit es sich beschäftigen möchte. Nur so ist es möglich, auch die Schwierigkeiten jener Kinder zu lösen, welche nicht wissen, womit sie spielen wollen, oder die immer die "falschen", d.h. ihrem Entwicklungsstand nicht angepassten Dinge auswählen, oder alle Spielsachen herbringen, ohne etwas damit zu tun.

## 5.4 Der Einbezug der Eltern

Vor allem zu Beginn einer Therapie mit kleinen Kindern ist es ganz selbstverständlich, dass die Mutter dabei ist, und wie bei der Abklärung lade ich sie ein, auf einem der Stühle an der Wand Platz zu nehmen. Einige Mütter fragen auch, ob sie dabei sein müssten. Ich antworte dann, dass es mich freuen würde, dass ich aber auch gut verstehen könne, wenn sie einfach mal in Ruhe einen Kaffee trinken oder einkaufen wolle. Es bestehe auch die Möglichkeit, dass sie abwechslungsweise mal an- und abwesend sei. Grundsätzlich versuche ich den Bedürfnissen der Mutter zu folgen. Wenn sie sich bspw. sofort verabschiedet, werde ich dies auch tun und ihr sagen, wann die Stunde beendet ist. Im Laufe der Therapie ergeben sich immer Veränderungen in der Beziehung zwischen Mutter und Kind; so kommt es oft vor, dass sie vom Kind selbst zur Teilnahme eingeladen wird, indem es sich plötzlich weigert, sich von ihr zu trennen. Häufig ist es aber auch so, dass ein spezielles Ereignis gerade dann geschieht, wenn das Kind erstmals eine Therapie-Stunde ohne die Mutter verbringt. Ich werde dies im Kapitel zur Durchführung und auch bei den Darstellungen der einzelnen Kinder genauer beschreiben.

Während der Therapiestunde präsentiert sich die Situation durch die Sitzanordnung so, dass sich das Zentrum des Geschehens zwischen dem Kind und mir befindet, und die Rolle der Mutter von Anfang an als Zuschauerin definiert ist (vgl. Abb. 10). Dies ist von grosser Bedeutung, da das Kind in dieser Entwicklungsphase noch nicht fähig ist, mit zwei Personen gleichzeitig zu spielen, und auch für die Mutter ist so klar, dass von ihr nicht erwartet wird, sich aktiv am Spiel zu beteiligen.

Ich selbst stelle mich nun ganz auf das Kind ein und versuche, einen Kontakt aufzubauen, seine Handlungen zu verstehen und ihnen eine Bedeutung zu geben. Im Verlauf einer Stunde ist es vor allem bei kleinen Kindern so, dass sich dabei immer wieder natürliche Pausen ergeben, während denen sie im Zimmer umhergehen oder -rennen, auf dem Schoss der Mutter kuscheln oder auch alleine einen Gegenstand weiter erkunden. In diesen Situationen oder auch gegen Ende der Stunde wende ich mich an die Mutter und beschreibe oder erkläre, wie ich die Handlungen des Kindes interpretiert und weshalb ich in dieser Weise reagiert habe (vgl. auch *Hardmeier* 1993).

Meine Haltung der Mutter oder anderen Bezugspersonen gegenüber kann ich am besten so umschreiben: Grundsätzlich gehe ich davon aus, dass sie das Kind verstehen und das Beste für es tun wollen. Sie werden deshalb spontan und von sich aus jene Spiele und Handlungen von mir übernehmen, die ihnen gefallen, d.h. von denen sie den Eindruck haben, dass sich das Kind und sie selbst wohlfühlen könnten. Dies ist etwas ganz natürliches, und der Grund, weshalb ich nie Anleitungen gebe, wie sie mit dem Kind handeln und sprechen sollten. Wenn das Kind mir bspw. das mechanische Spielzeug zum Aufziehen reicht, warte ich, bis es den Blick fragend auf mich richtet. Später werde ich der Mutter *erklären*, weshalb ich zuerst nicht reagiert hatte. Wenn sie dies versteht, wird sie spontan versuchen, in Zukunft auch selbst abzuwarten, bis das Kind den Blick an sie wendet. Konnte sie meine Erklärung aber nicht verstehen, würde sie auch einer entsprechenden direkten Anweisung nicht folgen. Oder wenn ich mit Knete "Kochen" spiele und ihr das Spiel im Prinzip gefällt, sie sich aber vor der Knete ekelt, wird sie einen Kochherd kaufen und sich überlegen, wodurch sie die Knete ersetzen könnte. Es gibt auch Mütter, welche ganz offen sagen, dass sie keine Geduld oder Zeit hätten, so mit dem Kind zu spielen. Ich empfinde solche Aeusserungen immer auch als Beweis ihres Vertrauens; hätte ich nämlich direkte Anweisungen gegeben, würden sie diese genauso wenig ausführen, wären aber gleichzeitig voller Schuldgefühle. So hingegen ist es möglich, darüber zu sprechen und explizit auf den Unterschied zwischen dem Therapeutin- und Mutter-Sein hinzuweisen. Schliesslich liegt das Ziel der Therapie gerade darin, dem Kind zu zeigen, wie es die Welt selbständig erkunden und wenn nötig den Anderen um Hilfe und Unterstützung bitten kann. Ich habe bereits betont, dass ich die Rolle der Bezugspersonen deshalb nicht gering einschätze; sie kann und soll aber nicht darin bestehen, das Kind bei jedem Schritt zu begleiten und in einer Weise präsent zu sein, wie dies die Therapeutin während der einen Stunde sein kann.

Während die Eltern vor und am Anfang einer Therapie vor allem mit Fragen über die Vergangenheit oder die Zukunft des Kindes beschäftigt sind, beginnen sie sich während des Verlaufs mehr mit der Gegenwart auseinanderzusetzen (vgl. *Levi et al.* 1984c). Damit stellen sich auch viele neue Fragen, bspw. in Bezug auf die Geschwister oder auch die Rolle des Vaters. Ich versuche mich an die Regel zu halten, dass die Therapiestunden ganz für das Kind reserviert sind und schlage für diese Gespräche deshalb zusätzliche Termine vor. Diese versuche ich möglichst so zu wählen, dass beide Eltern teilnehmen können.

Ich habe früher die Möglichkeit beschrieben, regelmässige Treffen in Form von Elterngruppen durchzuführen (*Zollinger* 1987, 129-137, vgl. auch *Katz-Bernstein* [5]1992). Ich finde dies nach wie vor eine gute Lösung, doch war es im Rahmen unserer Praxis bisher nicht möglich, eine solche Gruppe zu realisieren.

Zusammenfassend möchte ich betonen, dass eine Therapie nur dann gelingen kann, wenn die Arbeit mit dem Kind klar unterschieden und getrennt wird von den Gesprächen mit den Bezugspersonen. Die Therapeutin muss sich für das eine oder andere entscheiden und die entsprechenden Regeln einhalten. Wenn sie jedoch ein Gespräch mit der Mutter beginnt, und ihr dann zwischendurch sozusagen "am Kind" zeigt, wie sie es am besten fördern könnte, werden keine Prozesse in Richtung Autonomie in Gang gesetzt, sondern im Gegenteil Formen der Abhängigkeit geschaffen oder verfestigt.

## 5.5 Die Durchführung

Ich möchte im folgenden beschreiben, wie ich versuche, das Interesse des Kindes an der Erforschung der Personen- und Gegenstandswelt (wieder) zu wecken. Ich unterscheide dabei formal zwischen den drei Ebenen der Entdeckung der Welt, des Du und der Sprache, wobei diese in der Realität natürlich eng miteinander verbunden sind.

## 5.51 Die Entdeckung der Welt

Orientierungs- und Anknüpfungspunkt für mein Handeln als Therapeutin sind immer die spontanen Tätigkeiten des Kindes. Denn seine Schwierigkeiten sind nicht darin zu suchen, dass es nichts oder nicht "das Richtige" tut, sondern dass es selbst oder auch die Erwachsenen seinen Tätigkeiten keine Bedeutung geben können. Häufig kommt es vor, dass es die Gegenstände in funktionaler Weise manipuliert, jedoch noch nicht erkennen kann, was es mit diesem Tun bewirkt, d.h. wie sich die Welt dadurch verändert. Seine Handlungen bekommen dadurch etwas Repetitives, d.h. es reiht bspw. alle Autos aneinander und beginnt einfach mit einer neuen Reihe, wenn die erste beendet ist. Ich versuche mir nun vorzustellen, in welcher Situation Autos in einer Reihe stehen, zum Beispiel vor einer Ampel oder Bahn-Schranke oder aber beim Parkieren. Also lege ich einen langen Bauklotz oder einfach nur meinen Arm vor die Autos und sage "oh, hier ist ja geschlossen, alle Autos müssen warten!". Dann öffne ich die Schranke, mache dazu "gling-gling-gling", blinzle mit den Augen und rufe "alle Autos können fahren!". Das Kind kann nun die Autos wieder bewegen und erneut aufreihen, also dieselbe Tätigkeit ausführen, die es vorher spontan auch gemacht hat. Wenn ich mit meiner Handlung aber sein Interesse geweckt habe, d.h. wenn es sie verstanden hat, wird es mich nach Beendigung der Reihe anschauen, als ob es fragen wollte "machst du es wieder?". In diesem Moment hat sich seine Tätigkeit jedoch grundlegend verändert: sie hat eine Bedeutung bekommen und damit auch einen Anfang und ein Ende erhalten.

Beobachtet man kleine Kinder während ihres Spiels, wird man entdecken, dass sie auf diese Weise eigentlich jeder Handlung eine Bedeutung geben können. Sie schnipseln mit der Schere und sagen "ich mache Schneeflocken", oder sie lassen während des Essens Gabel und Löffel wie zwei Figuren miteinander kommunizieren. Bei diesen Beobachtungen zeigt sich auch, dass es im Prinzip keine Gegenstände gibt, welche für diese Spiele unangepasst, bzw. für das Alter des Kindes nicht geeignet wären. Es ist vielmehr so, dass das Kind sie seinen Möglichkeiten und Bedürfnissen anpasst, d.h. an die ihm bekannten Schemata assimiliert.

Nicht nur die Kinder, welche spontan repetitive oder auch stereotype Spielformen zeigen, sondern insbesondere auch diejenigen, welche als "hyperaktiv" bezeichnet werden, scheinen die Möglichkeiten der Assimilation noch nicht entdeckt zu haben. Sie kommen ins Zimmer, nehmen einzelne Gegenstände, betrachten sie kurz, tönen deren Funktion an und lassen sie fallen, so dass die Regale nach kurzer Zeit leer und alle Spiele am Boden verstreut sind. Ihr Problem ist jedoch nicht die Hyperaktivität, sondern die Tatsache, dass sie das funktionale Manipulieren nicht mehr interessiert, zugleich aber nicht wissen, was sie mit den Dingen sonst noch tun könnten. Genau dies versuche ich ihnen nun mit meinen Handlungen und Wörtern zu zeigen. Es geht also nicht darum, ihnen eine neue Tätigkeit zu lehren im Sinne einer Akkommodation, sondern darauf hinzuweisen, was das, was sie schon immer getan haben, für eine Bedeutung haben kann. Auch hier bildet deshalb die spontane Tätigkeit den Ausgangspunkt; das Kind nimmt bspw. einen aufziehbaren Vogel, dreht kurz den Schlüssel und lässt ihn hüpfen. Nun stelle ich einen Teller mit einer Knetwurst hin und sage "ah, der Vogel hat Hunger, er will fressen". Beim Widerstand des Tellers hüpft der Vogel an Ort, so dass er effektiv zu einem Pickenden wird. Vielleicht holt das Kind nun noch ein anderes Tier zum Fressen oder es will mehr Knetwürste produzieren. Ein anderes Kind hat spontan bemerkt, dass der Vogel schmutzig ist und tippt mit dem Finger darauf. Ich sage "du bist ja wirklich ein Schmutzfink, komm, wir müssen dich baden!". Wir holen Wasser und Seife, und wenn dem Kind diese Tätigkeit gefällt, wird es in der Folge nach weiteren schmutzigen Gegenständen suchen, um sie zu waschen. In einer anderen Situation nimmt es ein Gesellschaftsspiel vom Regal und räumt dessen Inhalt aus. Dabei kommt der Spielkarton mit dem Falz in der Mitte wie ein Zelt zum Stehen; ich nehme ein kleines Tier und sage "oh, was für ein schönes Haus, ich gehe gleich schlafen!". Dann kommt ein anderes Tier und will auch hinein, und plötzlich sind da so viele Tiere, dass das Kind ein anderes Spiel suchen muss, welches sich als zweites Haus eignen könnte. Es kann aber auch sein, dass es spontan die Spielsteine nimmt und sie in einer Reihe aufstellt. Ich nehme dann den Würfel und versuche sie wie beim Kegeln umzuwerfen, oder aber ich sage "das sind die Soldaten, oh, jetzt kommt gleich der König, sie marschieren in die Burg".

Ich möchte an dieser Stelle betonen, dass diese kleinen Spielszenen gerade am Anfang nur ein bis zwei Minuten dauern, d.h. man kann nicht erwarten, dass sich in der Folge ein ausgedehntes Symbolspiel entwickelt. Während der ersten Therapiestunden ist es vielmehr so, dass das Kind dreissig und mehr Gegenstände in die Hand nimmt, und natürlich habe ich nicht immer eine Idee, wie ich seine Handlungen erweitern könnte. Oft tue ich auch etwas, das seinem Entwicklungsstand und Interesse nicht angepasst ist, so dass es keine spezielle Reaktion zeigt. Wenn ich jedoch in diesen ersten Stunden nur zwei oder drei Situationen schaffen kann, wo es auf mein Tun aufmerksam wird und eine Handlung wiederholt, weil das Geschehen eine neue Bedeutung bekommen hat, ist bereits eine Veränderung entstanden. Es besteht nun eine kleine gemeinsame Basis, denn in der nächsten Stunde wird es versuchen, diese kleine Szene zu wiederholen, und macht sie damit zum ersten richtigen Spiel.

Meist entwickeln sich im Laufe des ersten Monats drei bis fünf solcher Tätigkeiten, welche den Inhalt einer Stunde grösstenteils bestimmen. Während des zweiten Monats entdeckt das Kind dann eine Lieblingstätigkeit wie Kochen oder Bauen, doch ist es noch darauf angewiesen, dass die Therapeutin die Spielsituation strukturiert. Die wohl wichtigste Veränderung ist dann geschehen, wenn die Mutter erzählt, dass es zuhause spontan bestimmte Spielsachen geholt und sich für einige Zeit ganz alleine beschäftigt habe. Dieses Ereignis leitet eine dritte Phase ein, in der das Kind selbständig zu spielen beginnt. Gegen Ende der drei Monate kommt es oft vor, dass ich über längere Spielsequenzen "überflüssig" bin in dem Sinne, als das Kind nun eine Situation aufgrund seiner eigenen Vorstellung aufbaut und gestaltet.

Aus entwicklungspsychologischer Sicht hat es damit das Stadium des Symbolspiels erreicht, welches während fast zwei Jahren die zentrale Spielform darstellt, bevor es sich in einem Entwicklungsalter von etwa vier Jahren für das Rollen- und später das Regelspiel zu interessieren beginnt. Wichtig erscheint mir die Beobachtung, dass das Kind sein Spiel in dieser Zeit nach eigener Regie gestaltet und ausführt, d.h. die Puppen nach *seiner* Vorstellung tanzen lässt. Solche Vorstellungen kann es noch nicht mit anderen Erwachsenen oder Kindern teilen, weshalb es ihnen in dieser Entwicklungsphase auch noch keine Rollen geben bzw. von ihnen zugewiesene Rollen ausführen kann. Befindet es sich in einer Gruppe, wird es den anderen Kindern zuschauen und deren Handlungen auch imitieren, doch es wird neben oder parallel zu ihnen spielen (vgl. auch *Piaget* 1959).

Bei einigen Kindern liegt die Schwierigkeit nicht darin, dass sie keine Spiel-Vorstellungen haben, doch sie können diese nicht realisieren. Sie haben bspw. eine Idee, wie sie die Brio-Bahn aufbauen wollen, können jedoch die Schienen nur sehr mühsam zusammenfügen, so dass sie diese nach kurzer Zeit voller Wut in eine Ecke schmeissen. Oder aber sie wollen mit Bauklötzen eine Garage konstruieren, diese fällt jedoch zusammen, bevor sie das Auto reinschieben können. Ich versuche nun, diesen Missgeschicken eine andere Bedeutung zu geben; ich sage bspw. "was hat denn der Baumeister für Schienen geliefert, die passen ja ganz schlecht zusammen; ich rufe gleich an". Dann nehme ich das Telefon, wähle und melde mich "ja, da ist die Baustelle der Brio-Bahn, die Schienen sind ganz schlecht, könnten Sie bitte kommen und helfen, und bringen Sie einen Hammer mit!". Das Kind kann nun während oder nach dem Zusammenfügen der Schienen darauf rumhämmern, wodurch die schwierige Handlung nicht mehr ganz im Vordergrund steht und es gleichzeitig auch seine Wut über die Welt loswerden kann. Vielleicht wird es auf diese Weise weiterbauen können, vielleicht aber ergibt sich über das Telefonieren auch ein anderes Spiel, welches den jetzigen Möglichkeiten des Kindes mehr entspricht.

Aehnliche Schwierigkeiten tauchen vor allem bei etwas älteren Kindern auf, wenn sie malen oder zeichnen. Da den Eltern die Bedeutung des Zeichnens für das spätere Schreiben sehr bewusst ist, fordern sie die Kinder immer wieder dazu auf, weshalb viele diese Tätigkeit letztlich meiden. Ich muss ihnen also zuerst einen neuen Zugang zu den Farben ermöglichen; dieser ergibt sich meist über das Kochen, während dem wir Wasserfarben mischen und auf diese Weise verschiedene Getränke wie Sirup, Kaffee oder Milch herstellen. Meist wird es dann interessant, die Gefässe oder die Knete zu bemalen und schliesslich auch Papierschnipsel, Flaschen oder Schachteln.

Theo kam im Alter von fünfeinhalb Jahren mit einer schweren Verzögerung der Sprachentwicklung zu mir in Therapie. Er zeigte grosse Schwierigkeiten im

Bereich der Motorik wie auch der visuellen, auditiven und taktil-kinästhetischen Erfassung; er hatte einzelne Spiel-Ideen, konnte sie jedoch nie realisieren und beschäftigte sich deshalb am liebsten mit Tätigkeiten zuhause auf dem Bauernhof. In der ersten Therapiephase spielte er während der ganzen drei Monate mit der Brio-Bahn, wobei er gegen Ende riesige Konstruktionen mit Bergen, Seen, Flüssen und Dörfern baute. Nach einem halben Jahr begann die zweite Therapiephase; im Wartezimmer entdeckte Theo an der Wand die Zeichnung eines Traktors, und bereits dort fing er an, diesen abzumalen. Wir hängten das Modell ab und nahmen es mit in den Therapieraum. Spontan hatte er versucht, die Umrisse des Traktors zu kopieren, was jedoch zu komplex war. Auf einem separaten Papier zeigte ich ihm nun Schritt für Schritt, wie er die Zeichnung aufgrund der Einzelteile aufbauen konnte. Er war sehr zufrieden, doch beim Ausmalen der Räder fuhr er immer wieder über den Rand und wurde richtig wütend. Ich sagte: "weisst du, das ist der Schmutz an den Rädern, der Traktor war eben auf dem Feld und ist noch nicht gewaschen worden; wir werden nachher noch eine Waschanlage zeichnen". Dies gefiel ihm, und er malte voller Konzentration solange weiter, bis plötzlich ein Loch im Papier war. Auch dieser Situation versuchte ich eine Bedeutung zu geben: "oh, jetzt hat er noch eine Schraube verloren, wir werden eine neue, ganz glänzende einbauen". Ich gab ihm ein Stück Glanz-Papier, womit er nun das Loch zuklebte. Am Ende der Stunde hefteten wir die Zeichnung an die Wand, und mit grossem Stolz erklärte er der Mutter deren Inhalt. Während dieser zweiten Therapiephase hat Theo nur Zeichnungen gemacht, zu denen er gegen Ende auch selbst komplexe Geschichten konstruierte.

Manchmal kommt es vor, dass ein Kind vor oder auch während der Therapie eine Handlung entdeckt, welche es immer wieder spielen möchte, und bei der es Wert darauf legt, dass auch die Therapeutin immer dieselbe Rolle übernimmt. Eine Logopädin erzählte von einem knapp sechsjährigen Zwillings-Mädchen, welches von der Mutter zur Behandlung seiner Dyslalien angemeldet wurde. Das Kind hatte bereits mehrere Therapien hinter sich und besuchte neben der Logopädie noch Rhythmik sowie einen Psychologen, welcher auf der Basis der Kinesiologie arbeitete. Das Mädchen schien sich anfangs für nichts wirklich zu interessieren, entdeckte dann jedoch das Doktorspiel und beschäftigte sich von da an nur noch damit. Die Logopädin stellte sich die Frage, ob die logopädische Therapie wirklich sinnvoll sei, bzw. was sie nun tun könnte, da das Spiel ja bereits eine Bedeutung hatte. Die Video-Aufzeichnung einer Therapiestunde zeigte folgende Situation: Das Kind schneidet ein Stück Pflaster ab, während die Logopädin die Puppe hält und mit hoher Stimme sagt "au, au, mir tut das Bein so weh!". Das Mädchen klebt das Pflaster auf den Bauch der Puppe und schneidet ein neues ab. Die Therapeutin wiederholt "Frau Doktor, das *Bein* tut mir so weh" und zeigt darauf. Das Kind heftet das Pflaster wieder auf den Bauch. Die Logopädin nimmt die Puppe an sich und sagt "danke Frau Doktor, so jetzt ist mein Kind gesund, und wir gehen nach Hause", doch das Kind holt nun den Doktor-Koffer und beginnt die Puppe zu untersuchen. Die Logopädin nimmt diese Handlung auf und kommentiert "ah, es hat noch Fieber! oh, das arme Kind". Die Situation wiederholt sich, d.h. zwischendurch will die Therapeutin mit der "geheilten" Puppe aufbrechen, doch das Kind fordert sie durch eine neue Handlung zum Bleiben auf.

Beim Betrachten der Video-Aufnahme wird plötzlich deutlich, dass das Kind seine eigenen Therapie- und Heil-Erfahrungen spielt: ein Pflaster und eine Untersuchung da und dort, unabhängig davon, wo es weh tut und ob es wieder "gesund" ist. Wenn die Therapeutin das Thema dieses Spiels verstanden hat, wird klar, was sie tun muss. Sie muss diesem Lauf der Dinge eine andere Realität entgegensetzen, nämlich eine (Puppen-) Mutter, welche nicht zulässt, dass der Bauch verpflastert wird, wenn das Bein wehtut, und die das Doktor-Zimmer effektiv verlässt, wenn ihr Kind gesund ist. Auf der zweiten Ebene bedeutet dies, dass sie sich nicht dazu verleiten lässt, der Mutter Uebungen zur Korrektur der Dyslalien zu zeigen, wenn sie beobachtet, dass das Kind nicht spielen kann; und dass sie den Mut hat, die Therapie-Phase dann zu beenden, wenn es sich über das Spiel ausdrücken kann, auch wenn es nach wie vor in dyslalischer Weise spricht.


## 5.52 Die Entdeckung des Du

Das Ziel auf dieser Ebene liegt darin, dem Kind statt eines Hilfs-Ich ein Du gegenüberzustellen: ich versuche ihm zu zeigen, dass es *interessant* sein kann, den Anderen anzuschauen, ihm zuzuschauen, ihn um Hilfe zu bitten und zu fragen. Dabei setze ich in erster Linie auf den triangulären Blickkontakt. Häufig ist es so, dass das Kind etwas Bestimmtes, also bspw. Wasser, von mir will und dies ausdrückt, indem es mir die leere Flasche reicht. Oder es kann die Flasche nicht selbst aufschrauben und gibt sie mir dann, damit ich das Problem beseitige. Dabei bleibt sein Blick an der Flasche haften, oder es beginnt sich mit einem anderen Gegenstand zu beschäftigen, sobald es sie nicht mehr selbst in der Hand hält. Wenn ich nun diese geforderten Handlungen ausführe, stelle ich mich dem Kind sozusagen als Hilfs-Ich oder auch als "verlängerten Arm" zur Verfügung. Als "Du" aber möchte ich erreichen, dass das Kind etwas von *mir* als Person will. Ich führe die Handlung also nicht "automatisch" aus, sondern tue vorerst nichts. Wenn das Kind die Flasche geöffnet oder das Wasser haben will, wird es mich nun anschauen mit einem Blick, der etwa bedeutet "warum tust du denn nichts, du weisst doch genau, was ich will?". Das stimmt, doch genau diesen Blick kann ich nun ausnutzen, um ihm zu zeigen, dass es von Bedeutung ist, wer auf welche Weise Wasser holt oder die Flasche aufschraubt. Zuerst drücke ich dies mit meinem Gesicht und den Wörtern aus; ich hebe die Brauen und sage "aha, du brauchst noch mehr Wasser", oder ich runzle die Stirn und schimpfe "wer hat denn diesen Deckel wieder so fest zugeschraubt" oder einfach "dieser dumme Deckel!". Als zweites führe ich die geforderte Handlung in einer etwas besonderen Weise aus; ich fülle das Wasser plätschernd von hoch oben ein, oder ich nehme einen grossen farbigen Trichter; vielleicht leere ich auch etwas daneben und schimpfe, dass ich so eine Sauerei mache. Oder ich führe die Geste des Schraubens pointiert aus, als ob es sehr schwer ginge, und nehme eventuell eine Zange zuhilfe. Auf keinen Fall darf aus dieser Situation ein langes Spektakel entstehen, bei dem sich das Kind letztlich uninteressiert abwendet. Das Ganze ist wie eine Mini-Szene, welche in ihrer Art dann richtig ist, wenn es zu einem weiteren Blickaustausch und einem Lächeln oder gemeinsamen Lachen kommt. Im Laufe einer Stunde passieren meist sehr viele Situationen, in denen das Kind in irgendeiner Weise meine Unterstützung braucht. Wenn es mir nur ein- oder zweimal gelingt, diese Mini-Szene so zu gestalten, dass ich seine Aufmerksamkeit auf mein Gesicht, meine Wörter und mein Tun lenken kann, hat es bereits eine neue Entdeckung gemacht.

Es gibt aber auch Kinder, welche von den Handlungen mit einem bestimmten Gegenstand ganz gefangen sind und den Anderen spontan nie einbeziehen. Ich muss also eine Möglichkeit finden, ihr Interesse auf eine andere Weise auf mich zu ziehen. Dies kann nun nicht darin bestehen, dass ich ihnen das bevorzugte Ding wegnehme, sondern ich muss mir einen Zugang innerhalb dieser Tätigkeit ausdenken. Eine einfache Form liegt darin, mich ganz direkt einzumischen: das Kind ist bspw. damit beschäftigt, viele winzige Spiralen auf ein Papier zu malen; ich nehme mir auch ein Blatt und male, zwischendurch aber mache ich ganz schnell einen kleinen Kreis auf seine Zeichnung und beuge mich gleich wieder über mein Blatt. Es kann nun sein, dass das Kind einen kurzen Blick zu mir wirft oder kurz innehält und mit dem Finger über mein Zeichen fährt. Wenn ich mich konzentriere, spüre ich genau, ob und wann ich einen zweiten kleinen Kreis wagen kann, ohne zu früh oder zu heftig in die Welt des Kindes einzudringen und es zu verletzen.

Manchmal ist es auch wichtig, seine Tätigkeit einfach zu spiegeln, d.h. parallel das gleiche zu tun, so dass sich das Kind in der Handlung des Anderen wiederfinden kann. Ich habe diese Möglichkeit in der Darstellung der Therapie von Sati beschrieben.

Ich möchte an dieser Stelle betonen, dass es bei all diesen Situationen letztlich immer darum geht, die zu *diesem* Kind passende Tonart zu finden, d.h. bei einigen Kindern müssen meine Handlungen deutlich und heftig und die Wörter laut sein, bei anderen hingegen reichen Spuren, Andeutungen und ein Flüstern.

Zu der Entdeckung der Möglichkeiten des Anderen gehören auch dessen Grenzen, d.h. das "Nein". Gerade hier spielt die Haltung der Therapeutin eine zentrale Rolle: Wenn sie sich dem Kind als *Person* gegenüberstellt, werden sehr bald auch Situationen entstehen, welche ein Nein-Sagen verlangen. Dies geschieht vor allem dann, wenn es eine gemeinsame Handlung öfter wiederholen möchte als sie selbst. Häufig sind es motorische Spiele wie Fangen, Verstecken oder Pferd spielen, unter den Tisch kriechen, aber auch hinfallen oder "verunfallen", bei denen die Therapeutin rascher als das Kind ausser Atem gerät. Es gibt aber auch Spiele, bei denen die Therapeutin keine Lust mehr hat, immer die gleiche Rolle zu übernehmen, oder sich einfach langweilt. In all diesen Situationen ist es wichtig, dass sie ihre eigenen Bedürfnisse ausdrückt und diese durch ein klares Nein von denjenigen des Kindes unterscheidet. Zusätzlich gibt sich hier die Gelegenheit, auch die entsprechenden Gefühle zu zeigen und zu differenzieren; wenn ich bspw. ausser Atem bin, lege ich mich auf den Boden, atme laut, schliesse vielleicht auch die Augen und sage "ich bin so müde, ich kann nicht mehr, schau, grad gehen meine Augen zu". Wenn mir hingegen ein Spiel keinen Spass mehr macht, rümpfe ich die Nase oder ziehe den Mund nach unten, wende mich leicht ab und rufe "schluss, ich habe genug, das ist langweilig, ein ganz doofes Spiel!". Fast immer passiert es dann, dass das Kind mich zuerst ganz verwundert, fragend oder auch verunsichert anschaut, als ob es mich mit neuen Augen sehen würde. Genau dieser Blick ist es jedoch, der aus dem Anderen eine andere *Person* macht.

Hat das Kind den Anderen als Person entdeckt, wird es von Bedeutung und auch interessant, seine Möglichkeiten und Grenzen aktiv zu erforschen. Dies gilt natürlich nicht nur für die Therapeutin, sondern insbesondere auch für die Mutter. Es wird also auch sie mit "neuen Augen" ansehen, um zu erfahren, welches Gesicht *sie* macht, was *sie* mit den Dingen tut und zu ihnen sagt. Dabei muss sie nichts Neues oder Anderes tun, denn die Mutter hat ja nicht das Falsche getan oder gesagt, nur konnte das Kind dafür noch kein Interesse entwickeln. Das Besondere liegt wohl ganz im Gegenteil gerade darin, das vertraute Gesicht mit anderen Augen zu sehen und der bekannten Stimme mit neuen Ohren zu lauschen.

Viele Mütter erzählen nach drei, vier Wochen, dass das Kind begonnen hat, sie aktiv in seine Erlebniswelt einzubeziehen, indem es auf Dinge hinweist, Gegenstände bringt oder sie zu diesen hinführt. Gleichzeitig kommt es aber auch öfter zu Auseinandersetzungen, bei denen das Kind bestimmte Tätigkeiten gegen ihren Willen ausführt oder vehement auf seinen Bedürfnissen beharrt. Einige Kinder zeigen in dieser Zeit auch erstmals Trennungsängste; sie weinen heftig, wenn die Mutter für kurze Zeit das Haus verlässt, und wenn sie mit mir ins Therapiezimmer kommen, kontrollieren sie mehrmals, ob die Mutter auch sicher nachfolgt.

Speziell die Mütter derjenigen Kinder, welche bis anhin auch mit fremden Personen bereitwillig Kontakt aufgenommen haben, ohne sich um ihre Anwesenheit zu kümmern, freuen sich über diese Entwicklung und geniessen es sehr, so offensichtlich umworben zu werden. Damit tritt in dieser Phase auch eine

Entspannung im Verhältnis zu der Therapeutin ein, durch die bis zu diesem Zeitpunkt die Vorrangigkeit der Mutter-Kind-Beziehung in Frage gestellt war. Wie schwierig dies für einzelne Mütter ist, zeigt die Beobachtung, dass einige gerade in dieser Phase gehäuft "dringende Einkäufe erledigen" müssen und die Therapeutin mit dem heftig weinenden Kind allein zurücklassen. Obwohl solche Situationen nicht gerade einfach sind, scheint es mir doch wichtig, diese Handlungen zu respektieren, denn sie sind sowohl Ausdruck einer Art des Sich-Rächens, wie aber auch eines grossen Vertrauens.

Häufig hat sich diese neue Art von Beziehung schon im Laufe des dritten Monats etwas stabilisiert, d.h. das Kind kann nun kurze Trennungen von der Mutter gut akzeptieren, und muss auch ihre Anwesenheit nicht mehr ständig kontrollieren. Im Unterschied zu vorher unterscheidet es jetzt aber ganz klar zwischen den verschiedenen Personen, d.h. es kann sich in ein Spiel mit der Therapeutin vertiefen, doch wenn es sich bspw. weh getan hat, müde oder hungrig ist, sucht es Trost und Geborgenheit bei der Mutter.

5.53  Die Entdeckung der Sprache

Der Schwerpunkt des therapeutischen Handelns im sprachlichen Bereich liegt immer auf dem Sprachverständnis. Auf jeder Entwicklungsstufe geht es in erster Linie darum, dem Kind zu zeigen, dass Wörter bedeutungsvoll, interessant sein können.

Bei den Kindern, welche noch nicht auf sprachliche Aeusserungen reagieren, versuche ich zuerst eine Situation der Triangulierung herzustellen, in welche die ersten Wörter eingebettet werden können. Diese Wörter sollen etwas Besonderes sein, so dass sie nicht untergehen, sondern die Aufmerksamkeit des Kindes auf sich ziehen. Am besten eignen sich dafür die Lautmalereien, weil sie nicht nur farbig intoniert werden können, sondern weil ihr Klang eine Aehnlichkeit mit dem Bezeichneten hat, so dass die Verbindung zwischen Wort und Gegenstand oder Handlung einfacher zu erkennen ist. Gleichzeitig sind sie von der Lautstruktur her den Lall-Ketten sehr ähnlich, weshalb sie zur Nachahmung einladen. Nun äussere ich solche Lautmalereien nicht isoliert, sondern immer in Verbindung mit der Erwachsenensprache. Ich leere bspw. Wasser von hoch oben in ein Gefäss; das Kind schaut mich erstaunt an, und ich kommentiere "glugg-glugg - oh, soviel Wasser". Oder ich male mit zirkulären Bewegungen die Räder eines Autos und mache dazu "brumbrumbrum - so schnell fährt das Auto". Manchmal ergänze ich die Aeusserungen auch mit einem kurzen Lied, sozusagen zum Abrunden einer kleinen sprachlichen Szene. Das Kind füttert bspw. das Nilpferd; ich unterbreche die Handlung und sage, dieses müsse nun schlafen. Ich lege es ins Bett, und fast immer schaut das Kind mich nun fragend an, was wohl geschieht. Ich wiege das Tier hin und her und sage "nina-nina", lege den Finger an den Mund "psst - bald schläft es" und singe ganz leise "schlaf Kindlein, schlaf".

Für alle diese Situationen ist es von grösster Bedeutung, dass das Kind mit seiner ganzen Aufmerksamkeit dabei ist. Denn es soll nie der Eindruck entstehen, dass die Sprache eine Begleitung, eine Art Klanghintergrund bildet. Beobachte ich, dass die Augen des Kindes zu einem anderen Gegenstand wandern, oder dass es etwas anderes berührt, breche ich die Szene sofort ab. Gerade während der ersten Therapiestunden, in denen das Kind noch ganz mit den Dingen beschäftigt ist und selten trianguliert, spreche ich deshalb nur wenig.

Eine ganz wichtige Situation für die Entdeckung der Sprache entsteht dann, wenn das Kind erstmals realisiert, dass es sie nicht versteht. In alltäglichen Situationen unterstützen die Erwachsenen ihre Aufforderungen praktisch immer mit hinweisender Gestik und Mimik; wenn sie bspw. zu einem kleinen Kind "hol den Ball" sagen, werden sie gleichzeitig zum Ball blicken und mit dem Finger darauf zeigen. Viele Kinder orientieren sich ausschliesslich an diesen nichtsprachlichen Elementen und können dadurch viele alltägliche Aufforderungen ausführen, ohne zu realisieren, dass sie die entsprechenden Wörter nicht verstehen.

In der Therapiesituation verzichte ich deshalb meist auf die hinweisende Gestik und setze ganz auf die Sprache. Das Kind möchte bspw. die Flasche, welche oben auf dem Regal steht. Ich schaue es an und sage "nimm doch einen Stuhl!". Aus meinem Blick kann es nicht erkennen, was zu tun ist, doch möchte es unbedingt das Wasser haben - in diesem Moment versteht es, dass es die Sprache nicht versteht. Ich weise nun auf den Stuhl hin und erkläre "*das* ist der Stuhl". Wenn es dann hinaufklettert und selbständig die Flasche runterholt, ist aus diesem Verstehen ein kleines Ereignis geworden.

Die Möglichkeiten, wie man sich über die Sprache in der Welt orientieren und sie sich aneignen kann, werden auch beim Nein-Sagen deutlich. Wenn das Kind bspw. versucht, die Würfel in die Formbox einzuführen oder zwei Schienen der Brio-Bahn zusammenzustecken, kann ich seine Handlungen durch "nein" und "ja" leiten und begleiten. Auch dies tue ich in einer etwas speziellen Weise, d.h. wenn die Form nicht passt, sage ich ganz leise oder mit hoher Stimme "nein" und schüttle dazu den Kopf; wenn sie hingegen passt, pfeife ich anerkennend oder sage "ah ja!" und nicke. Das Kind schaut dann häufig erst verwundert, probiert jedoch gleich eine neue Form aus und sieht mich erwartungsvoll an. Viele Kinder versuchen gerade bei diesem Spiel erstmals, ganz auf die Sprache des Anderen zu setzen, indem beim Einführen nicht auf die Form der Oeffnungen achten und sich probeweise nur auf meine Wörter stützen.

Gleichzeitig wird es nun interessant, die Spielregeln umzukehren: Ich führe die Form zu einer Oeffnung, frage "da?" und stütze meine Handlung ganz auf die Antwort des Kindes. Auf diese Weise erfährt es, dass auch seine Wörter verstanden werden können. Dies ist der entscheidende Schritt zur sprachlichen Kommunikation.

Bei den etwas älteren Kindern ist es oft so, dass sie einfache Wörter und Sätze verstehen, doch behandeln sie diese, als ob sie "wie Regentropfen vom Himmel fallen" oder aber gleichsam wie Befehle zu sofortigem Handeln auffordern würden. Sie haben noch nicht entdeckt, dass die Wörter Absichten und Gefühle *repräsentieren*, d.h. sie können beim Verstehen keine lebendigen Vorstellungen aufbauen und diese deshalb auch nicht mit "nein" zurückweisen. Diese Form des Sprachverständnisses spiegelt sich praktisch immer in der Sprachproduktion, d.h. die Kinder sprechen in dyslalischer Weise mit vielen Passe-par-tout-Wörtern und immer wiederkehrenden Phrasen, manchmal auch mit Laut- und Silbenrepetitionen. Im gleichen Sinne, wie sie die Aeusserungen der Anderen nicht wirklich verstehen, bleibt ihnen auch die kommunikative und symbolische Bedeutung ihrer eigenen sprachlichen Produktionen unklar, und deshalb können sie keine Möglichkeiten der Veränderung und Erweiterung entwickeln und ausprobieren. Dies gilt ganz speziell auch für Kinder, deren Lautproduktion durch eine Zerebralparese oder auch eine Spalte eingeschränkt ist. Gerade bei diesen Kindern ist es wichtig, darauf zu setzen, dass sie *spontan* Kompensationsmöglichkeiten entwickeln, sobald sie die Bedeutung der Sprache erkannt haben.

Eine Einschränkung des Sprachverständnisses, wie ich sie oben beschrieben habe, kann ich dann verändern, wenn es mir gelingt, mit der Sprache auszudrücken, was das Kind wirklich beschäftigt, d.h. wenn ich es mit den Worten erreichen kann. Ganz allgemein bedeutet dies, dass ich nicht in erster Linie Dinge, Handlungen oder gar Bilder benenne, sondern Stimmungen und Gefühle zu erfassen und beschreiben versuche. Wenn ich müde bin, sage ich "heute bin ich sehr müde, ich kann mich nicht so gut konzentrieren, deshalb ist unser Spiel auch nicht so lustig" oder "dieses Spiel finde ich doof, es langweilt mich und macht mich ganz müde"; wenn es mir gut geht, erkläre ich "heute habe ich mich richtig auf Dich gefreut, ich bin ganz guter Laune". Manchmal schimpfe ich und drücke meinen Aerger aus, wobei ich auch kleine Fluch-Wörter gebrauche. Wenn ich zum Beispiel einen Gegenstand nicht finde, rufe ich "gottfriedstutz, wo ist jetzt wieder das Klebband, es ärgert mich so, wenn die Dinge immer verschwinden!".

In der gleichen Weise versuche ich auch die Stimmungen und Gefühle des Kindes zu benennen. Wenn es länger warten musste, erkläre ich "ich war noch am Telefon, es tut mir leid, jetzt bist Du sicher wütend auf mich" oder "Du musstest lange warten, und sicher hast Du gedacht, ich komme gar nicht mehr". Wenn es zusieht, wie ich mich von einem anderen Kind liebevoll verabschiede, und dann ohne Kommentar voraus ins Zimmer geht, setze ich mich hin und sage "das hat Dich geärgert, dass ich so nett war zu einem anderen Kind; überhaupt kann ich mir vorstellen, dass es Dir gar nicht gefällt, dass noch andere Kinder hierher kommen; am liebsten möchtest Du das einzige sein!". Insbesondere auch dann, wenn ich das Kind nicht verstanden habe, ist es wichtig, dass ich davon spreche und dies nicht kaschiere. Ich sage vielleicht "jetzt habe ich Dich nicht verstanden, das macht Dich wütend, am liebsten würdest du gar nicht mehr mit mir sprechen" oder "du hast gemerkt, dass ich Dich nicht verstanden habe, jetzt wechselst Du einfach das Thema, weil Du denkst, dass es doch keinen Sinn hat". Wenn ich mit meiner Aeusserung genau das Richtige ausdrücken kann, verändert sich das Gesicht des Kindes; es hält einen Moment inne und schaut mich erstaunt an.

Bedeutungsvolle Situationen während der Therapie entstehen auch, wenn ich dem, was das Kind im Spiel ausdrückt, Bedeutung geben und dieses Thema direkt benennen kann. Pia ist das jüngste von vier Kindern eines sehr engagierten Elternpaars. Sie wird mit fünfeinhalb Jahren zugewiesen mit einer sogenannten G-Sprache, d.h. sie gleicht alle Laute an die dritte Artikulationsstelle an. Sie wird eigentlich nur von der Mutter richtig verstanden und lässt sich von ihr sowohl in den Kindergarten wie auch zu mir begleiten. Sie ist sehr scheu und angepasst, akzeptiert jedoch nach drei Wochen, die Stunden bei mir ohne die Mutter zu verbringen. Am liebsten spielt sie ein einfaches Rollenspiel, in dem sie und ich eine Mutter mit je einem Puppenkind darstellen, welche einander zu Kaffee und Kuchen besuchen. Um die Angepasstheit und Zurückhaltung - welche sich auch sprachlich durch das Zurückhalten der Laute beim Gaumen ausdrückt - zu verstehen, verändere ich die Spielszene: ich lasse mein Puppenkind sehr ungezogen sein, d.h. es spuckt den Kuchen aus und kleckert mit dem Kaffee. Dann schimpfe ich laut "du bist so frech, du musst schön essen, jetzt sind wir doch bei Tante Pia zu Besuch". Danach isst das Puppen-Kind wieder gut. Pia hat sehr interessiert zugeschaut; nach einer Weile zeigt sie auf die Puppe und sagt "egg aggi go ige" (jetzt macht sie's schon wieder). Ich lasse also meine Puppe wieder spucken, und nun lacht sie zum ersten Mal. Das ungezogene Kind und die Auseinandersetzungen mit seiner Mutter werden nun zum zentralen Thema der nächsten Stunden. Auf Anweisung muss ich schimpfen und die Puppe auch zur Strafe ins Bett bringen, während sich diese widersetzt, d.h. weint und stampft. Ich selbst achte sehr darauf, dass immer wieder Situationen der Entspannung eintreten, wo ich die Puppe in die Arme nehme, tröste und streichle und erkläre, dass ich so wütend war, weil sie einfach nicht essen wollte. Ab und zu frage ich Pia, ob denn ihr Kind immer lieb sei; sie nickt und ich sage "aber es ist auch toll, wie frech meine Puppe ist, wie sie sich einfach wehrt, wenn sie etwas nicht will und mit ihrer Mutter streitet". Sie lächelt und schaut dann weg. Kurze Zeit später zerdrückt sie absichtlich einen hübschen Kuchen, und in der Annahme, es sollte wieder mein Kind gewesen sein, frage ich "wer hat denn das gemacht?" - und da sagt sie "ich".

In dieser Zeit hatte ich mehrere Gespräche mit Pia's Eltern, bei denen deutlich wurde, dass es der Mutter sehr schwer fiel, ihre einzige Tochter und zugleich ihr "letztes" Kind in die Welt hinauszulassen. Pia ging nun alleine in den Kindergarten, und die Mutter beschrieb "es bricht mir jedesmal fast das Herz, wenn ich sie am Gartentor verabschiede und sie so alleine weggehen sehe."

Nach dem Ereignis mit ihrem Namen stand das Puppenspiel nicht mehr im Zentrum der Therapiestunden, sondern Pia begann nun, andere Spielmöglichkeiten auszuprobieren und gleichzeitig auch andere sprachliche Möglichkeiten, d.h. die Laute der ersten und zweiten Artikulationsstelle zu erforschen.

Eine ganz spezielle Rolle spielt das Sprachverständnis auch bei zwei- und mehrsprachigen Kindern. Sofern die Therapeutin die Muttersprache des Kindes überhaupt spricht, stellt sich zuerst die Frage, in welcher Sprache die Therapie durchgeführt werden soll. Häufig wird dabei dazu tendiert, mit dem Kind deutsch zu sprechen, um es neben der Behandlung seiner sprachlichen Auffälligkeiten auch auf die Eingliederung in den Kindergarten und die Schule vorzubereiten. Nun sind solche doppelten Zielsetzungen immer irreführend. Wenn es in der Therapie darum geht, dem Kind die Möglichkeiten der sprachlichen Kommunikation zu zeigen, muss ich auf diejenige Sprache setzen, welche es am besten kennt und welche bezüglich seiner emotionalen und sozialen Entwicklung am besten zu ihm passt.

In einem Entwicklungsalter von bis zu zwei Jahren ist dies die *Mutter*sprache; mit dem speziellen Interesse für den Vater ab dem dritten Lebensjahr ist es die *Vater*sprache und durch die Oeffnung zur Welt im Kindergartenalter wird es die *Gruppen*-Sprache. Ganz deutlich konnte ich diesen Verlauf bei den Kindern deutsch-sprachiger Mütter und italienisch-sprachiger Väter beobachten, welche die Schweizerschule in Rom besuchten. Während der ersten zwei bis drei Jahre sprachen sie ausschliesslich deutsch und begannen dann vermehrt italienisch zu sprechen. Wenn sie mit vier oder fünf Jahren in die Schweizerschule kamen, verweigerten viele sehr zur Sorge ihrer Mütter die deutsche Sprache. Im Kindergarten der Schweizerschule ist deshalb das Italienisch seit vielen Jahren die Haupt-Sprache, während ab der ersten Schulklasse normalerweise Deutsch gesprochen wird. Die Verweigerung der Vorschulkinder, deutsch zu sprechen, kann man folgendermassen erklären. In diesem Entwicklungsalter haben sie noch kein metasprachliches Verständnis erworben, d.h. sie können die Sprache noch nicht unabhängig von der Person betrachten, welche sie spricht. Die Kinder in Rom wollen die Sprache des Vaters sprechen, umso mehr, als es auch die Sprache der anderen Kinder und der Gruppe ist, zu der sie dazugehören möchten. Sobald sie mit etwa sieben Jahren erste metasprachliche Fähigkeiten entwickeln, können sie die Sprache wie "von aussen" betrachten und analysieren. Dies bildet nicht nur eine wichtige Voraussetzung für den Erwerb der Schriftsprache (vgl. *Zollinger* 1989b), sondern verändert auch das Verhältnis zu der Erst- und Zweit- bzw. Mutter- und Vatersprache.

Sofern dies möglich ist, wähle ich für die Therapie deshalb diejenige Sprache, welche dem emotionalen Entwicklungsstand des Kindes entspricht, d.h. im

Frühbereich ist dies fast immer die Muttersprache (vgl. auch die Beschreibung der Therapie mit Marina). Wenn das Kind beginnt, sich vermehrt für den Vater und dann auch für die anderen Kinder zu interessieren und gleichzeitig die Möglichkeiten *einer* Sprache kennengelernt hat, wird es spontan nach passenden Situationen und Interaktionen suchen, um sich die zweite Sprache anzueignen. Sollte dies nötig sein, werde ich es in einer zweiten oder dritten Therapiephase darin unterstützen.

Es stellt sich nun die Frage, wie ich vorgehe, wenn ich die Sprache des Kindes und der Eltern nicht spreche. Wenn das Kind selbst noch nicht spricht und seine zentralen Schwierigkeiten darin liegen, dass es noch keinen triangulären Blickkontakt zeigt und sein Spiel auf zirkuläre oder repetitive Handlungen beschränkt ist, kann ich die Therapie auch in einer anderen Sprache durchführen. Denn im Vordergrund stehen die Prozesse der Entdeckung des Du und der Welt. Wenn das Kind jedoch zu sprechen beginnt und nun auf seine Sprache setzt, d.h. in seinen sprachlichen Kommunikationen auch verstanden werden will, muss ich die Verantwortung für die Therapie einer Person übergeben, welche seine sprachlichen Aeusserungen versteht. Ein solcher Verlauf findet sich bei Darstellung der Therapie mit Sati, dessen Eltern japanisch sprachen.

## 5.6 Der Verlauf

Jede Therapiephase wird nach Ablauf von drei Monaten abgeschlossen. Wie ich bereits beschrieben habe, ist es wichtig, für die Phasen einen zeitlichen Rahmen vorzugeben und auch einzuhalten. Dabei sind aber auch natürliche Zyklen und Pausen zu berücksichtigen wie bspw. Ferien, die Oster- oder Weihnachtszeit.

Manchmal ist es sinnvoll, die Phase mit einem Gespräch über den Verlauf und die Veränderungen zu beenden; häufig aber ist dies gerade zu diesem Zeitpunkt nicht nötig, weil die wichtigen Fragen geklärt sind und sich alle in einer Art Aufbruchstimmung befinden. Wir vereinbaren eine Kontrolluntersuchung nach Ablauf von drei Monaten, wobei ich den Eltern immer ausdrücklich sage, dass sie jederzeit anrufen können, falls neue Fragen, Unsicherheiten oder Schwierigkeiten auftauchen sollten. Manchmal kommt es vor, dass wir die nächste Kontrolluntersuchung bereits nach einem Monat festlegen. Dies ist vor allem dann sinnvoll, wenn die Mutter oder auch der Vater unsicher sind, oder wenn sie sich in einer schwierigen beruflichen oder privaten Situation befinden, und deshalb die regelmässige Versicherung brauchen, dass es dem Kind gut geht.

Die Kontrolluntersuchung führe ich in der gleichen Weise durch wie eine Abklärung. Dabei ist die erste halbe Stunde praktisch immer dadurch gekennzeichnet, dass das Kind "alle seine Lieblingssachen" wieder sehen, berühren und auch spielen will. Auf dieser Basis entwickelt sich dann aber in der zweiten

Hälfte der Stunde fast immer etwas Neues, eine Spielhandlung, welche zum *jetzigen* Entwicklungsstand passt.

Die Beurteilung, ob eine zweite Therapiephase angezeigt ist, beruht auf den gleichen Grundlagen wie bei einer Abklärung. Im Unterschied dazu beteiligen sich nun auch die Eltern aktiv an diesem Entscheid; häufig ist es so, dass sie ganz spontan sagen, dass das Kind zum jetzigen Zeitpunkt keine Therapie brauche. Diese Beurteilung wird durch die Beobachtungen während der Kontrolluntersuchung praktisch immer bestätigt. In diesem Fall vereinbaren wir eine zweite Kontrolle wieder nach Ablauf von drei Monaten. Etwa die Hälfte der Kinder brauchen auch in der Folge keine weitere Therapie, doch begleiten wir sie in Form von Kontrolluntersuchungen, bis sie in den Kindergarten eingeschult sind. Manchmal ist eine zweite Therapiephase nach neun oder zwölf Monaten angezeigt, und auch hier ist es so, dass die Mutter oft bereits am Telefon sagt, dass sie diese für nötig halte. Sie hat bemerkt, dass das Kind wieder vermehrt unzufrieden ist, weil es nicht mehr weiss, was es mit den Dingen tun könnte oder in bestimmten Situationen keine Lösung findet.

Wenn wir aufgrund der Abklärung entschieden haben, dass das Kind keine Therapie braucht, setzen wir ebenfalls eine Kontrolluntersuchung nach drei Monaten fest und entscheiden dann von neuem über eine mögliche Behandlung. Oft ist diese nun angezeigt; es gibt aber auch Familien, welche wir in Form regelmässiger Kontrolluntersuchungen begleiten, ohne dass das Kind je eine Therapie gebraucht hätte. Wenn sich zentrale Fragen stellen, wie bspw. die spezieller (medizinischer) Abklärungen oder Massnahmen, haben wir dennoch eine gemeinsame Geschichte, welche eine Basis auch für schwierige Entscheidungen bildet.

Auch die Kontrolluntersuchungen sind Bestandteil der Therapie: mit oder ohne Behandlungsphase habe ich die einzelnen Entwicklungsschritte des Kindes beobachtet, und für die Eltern bin ich während dieser Zeit zu einer Art Bezugsperson geworden, zu der sie Vertrauen haben.

Diese gemeinsame Geschichte bildet die Basis für einen der wichtigsten Entscheide, nämlich den Zeitpunkt und die Form der Einschulung in den Kindergarten und später die Schule - und damit die Integration in die Welt der Institutionen.

Wenn die Eltern einen Ort und Personen gefunden haben, wo sie und das Kind sich wohl fühlen, d.h. wo sie überzeugt sind, dass es sich seinen Möglichkeiten entsprechend weiterentwickeln kann, ist unsere Arbeit im Prinzip abgeschlossen.

Die Suche nach diesem Ort ist jedoch nicht immer einfach.

## 5.7 Die Institution Sprachheilkindergarten

Zur Zeit der Einschulung in den Kindergarten haben viele unserer Kinder ein gutes Sprachverständnis entwickelt und können ihre Absichten und Gefühle auch sprachlich ausdrücken. Sie spielen selbständig und probieren dabei neue Fähigkeiten in verschiedenen Situationen aus, und sie verarbeiten spezielle Erlebnisse, indem sie Wünsche, Aergernisse oder Aengste auf Puppen, Tiere und andere Gegenstände übertragen und so die Geschehnisse in verschiedenen Formen nochmals durchspielen.

Die Eltern bestätigen, dass es auch zuhause sehr gut gehe, doch manchmal erzählen sie, dass die Kinder nur sehr ungern auf den Spielplatz gingen, weil sie nicht mit anderen Kindern spielen wollten oder könnten.

Aus entwicklungspsychologischer Sicht ist dies insofern verständlich, als ein Kind die oben genannten Fähigkeiten des Spiels und der sprachlichen Kommunikation normalerweise im Laufe des dritten Lebensjahres erwirbt; es bleiben ihm dann noch etwa zwei Jahre Zeit, um diese Errungenschaften in verschiedenen Situationen der vertrauten Umgebung auszuprobieren und gleichzeitig erste Schritte in die Welt der anderen Kinder zu machen.

Häufig erreichen die Kinder, welche zu uns in Therapie kommen, denselben Entwicklungsstand erst mit vier oder fünf Jahren, d.h. wenn sie zu diesem Zeitpunkt auch gute spielerische und sprachliche Fähigkeiten erreicht haben, *fehlen ihnen dennoch die zwei Jahre*, während denen sie diese auch anwenden, geniessen, vertiefen und festigen können. Es fehlt ihnen die Zeit, *Spiel und Sprache zu sozialisieren.*

Dies ist ein Problem. Die einzige wirklich gute Lösung würde darin bestehen, den Kindern die Zeit zu schenken und die ganzen Prozesse der Einschulung effektiv um zwei Jahre zu verschieben, doch ist dies aus institutionellen Gründen nur selten möglich.

Im Kindergartenalter gibt es folgende Möglichkeiten der Einschulung: den Regelkindergarten, welcher aus einer Gruppe von etwa 20 in ihrer Entwicklung mehr oder weniger unauffälligen Kindern besteht; den Sprachheilkindergarten mit einer Gruppe von etwa 10 sprachauffälligen Kindern; den heilpädagogischen Kindergarten, in dem 4-6 in ihrer Gesamtentwicklung verzögerte Kinder gemeinsam eine Klasse bilden.

Der Vorteil der Sonder-Kindergärten im Vergleich zum Regelkindergarten liegt darin, dass die Kindergruppen kleiner sind. Demgegenüber steht ein grosser Nachteil mit vielen Folgen, nämlich die Separation, d.h. die Aussonderung einer Personengruppe aus den alltäglichen sozialen Bezügen.

Die Auseinandersetzung mit den Fragen der Separation bzw. der integrativen Erziehung entwicklungsauffälliger Kinder hat bereits eine mehr als zwanzigjährige Geschichte. Für eine vertiefte Diskussion dieser Fragen verweise ich auf die

Arbeiten der Freiburger Projektgruppe unter der Leitung von Häberlin (*Häberlin et al.* ²1991, *Häberlin/ Jenny-Fuchs/ Moser Opitz* 1992, *Freiburger Projektgruppe* 1993).

An dieser Stelle möchte ich mich mit den sprachheilpädagogischen Institutionen auseinandersetzen, um die Frage zu beantworten, ob der Sprachheilkindergarten oder die Sprachheilschule für die Schulung unserer Kinder geeignet sein könnten. Die sprachheilpädagogischen Institutionen werden als "Durchgangsschulen" bezeichnet, d.h. sie basieren auf der Idee, dass die sprachlichen Auffälligkeiten des Kindes in diesen speziellen Einrichtungen behoben werden, so dass es später in die Regelschule eintreten kann.

Im Zusammenhang mit der Integrationsdiskussion wurde auch innerhalb der Sprachheilpädagogik die Frage gestellt, ob es für sprachauffällige Kinder überhaupt eine spezielle Schulung brauche (vgl. *Kolonko/ Krämer* 1992b). Die Antwort lautet, dass die "Integrationsfähigkeit" eines Kindes vom Schweregrad seiner Behinderung abhängig sei. Dazu gehören "Art und Grad seiner Fehlleistungen und Funktionsausfälle in den sprachlichen und nichtsprachlichen Bereichen, der Grad der Behebbarkeit sowie die Art und das Ausmass der Folgebehinderungen." (*Knura* 1973, 9-10).

Diese Antwort weist deutlich auf die ambivalente Rolle der sprachheilpädagogischen Institutionen hin: Auf der einen Seite bezeichnen sie sich als "Durchgangsschulen", d.h. die Kinder sollen in diesen Einrichtungen gefördert werden und sie später, wenn sie "geheilt" sind, wieder verlassen können. Auf der anderen Seite aber wird die "Integrationsfähigkeit" eines Kindes am Schweregrad seiner Behinderung gemessen. Mit anderen Worten: die Kinder mit leichten Sprachstörungen könnten durchaus in die Regelschule integriert werden, während die anderen eine Sonderschule *bräuchten*.

In der Schweiz ist es in den meisten Kantonen bereits gängige Praxis, dass Kinder mit leichten sprachlichen Auffälligkeiten ambulant behandelt werden, und vor allem jene Kinder in die Sprachheilkindergärten und -schulen kommen, welche schwere sprachliche und vor allem auch soziale Auffälligkeiten zeigen (vgl. auch Kapitel 3.2). Die Sprachheilschule ist damit zu einer institutionellen Lüge geworden, denn die Probleme der Kinder liegen nicht primär im sprachlichen Bereich, und sie können auch nur selten "geheilt" werden, so dass eine Eingliederung in die Regelschule möglich wäre.

In der Kombination dieser Tatsachen liegt denn auch das zentrale Problem der sprachheilpädagogischen Arbeit; ist die Fachfrau konsequent und arbeitet mit dem Kind in den Bereichen, wo sie die Ursprünge seiner Schwierigkeiten sieht, wird es zwar Fortschritte machen, doch das Ziel der "Heilung" dennoch nur selten erfüllen. Ihre Berufsbezeichnung ermahnt sie nun permanent, dass sie mit spezifischen sprachlichen Uebungen vielleicht doch ein besseres Resultat hätte erreichen können. Zusätzlich muss sie sich mit dem mehr oder weniger expliziten Vorwurf auseinandersetzen, ihre fachlichen Kompetenzen zu über- bzw. unterschreiten, d.h. in den Bereichen der Wahrnehmung oder Motorik zu arbeiten (wie die Ergo- bzw. Physiotherapeutin), Psychotherapie zu betreiben (wie die Psychologin) oder auch "nur" zu spielen (wie die Mutter). In dieser Hinsicht hat es diejenige Fachfrau einfacher, welche "trotz allem" an der Sprache arbeitet, obschon auch sie das vorgegebene Ziel der Heilung nicht erreichen kann. Sie aber muss sich damit auseinandersetzen, die Anforderungen der Institution wider besseren Wissens über die individuellen Bedürfnisse des Kindes zu stellen.

Es ist keine Uebertreibung, wenn ich feststelle, dass die Wort-Kombination "Sprach-Heil" den Fachfrauen wie eine Faust im Nacken sitzt. Die Erwartung, die sprachlichen Auffälligkeiten als solche zu beseitigen, ohne die Fachbereiche anderer zu tangieren, führt zu ihrer eigenen Separation.

In diesem Zusammenhang, d.h. unter dem Gesichtspunkt des falschen Auftrages der Institution, möchte ich auf die Entstehungsgeschichte und Rolle der Sondereinrichtungen für Sprachbehinderte in der Zeit des deutschen Faschismus hinweisen, wie sie *Kolonko* und *Krämer* (1992a) in ihrem Buch "Heilen - separieren - brauchbar machen" beschrieben haben. Während der Lektüre wurden mir folgende Tatsachen erstmals in aller Deutlichkeit bewusst:

Die Sprachheilpädagogen haben während der Zeit des deutschen Faschismus eine beschämende Rolle gespielt. Die Ziele der sich öffentlich äussernden Sprachheillehrer bestanden vor allem in der Wahrung standespolitischer Interessen: Um die Sprachheilschulen um jeden Preis zu erhalten, biederten sie sich den faschistischen Machthabern an, sprachen zu ihrer Rechtfertigung von Entlastung und Befreiung der Volksschule von all dem vielfach geschädigten Schülergut sowie von Selektion unter rassenhygienischen Gesichtspunkten. Eine Auseinandersetzung mit dieser faschistischen Vergangenheit hat nie stattgefunden. Während meiner Ausbildung als Logopädin wurde mit keinem Wort erwähnt, dass sich der "grosse" *Hermann Gutzmann* (jun.), Vorsitzender der Gesellschaft für Sprach- und Stimmheilkunde, 1939 für die Sterilisation stammelnder Kinder ausgesprochen hatte. Noch heute ist die Lauttreppe von *Möhring* ein Begriff für jede Logopädin. Wohl nur wenige aber wissen, dass *Möhring* 1940 die Sprachheilschulen aufgrund der Erkenntnisse "moderner Rassenbiologie" als Sichtungsstelle von "Erb- und Leistungsminderwertigem" propagierte.

Wenn wir heute versuchen, die Institution Sprachheilschule in Frage zu stellen, werden wir häufig mit Einwänden konfrontiert, welche an diese Argumentationen erinnern. Als Gründe gegen die Nicht-Aussonderung spracherwerbsgestörter Kinder werden mögliche Gefahren der Ansteckung und der Senkung des Leistungsniveaus in der Klasse erwähnt. Deutlich wird aber auch ein standespolitisches Interesse für die Erhaltung von Sondereinrichtungen. An dessen Ursprung steht häufig die Ueberzeugung, dass die sprachheilpädagogische Aufgabe nur innerhalb der Separation eine wirklich heilpädagogische sein kann.

## 5.8 Kritische Auseinandersetzung mit anderen Ansätzen

Obwohl die Forderung nach einer früheren Erfassung spracherwerbsgestörter Kinder seit vielen Jahren besteht, hat sich gerade die akademische Sprachheilpädagogik nie wirklich mit dieser Thematik befasst. Ich möchte dies am Beispiel des Buches "Störungen der Sprachentwicklung" von *Grohnfeldt* darstellen, welches bis heute zu den Standardwerken der Sprachheilpädagogik zählt. Das Kapitel "Früherkennung und Frühförderung sprachauffälliger Kinder" leitete *Grohnfeldt* 1982 mit einem Zitat von *Knura* aus dem Jahr 1974 ein:

"Für die Sprachbehindertenpädagogik stellt die sonderpädagogische Früherziehung das bedeutendste und effektivste Feld sprachtherapeutischer Massnahmen dar". (157)

Dann stellte er fest: "Erst in letzter Zeit liegen mit Veröffentlichungen von Puppe (1976), Teumer (1976, 1977, 1978) und Grohnfeldt (1981) heuristisch zu verstehende Belege vor, die den Aspekt der Früherfassung als "Grundlegung der Sprachgeschädigtenpädagogik" (Teumer 1978,1) nicht übertrieben erscheinen lassen." (*Grohnfeldt* 1982, 225)

Das Kapitel wird mit folgenden Worten abgeschlossen:

"Weiterhin ist es unabdingbar, verstärkt Grundlagenforschungen - möglichst auf interdisziplinärer Basis - über frühsprachliche Entwicklungsverläufe und ihre sensomotorischen Voraussetzungen zu betreiben. Insbesondere ist es erforderlich, nähere Hinweise zu erhalten, um möglichst frühzeitig zwischen zeitlich begrenzten Entwicklungsverzögerungen der Sprache und manifesten Sprachentwicklungsbehinderungen mit einem ungünstigen Verlauf unterscheiden zu können." (*Grohnfeldt* 1982, 258).

1993, elf Jahre später ist die 6., völlig neu bearbeitete Auflage des Buches erschienen. Das Kapitel zur Früherfassung ist identisch mit demjenigen der ersten Auflage. Nun sind während der letzten zehn Jahre auch im deutschen Sprachraum viele neue Erkenntnisse zu den frühsprachlichen Entwicklungsverläufen veröffentlicht worden (z.B. *Affolter* 1987, *Dannenbauer* 1983, *Füssenich* 1987, *Hacker/ Weiss* 1986, *Holtz* 1989, *Zollinger* 1987), und *Grohnfeldt* selbst hat als Herausgeber der Handbücher zur Sprachtherapie Ansätze und Untersuchungen zu den Bereichen der phonologischen, semantischen und grammatikalischen Entwicklung publiziert (1990, 1991, 1993).

Wenn bei einer völligen Neubearbeitung eines Buches, welches die Früherfassung zur Grundlegung seines Gebietes erklärt, gerade dieses Kapitel unverändert belassen wird, zeugt dies von einem speziellen Verhältnis des Autors zu dieser Thematik. Ich möchte deshalb der Frage nachgehen, wo die Gründe für das Desinteresse am Problem früher Spracherwerbsstörungen liegen könnten.

Nach *Grohnfeldt* ist die frühe Erkennbarkeit von Sprachauffälligkeiten mit speziellen Schwierigkeiten verbunden, weil

" - im Vergleich zu den anderen Entwicklungsbereichen die Sprache erst zu einem relativ späten Zeitpunkt erworben wird. ... - von den Eltern Sprachauffälligkeiten nicht unbedingt als Behinderungen eingeschätzt werden (Grohnfeldt 1981), die einer frühen Förderung bedürfen. ... - die Relativität von Sprachauffälligkeiten durch Bezugnahme auf subjektive Norm- und Erwartungsvorstellungen des Diagnostikers eindeutige Abgrenzungen unmöglich macht. - diagnostische Verfahren im Früh- und Elementarbereich fehlen bzw. nur ansatzweise vorhanden sind, die Aussagen über den Verlauf einer Störung erlauben. ... - frühsprachliche Entwicklungsverläufe (0-3 Jahre) hinsichtlich ihrer zu akzeptierenden Varianz bisher wenig erforscht sind. ... - im vorsprachlichen Bereich der Lallperioden (0-1 Jahre) nicht vom Ausmass der Lautäusserungen auf die spätere Sprachentwicklung geschlossen werden kann." ($^6$1993, 180).

Aus diesen Aussagen geht hervor, dass *Grohnfeldt* eine zwiespältige Haltung zur Früherfassung sprachlicher Auffälligkeiten hat: Erst erklärt er sie zum bedeutendsten Gebiet sprachtherapeutischer Massnahmen, führt in der Folge jedoch vorwiegend Argumente auf, welche *gegen* solche Massnahmen sprechen. Dies bestätigt sich weiter unten:

"Forderungen nach einer Erfassung im Frühbereich (Teumer 1978) stehen Aussagen gegenüber, dass die Entstehung der meisten Sprachstörungen erst mit 4 Jahren erfolgt und diese damit auch erst im Elementarbereich hinreichend erkennbar sind (Becker 1961, Radtke 1973). ... Zugunsten einer Erfassung im Elementarbereich (4-6 Jahre) wird angeführt, dass die häufigsten Sprachstörungen vor dem 4./ 5. Lebensjahr nicht auffallen und bei gezielter Förderung bis zur Einschulung die Störung meistens behoben werden kann." ($^6$1993, 181-182).

Hier gibt es einen gewissen Widerspruch, nennt *Grohnfeldt* doch als Hypothesen zum Bedingungsgefüge von Spracherwerbsstörungen Variablen, welche nicht erst im vierten Lebensjahr, sondern von Geburt an eine Rolle spielen, wie "biologische und neurophysiologische Störungskorrelate" ($^6$1993, 93), "Störungen im soziokulturellen und familiären Umfeld" (97) sowie "Störungen beim Aufbau funktionaler Hirnsysteme" (100).

Das Problem ist folglich im Gegenstand der Betrachtungen selbst zu suchen, d.h. darin, dass der Autor die normale Sprachentwicklung nicht zu kennen scheint. *Grohnfeldt* ($^6$1993) weist zwar auf das "Zusammenspiel kognitiver, sprachlicher und kommunikativer Muster" (24) hin, unterlässt es aber, dieses Zusammenspiel in den einzelnen Entwicklungsphasen zu beschreiben. Es ist deshalb unmöglich, aufgrund seiner Darstellungen ein konkretes und lebendiges Bild davon aufzubauen, was das Kind tut, und welche Prozesse es dazuführen, eine neue Entwicklungsstufe zu erreichen. Nur wer sich nie mit der Vielfalt der sprachlichen Ausdrucksmöglichkeiten eines dreijährigen Kindes beschäftigt hat, kann "die Eingrenzung der Kinder, welche vor dem 4. Lebensjahr gefördert werden sollten, als besonders schwierig" betrachten und als Art des therapeutischen Vorgehens eine "Breitbandstimulation (sprach-) entwicklungsfördernder Massnahmen" empfehlen (*Grohnfeldt* 1985, 24).

Die kurze Analyse der Beziehung von *Grohnfeldt* zum Gebiet der Entwicklungspsycholinguistik widerspiegelt ein zentrales Problem der akademischen Sprachheilpädagogik: Viele Jahre hat sie sich darauf beschränkt, die Abweichungen von der Erwachsenensprache zu definieren, nach deren Ursachen zu forschen und Massnahmen zur Ueberwindung der Kluft zwischen der gestörten und der Normsprache vorzustellen. Eigentlich erst in den 80iger-Jahren gab es erste Ansätze, welche sprachliche Störungen im entwicklungspsychologischen Zusammenhang zu verstehen und zu beschreiben versuchten.

Damit hat sich in der Betrachtungsweise des Gegenstandes Sprachstörung ein eigentlicher Wandel vollzogen, wobei bestimmte Bereiche wie bspw. psychologische und psychoanalytische Untersuchungen der emotionalen Entwicklung bis heute noch gemieden werden. *Homburg* stellt fest: "Die *psychischen Grundlagen* von Sprache als System und vom Sprachgebrauch sind die *Kognition* und die *Emotion*" (1993, 284). Doch in der Folge unterscheidet er zwischen "unspezifischen" und "spezifischen sprachheilpädagogischen Arbeitsweisen", wobei erstere "auf die Schaffung von sensomotorischen, kognitiven, emotionalen und aktorischen Voraussetzungen gerichtet" sind, während letztere auf "die sprachlichen Modalitäten" zielen (289). Diese Terminologie weist deutlich auf das zentrale Problem der akademischen Sprachheilpädagogik hin: "unspezifisch" sind bis heute ihre *Beschreibungen* des Zusammenhangs von Sprache, Kognition und Emotion. Dies bedeutet aber nicht, dass die sprachheilpädagogische Arbeit in diesen Bereichen unspezifischer Art sein muss. Denn wenn die Kognition und die Emotion die Grundlagen von Sprache bilden, liegt es nahe, dass sprachliche Störungen ihren Ursprung in diesen Bereichen haben (können). Richtet sich die Therapie aufgrund entsprechender Beobachtungen gezielt auf einen dieser Bereiche, ist sie ganz und gar "spezifisch".

Das zweite Problem liegt darin, dass der Schwerpunkt des Interesses nach wie vor darauf gerichtet ist, die Kluft zwischen Störung und Norm zu überwinden. Das "Zurückschauen", d.h. der Versuch, die Probleme an ihren Ursprüngen zu erfassen und zu behandeln, ist immer noch verdächtig, weil zu "psychologisch" und zu wenig "pädagogisch".

Ganz ähnliche Probleme stellen sich auf dem Gebiet der Früherziehung. Die meisten Ansätze orientieren sich am Ziel, die Fähigkeiten und Leistungen des Kindes in Richtung Norm zu erweitern, wobei die Eltern, d.h. die Mutter, zu entsprechenden Handlungs- oder Interaktionsformen angeleitet werden.

Mit der Entwicklung, Abklärung und Förderung der sozialen, kommunikativen und sprachlichen Fähigkeiten hat sich im Fachgebiet der Früherziehung vor allem *Sarimski* auseinandergesetzt. Er sieht die Aufgabe einer "pädagogisch-psychologischen Intervention" in der

"Vermittlung von jeweils der kindlichen Entwicklungsstufe entsprechenden Anregungen und Hilfen" (1993, 55). "Das Wissen um die Abfolge der Entwicklungsstufen im Spiel und in der Kommunikation soll es dem Erwachsenen auch allmählich möglich machen zu entscheiden, welcher Komplexitätsgrad eines modellhaften Beitrages des Erwachsenen der Zone der nächsten Entwicklung entspricht und das Kind weiterführen kann. ... Wenn das Kind z.B. etwas mit einem Wort kommentiert, kann der Erwachsene seine Interessensrichtung aufgreifen und einen Zweiwortsatz gleicher Bedeutung anbieten. Das Kind lernt über progressive Imitation..." (62).

Durch seine zahlreichen Arbeiten hat *Sarimski* die Bedeutung der frühen interaktiven und sozial-kommunikativen Entwicklung wie auch des Symbolspiels zu einem zentralen Thema im Bereich der Früherziehung gemacht. Wie oben genanntes Beispiel zeigt, nimmt er die entwicklungspsychologischen Erkenntnisse als Ausgangspunkt zur Bestimmung der nächsten Lernschritte, welche der Erwachsene anbieten sollte, so dass sie vom Kind imitiert werden können (vgl. auch *Sarimski* 1991). Wie ich zu zeigen versucht habe, erreichen die Kinder jedoch eine nächsthöhere Entwicklungsstufe nicht primär durch Imitation eines Modells, sondern weil sie etwas Neues entdeckt haben und dies ausdrücken *wollen*. So produziert das Kind nicht Zweiwortsätze, weil es sie von den Anderen hört, sondern weil es bspw. erkannt hat, dass seine Hände jetzt schmutzig und eben nicht sauber sind, und weil es genau dies auch sagen will.

In den letzten Jahren sind die Methoden der Früherziehung zunehmend ins "Gerede" gekommen, wie dies *Weiss* (1991) treffend formuliert. Viele Kritiken beziehen sich explizit auf einen Artikel von *Thurmair* aus dem Jahre 1983, in dem er die Ziele und Aufgaben der Früherziehung folgendermassen beschreibt:
"Als Teil des sozialen Systems der Behindertenhilfe partizipiert die Frühförderung an dessen allgemeinem Zweck, nämlich die Integration Behinderter in die Bereiche der Gesellschaft anzustreben, die von allgemeinem (staatlichem) Interesse sind." (35) "Die Zwecke der Frühförderung sind also nicht (und können nicht sein) an unmittelbaren Bedürfnissen Betroffener und den präventiven Möglichkeiten als solchen festgemacht, sondern genau an den staatlichen Interessen, die der Grund der Frühförderung sind" (36). "Aufgabe der Elternarbeit in der Frühförderung ist es daher, die Eltern als Mittel einzusetzen, indem ihre Kompetenz nutzbar gemacht und ausgeweitet wird." (40).
Die Kritik an den Methoden der Früherziehung wendet sich gegen die Technisierung, d.h. dagegen, dass für Kind und Bezugsperson vor allem Leistungen oder Nicht-Leistungen im Vordergrund stehen, wobei "alle Liebe, Lust der Eltern am Spiel als Mittel zum Zweck der Frühförderung umfunktioniert wird" (*Niedecken* 1989, 188), die Kinder oft den Eindruck willenloser Marionetten machen, während die Mütter in eine "sozial arrangierte Abhängigkeit" getrieben werden (*Jonas* 1990). *Weiss* (1992) weist auf die Gefahren der Machbarkeitsvorstellung einer technisierten Frühförderung hin und betont, dass sich das Verständnis von Prävention, welches der Früherfassung zugrundeliegt, nicht einseitig an der sogenannten Normalität der Entwicklung, sondern mehr am Prinzip der Steigerung von Lebensqualität orientieren sollte. In ähnlichem Sinne wird von den VertreterInnen ökosystemischer Ansätze eine vermehrte Orientierung in Richtung von Verstehen, In-Beziehung-Treten und ökologischem Denken gefordert (vgl. *Bieber et al.* 1989, *Brennecke/ Klein* 1992).
Meiner Ansicht nach liegen die methodischen Probleme der Früherziehung weniger in einer einseitigen Orientierung an der normalen Entwicklung, als darin, dass diese Entwicklung in statischer und nicht in dynamischer Weise betrachtet und beschrieben wird. Im Vordergrund stehen immer das behinderte

Kind, dessen Fähigkeiten nicht der Norm entsprechen, und Eltern, welche nicht das richtige tun, um es zu fördern. Was fehlt, sind die Fragen, *wie* dieses Kind lernt, und *wie* es seine Eltern darin unterstützen, bzw. *warum* dieses Kind keine aktiven Lernformen entwickelt hat, und *weshalb* sich die Eltern ihm gegenüber so hilflos fühlen. Die Beantwortung dieser Fragen stützt sich auch auf Kenntnisse der normalen Entwicklung, aber nicht auf die Beschreibung von Entwicklungsetappen, sondern darauf, welche Prozesse zum Erreichen solcher Etappen führen.

Es gibt auch Therapieansätze, welche sich nicht primär an den Stufen der normalen Entwicklung orientieren, sondern ihre Basis in einem Erklärungsmodell von Entwicklungsstörungen haben. Dazu gehören der Ansatz des Führens von *Affolter* (1987) und die Therapie der Sensorischen Integration von *Ayres* (1984). Während die Methode von *Ayres* hauptsächlich von Ergo- oder Beschäftigungstherapeutinnen angewandt wird, ist der Ansatz von *Affolter* bei Früherzieherinnen wie bei Logopädinnen sehr verbreitet, weshalb ich mich im folgenden kritisch damit auseinandersetzen möchte.

Seit über 20 Jahren beschäftigt sich *Affolter* mit dem Thema der Wahrnehmung und ihrer Störungen. Ihre Untersuchungen und Beobachtungen hat sie 1987 im Buch "Wahrnehmung, Wirklichkeit und Sprache" zusammengefasst. Der Kern ihrer Theorie liegt in der folgenden Aussage: "Den Ursprung der Entwicklung kann man als eine gespürte Interaktion beschreiben, die zwischen Kind und Umwelt in Form "Problemlösender Geschehnisse" stattfindet" (186). Im Rahmen verschiedener Untersuchungen haben sie und ihre Mitarbeiter festgestellt, dass sich sinnesgesunde, gehörlose und blinde Kinder "gleichartig entwickeln", während wahrnehmungsgestörte Kinder in der Ausführung "Problemlösender Geschehnisse" versagen, weil "sie die zur Lösung der Probleme notwendige Spürinformation aus der jeweils aktuellen Situation nur in ungenügendem Ausmass wahrnehmen können" (185). Da der Ursprung der Entwicklung die gespürte Interaktion ist, sind alle Auffälligkeiten der Entwicklung auf diesen Ursprung, d.h. auf eine Wahrnehmungsstörung zurückzuführen. *Affolter* unterscheidet deshalb bei allen Beschreibungen und Fallbeispielen nur zwischen "gesunden" und "wahrnehmungsgestörten" Kindern. Konsequenterweise setzt auch das Behandlungskonzept an diesem Ursprung an: "Man soll nicht Fertigkeiten üben, sondern man muss bei den "Problemlösenden Alltagsgeschehnissen" und der Informationsvermittlung ansetzen." (188). Um dem Kind Spürinformationen zu vermitteln, schlägt *Affolter* vor, es zu führen; der Erwachsene stellt sich dabei hinter das Kind, umfasst seinen Körper und legt die Hände über seine.

"Der Geführte erhält über das Spüren eine ganzheitliche Erfahrung kognitiver und affektiver Prägung. ... Ich spüre den Geführten, seine Reaktionen, ... Es entsteht ein Austausch an Gespürtem zwischen Kind/Erwachsenem, und der Person, die es/ihn führt - es kommt zu einer gespürten Interaktion!" (204)

Die Handlungen, bei denen das Kind geführt wird, sollen Alltagsgeschehnisse sein wie das Zubereiten von Mahlzeiten, das Aufhängen von Wäsche, das Umtopfen von Pflanzen oder das Staubsaugen.

Zum Beispiel "M., 5 Jahre, wahrnehmungsgestört, ... wird bei der Zubereitung von Schokoladencrème geführt: Milchtüte-Oeffnen, Explorieren der Oeffnung; Ausgiessen der Milch; Oeffnen des Schokoladenbeutels, Berühren, Umfassen, Explorieren; In-die-Milch-Schütten; Schaumbesen, Berühren, Umfassen, Bewegen zum Umrühren; Probieren der Crème..." (253).

Wesentlich zum Konzept des Führens gehört, dass während der Handlung selbst nicht gesprochen wird, da sich die ganze Aufmerksamkeit auf das Geschehen richten muss.

"Sprechen werde ich besonders nach Beendigung des Geschehnisses. Dies ist die beste Zeit, das gespürte Geschehen in Worte, das heisst in Formen zu fassen. Ich kann auch Zeichnungen oder schriftliche Zeichen als Darstellungsmittel benützen. Was ich wähle, hängt vom Verständnisstand des Kindes ab. Da es hier um Verständnis geht, werde ich die Formen so schwierig wählen, dass das Kind/ der Erwachsene diese nicht selbst ausführen kann: Ich werde sprechen, ich werde zeichnen oder schreiben - das Kind/der Erwachsene hört zu, schaut zu - so wie ein gesundes Kind es in einem Alter tut, da es noch nicht selbst zeichnen oder schreiben kann und ich es ihm vormache." (*Affolter* 1987, 263)

Mit ihren Beschreibungen der taktil-kinästhetischen Wahrnehmung und der Bedeutung des Handelns für die gesamte Entwicklung haben *Affolter* und ihre Mitarbeiter wesentlich zur besseren Erfassung und Behandlung entwicklungsauffälliger Kinder beigetragen (vgl. auch *Bischofsberger* 1989, *Affolter/ Bischofsberger* 1993). Ihrer Theorie - und damit auch ihrem therapeutischen Ansatz - fehlen jedoch drei entscheidende Themen: das Du, das Spiel und die (sprachliche) Kommunikation. In ihren Beschreibungen interagiert das Kind immer mit "der Umwelt"; zwischen den Handlungen mit den Dingen und den Personen gibt es jedoch viele wesentliche Unterschiede. So kann bspw. der Blick auf die Bezugsperson nie verglichen werden mit demjenigen auf den Gegenstand, denn die Person nimmt ihn auf und gibt ihn zurück; der Gegenstand antwortet nicht. Der *trianguläre* Blickkontakt ist deshalb so wichtig, weil die Gegenstandswelt und auch die Handlungen durch den Blick des Anderen eine neue Bedeutung bekommen: wenn das Kind die Bezugsperson erwartungsvoll anblickt, nachdem es ein Spielzeug absichtlich hat fallen lassen, wird diese Tätigkeit nie mehr dieselbe sein, und wenn es beim Geben den Anderen anschaut, will es von ihm etwas über das Ding wissen - weil es erkannt hat, dass die Gegenstände nicht nur an sich existieren, sondern auch in den Augen des Anderen.

Ein Ding reagiert immer gleich, wenn man es auf dieselbe Weise behandelt, die Menschen aber nicht; die Dinge haben kein Innenleben, die Menschen schon. Die "Problemlösenden Alltagsgeschehnisse" innerhalb menschlicher Beziehungen folgen deshalb anderen Gesetzen als diejenigen innerhalb der Dingwelt. Die bedeutungsvollste Entdeckung überhaupt, nämlich das "Ich-Sein", liegt gerade in dieser *Unterscheidung* der Personen- und Dingwelt begründet.

*Erikson* (1970) hat den wichtigsten Phasen des Ich-Erlebens jeweils ein Motto zugeordnet. Im ersten Lebensjahr, in dem die orale Tätigkeit im Vordergrund steht, heisst dieses Motto "ich bin, was ich bekomme". Während des zweiten Lebensjahres zeigt das Kind eine zunehmende Selbstbehauptung; das Motto heisst deshalb "ich bin, was ich will". Im dritten Lebensjahr, wenn das Kind nicht mehr an das Hier und Jetzt gebunden ist, können sich Zukunftsperspektiven entwickeln, wobei die Phantasie eine zentrale Rolle spielt; entsprechend heisst das Motto nun "ich bin, was ich mir vorstelle". Im Laufe des vierten und fünften Lebensjahr gewinnt die Realität gegenüber der Phantasie wieder an Bedeutung; es kommt zu einer vermehrten Identifikation mit dem Gleichgeschlechtlichen und damit zu einem neuen Selbstwertgefühl; *Erikson* bezeichnet diese Zeit mit dem Motto "ich bin, was ich lerne".

Diese Sichtweise der kindlichen Entwicklung passt gut dazu, wie *Piaget* den Aufbau der Wirklichkeit beschreibt, und bereichert seine Ausführungen gleichzeitig. Im Zentrum steht ein aktives Kind, welches sich mit Sich und der Welt *auseinandersetzt*: es nimmt, es setzt sich durch, es hat Träume und es erobert. Dazu braucht es ein *Gegenüber*, ein Du und nicht ein Hilfs-Ich. Das "Führen" als Form der therapeutischen Beziehung lässt diese Art der aktiven Auseinandersetzung nicht zu; es verhindert sie. *Affolter* weist darauf hin, dass auch die Eltern gesunder Kinder manchmal ganz spontan die Hände des Kindes nehmen, um mit ihm ein Problem zu lösen, bspw. beim Streicheln eines Hundes (1987, 190). Dies stimmt, doch werden sie sich gleich danach wieder mit dem Gesicht dem Kind zuwenden, es anlächeln und zu ihm sprechen. Auch beim Backen werden sie vielleicht kurz die Hand des Kindes führen, um ihm das Auswallen von Teig zu zeigen. Dann aber lassen sie es "teiggen", wobei das Kind nun seinem Entwicklungsstand entsprechend mit dem Teig *spielt*. Dieses Spiel kann ganz verschiedene Formen haben; vor dem Schulalter aber wird kein Kind Schinkengipfel backen, spontan Schokoladencrème herstellen oder gar den Staubbeutel des Staubsaugers auswechseln.

Dies führt zum zweiten Kritikpunkt am therapeutischen Konzept von *Affolter*, dem *Inhalt* der geführten Handlungen. Immer wieder betont sie, dass Verständnis eine Voraussetzung für das Lernen ist, und dass der Alltag des Kindes in die Arbeit miteinbezogen werden muss.

"Das heisst aber auch: Ich kann nicht Spiele zuhilfe nehmen. Spiele sind nicht Wirklichkeit, nicht Alltag. Spiele bieten Gelegenheit für "Pseudointeraktionen"; dies kann wertvoll sein für Personen, die sich ausruhen möchten von den unzähligen Interaktionsgeschehnissen ihres Alltags, aber nicht für Kinder, die nach wirklicher Interaktionserfahrung "hungern"." (1987, 189).

Ich muss diesen Aeusserungen entschieden widersprechen: der Alltag des Kindes *ist* das Spiel; wenn Kinder staubsaugern oder Schinkengipfel backen, tun sie dies symbolisch mit einem Stecken, Knete und einer Schachtel als Kochherd. Die "Interaktionsgeschehnisse" sind dabei nicht geringer, die Inhalte jedoch wesentlich reicher. "Im Spiel versucht das Kind all dem zu begegnen, was es in der Realität zu bewältigen hat, und es auf eine aktive Art zu bewältigen, ohne äussere Forderung. Es bedeutet Lebensbewältigung, Selbstheilung und Entwicklung." (*Kurz* 1993, 65). Im Spiel kann das Kind das entdecken, was *Winnicott* (1965) beschreibt als "die Fähigkeit zum Alleinsein". Auch *Piaget* (1959) beschreibt sehr detailliert die Bedeutung des Spiels innerhalb der Assimilationsprozesse, d.h. innerhalb der Tendenz, die Welt den vorhandenen (!) Fähigkeiten anzupassen. Das Kind entwickelt die Vorstellung eines Staubsaugers nicht dadurch, dass es vom Einstecken des Steckers, Einfügen des Schlauches, Saugen bis zum beim Entleeren des Staubsackes geführt wird, sondern indem es einen Stab nimmt und diesen brummend durch das Zimmer führt. Das Schrauben wird es nicht beim Einfügen des schweren Schlauches entdecken, sondern beim heimlichen(!) Oeffnen von Crème-Tuben im Bad.

Der dritte Teil der Kritik am Konzept von *Affolter* betrifft den Bereich der Sprache, speziell des Sprachverständnisses. Die Beobachtung, dass das Sprechen störend sein kann, wenn man sich auf eine Handlung konzentriert, stimmt natürlich. *Affolter* hat daraus abgeleitet, dass die Handlung nur vor oder besser nach dem Führen kommentiert werden sollte. Auch im Rahmen natürlicher Interaktionssituationen wird meist erst nach der Handlung gesprochen, nämlich dann, wenn das Kind den Erwachsenen erwartungsvoll anschaut; wenn es bspw. den Deckel eines Malstiftes selbständig aufgesteckt hat, schaut es, der Erwachsene lächelt und sagt "zu", wenn es ihn dann wieder abgenommen hat, ruft er lachend "ab!". Das Kind hat dadurch die Möglichkeit, die Wörter direkt mit seiner Handlung in Verbindung zu bringen und entdeckt gleichzeitig, dass sie von der Person gesprochen werden. Bei der Technik des Führens besteht das Problem jedoch darin, dass die Handlungsabläufe dem Entwicklungsstand des Kindes entsprechend unnatürlich lang sind, d.h. wenn die Tätigkeit am Ende kommentiert wird, hat das Kind keine Möglichkeit mehr zu erfassen, auf welchen Teil der Handlung sich die Wörter beziehen. Auch schematische Bildzeichnungen zum Ablauf bilden gerade für jene Kinder, welche die Stufe der bildlichen Vorstellung noch nicht erreicht haben, eher ein Hindernis als eine Unterstützung des sprachlichen Kommentars. Solange das Kind die Sprache noch nicht entdeckt hat, kann eine systematische Anwendung des Führens die Entwicklung des Sprachverständnisses deshalb effektiv verhindern.

Vor allem aber ist die Sprache ja nicht in erster Linie da, um Alltagsgeschehnisse zu kommentieren, sondern um Absichten und Gefühle auszudrücken, d.h. um "nein" zu sagen, "ich will", "du bist lieb" oder "ich bin wütend".

# 6. Die Kinder

## 6.1 Lisa

Lisa wurde im Alter von 4;9 Jahren von ihren Adoptiv-Eltern zur Abklärung angemeldet. Seit ein paar Monaten wurde sie einmal wöchentlich von einem Heilpädagogen zuhause besucht. Lisa sprach keine Wörter; sie nahm auch noch keine feste Nahrung zu sich und die Eltern und der Heilpädagoge stellten sich die Frage, ob eine Behandlung des Mundbereiches durch eine Bobath-Therapeutin angezeigt sei.

Lisa wurde im Alter von zwei Jahren adoptiert. Zu jenem Zeitpunkt lag sie in einem Kinderspital in Chile; sie war wohl über lange Zeit an Händen und Füssen im Bett angebunden gewesen, ausserdem bestand der Verdacht, dass sie sexuell missbraucht wurde. Mit zwei Jahren konnte sie nicht sitzen noch gehen, verweigerte die Nahrung und schien keinen sozialen Kontakt zu suchen.

Langsam hatte Lisa Vertrauen in die neue Familie gefunden; sie akzeptierte es, pürierte Nahrung zu sich zu nehmen, begann die Umgebung langsam visuell zu erforschen und nahm ersten Kontakt zu den vertrauten Personen auf.

Die Familie hat zwei eigene Kinder, welche zum Zeitpunkt der Abklärung neun und elf Jahre alt waren; zudem hatten sie ein Jahr später noch ein zweimonatiges Mädchen aus Chile adoptiert.

Als ich Lisa kennenlernte, konnte sie mit Unterstützung erste Schritte machen; sie bewegte sich aber vorzugsweise den Wänden entlang. Zu Beginn der Abklärung war sie sehr scheu und bedeutete, dass sie wieder nach Hause gehen wollte. Eng an die Mutter geklammert verfolgte sie dennoch interessiert, wie ich Wasser umleerte und die Puppe fütterte. Nach etwa einer halben Stunde nahm sie auch mit mir Kontakt auf, schaute mich an, lächelte und liess sich dann auch halten, stützen oder hochheben. Ausser beim Lächeln blieb ihr Mund geschlossen und unbeteiligt, passiv; Lisa zeigte keine Bewegungen der Lippen oder der Zunge und äusserte auch keine Laute, reagierte aber auf vertraute Wörter wie "essen" oder "nach Hause gehen".

Nachdem ihr die neue Umgebung und die fremde Person etwas vertrauter waren, begann sie die Spiel-Gegenstände zu erforschen, indem sie diese anschaute, manchmal kurz in die Hand nahm und mit einer Geste deren Funktion andeutete. Von der langen Zeit des Festgebunden-Seins waren ihre Hände immer noch wenig beweglich; sie griff die Dinge mit gestreckten Fingern und konnte sie nicht umfassen. Ebenso waren die Bewegungsabläufe zwar vorsichtig, dennoch oft überschiessend und wenig koordiniert.

Aufgrund von Lisa's Geschichte und der Beobachtungen bei der Abklärung hielt ich eine spezielle Förderung im Mundbereich für kontraindiziert. Ich war der Ueberzeugung, dass sie dann beginnen wird, ihren Mund zu öffnen, zu bewegen und zu erforschen, wenn sie sich ganz geschützt fühlen wird und sicher sein kann, dass beim Oeffnen nichts Fremdes, Bedrohliches, Ungewolltes eintreten wird. In einem Gespräch mit den Eltern beschlossen wir, dass Lisa für eine erste Phase von drei Monaten zweimal wöchentlich zu mir in Therapie kommen sollte. Diese dauerte vom Frühling bis zum Sommer; dann folgte eine Pause von drei Monaten, und im Herbst begannen wir eine zweite Phase. Nach weiteren drei Monaten entschieden wir uns, keinen Unterbruch zu machen, sondern die Therapie einmal wöchentlich weiterzuführen. Nach insgesamt 15 Monaten mussten wir uns verabschieden, da ich einen Urlaub nahm, um dieses Buch zu schreiben. Die Therapie wurde von meiner Kollegin weitergeführt; zweimal besuchte ich Lisa, so dass wir in Kontakt blieben. Jetzt kommt sie wieder zu mir.

6.11 Warten können

Die ersten Wochen war ich ganz damit beschäftigt herauszufinden, wofür sich Lisa wirklich interessierte, um ihr Vertrauen zu gewinnen. Gerade in dieser ersten Zeit waren ihre Stimmungen von Stunde zu Stunde sehr verschieden. Manchmal war sie fröhlich und voller Tatendrang, manchmal traurig, lustlos und unzufrieden. Die Gründe für diese Stimmungswechsel waren auch für die Eltern nur selten offensichtlich. Wenn es ihr gut ging, betrachtete sie einzelne Spielsachen, nahm sie manchmal in die Hand, stellte sie an einen neuen Ort oder warf sie weg. Dabei erweiterte sie den Umkreis, in dem sie hantierte, immer mehr. Ich versuchte, diesen kleinen Handlungen eine Bedeutung zu geben, indem ich manchmal in etwas akzentuierterer Weise dasselbe oder genau das Gegenteil tat: ich warf bspw. Teller oder Löffel weit weg oder liess sie sanft fallen, oder aber ich brachte alle Dinge wieder zu ihr zurück. Ich kommentierte mit Lautmalereien und Ausrufen, was geschah, oder flüsterte ihr die Wörter zu Ereignissen zu, über die sie staunte oder vor denen sie sich ängstlich zurückzog. Wenn ich sah, dass sie sich für einen neuen Gegenstand interessierte, versuchte ich eine Situation zu schaffen, die ihr den Zugang zu diesem Ding erleichterte. Als sie immer wieder zur Kiste mit den Elementen der Kugel-Bahn zurückkehrte und manchmal einzelne Teile anfasste, baute ich eine einfache Bahn und zeigte ihr, wie die Kugel runterrollte. Ich bereitete sie auf das Rollen vor, indem ich die Murmel festhielt, leise "Achtung, fertig, los!" sagte und sie dann losliess. Anfangs legte Lisa beide Hände über die Ohren, eine Geste, mit der sie ausdrückte, dass sie Angst hatte. Ich hielt sie fest, wiegte sie leicht hin und her und sagte, dass ich verstanden habe, dass sie sich fürchtete. Erst wenn ich sah, dass Lisa's Blick immer wieder zu der Kugel wanderte, oder wenn sie meine Hand antippte, wiederholte ich das Spiel. Zwischendurch legte ich die Kugel so hin, dass Lisa sie jederzeit selbst berühren und in die Hand nehmen konnte; ich forderte sie aber nie dazu auf.

Diese Haltung ist eigentlich der Kern jeder Therapie: ich stelle Situationen her, die es dem Kind ermöglichen, eine bestimmte Handlung auszuführen; ich selbst denke, dass diese Situation dem Kind gefallen könnte; ich überlasse es aber ganz seiner eigenen Entscheidung, ob und wann es dieses Angebot annehmen will, in der Ueberzeugung, dass nur es selbst wissen kann, ob diese Handlung zu ihm passt.

Eine Woche später berührte Lisa die Kugel zum ersten Mal; langsam rollte sie über das Fensterbrett. Ich gab ihr nun einen kleinen Stoss, so dass sie wieder in die Nähe ihrer Hand rollte. Nach kurzem Zögern tippte sie die Kugel leicht an, beobachtete, wie sie sich in Bewegung setzte und schaute dann auf meine Hand, welche sie auffing und wieder in ihre Richtung schob. Daraus entstand ein erstes kleines Hin- und Her-Spiel.

Was mir hier wichtig scheint, ist die Tatsache, dass solche Spiele auch mit viel Erfahrung nicht geplant und auch nie in derselben Form bei einem anderen Kind wiederholt werden können: sie entstehen aus der Situation heraus, und es ist immer das Kind, welches den ersten Schritt tut.

Meine Aufgabe besteht darin, dem Antippen einer Kugel die Bedeutung des ersten Schrittes zu einem gemeinsamen Spiel zu geben, indem ich den zweiten passenden Schritt ausführe. Dies ist jedoch nur dann möglich, wenn mein Blick nicht durch ein mögliches Therapie-Ziel wie bspw. "die Kugel in die Hand nehmen und die Bahn hinunterrollen lassen" eingeschränkt wird.

Wie bereits erwähnt, gab es vor allem in der ersten Therapiephase viele Stunden, in denen Lisa müde, traurig und passiv schien und keine der kleinen Handlungen ausführte, welche wir noch in der vorherigen Stunde als Zeichen erster Fortschritte betrachtet hatten. Oft kam sie dann ins Zimmer, schaute sich um, wandte sich jedoch von mir ab oder begann gleich zu weinen. Wenn ich zu ihr sprach, hörte sie zu, schaute mich an, und manchmal lächelte sie auch. Meist hob ich sie hoch und trug sie zum Fenstersims, von wo wir gemeinsam auf die Strasse hinausschauten. Oft hielt ich sie nur leicht, manchmal drückte ich sie fester, strich über ihre mageren Beine und Arme und sprach zu ihr. Ich kommentierte, was auf der Strasse geschah, beschrieb Autos und Fahrräder, Frauen und Männer, die einkauften oder schwatzten, Kinder, die spielten, schrien und lachten. Lisa hörte zu, und manchmal schlug sie mit einer Hand oder dem Fuss leicht auf die Scheibe. Dann tat ich dies auch, und ein paar Mal klopften wir im Turnus. Zwischendurch fragte ich, ob sie etwas spielen wollte, richtete mich auf und zeigte zum Spieltisch. Wenn sie dies nicht wollte, verkrampfte sich ihr Körper, und sie wandte sich ab. Es gab viele Stunden, die wir nur damit verbrachten, gemeinsam aus dem Fenster zu schauen. Gerade diese Stunden hatten jedoch eine grosse Bedeutung: sie zeigten Lisa am deutlichsten, dass ich sie immer mag, auch dann, wenn sie zurückgezogen, traurig und ganz ohne Lust zu sein schien und uns nicht mit kleinen Errungenschaften zeigte, dass sich unsere Bemühungen auch "lohnten".

Der Therapiebericht, den ich vor meinem Urlaub schrieb, fasst die Entwicklung während der beiden Therapiephasen folgendermassen zusammen:

Schon bald nach Therapiebeginn begann Lisa, selbständig und ohne Festhalten zu gehen und machte damit einen ganz entscheidenden Schritt in Richtung Selbständigkeit und Selbstbewusstsein. Während sie anfangs noch grosse Aengste vor räumlichen Veränderungen hatte, begann sie bald, die ganze Praxis zu erforschen und freute sich offensichtlich über diese neu gewonnene (Bewegungs-) Freiheit.

Während der zweiten Therapiephase machte sie dann weitere wichtige Schritte im Bereich der Motorik, welche ihr sowohl mehr Unabhängigkeit gaben als auch die Möglichkeit, sich aktiv mit ihren Schwierigkeiten auseinanderzusetzen. Sie lernte, sich selbständig auf einen Stuhl zu setzen und wieder aufzustehen, dann begann sie, sich zu bücken und Gegenstände aufzunehmen, auch schwerere Dinge zu heben, wegzutragen oder zu verschieben. Dann stieg sie die ersten Stufen hoch, und seit kurzem ist sie fähig, sich selbständig auf den Boden zu setzen und auch wieder aufzustehen. Parallel zu diesen Fortschritten veränderte sich auch die Art des Körperkontakts mit mir. Schon ganz zu Beginn der Therapie mochte sie es, auf meinem Schoss zu sitzen oder einfach gehalten zu werden. Vor allem in den letzten Monaten suchte sie dann aktiv die Auseinandersetzung mit dem körperlichen Widerstand, d.h. sie jauchzte vor Freude, wenn ich sie hoch in die Luft hielt und im Kreis drehte, mit ihr durch den Raum hüpfte oder sie stützte, während sie an Regalen oder am Fenstersims hochzuklettern versuchte. Es schien mir, als ob sie durch diese Spiele immer wieder überprüfen wollte, dass sie sich tatsächlich auf meinen - und damit auch auf ihren Körper verlassen konnte und sich dann jedesmal sehr freute, dass dies der Fall war.

Mit den neu erlangten motorischen Fähigkeiten und der damit gewonnen Sicherheit zeigte Lisa bereits in der ersten Therapiephase viel weniger Aengste und Erschrecken, zog sich weniger häufig zurück und konnte dann auch kleine Missgeschicke gut überwinden; bspw. als sie beim Laufen mit dem Puppenwagen hinfiel, schaute sie etwas verdutzt, nahm aber das Spiel mit dem Wagen sofort wieder auf. Auf Situationen der Ueberforderung reagierte sie am Anfang noch manchmal mit "Körper-Schaukeln", wodurch sie sich langsam von allen und allem zurückzog; diese Formen des Rückzugs wurden bald seltener und sind heute nicht mehr zu beobachten.

Mit zunehmendem Selbstvertrauen hat Lisa begonnen, die Welt nicht nur mit den Augen, sondern auch mit den Händen aktiv zu explorieren, wodurch sich das Spiel formal wie inhaltlich stark verändert hat. Während sie lange Zeit nur wenige Gegenstände und Materialien in die Hand genommen hatte, interessierte sie sich gerade in den letzten Monaten für alles und war zuletzt fähig, die Puppe mit Wasser, Schwamm und Seife zu baden, Wasser aus der Flasche auszuleeren und mit dem Lappen aufzutrocknen und dabei jeweils die ganze Hand - und nicht nur die Fingerspitzen - zu gebrauchen, bzw. berühren zu lassen. Spontan beschäftigte sie sich über längere Zeit mit dem Ausräumen von Behältern und Wegwerfen der entsprechenden Gegenstände. Dann begann sie von sich aus, diese auch wieder einzuräumen; seit kurzer Zeit interessiert sie sich für das Umleeren und Ineinanderstellen. Von Anfang an beobachtete sie sehr konzentriert symbolische Handlungen wie das Füttern und Schlafenlegen der Puppe. Vor zwei Monaten tat sie dies erstmals auch selbst, und in den letzten Stunden ging sie das entsprechende Material sogar in einem anderen Zimmer zusammensuchen, d.h. dass sie erste Vorstellungen aufgebaut hat und eine entsprechende Planung des Spiels realisieren kann.

Schon während der ersten Therapiephase begann sich Lisa für ihr Spiegelbild zu interessieren und auch beim Betrachten von Video-Aufnahmen war sie begeistert. Zu einem festen Bestandteil der Stunden wurden auch Photos von ihr und anderen Kindern, welche sie betrachtete, von der Wand nehmen liess, in den Händen hin- und herdrehte, aufeinanderlegte und wieder aufhängen wollte. Dabei schien sie ihre eigenen Abbildungen offensichtlich zu erkennen. Im Kontakt zu mir zeigte sie sich zunehmend sicherer und war dann nach Ablauf von einigen Wochen auch fähig, ohne die Mutter oder den Vater bei mir zu bleiben. Etwa zur gleichen Zeit hat sie auch begonnen, sich aufzulehnen, d.h. wenn ich ihre Absichten nicht verstand, wurde sie wütend oder zeigte sich beleidigt, ohne sich aber zurückzuziehen.

Im Sprachverständnis beginnt sie nun dem Zeigefinger zu folgen und kann so einen Gegenstand identifizieren, den sie sucht. Vereinzelt reagiert sie auch auf situationale Aufforderungen; im allgemeinen verlaufen die Interaktionen mit den Personen und den Gegenständen aber noch getrennt, d.h. sie zeigt den referentiellen Blickkontakt noch selten. Was die Sprachproduktion anbelangt, war der ganze orale Bereich lange Zeit von der Exploration ausgeschlossen. Erst in der letzten Zeit hat Lisa begonnen, bestimmte Dinge (bspw. das Fensterglas oder die Badewanne) auch mit der Zunge zu erforschen. Spontan produziert sie nur einzelne Laute; vor allem Ausrufe wie "eh!" während des Spiels. Ich stelle mir vor, dass Lisa in der nächsten Zeit beginnen wird, die orale Exploration auch auf das Bilden von Lauten auszudehnen und dann sehr rasch einen Zugang zu ihren eigenen Lautäusserungen sowie zu denen anderer finden wird.

## 6.12 Die Gespräche mit den Eltern

Während der ersten Therapiephase waren die Mutter oder der Vater anwesend, und gegen Ende der Stunde oder zwischen den einzelnen Spielhandlungen erzählten sie, wie es Lisa zuhause ergangen war, was sich ereignet hatte, oder welche Fragen sie sich stellten. Ich hörte zu und wies darauf hin, was ich während der Stunde beobachtet hatte, und welche Bedeutung ich den entsprechenden Handlungen gab. Häufig beschrieb ich auch, weshalb ich auf diese oder jene Art gehandelt und worauf ich speziell geachtet hatte.

Die Eltern haben immer wieder spontan beschrieben, was für sie selbst bei diesen Gesprächen am wichtigsten war: Sie haben ausserhalb der Familie eine Person gefunden, welche die kleinen Schritte, die Lisa in ihrer Entwicklung macht, beobachtete und sich mit ihnen darüber freute.

Die Gespräche mit Fachpersonen haben sich ihren Erzählungen entsprechend immer darum gedreht, wie schwer die Behinderung von Lisa ist, was sie tun und erwarten können, d.h. welche (Förder-) Ziele gesteckt werden können. So fragte z.B. ein Internist, den die Eltern wegen Lisa's Verdauungsstörungen konsultiert hatten, nach seiner Untersuchung: "und was wissen Sie eigentlich über die Behinderung dieses Kindes?".

In der Beschreibung der Bedeutung unserer Gespräche durch die Eltern zeigt sich nochmals der Kern des Therapie-Ansatzes: das Wesentliche liegt nicht darin, Ziele zu stecken, welche durch Förderung, Uebung oder Training zu erreichen sind; das Wesentliche liegt darin, zu sehen, was das Kind schon kann und ihm zu zeigen, dass dieses Tun auch für Andere eine Bedeutung hat. Nur wenn ich mich nicht auf von mir bestimmte Ziele konzentriere, ist es mir möglich, auch die kleinen spontanen Errungenschaften des Kindes zu entdecken. Auf die Frage "und wenn das Kind nichts tut?" könnte man analog zu der bekannten Aussage von *Watzlawick* (1969) "man kann nicht nicht kommunizieren" antworten: "man kann nicht nichts tun"; die Kunst der Therapie besteht gerade darin, auch das kleine Tun zu sehen und ihm eine Bedeutung zu geben.

### 6.13 Mit dem Kind sprechen

Während der ersten Therapiephase habe ich das Buch von *Dolto* "Die ersten fünf Jahre" (1982) gelesen. Bezüglich der Stunden mit Lisa haben mich vor allem ihre Ausführungen darüber berührt, dass man mit den Kindern sehr offen sprechen und ihnen immer erklären soll, weshalb man etwas tut oder wie man in einer bestimmten Situation empfindet. *Dolto* sagt bspw., dass die Eltern sich nicht einfach aus dem Haus schleichen sollten, wenn sie abends ausgehen, sondern auch dem kleinen Bébé erklären können, dass sie jetzt weggehen, weil sie Lust haben, gemeinsam ins Kino zu gehen, auswärts zu essen, und dass sie dann aber bestimmt wieder zurückkommen und sich auch freuen, das Kind wieder zu sehen und ihm in jedem Falle nochmals gute Nacht sagen werden.

Mit Lisa habe ich von Anfang an viel gesprochen, obwohl ich wusste, dass ihr Sprachverständnis auf rein situationale Aufforderungen beschränkt war. Aber nachdem ich das Buch von *Dolto* gelesen hatte, haben sich meine "Gespräche" verändert. Ich habe nun viel häufiger versucht, mit den Wörtern auszudrücken, wie sie sich fühlen könnte und wie mir selbst zumute war.

Gegen Ende der ersten Therapiephase kam Lisa häufig ins Zimmer und schien bereits eine bestimmte Vorstellung davon zu haben, was ich tun sollte. Wenn ich mich dann nicht dementsprechend verhielt, wandte sie sich ab, verzog sich in eine Ecke des Zimmers und weinte heftig. Ich ging hin und sprach mit ihr: "du hast dich gefreut, hierherzukommen und hast gedacht, ich erwarte dich und tue dann genau das richtige. Als du kamst, war ich aber noch am Aufräumen (oder am Telefonieren) und dann habe ich nicht gewusst, was du gerade wolltest. Es tut mir leid, aber ich kann es nicht wissen, du musst es mir zeigen, du musst mir etwas Zeit lassen." Oder "ja, es stimmt, ich war gerade noch in Gedanken bei einem anderen Kind, als du schon in der Türe standest. Jetzt bist du enttäuscht, weil du dir den Anfang unserer Stunde ganz anders vorgestellt hast. Du hast recht, du kannst ruhig weinen, ich kann mir gut vorstellen, dass du unglücklich bist".

Im Sommer, beim Abschluss der ersten Therapiephase, habe ich Lisa erklärt, dass wir uns nun eine Zeitlang nicht sehen würden, dass ich sie aber bestimmt nicht vergessen und sie im Herbst dann wieder regelmässig zu mir kommen würde. Als wir die Therapie wieder aufgenommen haben, erzählte die Mutter, dass sich Lisa sehr auf die erste Stunde gefreut hatte. Etwa nach einem Monat ereignete sich dann etwas ganz Spezielles: Schon während einiger Zeit äusserte Lisa einzelne Jauchzer, wenn sie sich freute oder eher mürrische, klagende Laute, wenn sie sich ärgerte oder traurig war. Eines Tages sassen wir beide am Boden und räumten Puppenkleider aus und wieder ein. Dabei begann Lisa zu "pläuderlen"; in kurzen Abständen und mit gesprächsähnlicher Intonation äusserte sie verschiedene Vokale. Spontan antworte ich in ähnlicher Weise. Sie schaute mich erstaunt an, wiederholte dann ihre Plaudereien, und wieder nahm ich diese auf und gab sie ihr zurück. Nun schaute sie mich fast entsetzt an und wandte sich dann von mir ab. Genau in diesem Moment wurde mir klar, dass es für sie völlig unverständlich, ja beleidigend sein musste, wenn ich plötzlich in dieser Baby-Sprache zu ihr sprach. Ich entschuldigte mich und sagte "du hast zu mir gesprochen, und ich habe dir in einer ganz unpassenden Art geantwortet, als ob ich dich gar nicht kennen würde, als ob ich nicht wüsste, dass es immer ganz wichtig war, dass ich ganz normal zu dir spreche, als ob ich denken würde, dass du eigentlich gar nicht verstehen würdest, weil du ja auch nicht sprichst. Es tut mir leid, ich kann mir gut vorstellen, dass du sehr gekränkt bist". Nach einiger Zeit hat sich mir Lisa wieder zugewandt, aber lange Zeit hat sie nie mehr auf diese Art geplaudert.

Im Sommer danach verabschiedete ich mich für meinen Urlaub. Während mehrerer Stunden habe ich mit Lisa immer wieder darüber gesprochen, von meiner Kollegin erzählt und sie ihr dann auch vorgestellt. Eigentlich war ich voller Vertrauen, dass sie meine Entscheidung akzeptieren und die Veränderung gut verarbeiten würde. Und so war es auch; meine Kollegin beschrieb, dass sie in den ersten Stunden noch scheu und zurückhaltend war, dann immer häufiger lächelte und schliesslich neue Spiele entdeckte und geniessen konnte. Nach vier Monaten besuchte ich sie. Am Anfang begrüsste mich Lisa sehr zurückhaltend, und während etwa zehn Minuten hielt sie eine bestimmte Distanz. Dann kam sie näher, liess sich berühren, in die Arme nehmen, und nun forderte sie mich zu den Spielen auf, welche wir zum Schluss immer gespielt hatten: Sie hängte sich in meine Arme, machte sich ganz schwer und hüpfte so quer durch das Zimmer, wobei sie vor Freude laut jauchzte. Oder sie stützte sich ganz auf mich und lief mit den Füssen an der Wand hoch. Später, als wir gemeinsam auf dem Boden sassen, erklärte ich ihr, dass nun meine Kollegin wieder kommen und ich gehen würde. Ich sagte "du bist jetzt sicher enttäuscht, denn du hast gedacht, dass ich wieder zurückgekommen sei, wie ich es versprochen habe. Aber ich habe immer noch Urlaub; ich bin zuhause und schreibe über die Kinder, auch über dich und das, was wir gemeinsam gemacht haben. Das gefällt mir; aber ich habe mich sehr gefreut, dich zu sehen und ein bisschen werde ich dich auch vermissen. Wenn ich fertig bin, komme ich zurück, und dann spielen wir wieder alle unsere Spiele". Lisa hörte mir zu, und während sie vorher noch gejauchzt und gelacht hatte, veränderte sich jetzt ihr Gesicht; sie wurde traurig, wandte sich ab und zog sich in eine Ecke zurück. Ich ging in ihre Nähe, sprach weiter leise zu ihr und verabschiedete mich. Jetzt wandte sie sich mir zu, lächelte und liess mich gehen.

Diese Stunde hat mich sehr beeindruckt. Wenn ein Kind in dieser kurzen Zeit einen so persönlichen Kontakt wieder aufbauen und die Erinnerungen lebendig machen kann, um sich dann traurig und doch zuversichtlich mit einem Lächeln zu verabschieden, dann ist es eine kleine eigenständige und freie Person, deren Möglichkeiten für die weitere Entwicklung unendlich gross sind.

## 6.2 Sati

Sati wurde im Alter von 30 Monaten zur Abklärung angemeldet, weil sie mit den Bezugspersonen keinen Blickkontakt aufnahm und noch nicht sprach, weshalb der Kinderpsychiater den Verdacht auf Autismus hatte.

Sie ist das erste Kind japanischer Eltern, welche sich aus beruflichen Gründen seit einem Jahr in der Schweiz aufhielten. Der Vater hatte eine leitende Position bei einer Bank, die Mutter arbeitete als Hausfrau. Sati hatte eine kleine Schwester, welche zum Zeitpunkt der Abklärung sechs Monate alt war und sich nach Angaben der Eltern gut entwickelte. Der Vater sprach relativ gut englisch, die Mutter aber nur japanisch.

Die Beobachtungen während der Abklärung habe ich so zusammengefasst:
*Praktisch-gnostische Kompetenzen*
Sati greift kleine Perlen mit dem Pinzettengriff und gebraucht dazu vorwiegend die rechte Hand. Sie nimmt den Malstift im Daumenquergriff und malt Punkte und Striche sowie eckige Kritzeleien auf das Papier. Die Schere nimmt sie in beide Hände und öffnet und schliesst sie, deutet aber die Funktion des Schneidens nicht an und imitiert diese auch nicht. Mit der Bürste tönt sie kurz das Kämmen ihrer Haare an und legt sie dann weg; am Handspiegel zeigt sie kein Interesse. Die Flasche dreht sie um, ohne den Deckel wegzunehmen und stellt sie dann zur Seite; mit Modell zeigt sie einzelne Drehbewegungen des Schraubverschlusses. Ist die Flasche geöffnet, leert sie den Inhalt spontan in ein Gefäss und ist auch fähig, das Wasser von dort in ein weiteres Gefäss umzuleeren. Sie legt Perlen auf den Löffel, kann diese aber noch nicht zum Mund transportieren. Sie ist fähig, einzelne Holzringe von einem Stab wegzunehmen und kann sie mit mehreren Versuchen auch wieder aufsetzen, wobei sie noch kein Interesse für eine systematische Aufreihung nach Grösse oder Farbe zeigt.
Ist Sati mit einer Handlung beschäftigt, zeigt sie keine Reaktion auf neue Reize auditiver (Pfeifen, Hämmern, Namen rufen), visueller (Gegenstand, der ins Blickfeld rollt) oder taktiler Art (Berührung des Rückens oder der Hand). Zusätzlich hat sie Schwierigkeiten, einen Gegenstand visuell zu verfolgen, wenn er ihr weggenommen wird.

*Symbolische Kompetenzen*
Spontan exploriert Sati die vorhandenen Gegenstände kurz, indem sie deren Funktion andeutet und sie dann wieder zur Seite legt. Nachdem ihr das Umleeren von Wasser und Perlen in verschiedene Gefässe gezeigt wurde, beschäftigt sie sich damit über längere Zeit. Einfache symbolische Handlungen (bspw. dem Hund zu essen geben) ahmt sie aber noch nicht nach. Im Spontanspiel konzentriert sie sich ganz auf die Handlung selbst und

zeigt kein Interesse an deren Resultat. Entsprechend blättert sie in Bilderbüchern, scheint aber den Abbildungen noch keine Bedeutung zu geben.

*Sprachliche Kompetenzen*

Die lautlichen Äusserungen von Sati bestehen aus kurzen Lautsequenzen meist der Art Konsonant-Konsonant-Vokal (bspw. "pti-pti-pti", "pse-pse"), welche in kurzen Abständen mit zunehmender Lautstärke bei gleichbleibender Intonation wiederholt werden. Diese Sequenzen werden während und nach der Handlung geäussert; sie fehlen nur in Situationen, in denen sich Sati stark auf die Handlung selbst konzentriert. Im Sprachverständnis zeigt sie keine Reaktion weder auf sprachliche Äusserungen (bspw. ihren Namen) noch auf intonale Veränderungen (bspw. bei Fragen). Nach Angaben der Eltern reagiert sie nur auf ein einziges Geräusch, nämlich das Rascheln der Plastik-Windeln beim Wickeln ihrer kleinen Schwester.

*Sozial-Kommunikative Kompetenzen*

Sati akzeptiert sofort, mit einer fremden Person in einer fremden Umgebung zu interagieren, nimmt aber von sich aus keinen sozialen Kontakt auf. In bestimmten Spielsituationen scheint sie den Handlungen des Erwachsenen Bedeutung zu geben (bspw. als ich dem Hund zu essen gebe und entsprechende Schmatzlaute äussere), lächelt sie und nimmt auch Blickkontakt auf. In solchen Situationen ist sie auch fähig, einen Gegenstand zu geben, wenn sie durch Gestik (Hand hinstrecken) dazu aufgefordert wird. Sie zeigt noch keine Versuche, ihre Gefühle und Absichten auszudrücken; bspw. beginnt sie nach etwa 20 Minuten Spielen plötzlich zu weinen, ohne dass aus der Sicht der Erwachsenen etwas bestimmtes vorgefallen wäre. Ohne sich bei der Mutter oder dem Vater Trost gesucht zu haben, hört sie wieder auf und spielt weiter.

Wird ihr ein Gegenstand, mit dem sie sich gerne beschäftigt hat, weggenommen, beginnt sie in schrillem Ton zu schreien, ohne sich dabei jedoch auf die Person zu beziehen, welche ihre Unzufriedenheit verursacht hat. Zur Beruhigung lässt sie sich auch von einer fremden Person in den Arm nehmen, wiegen und streicheln.

*Beurteilung und Procedere*

Sati zeigt ein stark heterogenes Entwicklungsprofil, in dem die praktisch-gnostischen Fähigkeiten einem Entwicklungsalter von 15-18 Monaten entsprechen, während die symbolischen Fähigkeiten bei 12-15 Monaten, die kommunikativen und sprachlichen Fähigkeiten bei 6-9 Monaten liegen.

Die Beobachtungen deuten auf das Vorhandensein einer Funktionsstörung der verschiedenen Modalitäten der Wahrnehmung sowie deren Integration hin. Es ist anzunehmen, dass diese schon früh zu veränderten Interaktionsmustern zwischen dem Kind und seinen Bezugspersonen geführt haben, wovon vor allem die Individuationsentwicklung und dadurch die kommunikative und sprachliche Entwicklung betroffen sind. Eine Therapie ist deshalb dringend angezeigt; sie wird von uns ab sofort zweimal wöchentlich vorerst für die Dauer von drei Monaten durchgeführt.

## 6.21 Spiegeln und ein Thema

Während der ersten Therapiestunden zeigte sich noch deutlicher als bei der Abklärung, dass keiner der Gegenstände eine spezielle Anziehungskraft auf Sati hatte. Auf Zehenspitzen ging sie im Zimmer umher, explorierte die vorhandenen Gegenstände kurz und liess sie dann einfach aus den Händen fallen. Dabei richtete sie es vorzugsweise so ein, dass sie mit dem Rücken zu mir stand oder sass. Es wäre deshalb verfrüht gewesen, ihre Aufmerksamkeit auf das Resultat ihrer Handlungen zu lenken; ich konnte ihr aber zeigen, dass ihr Tun eine kommunikative Bedeutung hat, d.h. dass ich es als "etwas" erkenne. Ich habe deshalb begonnen, ihre Handlungen parallel oder im Turnus nachzumachen, so dass sie ihr eine Art Spiegel bildeten. Um dies noch zu unterstreichen, habe ich alle Handlungen mit Lautmalereien geschmückt. Wenn Sati Punkte auf ein Papier malte, imitierte ich dies und äusserte dazu in hoher Stimmlage und im selben Rhythmus "pa-pa-papapa". Meist malte ich auf einem separaten Papier, manchmal wagte ich es, die Punkte direkt auf ihre Zeichnung zu machen. Häufig schaute sie mir - bzw. meiner Hand - zu, lachte laut, und wenn ich aufhörte, berührte sie leicht meinen Arm als Aufforderung, weiterzumachen. Manchmal stülpte sie die Kappen der Malstifte über ihre Finger; also tat ich dies auch, bewegte die Finger auf dem Tisch und machte "toctoctoc" in verschiedenen Tonlagen, je nachdem ob die Bewegung langsam und schwerfällig oder eher schnell war. Wenn ihre Haltung dies zu erlauben schien, liess ich meine Finger auch auf sie zugehen und mit meinen Kappen die ihren berühren. Tat ich dies im richtigen Moment, jauchzte sie vor Vergnügen; hatte ich ihre Haltung falsch eingeschätzt, wandte sie sich sofort ab.

Wenn sie Ringe auf einen Stab aufreihte, nahm ich ebenfalls einzelne Ringe und liess sie über den Stab fallen, kurz nachdem sie dies getan hatte und sagte dazu "pa!". Gerade am Anfang war Sati gar nicht begeistert, wenn ich mich in ihr Spiel einmischte, und deshalb versuchte sie, die Ringe alle an sich zu nehmen. Ich musste sie mir also richtig wegschnappen und sozusagen das Recht in Anspruch nehmen, ebenfalls Ring-Aufsetzen spielen zu dürfen. Manchmal ergaben sich kleine Zusammenstösse, wenn wir beide den gleichen Ring ergattern wollten, und dann lachte sie oft laut und voller Vergnügen.

Um mit diesen Beschreibungen nicht ein falsches Bild zu erwecken, möchte ich betonen, dass diese Sequenzen gerade am Anfang nur etwa ein bis zwei Minuten dauerten. Mitten im Spiel liess Sati den Malstift einfach fallen oder wandte sich von den Ringen ab und etwas anderem zu. Sie ging zum Beispiel zum Sandkasten und schaute hinein, ohne etwas zu tun. Nun versuchte ich abzuschätzen, ob ich ihr folgen sollte, denn oft ging sie genau dann weg, wenn ich mich neben sie hinstellte; manchmal aber akzeptierte sie meine Anwesenheit und liess sich sogar etwas Sand über die Hand rieseln. In einer Therapiestunde kann es anfangs bis zu fünfzigmal passieren, dass sich das Kind einem neuen

Gegenstand zuwendet, wobei nur wenige meiner Aktionen so gut passen, dass es auch eine Reaktion zeigt.

Ich versuchte aber nicht nur die Handlungen von Sati zu spiegeln, sondern auch ihre lautlichen Aeusserungen. Beim Spiel oder wenn sie im Zimmer umherging, produzierte sie alle Arten von Silbenkombinationen und häufig sang sie auch. Ich imitierte die Laute, passte meine Produktionen aber durch unterschiedliche Intonation der Situation an. Wenn sie bspw. einen Gegenstand anschaute und "ta" sagte, wiederholte ich in fragender Weise "ta?"; äusserte sie dann beim Greifen "tetete", bestätigte ich "tetete". Wenn sie sang, versuchte ich ein kleines Thema herauszuhören, um dann in das "Lied" einzustimmen, oder mit meiner Version anzufangen, wenn sie ihren Gesang beendet hatte.

Wenn die Wiederholungen beim Spiegeln zu mechanisch, zu "perfekt" sind, besteht die Gefahr, dass sie zu Echopraxien bzw. -lalien werden und damit jede Bedeutung verlieren; es ist deshalb von spezieller Wichtigkeit, dass sich die Repetitionen durch kleine Merkmale immer auch als *meine* Handlungen auszeichnen. Als erste Regel gilt zudem, dass der Schwerpunkt meines Tuns immer im Aufmerksamkeitsfeld des Kindes liegt. Dies bedeutet, dass ich meine Handlung sofort beende, wenn seine Augen vom Gegenstand abschweifen und natürlich auch, wenn es sich abwendet. Ich kontrolliere also ständig mit dem Blick, ob es mein Tun noch beachtet, denn das Spiegeln wird genau in dem Moment zur Farce, wo die wiederholende Handlung ins Leere geht.

In der dritten Stunde habe ich ein Thema entdeckt, das Sati besonders interessierte. Nachdem ich eine Weile wie sie kleine Punkte und Striche gemalt hatte, legte sie mir ihren Malstift hin und berührte meine Hand. Ich nahm ihn und malte ein grosses Gesicht auf das Papier und kommentierte die einzelnen Elemente mit entsprechender Intonation "Kopf - Auge - Auge - Nase - Mund - Härchen, Härchen, Härchen, Härchen"; dann wies ich auf die Zeichnung hin und sagte "Sati". Sie schaute mir äusserst konzentriert zu, und sobald ich aufhörte, berührte sie wieder meine Hand. Ich wiederholte die Figur und nannte sie "Mama", dann "Papa". Ich reichte ihr Schere und Klebstreifen, womit sie kurz hantierte, ohne aber deren Bedeutung zu erkennen. Ich schnitt ein Stück Klebstreifen ab und hängte eine Zeichnung an die Wand. Sogleich reichte sie mir das Klebband, damit ich auch die anderen aufhänge.

Das Gesichter-Malen wurde in der Folge zu unserem Thema und blieb während der ganzen drei Monate ein zentraler Bestandteil jeder Stunde. Die Aufmerksamkeit, mit welcher Sati das Malen verfolgte, erinnerte mich an Untersuchungen, welche zeigen, dass sich Neugeborene von Zeichnungen des menschlichen Gesichts besonders angezogen fühlen.

Nun darf das Gesichter-Malen ruhig die Bedeutung eines kleinen Rituals haben; gleichzeitig soll es aber nicht völlig isoliert bleiben. Ich habe deshalb versucht, den Ablauf zu erweitern, indem ich beim Kommentieren (Auge, Auge, Nase, Mund ..) auch auf die entsprechenden Teile einer Puppe verwies. Dabei habe ich sehr genau kontrolliert, ob Sati meinem Zeigefinger auch folgte und die Aufmerksamkeit nicht abriss. Etwas später habe ich dann mein eigenes Gesicht mit einbezogen, wobei ich den Wörtern entsprechend mit dem Kopf nickte, mit den Augen blinzelte, mit der Nase schnüffelte, den Mund aufsperrte und einzelne Haare hochzog. Obwohl sie zu diesem Zeitpunkt noch keinen direkten Blickkontakt aufnahm, verfolgte sie meine Gesten doch sehr interessiert und ernst zugleich. Gegen Ende der Therapiephase wagte ich es, auch ihre Haare kurz zu berühren, und indem sie dies akzeptierte, konnte sie eine erste zärtliche Geste von mir entgegennehmen.

Nach drei Monaten beschrieb ich die Fortschritte im Handlungsbereich folgendermassen:

Im praktisch-gnostischen Bereich kann Sati nun eine Flasche aufschrauben und den Inhalt mit dem Trichter in eine andere umleeren. Während sie anfangs ein Gefäss mit einem bestimmten Gewicht nur an- aber nicht aufhob, kann sie jetzt ihre Kraft entsprechend der Form und des Gewichtes verschiedener Behälter dosieren und diesbezügliche Handlungen adäquat planen und koordinieren. Sie hat eine grössere Bereitschaft und Interesse an taktilen Erfahrungen entwickelt; so zeigte sie auch bspw. beim Sand zuerst eine grosse Abneigung, akzeptierte aber nach kurzer Zeit, diesen in Gefässe zu füllen und schliesslich die blossen Hände darin zu vergraben oder ihn über den Arm rieseln zu lassen.

Die grössere Sicherheit im Umgang mit Materialien äussert sich ganz allgemein durch gezieltere Planung und Ausführung spezifischer Handlungen wie bspw. Perlen auffädeln, Formen in die Formbox einführen oder die Schienen der Brio-Bahn zusammensetzen.

Auf der inhaltlichen Ebene interessiert sich Sati nun deutlich für die Funktion alltäglicher Gegenstände und manipuliert sie auch im spontanen Spiel dementsprechend (bspw. mit der Bürste die Puppe bürsten, mit dem Schoppen oder Löffel die Puppe füttern). Sie hat begonnen, den Erwachsenen vermehrt nachzuahmen, bzw. ihm Gegenstände zu geben, damit er bestimmte Handlungen ausführe (bspw. mit Creme die Puppe cremen, mit dem Malstift Gesichter zeichnen). In solchen Situationen zeigt sie auch ein erstes Interesse am Resultat oder der Bedeutung von Handlungen und hat damit begonnen, Aehnlichkeiten in der Realität zu entdecken und so erste Begriffe zu bilden, bspw. gezeichnete Haare, eigene sowie Haare der Puppe, des Hundes und des Erwachsenen sehen und berühren.


6.22 Den Anderen entdecken

Zur ersten Stunde fand ich die ganze Familie im Wartezimmer versammelt, und alle zusammen folgten mir zum Therapiezimmer und nahmen dort Platz. Ich erklärte dem Vater in Englisch, dass ich nun mit Sati zu spielen beginnen würde, worauf sich alle wieder erhoben und das Zimmer verliessen. Zunächst war ich etwas irritiert, doch Sati zeigte keine Reaktion und wandte sich den Spielsachen zu. In der Folge wurde sie jeweils von der Mutter gebracht, doch sobald ich das Kind begrüsst hatte, verabschiedete sie sich. Ich beschloss, dies als ihren Wunsch zu betrachten und setzte darauf, dass sich im Laufe der Therapie eine Möglichkeit zeigen würde, wie ich mit ihr in Kontakt treten konnte.

Wenn ich Sati in der Folge im Wartezimmer abholte, kam sie freudig auf mich zu und ging sofort zum Therapiezimmer. Auf welche Weise ich mit ihr gespielt habe, habe ich oben beschrieben; in Bezug auf die sozial-kommunikative Entwicklung ging es mir vor allem darum, Sati zu zeigen, dass wir uns als ein "Ich" und ein "Du" gegenüberstanden. Indem ich ihre Handlungen spiegelte, zeigte ich ihr, dass ich verstehen konnte und ernstnahm, was sie tat; indem ich die Tätigkeiten in meiner Weise durchführte und kommentierte, blieb aber auch immer der Unterschied zwischen ihrem und meinem Tun erhalten.

Etwa einen Monat nach Beginn der Therapie kam Sati nicht wie gewohnt sofort auf mich zu, als ich sie im Wartezimmer holen kam, sondern ging zur Mutter, schmiegte sich an sie und schaute mich von dort aus direkt an. Einen Moment lang war ich verunsichert und auch überrascht, dann bat ich die Mutter mit entsprechenden Gesten, mit uns zu kommen und während der Stunde dabeizubleiben. Ich erklärte mir das Ereignis so, dass Sati langsam ein Interesse für die Anderen entwickelt hatte und deshalb auch die Mutter "mit anderen Augen" anschaute. Dadurch hatte sie entdeckt, dass wir uns alle in unseren Handlungen und Wörtern unterscheiden und auch, dass diejenigen der Mutter für sie die besten waren.

Während der nächsten zwei Monate wurde Sati von der Mutter in die Therapiestunden begleitet. Ich konnte zwar nicht mit ihr sprechen, doch wenn Sati eine spezielle Handlung ausführte, laut lachte oder erste Wörter sagte, begegneten sich unsere Blicke und wir lächelten uns zu. Sati selbst bezog die Mutter immer wieder in ihre Spiele mit ein, indem sie ihr Gegenstände brachte oder mit einem Blick ihre Reaktion kontrollierte. Auch die Beziehung zu mir hatte sich verändert. Immer öfter zeigte sie nun offensichtliche Freude, wenn ich mich in ihr Spiel einmischte, und sie nahm auch deutlich häufiger Blickkontakt auf. Gegen Ende der Therapiephase äusserte sie erstmals spontan das Wort "Mama" als Bezeichnung eines Gesichtes, welches ich gemalt hatte, und schaute zu der Mutter hin.


6.23 Eine fremde Sprache

Obwohl ich kein Japanisch spreche, hat sich das Problem der Sprache in dieser ersten Therapiephase nie gestellt. Ich wollte ja Sati nicht die japanische Sprache beibringen, sondern ihr zeigen, dass es interessant sein kann, die Anderen zu verstehen und ihnen sprachlich etwas mitzuteilen.

Da sie anfangs noch in keiner Weise auf sprachliche Aeusserungen reagierte, habe ich sehr wenig gesprochen und nur diejenigen Handlungen mit Lautmalereien begleitet, auf die sie ihre Aufmerksamkeit gerichtet hatte.

Ich möchte hier betonen, dass ich solche Lautmalereien nicht aus dem Grund gebrauchte, weil ich Sati's Muttersprache nicht kannte. Lautmalereien haben gegenüber der Erwachsenensprache den grossen Vorteil, dass sie viel Aehnlichkeit haben mit dem, was sie bezeichnen; zusätzlich können sie in farbiger Weise intoniert werden und sind deshalb gut geeignet, um die Aufmerksamkeit des Kindes auf sich zu ziehen. Gerade für Kinder, welche noch keine Beziehung zur Erwachsenensprache haben, bilden sie deshalb eine gute Grundlage, um einen ersten Zugang zur gesprochenen Sprache zu entwickeln.

Einige Fachleute weisen in diesem Zusammenhang auf die Gefahr hin, das Kind könnte diese "Baby-Sprache" behalten. Eine solche Warnung zeugt von einer Sichtweise, die das Kind als konditionierbares Wesen betrachtet, welches in einmal erworbenen Strukturen passiv verharrt, und dem man nicht zugesteht, dass es selbst am meisten daran interessiert ist, die Welt (der Sprache) zu entdecken.

Bereits in der zweiten Stunde hat Sati die erste Lautmalerei nachgeahmt; wir fuhren im Lift nach oben, ich machte "brbrbr", als er sich in Bewegung setzte, und spontan wiederholte sie meine Aeusserung. Nach einem Monat repetierte sie praktisch alle Lautmalereien und verstand sie auch, d.h. wenn ich sagte, ob der "wauwau" auch essen wollte, schaute sie sofort zum Hund und holte ihn. Gleichzeitig begann sie auch, spontan einzelne Lautmalereien zu produzieren, um einzelne Gegenstände zu bezeichnen, Handlungen zu kommentieren und Absichten auszudrücken. Gegen Ende der dreimonatigen Therapie kombinierte sie die Lautmalereien zu kleinen Sätzen; bspw. sagte sie "ffff - oh! - puh" und teilte mir damit mit, dass sie das Spiel mit den Seifenblasen machen wollte, nämlich blasen (fff), die Kugeln betrachten (oh!) und schauen, wie sie platzen (puh!).

Zu der Zeit, als sie die Lautmalereien imitierte, begann sie nach Angaben der Eltern auch, einzelne Wörter des Japanischen zu wiederholen und diese spontan zu äussern. Als ich mich gegen Ende der Therapie danach erkundigte, welche Wörter Sati im Japanischen produziere, erzählte der Vater ganz begeistert, sie habe einen grossen Wortschatz und könne bereits die Farben der Dinge korrekt benennen. Darüber war ich etwas beunruhigt, denn innerhalb dieser Entwicklungsphase ist es für die Kinder wichtiger, die Welt der Dinge ihrer Funktion - und nicht ihrer Farben - entsprechend zu ordnen und zu bezeichnen. Ich versuchte, dies dem Vater zu erklären, war jedoch nicht ganz sicher, ob er mich verstanden hatte, da er offensichtlich enttäuscht war, dass ich seine Begeisterung nicht teilte. Immer wieder fragte ich zudem nach Saki's Sprachverständnis für das Japanische, wobei er mir versicherte, sie könne auch Aufforderungen ausserhalb des Kontextes gut verstehen und ausführen. Während der Therapiestunden hatte ich beobachtet, dass Sati auf die Aeusserungen der Mutter sofort reagierte und ihr manchmal auch mit einzelnen Wörtern antwortete, was die Aeusserungen des Vaters bestätigte. Zumindest aber konnte ich damit ausschliessen, dass es sich bei Sati's sprachlichen Aeusserungen um Echolalien handelte. Dennoch sah ich eine gewisse Gefahr darin, dass sie viele Wörter repetierte, ohne deren Bedeutung ganz verstanden zu haben, und dass die Eltern dies übersahen, weil sie sich so darüber freuten, dass Sati nun endlich sprach.

Am Ende der drei Monate äusserten die Eltern den Wunsch, Sati jeden Monat zu einer Kontrolluntersuchung zu bringen. Mit Freude stellte ich während dieser Stunden fest, dass sie vermehrt Wörter in Japanisch an mich richtete und gleichzeitig erwartete, dass ich ihr antworten würde. Damit wurde aber auch deutlich, dass ich ihr nun keine wirkliche Gesprächspartnerin mehr sein konnte.

Nach sechs Monaten, im Alter von 39 Monaten, schien mir eine zweite Therapiephase sinnvoll, da Sati's Spiel immer noch sehr repetitiv und einseitig war. Wir haben deshalb den Kontakt hergestellt zu einer japanisch sprechenden Kindergärtnerin, welche mit Sati einmal wöchentlich spielte. Ein paar Monate später zog die Familie aus beruflichen Gründen nach Amerika.

6.24 Fragen zu "Autismus" und "Wahrnehmungsstörung"

Die Tatsache, dass Sati während der dreimonatigen Therapiephase so grosse Fortschritte gemacht hat, wirft einige Fragen auf. Wir haben unsere Beobachtungen bei der Abklärung interpretiert als "Funktionsstörung der verschiedenen Modalitäten der Wahrnehmung sowie deren Integration" und gefolgert, "dass diese schon früh zu veränderten Interaktionsmustern zwischen dem Kind und seinen Bezugspersonen geführt haben, wovon vor allem die Individuationsentwicklung und dadurch die kommunikative und sprachliche Entwicklung betroffen sind".

Neben dem mangelnden Blickkontakt fiel bei der Abklärung vor allem auf, dass Sati auditive, visuelle und taktile Ereignisse in sehr selektiver Weise erfasste. Wenn dies tatsächlich Ausdruck einer neuropsychologischen Funktionsstörung war, stellt sich jedoch die Frage, wie es möglich ist, dass sich eine solche Störung in so kurzer Zeit verändert. Für all jene, welche bspw. differenzierte Trainingsprogramme zur auditiven Wahrnehmung von Schulkindern ausgearbeitet und angewandt haben, muss es unglaubhaft klingen, dass sich eine so gravierende Störung ohne eine einzige "Uebung" in dem Masse verbessert haben sollte.

Für alle jene, welche nie an das Vorhandensein neuropsychologischer Funktionsstörungen geglaubt und den Autismus immer als Audruck einer Beziehungsstörung interpretiert haben (vgl. bspw. *Bettelheim* 1977), ist diese Veränderung auf den ersten Blick eine Bestätigung ihrer Thesen.

Wenn man jedoch die kommunikativen Schwierigkeiten von Sati auf eine gestörte Entwicklung im Verhältnis zwischen Mutter und Kind zurückführen will, stellt sich die Frage einfach anders: wie ist es möglich, dass sich diese Beziehung nach nur einem Monat Therapie, in dem niemand mit der Mutter sprechen konnte, so verändert hat, dass das Kind nun den Körper- und Blickkontakt speziell zu ihr suchte und offensichtlich auch genoss.

An dieser Stelle muss betont werden, dass Sati in ihrer Entwicklung nach den drei Monaten Therapie nicht unauffällig war, d.h. nach wie vor zeigte sie im

Spiel spezielle Vorlieben und auch Abneigungen bezüglich vieler auditiver, visueller und taktiler Ereignisse und auch in der direkten Interaktion gab es noch viele Momente, in denen sie dem Kontakt mit Anderen auswich.

Bis heute kann ich die gestellten Fragen nicht beantworten; die Arbeit mit Sati zeigt im Gegenteil mit aller Deutlichkeit, wie komplex die menschliche Entwicklung ist, und dass wir weit davon entfernt sind, ihre Dynamik, d.h. das komplizierte Zusammenspiel neurologischer Reifungs- und psychologischer Entwicklungs- und Interaktionsprozesse wirklich zu verstehen.

## 6.3 Michi

Michael wurde im Alter von 28 Monaten vom Kinderpsychiater zur Abklärung angemeldet, weil er noch kein Wort sprach und in seinem Verhalten auffiel. Die Familie war in der Institution schon seit einiger Zeit bekannt; der achtjährige Bruder von Michael war wegen Entwicklungs- und Verhaltensauffälligkeiten in einer Therapiestation der kinderpsychiatrischen Klinik eingegliedert; die um zwei Jahre jüngere Schwester wurde aus denselben Gründen ebenfalls dort behandelt. Der Vater war in einem Bergkanton aufgewachsen und hatte dort als Bauer gearbeitet. Als sie heirateten, zog die Familie in die Stadt; der Vater hatte sich da aber nie wohl gefühlt und auch keine Arbeit gefunden, so dass die Familie von Sozialbezügen leben musste. Beide Eltern begannen zu trinken; häufig schlug der Mann die Frau, und beide schlugen die Kinder. Mehrere Versuche, die Eltern selbst zu einer Therapie oder Beratung zu bewegen, waren bis anhin gescheitert.

Die Beobachtungen während der Abklärung von Michi zeigen das folgende Entwicklungsprofil:

*Praktisch-gnostische Kompetenzen*
Michi greift kleine Glasperlen mit dem Zangengriff und gebraucht dazu mehr die rechte als die linke Hand. Er nimmt den Malstift im Faustgriff, hebt jedoch den Deckel nicht ab und zeigt spontan wie auch mit Modell keine Geste des Malens, sondern steckt ihn zuerst in den Flaschenhals, dann mehrere Male in den Sand. Mit der Bürste schlägt er spontan auf den Tisch, imitiert aber dann das Bürsten der Puppe. Er nimmt den Telefonhörer ab und hält ihn korrekt ans Ohr, kann ihn jedoch nicht korrekt zurück auf die Gabel legen. Bei einer Flasche mit Schraubverschluss zieht er am Deckel und zeigt auch mit Modell keine Drehbewegung. Den Inhalt leert er aus, ohne auf ein bestimmtes Gefäss zu zielen. Er kann einen Turm mit drei Klötzen bauen, plaziert jedoch die Würfel wenig präzis, so dass dieser beim vierten jeweils umfällt. Werden ihm die Oeffnungen gezeigt, kann er die Formen in die Formbox einführen; eine gezielte Versuch-Irrtum-Strategie ist noch nicht zu beobachten. Interesse zeigt er an einer Musik-Spieldose und ist auch fähig, in relativ kurzer Zeit den Mechanismus des An- und Abstellens zu begreifen. Bei allen Handlungen

zeigt Michi eine übermässige Kraftdosierung, wodurch er praktisch keine Information über die Beschaffenheit bzw. den Widerstand der manipulierten Gegenstände erhält.

*Symbolische Kompetenzen*
Michi manipuliert die meisten Gegenstände, indem er sie sehr kurz visuell exploriert, auf den Tisch klopft, wegwirft, ineinander oder in den Sand steckt. Ausser beim Telefon und einem Blasinstrument ist spontan noch kein funktionaler Gebrauch zu beobachten. Zusätzlich zeigt er auch wenig Tendenz, die Handlungen des Erwachsenen nachzuahmen.

*Sprachliche Kompetenzen*
Die Spontansprache von Michi besteht aus einer Aneinanderreihung von Lauten und Lautsequenzen, welche von der Struktur und Intonation her manchmal pseudosprachlichen Charakter haben. In Krisensituationen (bspw. wenn ihm etwas weggenommen wird) äussert er die Sequenz "Ma-ma-ma-mi", dies jedoch unabhängig davon, ob die Mutter anwesend ist. Im Sprachverständnis reagiert Michi inkonstant auf seinen Namen, auf die Frage "wo ist Mami" sowie auf einzelne bekannte Wörter wie "Nuggi".

*Sozial-kommunikative Kompetenzen*
Michi akzeptiert sofort, mit einer fremden Person im Raum zu bleiben und zeigt keine Irritation, als die Mutter weggeht. Wird er später gefragt, "wo ist Mami", geht er zur Türe, insistiert jedoch nicht, nach der Mutter zu suchen. Von sich aus nimmt er kaum Kontakt mit dem Erwachsenen auf, akzeptiert jedoch die Interaktion, wenn dieser sie sucht. Entsprechend zeigt er selten direkten Blickkontakt, verweigert diesen aber auch nicht. Er ist fähig, zu geben und zu zeigen, sowie einen Ball im Turnus auszutauschen. Er zeigt noch keine Versuche, seine Absichten dem anderen mitzuteilen, sondern versucht das Ziel selbst zu erreichen und schreit verzweifelt, wenn ihm dies nicht gelingt.

*Beurteilung und Procedere*
Michi zeigt ein heterogenes Entwicklungsprofil, in dem die praktisch-gnostischen Fähigkeiten einem Entwicklungsalter von 15-18 Monaten entsprechen, während die symbolischen und kommunikativen Fähigkeiten bei 12-15 Monaten und die sprachlichen Fähigkeiten bei 6-9 Monaten liegen.
Ich habe die Therapie mit Michi während fünf Monaten anfangs zweimal, dann einmal wöchentlich durchgeführt. Die Mutter erklärte sich zu regelmässigen Gesprächen mit dem Kinderpsychiater einverstanden. Genau so bedeutungsvoll war aber die Tatsache, dass sie während der Therapiestunde manchmal Zeit für sich alleine hatte. Sie setzte sich dann auf die Stufen beim Eingang der Klinik und rauchte eine Zigarette nach der anderen; die Sekretärin brachte ihr jeweils eine Tasse Kaffee. Noch sehe ich dieses Bild vor mir, und ich bin überzeugt, dass die Geste der Sekretärin und das Rauchen auf den Treppenstufen ihr vielleicht zum ersten Mal das Gefühl gaben, dass wir sie so, wie sie war, akzeptierten. Als ich von der Arbeitsstelle weggehen musste, sagte sie ganz selbstverständlich, dass ich ihr mitteilen solle, wenn ich eine eigene Praxis hätte und auf Kunden angewiesen sei, sie käme dann. Diese Aeusserung hat mir sehr gefallen, weil sie

zeigt, dass sie sich nicht als manipuliertes Objekt einer Institution, sondern als eigenständige Frau und Mutter gefühlt hat.


6.31 Eine Riesenwut im Bauch

In den ersten Therapiestunden zeigte Michi mit aller Deutlichkeit die grosse Wut, welche er der Welt gegenüber empfand. Mit aller Kraft bohrte er verschiedene Gegenstände ineinander, bspw. den Malstift in das Schlüsselloch oder in die Knete, den Telefonhörer oder den Löffel in den Sand, die Knete in die Wählscheibe des Telefons oder auf einen Stab für Holzringe. Dann nahm er die Dinge und warf sie mit Wucht gegen die Wand, das Fenster oder die Türe. Dies geschah meist gleich zu Beginn der Stunde, war aber jeweils unterschiedlich stark ausgeprägt. Ich hatte bald herausgefunden, dass die mehr als halbstündige Fahrt zur Klinik mit den öffentlichen Verkehrsmitteln eine Qual für Mutter und Kind war; Michi konnte nicht so lange still sitzen, und oft kam es zu Auseinandersetzungen zwischen der Mutter und fremden Personen, was dann wieder zu Schlägen führte. Später konnten wir erreichen, dass die Fahrt in einem Taxi von den Kassen übernommen wurde.

Auf der Suche nach einer Form, wie ich die Handlungen von Michi aufnehmen könnte, erinnerte ich mich daran, welch grosse Bedeutung das Aufheben und Wiederbringen in der Entwicklungsphase hat, wo die Kinder Gegenstände fallenlassen und wegwerfen. Bei Michi musste das Wiederbringen jedoch auf eine Art geschehen, welche seine energiegeladenen Handlungsweisen widerspiegelte. Also begann ich, in dem Moment, wo er einen Gegenstand wegwarf, wie auf Kommando loszurennen, um ihn so schnell als möglich zurückzubringen. Am besten funktionierte dies, wenn Michi den Stab mit Holzringen wegwarf, welche dann an verschiedene Orte rollten und die ich unter Stühlen und Tischen zusammensuchen musste. Als ich dieses Spiel zum ersten Mal spielte, schaute er mich erstaunt, fast fassungslos an, dann lächelte er leicht. Ich legte die Ringe wieder auf den Stab, und er warf das Ding wieder weg. Bereits das zweite Wegwerfen hatte eine neue Bedeutung; natürlich wollte er jetzt schauen, ob ich wieder losrennen würde. Als ich dies tat, freute er sich riesig, lachte nun laut und wiederholte das Spiel sofort. Kurze Zeit später begann er ebenfalls loszurennen, und nun ging es darum, wer die Ringe zuerst gefunden hatte. Gemeinsam legten wir sie wieder auf den Stab und das Wettlaufen konnte von Neuem beginnen. Dieses Spiel wurde ab sofort zu einem zentralen Bestandteil jeder Stunde. Kaum betrat Michi das Zimmer, suchte er nach dem Stab mit den Ringen, und bald hatte er entdeckt, dass es noch mehr Spass machte, diese durch den langen Flur zu werfen, wo die Ringe manchmal auch in die offenen Räume der Kollegen rollten. Da standen wir gemeinsam an der Türe, tauschten einen fast verschwörerischen Blick und baten "pro forma" um Erlaubnis, unsere Ringe zurückzuholen. Meine Kollegen fühlten sich durch dieses Spiel nie gestört, doch als eines Tages der Chef zu einer Besprechung auf unserer Etage war, quittierte er unser Tun mit einem so verächtlichen Blick, dass es zumindest für mich von da an nie mehr den gleichen Reiz hatte.

Dennoch hat sich das Wegwerf-Spiel weiterentwickelt, in verschiedene Unterspiele gegliedert und differenziert. Einmal habe ich mich beim Suchen eines Gegenstandes unter dem Tisch versteckt; Michi stand erst verunsichert da, ging dann langsam den Flur entlang und schaute vorsichtig in die Zimmer. Als er mich entdeckte, quietschte er vor Vergnügen und versteckte sich von da an auch immer hinter dem Tisch. Ich rief dann besorgt "Michi", suchte ihn und zeigte grosse Freude, wenn ich ihn fand. Diese Versteck-Spiele, welche immer in ähnlicher Form abliefen, hatten eine grosse Bedeutung für die Entdeckung des "Du", denn sie beinhalten sowohl das Thema der Konstanz von Personen, wie auch die Gefühle von Angst, Unsicherheit und Freude, welche in der Beziehung zwischen Ich und Du eine so bedeutende Rolle spielen.

Natürlich war ich immer vor Michi müde und erschöpft vom Hin- und Herrennen, so dass ich das Spiel jeweils abbrechen musste. Anfangs fiel es ihm schwer, mein "nein" zu akzeptieren. Ich zeigte ihm, wie müde ich war, indem ich mich auf den Boden legte und mich ganz schlaff machte, wenn er an mir zog. Da er dies bald nachahmte, entwickelte sich ein neues Spiel, bei dem wir uns durch den Raum zogen oder den anderen zu "wecken" versuchten. Insbesondere aber führten diese Spielhandlungen, in denen sich immer zwei Personen als Ich und Du mit unterschiedlichen "Rollen" gegenüberstanden, dazu, dass Michi das "Nein" des Anderen besser akzeptieren konnte, und die verzweifelten Schreiausbrüche bei Nicht-Erreichen eines Ziels waren bald nicht mehr zu beobachten.

Durch die im Rahmen einer konstanteren Beziehung erworbene "Ruhe" und Sicherheit entwickelte Michi auch die Fähigkeit, sich etwas länger mit einem Gegenstand auseinanderzusetzen. Dabei zeigte sich, dass er auch komplexere kausale Zusammenhänge in kurzer Zeit erfassen und seine Handlungen entsprechend planen und koordinieren konnte, bspw. mit dem Trichter Wasser in verschiedene Behälter umleeren. In solchen Situationen erfolgte auch die Kraftdosierung in durchaus adäquater Weise. Dies deutet darauf hin, dass die übermässige Kraftdosierung, durch welche seine Handlungen vor allem am Anfang sehr eingeschränkt waren, weniger auf eine Störung der taktil-kinästhetischen Wahrnehmung zurückgeführt werden kann, sondern vielmer als Ausdruck von ungerichteter Aggressivität beurteilt werden muss.

6.32 Ein Lied und eine Geste zur Entdeckung der Sprache

Das zweite entscheidende Ereignis in der Arbeit mit Michi passierte nach etwa einem Monat. Während wir zum Therapieraum gingen, brach gerade ein Gewitter los und ein starker Regen prasselte auf das Dachfenster im Treppenhaus.

Michi blieb stehen und schaute interessiert und zugleich etwas ängstlich zum Fenster hinauf. Ich sagte "puh, das regnet aber stark! so viele grosse Tropfen!"; dann begann ich leise das Lied "Räge Räge Tröpfli, es rägnet uf mis Chöpfli..." zu singen und verdeutlichte das Geschehen mit einer kleinen Geste: mit den Fingern tippte ich leicht auf Michi's Kopf und sagte dazu "so machen die Tropfen - toc-toc-toc". Gebannt stand er da, schaute mich an und lächelte leicht. Dann zeigte er auf das Fenster, schaute mich wieder an, und ich sang das Lied nochmals und berührte ihn wieder leicht am Kopf. Dieses Ereignis wurde nun zu einem kleinen Ritual, welches unsere Stunden einleitete. Auf dem Weg zum Therapieraum blieb Michi jeweils stehen, zeigte zum Fenster und berührte seinen Kopf. Dann sagte ich "weisst du noch, da hat es so fest geregnet?!", sang "Räge Räge Tröpfli" und ergänzte das Lied mit dem "toc toc toc".

Ich glaube, dass das Spezielle dieser Situation in der Geste lag, weil sie genau zu Michi passte. Sie liegt nahe beim Streicheln und beinhaltet doch auch zu einem winzigen Teil das Schlagen; dadurch repräsentiert sie in gewissem Sinne die Zuneigung, wie Michi sie kennt, und er kann sie besser annehmen, als eine rein zärtliche Geste.

Ich möchte an dieser Stelle hinzufügen, dass ich immer wieder fasziniert war, wie sehr sich Michi am Ende der Stunden freute, seine Mutter wiederzusehen; dies, obwohl es meist sogleich zu einer Auseinandersetzung kam, bei der sie ihn wieder schlug. Das Zusammentreffen und Zusammensein mit der Mutter war ganz anders als unsere Stunden, und jede Interaktionsanalyse von Spiel und Kommunikation hätte zu einem "kläglichen" Resultat geführt, doch es war offensichtlich, dass sich die beiden gern hatten. Dies war auch der Grund, weshalb ich mich immer dagegen gewehrt habe, eine Zuweisung in ein Heim oder zu einer Pflegefamilie in Betracht zu ziehen.

Das kleine Regentropfen-Ereignis veränderte unsere Therapiestunden. Häufig ging Michi nun zum Fenster im Zimmer und zeigte auf Dinge und Personen draussen auf der Strasse. Ich benannte sie, kommentierte mit einem Lied und fügte wenn möglich eine Geste dazu; bspw. sah er ein Auto und ich sagte "oh, ein grosses Auto!", sang "brumbrumbrum, ein Auto fährt herum" und fuhr mit einem Spielzeugauto seine Beine rauf und runter.

Manchmal sassen wir so lange Zeit am Fenster, und Michi schien diese eher ruhigen Momente sehr zu geniessen. Auch in anderen Spielsituationen begann er sich zunehmend dafür zu interessieren, was ich sagte und tat, und imitierte nun häufig meine Handlungen und auch viele Lautmalereien. Gegen Ende der fünfmonatigen Therapiephase kannte er die Namen alltäglicher Gegenstände und konnte auch einfache nicht-situationale Aufforderungen befolgen. Spontan sagte er "Mama", "tschüss" und "nein" und äusserte verschiedene Lautmalereien mit grösstenteils konstanter Bedeutung. Daneben produzierte er nach wie vor viele Lautsequenzen ohne spezifischen kontextuellen Bezug.

Zu diesem Zeitpunkt musste ich mich von Michi und seiner Mutter verabschieden, weil mir die Arbeitsstelle gekündigt worden war.

## 6.4 Martin

Nach Angaben der Eltern war Martin in der Säuglings- und Kleinkindzeit ein relativ ruhiges Kind, welches den direkten Kontakt im Sinne von Blickaustausch, Vokalisationen oder Körperkontakt eher wenig suchte, diese aber auch nicht ablehnte. Eine erste Beunruhigung tauchte bei den Eltern eigentlich erst auf, als Martin im Alter von zweieinhalb Jahren noch nicht zu sprechen begonnen hatte, was mit etwa drei Jahren zu einer ersten Untersuchung in einer Kinderklinik führte. Im Rahmen dieser Abklärung wurde ein "allgemeiner Entwicklungsrückstand" festgestellt und den Eltern geraten, sich für eine Förderung an eine Frühberatungs- und Therapiestelle zu wenden. Die Frühförderung wurde über zwei Monate insgesamt siebenmal durchgeführt. Bereits während dieser Zeit nahmen die Eltern Kontakt mit mir auf mit der Bitte um eine zusätzliche Abklärung. Der abgemachte Termin wurde dann von der Mutter kurzfristig abgesagt mit der Begründung, sie spüre, dass eine weitere Abklärung momentan zuviel sein könnte.

Drei Monate später riefen die Eltern wieder an mit der Bitte um eine notfallmässige Abklärung, weil sich das Verhalten des Kindes plötzlich so verändert hatte, dass er nur noch schrie und weinte, um sich nach 1-2 Stunden in sein Zimmer zurückzuziehen, wo er jeweils erschöpft einschlief. Er war zu diesem Zeitpunkt knapp vier Jahre alt.

Während der Abklärung beschäftigte sich Martin hauptsächlich damit, "ziellos" im Zimmer umherzugehen, kurz einzelne Gegenstände zu betrachten oder in die Hand zu nehmen und dazu in hohem, monotonem Tonfall einzelne Wörter oder Phrasen zu äussern und immer wieder zu repetieren (bspw. "wotsch is Bett ga - wotsch is Bett ga..."). Spontan kam er manchmal in die Nähe der Mutter oder des Vaters, nahm diese auch bei der Hand, reagierte aber gleichzeitig mit verzweifeltem Klagen oder Schreien, wenn sie sich an ihn wandten, ihm etwas erklären oder ihn gar zu einer spielerischen Handlung auffordern wollten.

### 6.41 Die frühe Entwicklung und ein "Trauma"

Ich habe nun nach einer Erklärung gesucht, was zu dieser plötzlichen Veränderung in Martin's Verhalten geführt haben könnte, und versucht, mir ein Bild von der Entstehungsgeschichte seiner Schwierigkeiten zu machen. Dabei sind mir zwei andere Kinder in den Sinn gekommen, von denen die Eltern ebenfalls berichteten, dass sie sich in den ersten zwei bis drei Lebensjahren unauffällig entwickelt, und dann aufgrund einer speziellen Situation plötzlich verändert hatten.

*Walter 5 Jahre*
Nach Angaben der Eltern hat Walter zwischen zwei und drei Jahren gut verständliche Zwei- bis Dreiwortäusserungen produziert - in direkter Imitation, aber auch in Assoziation zu bestimmten wiederkehrenden Situationen (bspw. auf dem Spielplatz), und er konnte auch alleine ganz ruhig spielen. Nach einem Autounfall mit drei Jahren, bei dem sich die Mutter leicht verletzt hatte, habe er eine Art Schock erlitten. Danach habe er viel weniger gesprochen und mit diesen seltsamen Spielen begonnen. Im Abklärungsbericht habe ich meine Beobachtungen wie folgt beschrieben:

Walter kommt ins Zimmer und entdeckt sofort eine Pflanze mit langen schmalen Blättern. Er reisst ein Blatt ab, setzt sich auf den Stuhl und beginnt dieses in stereotyper Weise zu manipulieren, indem er es zusammenfaltet und dann wieder lose vor sich herschwenkt. Den Mund hält er dabei leicht geöffnet mit schlaff heraushängender Zunge; ab und zu äussert er undifferenzierte Lall-Laute. In dieser Situation zeigt er kein Interesse für andere Personen oder Gegenstände, welche ihm angeboten werden. Als der Vater ihm das Blatt wegnimmt, streift er ziellos im Zimmer umher, leert die Schachtel mit Bauklötzen und Brio-Bahn-Teilen aus, setzt dann auf Befehl des Vaters zwei Schienen zusammen, offensichtlich aber ohne den Sinn dieser Handlung zu verstehen. Die Mutter gibt ihm einen Zwieback und Walter legt sich auf den Boden mit dem Kopf auf einen Bären abgestützt und isst zufrieden. Sein Gesicht ist dabei entspannt, der Mund beim Kauen gut geschlossen und ohne Speichelfluss. Während des anschliessenden Gesprächs mit den Eltern setzt sich Walter wieder an den Tisch und beginnt die Knetmasse zu manipulieren, indem er sie in kleine Teile zerbröckelt und in ein Glas Sirup taucht. Seine Haltung ist dabei stark verkrampft, die Hände zittrig, der Mund wieder offen mit schlaffer Zunge. Während der Beobachtungssituation nimmt er spontan keinen sozialen Kontakt auf und reagiert auch nicht auf meine Kontaktsuche. Ab und zu geht er in die Nähe der Eltern, lässt sich halten und streicheln, ohne jedoch direkten Blickkontakt aufzunehmen. Er zeigt keine Reaktion, wenn er beim Namen gerufen wird, reagiert aber, wenn ihn der Vater in direktiver Art anspricht. Als auf der Strasse ein Polizeiwagen mit Sirenen losfährt, stürzt er zum Fenster und sagt deutlich "Polizei". Ausser diesem Wort bestehen seine Aeusserungen aus undifferenzierten Lall-Lauten während des Spiels.

*Alice, 5;6 Jahre*
Alice ist die ältere Schwester eines dreieinhalbjährigen Mädchens, welches bei mir in Therapie ist, weil es noch nicht zu sprechen begonnen hatte. Sie besucht eine Sonderschule für autistische Kinder. Manchmal begleitet sie ihre kleine Schwester in die Therapiestunde. Die Mutter erzählt, dass sich Alice in den ersten drei Jahren ohne Probleme entwickelt habe. Dann seien sie umgezogen und plötzlich habe das Kind nicht mehr richtig gesprochen, habe kaum mehr gespielt und sei überhaupt sehr unzufrieden und schwierig gewesen. Nach mehreren Abklärungen habe man dann die Diagnose "schwere Wahrnehmungsstörungen mit autistischen Zügen" gestellt.

Das gemeinsame dieser drei Kinder sind die Verhaltensauffälligkeiten mit autistischen Zügen und die Erzählung ihrer Mütter, dass die frühe Entwicklung unauffällig gewesen sei und dass sich nach einem speziellen Ereignis oder einem "Trauma" plötzlich alles verändert habe.

Die Veränderungen des Kindes betreffen vor allem das soziale, aber auch das sprachliche und das Spielverhalten. Das Kind sucht kaum mehr den sozialen Austausch, zeigt nur noch selten Blickkontakt, wiegt sich häufig hin und her und zeigt autoaggressive Handlungen, indem es den Kopf an die Wand oder sich mit den Händen schlägt. Es macht kaum mehr sprachliche Fortschritte, repetiert nur die Aeusserungen des Erwachsenen oder verliert seine bereits erworbenen sprachlichen Fähigkeiten. Es kann sich nicht mehr sinnvoll beschäftigen, d.h. es sucht sich nur Gegenstände aus, mit denen es dieselbe bevorzugte Tätigkeit wie bspw. Drehen, Kreiseln, Spicken lassen ausführen kann. In seinen Texten mit dem Titel "ich will kein inmich mehr sein. botschaften aus einem autistischen kerker" beschreibt *Birger Sellin,* dass seine stereotypen Handlungen mit den Murmeln deshalb so bedeutungsvoll sind, weil er deren Ablauf genau erfassen und kontrollieren kann (1993).

Wenn diese Kinder im Alter von vier oder fünf Jahren zur Abklärung kommen, kann man sich kaum vorstellen, dass sie sich in den ersten Lebensjahren unauffällig entwickelt haben. Häufig deutet die Art, wie sie sich bewegen, wie sie die Dinge anfassen und wie sie sich im Raum und anderen Personen gegenüber orientieren auf das Vorhandensein von Wahrnehmungsstörungen hin. Ist diese Diagnose richtig, stellt sich die Frage, wie es kommt, dass die Eltern die frühe Entwicklung als unauffällig erlebt haben.

Wie äussern sich Auffälligkeiten in der Wahrnehmung in den ersten Lebensjahren? Ich versuche dies anhand von Gesprächen mit Müttern zu rekonstruieren. Manche sagen, es sei ein besonderes Kind gewesen; zum Beispiel habe es anfangs nur in spezieller Weise angefasst, ganz fest oder nur ganz leicht gestreichelt, gehalten werden wollen; es habe schon früh intensiv Musik gelauscht, aber gleichzeitig bei jedem etwas lauteren Geräusch zu weinen begonnen oder aber überhaupt nicht auf Lärm reagiert. Es habe sich nie für die Rassel oder die Kugeln über dem Bettchen interessiert, sondern immer nur die Tapete angeschaut. Einzelne berichten von ganz besonderen Aengsten, zum Beispiel vor fallenden Blättern, vor einer Bademate oder vor einem Weihnachtsstern am Fenster. Oft erzählen sie auch, dass es lange gedauert hat, bis sie die Vorlieben, Freuden und Aengste dieses Kindes verstanden haben.

Man kann die Erzählungen so interpretieren, dass die Mütter länger brauchten, bis sie mit dem Kind eine Beziehung der Zwei-Einheit aufbauen konnten, in der sie die Wünsche und Bedürfnisse des Kindes verstehen und ihnen Bedeutung geben konnten. Man kann aber auch annehmen, dass dann beide diese Art der Beziehung möglichst lange aufrechterhalten wollten, als ob Mutter und Kind schon ahnten, dass der Prozess der Loslösung und Individuation mit vielen Schwierigkeiten verbunden sein würde.

Die Verbundenheit in dieser Zwei-Einheit bedeutet für das Kind Sicherheit und Geborgenheit; ich stelle mir manchmal eine Art "wattierter Welt" vor, in der die Ereignisse der inneren und äusseren Realität nicht mit Vehemenz, sondern sanft und weich erlebt werden. Um das Kind zu verstehen, wird die Mutter versuchen, die Welt mit seinen Augen zu sehen, mit seinen Ohren zu hören und mit seinen Händen zu spüren. Genau in dem Sinne, wie sie dies realisieren kann, erfährt sie die Entwicklung ihres Kindes nicht als verzögert oder behindert.

Was in dieser Art von Beziehung fehlt, ist sozusagen "die Dritte Sache" (*Brecht* 1967). Es ist, als wollte die Welt nicht auftauchen: Die Gegenstände sind zwar immer auch da, doch stehen sie für die Mutter wie für das Kind gewissermassen im Schatten ihrer Zwei-Einheit. Vom Kind kann der Gegenstand nie ganz und gar ins Zentrum gerückt werden, und dadurch ist es auch nicht möglich, dass er durch den Blick der Mutter eine (symbolische und kommunikative) Bedeutung erhält: die Entwicklung einer echten Triangulierung ist verhindert.

Das Kind kann die sprachlichen Aeusserungen der Mutter deshalb nicht als Mitteilungen ihrer Absichten und Gefühle bezüglich *dieser* Welt erfahren, sondern es erlebt sie mehr als rhythmische Begleitung des Zusammenseins. Im dritten oder vierten Lebensjahr wird es dennoch einige Wörter oder auch Sätze sagen; diese sind jedoch keine Symbole, sondern sie bestehen meist aus direkten Repetitionen der Erwachsenensprache und werden - analog dem Verständnis - vor allem als Begleitung von Situationen und Handlungen geäussert. Auch das Spiel besteht in dieser Zeit häufig in einem einfachen Nachahmen alltäglicher Handlungen. Man könnte sagen, dass das Kind den Gegenstand nie besetzt hat, weshalb es diesen auch nicht neu erfinden, d.h. symbolisch gebrauchen kann.

Diese Beziehung und diese Welt werden durch ein "Ereignis" plötzlich verändert.

Martin's Eltern haben sich Sorgen gemacht, dass er mit drei Jahren noch nicht zu sprechen begonnen hatte. Diese Beunruhigung hat zur Abklärung und Einleitung der Frühförderung geführt und damit zu häufigeren Kontakten mit der Aussenwelt. Diese Kontakte waren sicher verbunden mit Aengsten der Mutter und damit auch des Kindes und haben, nicht zuletzt durch die Beratung und Anleitung zur Förderung, eine Veränderung der Beziehung bewirkt. Man kann davon ausgehen, dass Martin dadurch zu ahnen begann, dass die Welt ihren eigenen beunruhigenden Weg geht. Gleichzeitig hat er in dieser Zeit auch erste Wörter zu äussern begonnen, wodurch er in anderer Form nochmals erlebte, dass er diese Sprache nie wirklich teilen kann, weil sie sich auf eine Welt bezieht, die ihm entgleitet.

Bei Walter hat der leichte Autounfall, bei dem sich die Mutter verletzte, zu einer plötzlichen und unvorhergesehenen Trennung von dieser geführt. Ich stelle mir vor, dass er sie gesehen hat, wie sie dalag und sich nicht um ihn kümmern konnte, wie sie weggetragen und von ihm getrennt wurde, ohne dass er wusste, ob sie je wieder da sein würde. Auch in dieser Situation wird das Kind plötzlich mit der Aussenwelt konfrontiert und realisiert gleichzeitig, dass es diese nicht versteht.

Alice ist durch den Umzug von der vertrauten Wohnung in ein grosses unbekanntes Haus in eine Situation gekommen, in der sie sich nicht mehr orientieren konnte, wo alles neu und bedrohlich war. Zudem bedeutete die Zeit des Umzuges für die Mutter eine grosse Arbeitsbelastung, vielleicht auch verbunden mit Sorgen um das neue Zuhause, sicher aber mit Wünschen und Phantasien über die kommende Veränderung. Ich kann mir gut vorstellen, dass sie gerade in den ersten Tagen im neuen Haus wenig Zeit für Alice hatte, vor allem aber nicht verstehen konnte, weshalb sie am neuen Ort viele Dinge nicht mehr tat, welche sie vorher spontan und ohne Hilfe tun konnte.

6.42 Echolalien, Stereotypien, Selbstverletzungen

Bei allen drei Kindern führte ein äusseres Ereignis zu einer Veränderung der Beziehung zwischen Mutter und Kind. Das Kind realisiert plötzlich, dass es allein, d.h. eigenständig in dieser Welt existiert.

Das entwicklungsunauffällige Kind erlebt seine Eigenständigkeit im Alter von etwa eineinhalb Jahren in physischer und psychischer Weise: es steht sicher auf seinen zwei Beinen und erkennt sich im Spiegel. Die beschriebenen Kinder kennen ihren Körper jedoch noch wenig, sie gehen auf Zehenspitzen und wenden sich von ihrem Spiegelbild angstvoll ab. Während das gesunde Kind sich über schmutzige Hände ärgert und sich um einen Schnitt im Finger grosse Sorgen macht, zeigen diese Kinder auch bei grösseren Verletzungen kaum Reaktionen, als ob die Schmerzen ausserhalb von ihnen existieren würden. Sie scheinen sich noch nicht als "Ich" zu erleben, laufen damit aber auch immer Gefahr, sich zu verlieren.

Diese Kinder sind sich, der Welt und den Anderen gegenüber entfremdet: sie spüren, dass sie ihre Aengste nicht teilen können, weil sie die anderen nicht verstehen; sie erleben, dass die Anderen über Dinge sprechen, lachen oder weinen, welche sie nicht sehen und nicht fühlen, und dass umgekehrt die eigenen Interessen und Freuden kein Echo, keine Widerspiegelung finden. Sie hören Wörter, welche fremd und zugleich bekannt sind, ohne zu wissen, weshalb sie ausgesprochen werden und worauf sie sich beziehen. Sie sagen selbst Wörter und Sätze, doch im Mund fühlen sie sich an wie gekauter Karton - fad und bedeutungslos.

Man kann davon ausgehen, dass diese Situation der Entfremdung zu Handlungen wie Stereotypien, Autoaggressionen und Echolalien führen kann. Ich stelle mir vor, dass die Angst, verloren zu gehen, durch Schaukeln vermindert werden kann, weil sich das Kind durch die Bewegung besser spürt. Reicht dies nicht aus, kann es den Kopf gegen die Wand oder das Bett schlagen, als ob jeder Schlag die Bedeutung hätte "ich existiere". Sitzt das Kind am Boden oder auf dem Stuhl, erlebt es die Wand oder einen Gegenstand vielleicht als bedrohlich, weil sie auf es zukommen, es einverleiben könnten. Um dies zu vermeiden, wird es die Hand vor den Augen hin-und herbewegen, um so eine Trennwand herzustellen, oder es wird die Dinge kreiseln, spicken lassen, um sie in den Griff zu bekommen. Damit sich die Wörter der Anderen nicht in Luft auflösen oder weiter im Raum herumfliegen, werden sie wiederholt, nochmals ausgesprochen, als ob sie dadurch gezähmt werden könnten.

### 6.43 Die Gefahr einer "halben Therapie"

Nachdem ich mir eine erste Vorstellung über die Entstehungsgeschichte von Martin's Schwierigkeiten aufgebaut hatte, versuchte ich im Gespräch mit den Eltern, den Verlauf und die Krise nochmals zu besprechen, so dass sie ein Verständnis für Martin's Verhalten entwickeln und auf dieser Basis Möglichkeiten des Austausches finden konnten. Wir beschlossen, dass die Mutter mit Martin einmal wöchentlich zu mir in die Praxis kommen sollte. Da die Familie sehr weit entfernt wohnte, war diese wöchentliche Reise für die Mutter und das Kind sehr anstrengend. Martin hatte sich in der Zwischenzeit zwar etwas beruhigt, zeigte jedoch nach wie vor kaum Interesse, mit anderen Personen in Kontakt zu treten; seine sprachlichen Aeusserungen waren zum grossen Teil echolalisch und seine Spiele stark repetitiv mit einzelnen Stereotypien.

In meinem Bericht habe ich diese Sitzungen später folgendermassen beschrieben: "Bei diesen Treffen war es mir wichtig, bei Martin in jedem Falle den Eindruck zu vermeiden, dass das, was er tue, "zu wenig", "nicht richtig" sei. Es sollte vor allem das Gefühl entstehen, dass wir einfach da, bei ihm sind und uns freuen, wenn er mit uns Kontakt aufnehmen will. In einer ersten Phase hat Martin dann meist so gespielt, dass er die Spielsachen von sich weg nach hinten warf. Dann hat er begonnen, sie nach vorne und schliesslich manchmal auch gegen uns zu werfen. In dieser Zeit suchte er auch erstmals spontan den Kontakt mit der Mutter, um sich trösten, streicheln, halten zu lassen."

Dieser Bericht zeigt sehr deutlich die Problematik der gewählten Vorgehensweise. Der Anspruch, eine Situation zu schaffen, in der Martin von sich aus auf den Anderen zugehen konnte und nicht dazu gezwungen wurde, war sicher richtig. Doch in Wirklichkeit war es doch so, dass diese Stunden von den Gesprächen mit der Mutter ganz ausgefüllt waren. In diesem Sinne hat eine Therapie mit dem Kind nicht stattgefunden. Dies bedeutet nicht, dass ich nie mit dem Kind gespielt hätte, doch es bestand kein klares Setting wie bspw. bei Lisa, und die Interaktionen waren deshalb mehr zufälliger Art.

Im Nachhinein lässt sich festhalten, dass ich mich von den Umständen, dass die Mutter das Kind nicht häufiger bringen konnte und für sie selbst die Gespräche sehr wichtig waren, zu einer "halben" Therapie verleiten liess. Zusätzlich spielte sicher auch die Tatsache eine Rolle, dass mich das Kind ebenfalls verunsichert hatte, so dass ich mich nicht genug für eine andere Lösung einsetzte.

### 6.44 Die Zukunft und das Scheitern der Therapie

Im Sommer, als Martin 4;4 Jahre alt war, sprachen wir erstmals über ein Thema der Zukunft, d.h. über die Einschulung in einen Kindergarten. Die Eltern wurden dadurch konkret mit der Tatsache konfrontiert, dass ihr Kind nicht in den Regel-Kindergarten eintreten konnte, oder anders gesagt, dass es behindert war, und dass ich es nicht geheilt hatte.

Ich habe vorgeschlagen, Kontakt aufzunehmen mit einer Schule für autistische Kinder. Drei Monate später haben sie sich dazu entschlossen, doch dann erhielten sie den Bericht, dass bis auf weiteres kein Platz vorhanden sei. Diese Absage hat dazu geführt, dass ihnen plötzlich bewusst wurde, wie stark die Belastung zuhause und wie mühsam der Weg zu mir war, wo man dann doch nur "sprach" und zu wenig "tat". Zusätzlich konnten oder wollten sie nicht verstehen, dass ich die Absage nicht vorher, jetzt oder irgendwann verhindert hatte. Entsprechend war die Beziehung zwischen der Familie und mir sehr angespannt, und die Kontakte reduzierten sich auf einzelne Besprechungen zum weiteren Vorgehen.

Mit dem Ziel, eine längerfristige Lösung zu finden, suchten wir nicht nach anderen Möglichkeiten einer Einzeltherapie. Zudem schien es mir wichtig, dass Martin regelmässig, mindestens halbtags in eine Kindergruppe integriert und dort betreut werden konnte. Ich fragte beim Heilpädagogischen Kindergarten an, doch wurde eine Einschulung abgelehnt, weil die Kinder-Gruppe zu gross war und bereits eine Warteliste bestand. Auch im Sprachheilkindergarten und in der Vorschulgruppe einer Kinderpsychiatrischen Klinik waren die Gruppen zu gross und zudem bezüglich des Entwicklungsstandes nicht angepasst. Schliesslich suchten wir sogar nach externen Lösungen und fragten bei einem Schulheim für autistische Kinder an, doch gab es dort noch keine Vorschulgruppe. Von heilpädagogischen Beratungsstellen wurden wir auf die bereits beschriebenen Institutionen verwiesen.

Nicht nur die Eltern, sondern auch ich selbst waren so mit der Tatsache konfrontiert, dass es zu diesem Zeitpunkt keine Institution gab, welche dieses Kind aufnehmen wollte.

Anfangs des folgenden Jahres bekam ich die kurze Anfrage eines Neurologen, ihm meine Unterlagen zum genannten Fall zu schicken. Die Eltern hatten mir nicht erzählt, dass sie diesen Schritt unternehmen wollten, obwohl wir nach wie vor in regelmässigem Kontakt standen, und ich immer noch auf der Suche nach einer Lösung war.

Dies war wie ein Zeichen, dass es an der Zeit war, meine Verantwortung in der Begleitung der Familie weiterzugeben. Später habe ich erfahren, dass das Kind in der Institution für autistische Kinder, welche wir zuerst angefragt hatten, doch noch aufgenommen werden konnte.

Die gemeinsame Geschichte hat einen traurigen Abschluss gefunden. Sicher hat es viele schwierige Umstände gegeben, welche diesen Verlauf mitbestimmt haben. Doch bin ich überzeugt, dass der Schlüssel für das Scheitern darin liegt, dass ich in der ersten Phase unseres Kontaktes die beiden Elemente der Beratung und der Therapie vermischt habe. Zwischen dem Kind und mir hat sich deshalb nie eine Beziehung entwickelt, welche eine wirkliche Ausgangslage für die weiteren Schritte in die Welt hätte bilden können.

## 6.5 Marina

Marina wurde im Alter von 3;4 Jahren vom Kinderarzt zur Abklärung angemeldet, weil sie noch wenig und in unverständlicher Weise sprach und ihr Spiel- und Sozialverhalten sehr auffällig war.

Sie ist das einzige Kind einer italienisch sprechenden Mutter und einem deutsch sprechenden Vater; beide sind Akademiker, wobei er ganz- und sie halbtags arbeitete, was ihr vor allem durch seine Familie in mehr oder weniger verdeckter Weise zum Vorwurf gemacht wurde.

Marina war in ihrer Gehfähigkeit behindert durch einen Klumpfuss, welcher erst zu einem späteren Zeitpunkt operiert werden sollte. Sie schielte auf einem Auge; die Abklärungen ihrer Sehfähigkeiten hatten jedoch bis anhin keine eindeutigen Ergebnisse gebracht. Zusätzlich wurde eine Ataxie diagnostiziert, was sich vor allem in unharmonischen Bewegungsabläufen zeigte.

Durch die verschiedenen Einzeldiagnosen fühlten sich die Eltern stark verunsichert; sie hatten deshalb geplant, Marina im Kinderzentrum München abklären zu lassen in der Hoffnung, dass sich dort die verschiedenen Fachleute zusammensetzen und gemeinsam ein Bild der Störungen von Marina erarbeiten würden.

Die Beobachtungen während der Abklärung habe ich im Bericht an den Kinderarzt folgendermassen beschrieben:

*Praktisch-gnostische Kompetenzen*
Marina greift kleine Glasperlen mit dem Pinzettengriff und gebraucht dazu noch beide, häufiger jedoch die rechte Hand. Den Malstift nimmt sie im Faustgriff und malt eckige Kritzeleien, wobei sie den Papierrand nicht immer berücksichtigt. Spontan erkennt sie die fehlenden Räder eines Autos nicht; wird sie jedoch aufgefordert "Räder" zu zeichnen, malt sie zirkuläre Kritzeleien an die entsprechende Stelle. Die Schere manipuliert sie mit beiden Händen, kann sie öffnen und schliessen, aber noch keine Schnitte machen. Sie ist

fähig, den Deckel einer Flasche auf- und zuzuschrauben und den Inhalt in ein Gefäss zu leeren, ohne jedoch dessen Kapazität zu berücksichtigen. Sie erfasst den Mechanismus eines aufziehbaren Spielzeuges und macht einzelne Drehbewegungen. Beim Einführen von Formen in die Formbox ist noch keine gezielte Versuch-Irrtum-Strategie zu beobachten.

Marina ist fähig, einzelne Handlungsabläufe zu planen und zu kontrollieren; die Durchführung erfolgt mit leicht ruckartigen, wenig gezielten Bewegungen "ataktischer" Art; sehr oft sind zudem tonisch assoziierte Bewegungen der anderen Hand zu beobachten. Konzentriert sie sich sehr auf eine Handlung, zeigt sie noch einen leichten Speichelfluss.

*Symbolische Kompetenzen*

Marina ist fähig, alltägliche Gegenstände ihrer Funktion entsprechend zu gebrauchen und kann auch einfache symbolische Handlungen imitieren, wie bspw. der Puppe zu essen geben. Ohne die Strukturierung des Erwachsenen ist das Spiel jedoch meist repetitiver Art, wie bspw. beim Wasser hin- und herleeren, und reduziert sich schliesslich auf einfache Manipulationen wie z.B. ausleeren oder kurz anschauen und zu Boden fallen lassen. Marina interessiert sich für das Betrachten eines Bilderbuches mit aufklappbaren Bildern, kann aber den dargestellten Handlungsablauf noch nicht erfassen.

*Sprachliche Kompetenzen*

Während der Beobachtungssituation sprach Marina nur wenig. Spontan produzierte sie einzelne Passe-par-tout-Wörter wie "namme" (noch mehr) und repetierte ab und zu ein Wort; meistens aber antwortete sie mit "ja" auf Fragen oder Aeusserungen des Erwachsenen. Von der Form her sind ihre sprachlichen Aeusserungen stark dyslalisch mit vielen Laut-Assimilationen und Silbenreduktionen; gleichzeitig ist die Aussprache leicht abgehackt, unrhythmisch. Im Sprachverständnis ist Marina fähig, einen genannten Gegenstand zu geben und einfache nicht-situationale Aufforderungen zu befolgen. Da sie aber meist mit "ja" antwortet, entsteht der Eindruck, als ob sie am Inhalt der Sprache - und damit an einem Gespräch - noch nicht wirklich interessiert sei.

*Sozial-kommunikative Kompetenzen*

Marina akzeptiert sofort, mit einer fremden Person zu spielen, kontrolliert aber auch immer wieder die Anwesenheit der Eltern, indem sie ihnen Gegenstände zeigt. Spontan nimmt sie wenig Kontakt auf, reagiert aber gut auf die Kontaktsuche des Erwachsenen, indem sie diesen anschaut oder etwas sagt. Nur selten lächelt sie; manchmal lacht sie laut "hahaha", ohne aber dabei auch die entsprechende Mimik von Freude zu zeigen. Sie schaut in den Spiegel, zeigt aber keine Reaktion und antwortet auf die Frage, wen sie sehe, "Papa". Sie freut sich, wenn ihr eine Handlung gelungen ist (bspw. bei der Formbox) und scheint auch ihre Schwierigkeiten zu realisieren; sie bittet aber kaum je um Hilfe, sondern verzichtet vielmehr auf die geplante Handlung.

*Beurteilung und Procedere*

Die Beobachtungen zeigen ein stark heterogenes Entwicklungsprofil, in dem die praktisch-gnostischen Fähigkeiten einem Entwicklungsalter von 24-30 Monaten entsprechen, während die symbolischen und kommunikativ-sprachlichen Fähigkeiten bei 15-18 Monaten liegen.

Man kann annehmen, dass sich Marina aufgrund ihrer Bewegungsstörungen immer primär auf die Handlung selbst konzentrieren musste, wodurch deren symbolische wie kommunikative Bedeutung in den Hintergrund rückte. Da sie noch keine wirklichen Vorstellungen aufbauen kann, ist es ihr auch nicht möglich, aktive Kompensationsstrategien zu entwickeln, um das entsprechende Ziel trotz ihrer Schwierigkeiten zu erreichen. Aus dieser Sicht scheint es verständlich, dass sie oft resigniert und sich auch sozial zurückzieht.

Eine spezifische Förderung ist damit dringend angezeigt. Sie wird von uns ab sofort zweimal wöchentlich vorerst für die Dauer von drei Monaten durchgeführt.

6.51 Wenn alles schief läuft

Während der ersten Therapiestunden wurden Marina's zentrale Probleme noch deutlicher als bei der Abklärung: jede Spielhandlung, welche sie durchführen wollte, misslang. Sie nahm eine Flasche mit Wasser und wollte dies vorsichtig in eine kleine Pfanne füllen, und schon war die Hälfte des Wassers auf dem Tisch. Sie nahm den Lappen, um aufzuwischen und kippte dabei die Flasche um. Sie wollte die Knete mit der Gabel aufspiessen, traf jedoch die kleinen Stücke nicht. Sie wollte Glasperlen in die Knete drücken, doch bevor sie dazu kam, hatte sie durch eine Bewegung den Behälter bereits umgestossen.

Auf alle diese Missgeschicke reagierte Marina in derselben Weise: hatte sie das Wasser danebengeschüttet, drehte sie die Flasche um und leerte das restliche Wasser demonstrativ auf den Boden. Kippte durch eine überschiessende Bewegung ein einzelnes Gefäss um, stiess sie bewusst alle übrigen Gegenstände auf dem Tisch um. Dabei sah sie mich jeweils herausfordernd an, als ob sie sagen wollte: "schlimm nicht, da weisst doch auch du keinen Rat!"

Die Mutter sagte, dass dies zuhause genau gleich ablaufe; je mehr Mühe sie sich gebe, mit Marina etwas zu spielen, desto schlimmer würde es jeweils enden. Und nachdem sie mir mehr vertraute, ergänzte sie, dass es ihr oft schwer falle, dieses Kind gern zu haben. Dies konnte ich mir gut vorstellen. Wir vereinbarten deshalb, dass sie die Zeit während der Therapie dazu nutzte, in Ruhe einen Kaffee zu trinken und die Zeitung zu lesen.

Zusätzlich zeigten die ersten Therapiestunden auch, dass Marina durch den nach innen gedrehten Fuss in ihrer Bewegungsfreiheit stärker eingeschränkt war, als dies zuerst den Eindruck machte. Praktisch jedesmal, wenn sie sich von einem Ort zum anderen bewegte, stolperte sie und fiel hin. Auch wenn sie sich offensichtlich weh getan hatte, weinte sie nie, sondern stand nach kurzer Zeit mit starrem Gesichtsausdruck wieder auf. Einmal fiel sie hin, während wir uns an der Tür verabschiedeten, und schlug sich dabei besonders stark den Kopf an. Wankend stand sie auf, und Mutter und Tochter standen sich reglos gegenüber und fixierten sich, ohne dass eine von beiden einen Schritt auf die andere hätte zumachen können.

Als erstes habe ich deshalb mit den Eltern und dem Kinderarzt darüber gesprochen, dass die Operation zur Ausrichtung des Fusses so bald als möglich durchgeführt werden sollte. Dabei war von Anfang an klar, dass es für Marina schwierig sein würde, wenn sie nach der Operation ans Bett gebunden und darauf mit dem Gips noch schlechter gehen würde als bis anhin.
Die Operation konnte dann drei Monate später erfolgen.

6.52 Bedeutungsvolle Inhalte

Die bisherigen Ausführungen machen deutlich, dass es für Marina besonders schwer war, ein Bild von sich als vollständige, "unversehrte" und liebenswerte Person zu entwickeln, die bestimmte Dinge tun kann und andere nicht, die manchmal freundlich und oft auch wütend ist, die man aber gerne in die Arme nimmt und tröstet. Der Wunsch und die Phantasie der Eltern, dass sich in einer Klinik im Ausland die Spezialisten für Orthopädie, Neurologie, Augenheilkunde und Sprachheilpädagogik versammeln und das Puzzle Marina zu einem Gesamtbild zusammensetzen würden, spiegelt die Frage, wer denn dieses Kind ist.
Die wichtigste Rolle in der Therapie spielte deshalb eine Puppe. Sie hat das Aussehen eines Babys mit grossem kahlem Kopf, weichem Körper und stark gebogenen Armen und Beinen. Ich hatte sie auf einem Flohmarkt gekauft, weil mir ihr Gesicht gleich sympathisch war. Marina nannte sie Raffaele. Schon in den ersten Stunden haben wir für die Puppe Raffaele gekocht, sie gefüttert und schlafengelegt, wobei es sich dabei noch nicht um lange Spielsequenzen, sondern um einzelne isolierte Tätigkeiten handelte. Dennoch habe ich versucht, aus der Puppe eine kleine Person zu machen, welche manchmal sehr schlecht ass und alles ausspuckte oder nicht ins Bett wollte und heftig weinte. Eine wirkliche Veränderung geschah aber erst nach sechs Wochen. Am Anfang der Stunde hatte Marina mit der Schere hantiert, einzelne Schnitte im Papier und dann am Kleid einer anderen Puppe gemacht, wobei sie mich herausfordernd anschaute. Ich sagte, dass ich das Kleid auch hässlich finde; sie zuckte mit den Schultern, liess Puppe und Schere zu Boden fallen und nahm vom Regal eine Pfeife, welche ein anderes Kind mit Klebstreifen umwickelt hatte. Sie versuchte das Band abzureissen, nahm wieder die Schere und hantierte einige Zeit, bis sie den Klebstreifen abgezogen hatte. Unter dem Band befand sich ein pfeifender Vogel, und ich bedankte mich an seiner Stelle, dass sie ihn erlöst hatte. Marina warf die Pfeife in eine Ecke und widmete sich dem nächsten Spielzeug, einem Pferd auf Rädern, welches sie ziellos hin- und herschob. Ich nahm die Puppe Raffaele, rief "halt, ich will mitreiten" und setzte sie auf das Pferd. Obwohl sie dieses vorsichtig hin- und herbewegte, fiel die Puppe nach kurzer Zeit runter. Ich sagte "au, au, ich hab mir wehgetan" und äusserte schmerzvolle Laute. Marina blieb bewegungslos stehen und starrte Raffaele an. Bevor sie sich abwandte, ging ich hin, nahm die Puppe auf und setzte mich wieder. Ich drückte sie fest an mich, wiegte

sie hin und her und tröstete sie, wobei ich nochmals formulierte, was passiert war: "jetzt hast du dich so gefreut, auf dem Pferd von Marina zu reiten, und das war toll, nicht! Und dann hast du dich nicht gut gehalten, und plötzlich bist du runtergefallen. Das hat dir sicher fest wehgetan, oh, so ein Mist. Soll ich mal schauen, wo es weh tut?". Langsam kam Marina näher, beugte sich über die Puppe, schaute und legte dann den Kopf auf sie und damit auf meinen Schoss. Während ich weiter den Körper leicht hin- und herwiegte und "heile, heile, Sege..." summte, umfasste ich vorsichtig auch Marina, und sie akzeptierte es zum ersten Mal, selbst getröstet zu werden. Nach einer langen Weile hob sie den Kopf, und gemeinsam untersuchten wir nun das Bein von Raffaele und schauten, wo er sich wehgetan hatte. Plötzlich entfernte sich Marina, suchte etwas und kam dann stolz mit dem Doktor-Koffer zurück. Wir cremten das Bein ein, machten eine Spritze und legten einen grossen Verband um. Für die nächste Stunde kaufte ich farbiges Pflaster, und in der Folge wurden die verletzte Raffaele-Puppe und das Doktor-Spiel zum bestimmenden Thema jeder Therapiestunde. Marina, welche sich bis anhin nur minutenweise mit einem Gegenstand beschäftigte, war bei diesen Spielen oft bis zu einer Stunde ruhig und konzentriert.

Unterdessen stand auch der Termin für die Operation fest. Ich sprach mit ihr über das Spital, die Operation und die nachfolgende Zeit mit dem Gips. Wir spielten Abschied und Wiedersehen, indem ich ihr die Puppe manchmal nach Hause in die "Ferien" mitgab, und wir vereinbarten, dass diese sie auch ins Spital begleiten würde.

In gleichem Masse, wie sich Marina für den Inhalt der Spiele zu interessieren begann, wurde für sie auch die sprachliche Kommunikation von Bedeutung. Häufig kam es vor, dass sie erst erstaunt zu mir hochblickte, wenn ich anstelle von Raffaele seine Absichten und Gefühle äusserte, weinte oder lachte. Bald aber sah sie mich nach jeder Handlung erwartungsvoll oder fragend an, weil sie wissen wollte, was ich nun tun oder sagen würde. Nur noch sehr selten antwortete sie auf eine Aeusserung einfach mit "ja"; spontan begann sie auf die Dinge hinzuweisen, und gegen Ende der ersten Therapiephase äusserte sie sich in Mehrwortsätzen und zeigte bereits einen relativ differenzierten Wortschatz. Die Aeusserungen waren aber noch stark dyslalisch und deshalb ausserhalb des Kontextes oft schwer verständlich.

Bereits während der Abklärung hatte ich mich dafür entschieden, die Therapie in ihrer Muttersprache, d.h. in italienisch durchzuführen, obwohl sie damals auch einige deutsche Wörter verstand und produzierte und später sicher einen deutschsprachigen Kindergarten besuchen würde. Wie ich oben beschrieben habe, wähle ich bei zwei- und mehrsprachigen Kindern grundsätzlich immer die emotional stärker besetzte Sprache.

## 6.53 Erklären und verstehen statt Ratschläge geben

Während dieser ersten Therapiephase hatte ich viele Gespräche mit der Mutter und manchmal auch mit beiden Eltern. In erster Linie versuchte ich immer wieder zu beschreiben, wie Marina die Diskrepanz zwischen ihren Ansprüchen und ihren eingeschränkten praktischen Fähigkeiten erleben musste. In vielen Situationen zeigte sie, dass sie ausserordentlich intelligent ist, doch gerade dadurch waren die Diskrepanz zu ihren Möglichkeiten und damit auch ihre Frustration und Wut noch grösser. Tatsächlich hatte sich zuhause nur wenig verändert; oft schien sie die Mutter noch mehr zu provozieren; häufig wollte sie nun nach Ende der Therapiestunde nicht mehr weg, und während sie eben noch ruhig gespielt hatte, machte sie im Gang grosse Szenen und stellte damit ganz offensichtlich mich als lieb und die Mutter als bös dar. Ich versuchte dies so zu erklären, dass sie jetzt ein deutlicheres Bild von sich entwickelt hatte, damit aber auch ihre Schwierigkeiten klar erkennen konnte und mehr oder weniger direkt die Mutter dafür verantwortlich machte. Wir sprachen auch darüber, dass sich diese Tendenz nach der Operation sicher noch verstärken würde.

Ich möchte hier hinzufügen, dass sich während einer bestimmten Therapiephase häufig ein grosser Unterschied zwischen dem Verhalten zuhause und bei mir entwickelt. Es wäre jedoch grundlegend falsch, dies in erster Linie einem Fehlverhalten der Mutter zuzuschreiben. Die Prozesse zwischen dem Kind und der Mutter sind grundsätzlich anderer Art als diejenigen zwischen dem Kind und der Therapeutin. Ich kann deshalb nicht einfach sagen, dass sie keine Probleme hätte, wenn sie sich so (gut) wie ich verhalten würde.

Dasselbe gilt fast immer auch für den Vater, wenn die Mutter und nicht er die primäre Bezugsperson ist. Oft verhalten sich die Kinder ihm gegenüber weniger herausfordernd und allgemein ruhiger. Sind sie noch im Prozess der Loslösung eingebunden, werden sie den Vater aber auch nicht aktiv suchen, nach ihm fragen und ihn in direkter Art einbeziehen. Er bleibt deshalb gewissermassen aus dem therapeutischen Geschehen ausgeschlossen, auch wenn er an Gesprächen teilnimmt oder das Kind selbst in die Therapie begleitet, wie dies beim Vater von Marina oft geschah.

Ein wichtiges Thema der Gespräche liegt deshalb darin, mit der Mutter über diese Unterschiede zwischen ihr, dem Vater oder mir zu sprechen und ihr zu erklären, weshalb das Kind gerade sie als bös oder schlecht behandelt. Die Auseinandersetzung zwischen Mutter und Kind kann ich aber nicht verhindern; es ist im Gegenteil wichtig, diesen Teil der Entwicklung den beiden auch zu überlassen. Absolut kontraindiziert ist es aus dieser Sicht, der Mutter Verhaltensanweisungen zu geben, wie und was sie mit dem Kind spielen oder sprechen soll. Damit würden ihre Schuldgefühle, vieles nicht richtig zu machen und deshalb effektiv schuldig zu sein, noch vergrössert. Zusätzlich wird bei solchen Ratschlägen für unbeschwerte Spiel- und Kommunikationsformen selten berücksichtigt, dass das Grundproblem gerade darin liegt, dass die Mutter nicht unbeschwert *ist*. Fast immer hat sie ganz im Gegenteil damit zu kämpfen, dass sie dieses Kind manchmal am liebsten einfach loswerden möchte. Wenn ich die Mutter wirklich ernstnehmen will, muss ich bei diesem letzten Punkt ansetzen. Ich habe den Eltern von Marina deshalb vorgeschlagen, jemanden zur Unterstützung der täglichen Betreuung zu suchen; bald darauf haben sie eine Au-pair-Frau angestellt.

## 6.54 Die Veränderung der Mutter-Kind-Beziehung

Dreieinhalb Monate nach Beginn der Therapie wurde die Operation durchgeführt. Marina blieb zwei Wochen im Spital, musste das Bein aber noch vier weitere Wochen ruhig legen, bevor sie einen Gehgips bekam. Die Zeit im Spital verlief relativ gut, doch zuhause wurde sie zunehmend unruhiger und unzufriedener, und auch die Auseinandersetzungen mit der Mutter verhärteten sich. Wir hatten bereits vor der Operation über die Wahrscheinlichkeit gesprochen, dass Marina für ihre Immobilität und die mit dem Gehenlernen verbundenen Schwierigkeiten die Mutter verantwortlich machen - und dies ihr gegenüber auch ausdrücken würde. Wir hatten deshalb geplant, die Therapie nach der Operation wieder aufzunehmen.

Marina war knapp vier Jahre alt, als wir die zweite Therapiephase begannen. Sie hatte die Puppe Raffaele, welche in der Zwischenzeit bei ihr in den "Ferien" gewesen war, wieder in die Praxis gebracht. Sobald sie das Zimmer betrat, suchte sie diese als erstes, begrüsste sie und drückte sie fest an sich. In den Spielen standen weiterhin die Themen des Fortgehens und der Trennung, Verletzungen, Trost und Verarztung im Vordergrund. Von zentraler Bedeutung war in dieser Zeit, dass Marina grosse Fortschritte in der Planung und Durchführung auch komplexerer Handlungsabläufe machte und ihre Sicherheit beim Manipulieren ständig zunahm. Da die Spiel-Handlungen nun von Anfang an eine Bedeutung hatten, d.h. im Hinblick auf ein inhaltliches Ziel durchgeführt wurden, begann sie aktiv nach Möglichkeiten der Kompensation ihrer Bewegungsstörungen zu suchen und resignierte nur noch selten, wenn ihr etwas misslang. Gegen Ende dieser Phase war sie fähig, Knetmasse zu rollen, auszuwallen und zu schneiden, mit der Schere Schnitte zu machen und Klebband aufzukleben, geschlossene Formen und Linien zu malen. Beim Einführen von Formen in die Formbox konnte sie die korrespondierenden Oeffnungen antizipieren und begann spontan, einfache Puzzles zu machen. Sie schaute gerne Bilderbücher an und konnte auch die dargestellten Handlungsabläufe inhaltlich erfassen.

Grosse Fortschritte hatte sie auch in der Ich-Entwicklung gemacht; sie sprach von sich in der Ich-Form, interessierte sich für ihren Körper, bspw. wenn sie sich wehgetan hatte und kam nun oft spontan, um sich trösten oder einfach halten zu lassen. Gleichzeitig lächelte sie viel häufiger und zeigte offensichtliche Freude, wenn ihr etwas gefiel.

Auch ihre sprachlichen Fähigkeiten hatte sie stark erweitert; im Italienischen wie im Deutschen konnte sie komplexe Mehrwortsätze bilden und zeigte vor allem im Italienischen einen differenzierten Wortschatz. Auf der phonetisch-phonologischen Ebene zeigte sie speziell bei komlexen Sätzen immer noch viele Assimilationen meist an die zweite Artikulationsstelle; die Sprache war jedoch innerhalb des Kontextes gut verständlich. Vor allem aber war Marina nun fähig, ihre Sprache zu gebrauchen, um Informationen zu geben und zu erfragen und ihre Gefühle auszudrücken.

Welche Bedeutung dies auch innerhalb der Mutter-Kind-Beziehung hat, wird im folgenden deutlich. Leider hatten die Untersuchungen des Fusses gezeigt, dass Marina nochmals operiert werden musste. Der Termin wurde nach Ablauf der zweiten dreimonatigen Therapiephase festgelegt; die Mutter sprach mit ihr und versuchte ihr die Gründe für den nochmaligen Spitalaufenthalt zu erklären. In der Folge war Marina sehr traurig, doch gleichzeitig veränderte sich ihre Beziehung zur Mutter. Sie wurde sehr anhänglich, weinte bei jeder kurzen Trennung und klammerte sich an sie. Auch während der Therapiestunden bestand sie nun darauf, dass die Mutter mitkam und bei ihr sass. Sie sprach oft vom Spital, dass sie Angst habe und nicht dorthin zurück wolle.

Während die Mutter vor der ersten Operation sehr besorgt war, fühlte sie sich diesmal ruhiger. Zwei Tage nach der Operation rief sie mich jeoch verzweifelt an. Ich fuhr zum Spital und fand sie in Tränen aufgelöst und am Ende ihrer Kräfte. Sie erzählte, dass Marina sie kurz nach der Operation lange angeschaut und dann plötzlich gesagt habe "Mama, ich bin so traurig". Dies hätte ihr so wehgetan, dass sie fast zusammengebrochen sei.

Marina hat in diesem Moment das ausgesprochen, was die Mutter so oft fühlte, wovon sie selbst aber nie gesprochen hat; die Trauer um ein Kind, das es in dieser Welt so schwierig hat und auch ihr das Leben schwer macht; die Trauer, dass sie ihm diese Schwierigkeiten nicht abnehmen oder erleichtern kann, sondern im Gegenteil noch erschwert, wenn sie es trotz seiner Aengste ins Spital bringen muss.

In der Folge hatten die beiden eine gute Zeit zusammen. Nach einer Kontrolluntersuchung im Alter von 4;3 Jahren schrieb ich im Bericht an den Kinderarzt zu Beurteilung und Procedere: Marina zeigt nun ein deutlich ausgeglicheneres Entwicklungsprofil, indem die verschiedenen Fähigkeiten einem Entwicklungsalter zwischen drei und vier Jahren entsprechen.

Durch die Ataxie ist sie aber in vielen alltäglichen Bewegungsabläufen immer noch eingeschränkt, was sie selbst sehr gut realisiert und worauf sie auch sehr sensibel reagiert. Es scheint uns deshalb wichtig, sie gut auf die Integration in den Kindergarten, wo sie die Bezugsperson mit vielen anderen Kindern teilen muss, vorzubereiten und ihr konkrete Möglichkeiten aufzuzeigen, wie sie sich auch mit anderen Kindern organisieren, wehren und behaupten kann.

Marina wird deshalb von Mai bis Juli zweimal wöchentlich zu uns in eine Therapiegruppe kommen. Nach den Sommerferien ist der Eintritt in den Kindergarten geplant. Ein Gespräch mit der Kindergärtnerin ist für anfangs Juni vorgesehen.

Gerade in der Zeit vor dem Eintritt in den Kindergarten ging es Marina so gut, dass ich die Mutter darauf hinweisen musste, dass die Probleme nun nicht einfach beseitigt sind. Jede Handlung erfordert mehr Konzentration und Kraft als bei anderen Kindern; wenn Marina auch momentan fast keine "Symptome" zeigt, ist die Ataxie nicht aus der Welt geschafft. Man kann also nicht einfach "zur Tagesordnung zurückkehren", als ob nie etwas gewesen wäre. Sie hat weiterhin das Recht auf eine spezielle Behandlung - nicht im Sinne einer Therapie, aber indem man sie unterstützt, wenn nötig schützt und ihr immer wieder zeigt, dass man nicht vergessen hat, wie sehr sie sich oft anstrengen muss.

## 6.6 Daniel

Mit der Geschichte von Daniel möchte ich einen typischen Verlauf eines Kindes mit Entwicklungsauffälligkeiten beschreiben; ich möchte aufzeigen, wie sich die Probleme in verschiedenen Entwicklungsphasen immer wieder ganz anders stellen, und wie wir sie zu lösen versuchen, um den Anspruch der Heilung in unserem Sinne zu verwirklichen. Diese Geschichte steht damit stellvertretend für viele Kinder, welche uns im Vorschulalter aufgrund ihrer sprachlichen Schwierigkeiten angemeldet werden.

Daniel wurde im Alter von 3;6 Jahren zur logopädischen Abklärung und Behandlung zugewiesen. Der Kinderarzt beschrieb die Vorgeschichte wie folgt: "schwere Geburtsasphyxie bei Mangelgeburt, verzögerte psychomotorische und insbesondere sprachliche Entwicklung: erste Worte mit 2 Jahren, schweres Stammeln. Eine Physio- und Ergotherapie sowie heilpädagogische Frühberatung wurden abgeschlossen." Seine Diagnose lautete "schwer verzögerte Sprachentwicklung bei behandelter leichter CP". Gemäss Abklärung des Hals-Nasen-Ohren-Arztes war die Hörfähigkeit nicht beeinträchtigt.

Daniel war ein kleiner, schmaler Knabe, dem man sofort ansah, dass er unglücklich war. Sein Spontanspiel während der Abklärung bestand darin, dass er die vorhandenen Gegenstände wahllos vom Gestell nahm, kurz explorierte und wegwarf. Wenn ich sein Spiel strukturierte, dauerte die Explorationsphase etwas länger; die Handlungen wurden jedoch bei der geringsten Schwierigkeit sofort abgebrochen. Obwohl diese Spielweise einen hektischen Eindruck machte, spürte man doch, dass er eigentlich ein eher ruhiges Kind war. Während des Spiels äusserte er spontan verschiedene Laute, welche vorwiegend aus Vokalen mit stark nasalem Klang bestanden. Vereinzelt kommentierte er eine Handlung auch mit Wörtern oder Phrasen wie bspw. "I e-e" (Tisch decken); zu fast allen

Gegenständen sagte er "i-äh" (mitnehmen), wobei er mit dieser Aeusserung eigentlich seine Hilflosigkeit den Dingen gegenüber ausdrückte. Sein Sprachverständnis war auf rein situationale Aeusserungen beschränkt; d.h. wenn ich ihn nach einem Gegenstand fragte, den er nicht gerade in der Hand hielt, schaute er ziellos umher und machte dann irgendetwas.

Daniel akzeptierte sofort, mit mir zu spielen und konnte in kurzer Zeit einen guten sozialen Kontakt aufbauen, indem er mich oft anschaute und manchmal auch lächelte; der referentielle Blickkontakt war noch nicht zu beobachten. Er kontrollierte die Anwesenheit der Mutter, indem er ihr immer wieder Gegenstände zeigte oder brachte. Er äusserte noch keine Freude, wenn ihm eine Handlung gelungen war und zeigte auch keine spezielle Reaktion, wenn er auf Schwierigkeiten stiess.

Zusammenfassend zeigten die Beobachtungen ein verzögertes, leicht heterogenes Entwicklungsprofil, in dem die praktisch-gnostischen Kompetenzen einem Entwicklungsalter von 18-24 Monaten entsprachen, während die symbolischen und kommunikativ-sozialen Fähigkeiten sowie die Sprachproduktion bei 15-18 Monaten und das Sprachverständnis bei 12-15 Monaten lagen .

Daniel kam zweimal wöchentlich während drei Monaten zu mir in Therapie. Die Art und Weise des therapeutischen Handelns habe ich im fünften Kapitel beschrieben; viele der genannten Beispiele habe ich aufgrund der Erinnerung an die Arbeit mit Daniel aufgezeichnet.

Im Laufe der Therapie wurde die Brio-Bahn zu seinem Lieblings-Spiel und gegen Ende der drei Monate konnte er sich so sehr in dieses Spiel vertiefen, dass ich mir fast ein wenig überflüssig vorkam. Gleichzeitig aber war ich gerührt, weil er dabei nun einen richtig zufriedenen Eindruck machte.

Er interessierte sich nun sehr für die sprachlichen Aeusserungen Anderer und aus dem Bedürfnis heraus, auch selbst verstanden zu werden, hatte er ganz spontan begonnen, einige zusätzliche Laute zu bilden. Aufgrund der dysarthrischen Komponente war die Sprache jedoch nach wie vor sehr dyslalisch und nur im Kontext verständlich.

Mit der Möglichkeit, sich in das Spiel zu vertiefen, war er ruhig und ausgeglichen geworden. Er hatte eine weit grössere Selbständigkeit erworben und damit auch mehr Selbstvertrauen gewonnen.

Wir machten eine Therapiepause und eine Kontrolluntersuchung nach drei Monaten im Alter von 4;2 Jahren. In der Zwischenzeit hatte Daniel an ganz verschiedenen Gegenständen und Tätigkeiten Interesse gefunden, wie bspw. das Malen, Schneiden oder auch an Puzzles. Die Mutter erzählte, dass er sich mit solchen Spielen gerne auch über längere Zeit alleine beschäftige, und ihr dann berichte, was er hergestellt hätte. Sie machte sich dennoch Sorgen, weil Daniel nur sehr ungern auf den Spielplatz ging und nicht mit anderen Kindern spielen wolle.

Auch verschiedene andere Mütter hatten schon davon gesprochen, dass ihr Kind nach Beendigung einer Therapiephase gut alleine spielen könne, seine Spielsachen jedoch nicht mit anderen Kindern teilen wolle oder gar Angst vor ihnen hätte. Vor allem hinsichtlich der Einschulung in den Kindergarten stellt dies ein wichtiges Problem dar, welches wir jedoch in der Einzeltherapie nicht lösen können.

Gemeinsam haben wir diese Frage in der Praxis diskutiert und uns dann entschlossen, eine therapeutische Gruppe aufzubauen.

6.61 Die therapeutische Gruppe

Diese erste Gruppe mit Daniel bestand aus sechs Kindern im Alter zwischen viereinhalb und sechs Jahren und wurde von meiner Kollegin Ruth Kappeler-Rieser und mir geleitet. Alle Kinder hatten vorher eine Einzeltherapie besucht, d.h. sie hatten zu einer der zwei Therapeutinnen bereits einen Kontakt aufgebaut, und sie kannten die Räumlichkeiten und Spielgegenstände. Wie bei der Einzeltherapie kamen sie zweimal wöchentlich für die Dauer von eineinviertel Stunden zu uns.

Durch die Gruppe wollten wir einen Rahmen schaffen, in dem die Kinder die Möglichkeiten der Interaktion mit Gleichaltrigen entdecken konnten, d.h. sie sozusagen in die Welt der Kinder-Freundschaften einführen. Als Voraussetzung gehören dazu aber nicht nur Formen, wie sie mit Gleichaltrigen in Kontakt treten können, sondern vor allem auch Möglichkeiten, wie sie sich abgrenzen und ihre eigenen Bedürfnisse verteidigen können.

Ich möchte hier hinzufügen, dass es auch in diesem Rahmen nicht möglich ist, zwei Zielsetzungen zu verfolgen, also bspw. gleichzeitig auch auf eine Erweiterung des Spiels oder der sprachlichen Kommunikation zu setzen. Denn die Präsenz der anderen Kinder erfordert vorerst die ganze Konzentration und Energie, so dass gerade zu Beginn eher regressive Tendenzen zu beobachten sind.

Vor Beginn der Gruppe machten wir nochmals eine Kontrolluntersuchung mit Daniel, der zu diesem Zeitpunkt 4;4 Jahre alt war. Ich erzählte ihm, dass er nun wieder zu mir komme, dass jedoch auch andere Kinder dabei sein würden. Die Mutter berichtete, dass er sich sehr gefreut hätte, doch konnte er sich sicher nicht genau vorstellen, dass er mich nun mit den anderen Kindern "teilen" musste. Als wir uns begrüssten, nahm er mich bei der Hand und steuerte auf unser Zimmer zu. Ich erklärte ihm, dass wir alle im Raum von Frau Kappeler spielen werden und stellte die Kinder einander vor. Daniel blieb bei der Tür stehen und beobachtete eine Weile die anderen Kinder. Dann ging er in meinen Therapieraum und kam nach einer Weile zurück, wobei er die Kiste mit der Brio-Bahn hinter sich herzog. Er stellte sie in eine Ecke und blieb in der Nähe stehen, als ob er die Kiste bewachen wollte. Erst als ich mich zu ihm hinsetzte, begann er die

Schienen auszupacken und zusammenzufügen, kontrollierte dabei aber ständig die Tätigkeiten der anderen Kinder.

Als Therapeutinnen stellten wir uns zwei Hauptaufgaben, wobei wir uns darin laufend abwechselten. Die eine ist allgemein und besteht darin, die Gesamt-Situation so gut als möglich zu strukturieren und zu kontrollieren, d.h. unbenützte Spielsachen aufzuräumen und dadurch wieder mehr Platz zu schaffen, oder zu verhindern, dass zuviel Wasser geholt und um-, bzw. ausgeleert wird. Die zweite Aufgabe ist speziller Art: die Therapeutin setzt sich zum einzelnen Kind hin, spielt und spricht zu ihm. Dabei versucht sie auszudrücken, was geschieht, und wie es sich dabei fühlen mag. Zu Daniel sagte ich: "Du kannst gar nicht in Ruhe spielen, wenn so viele Kinder da sind. Und dann wolltest du auch mit mir alleine zusammensein, so wie es immer gewesen ist, und nun musst du mich mit allen teilen, und ich habe nur wenig Zeit".

Während der ersten drei bis fünf Stunden schaute Daniel vor allem anderen Kindern zu und spielte für kurze Zeit mit seiner Bahn, nachdem ich mich zu ihm gesetzt hatte. Auch die meisten anderen Kinder verhielten sich ähnlich, und wenn sie Hilfe brauchten oder Konflikt-Situationen auftraten, wandten sie sich an "ihre" Therapeutin. Solche Konflikte entstanden vor allem dann, wenn zwei Kinder mit demselben Gegenstand spielen wollten, d.h. wenn ein Kind dem anderen ein Spielzeug wegnahm. Das Problem besteht hier nicht darin, dass die Kinder nicht bereit sind, zu geben, sondern ganz im Gegenteil, dass sie einen Gegenstand nicht verteidigen können, wenn sie ihn behalten wollen. Denn das Geben ist erst dann wirklich ein Geben, wenn ich dies frei entscheiden kann, d.h. wenn es auch möglich und selbstverständlich ist, dass ich gerade jetzt nicht gebe. Daniel hatte Angst vor den anderen Kindern, weil er nicht wusste, wie er sich behaupten konnte. Ich unterstützte ihn deshalb im Behalten, d.h. zu einem anderen Kind sagte ich sozusagen an seiner Stelle "nein, diesen Lastwagen bekommst du jetzt nicht, jetzt spielt Daniel damit!" oder auch "nein, stör jetzt nicht, gleich fährt der Zug los". Manchmal kam er mit einem traurigen Gesichtsausdruck zu mir, zeigte auf ein anderes Kind und sagte "der, der hat den Lasti". Ich ging dann mit ihm und unterstützte ihn darin, diesen zurückzuerobern.

Anfangs des zweiten Monats entdeckte Daniel die anderen Kinder; er interessierte sich für eine kleine Verletzung eines Buben und tippte mit dem Finger darauf, und er hatte sich ein wenig in ein etwas älteres Mädchen verliebt. Er ging zu ihr, strich über ihre Haare und manchmal umarmte er sie. Von da an war er nicht mehr primär besorgt, in meiner Nähe zu sein, sondern folgte nun immer häufiger den Tätigkeiten dieses Mädchens. Die Mutter bestätigte, dass er auch zuhause oft von ihr erzählte und in diesem Zusammenhang nach der nächsten Stunde fragte. Etwa zur gleichen Zeit begann er spontan, einen Gegenstand zu verteidigen. Es war für ihn ein ganz spezielles Erlebnis, als er erstmals den Lastwagen allein zurückerobert hatte; stolz sass er auf dem Stuhl, hielt ihn auf dem Schoss, blickte umher und lächelte zufrieden. Viele Kinder erlebten in dieser Zeit zum ersten Mal, dass sie kräftig sind und sich auch sprachlich mit lauten Worten wehren können.

Im Laufe des dritten Monats entstanden bereits längere Spielsequenzen zwischen verschiedenen Kindern, welche manchmal sogar zu einem gemeinsamen Thema zusammengefügt wurden. Zum Schluss war dies das Post-Spiel; ein Mädchen hatte sich von Anfang an damit beschäftigt, Pakete zu machen, d.h. Bücher oder Puzzles in farbiges Papier einzupacken und das ganze dann mit Spielkarten, Knete oder Brio-Schienen zu bekleben. Später haben dies andere Kinder nachgeahmt; Daniel hatte gemeinsam mit einem anderen Knaben die Kinderpost entdeckt, kritzelte Briefe, klebte Postmarken auf und bestempelte die Produkte wie auch sich selbst. Seine kleine Freundin begann nun, die Pakete einzusammeln, auf die "Post" zu bringen und die Briefe zu verteilen, worauf nun alle Kinder Briefe und Pakete austauschten. Mit diesem Spiel haben sie gleichsam das Thema der Kommunikation inszeniert. (Zur Analyse der Interaktionsformen in dieser therapeutischen Gruppe vgl. auch *Ribaux-Geier/ Rietschi Näf* 1993.)

Die Gruppe endete vor den Sommerferien; danach war die Einschulung in den Kindergarten geplant.


6.62 Die Einschulung in den Regelkindergarten

Schon im Frühling hatten wir uns mit der Frage auseinandergesetzt, wo Daniel eingeschult werden könnte. An seinem Wohnort gab es keinen Sprachheilkindergarten; eine Einschulung in den heilpädagogischen Kindergarten wollten wir in jedem Falle vermeiden, da sein Profil zwar immer noch einen leichten Entwicklungsrückstand zeigte, viele Beobachtungen jedoch auf eine gute Intelligenz hinwiesen, und die Chancen erfahrungsgemäss sehr gering sind, dass ein Kind später vom heilpädagogischen Kindergarten in die Regelschule übertreten kann.

Da viele unserer Kinder in einer ähnlichen Situation sind, haben wir versucht, ein kleines Integrations-Projekt aufzubauen. Wir haben Kontakt aufgenommen mit der Abteilung Sonderpädagogik der Universität Zürich und vereinbart, dass Studentinnen im Rahmen ihres Schluss-Praktikums die Funktion einer Stützperson übernehmen konnten. Die Finanzierung ihrer Arbeit wurde von der Gemeinde getragen, während die fachliche Beratung, welche wir selbst durchführten, von der Invalidenversicherung bezahlt wurde.

Im Alter von 4;7 Jahren konnte Daniel in den Regelkindergarten eingeschult werden; während neun Monaten kam zweimal wöchentlich eine Studentin in die Klasse und unterstützte ihn bei der Integration in die Gruppe der anderen Kinder. Sie selbst wurde von uns in regelmässigen Gesprächen beraten.

Ihre Beobachtungen der ersten Stunden im Kindergarten fasst sie so zusammen: "Der eigentlichen Handlung während der Lektion scheint er nicht folgen zu können. Er sitzt da und macht einen abwesenden Eindruck, dann äussert er sich oft plötzlich wieder. Bewegungen der Kinder imitiert er richtig, scheint aber nicht auf die Worte der Kindergärtnerin oder auf den Text von Liedern zu achten." (*Burkhardt* 1992, 5). Schon eineinhalb Monate später zeigten sich grosse Veränderungen: "Der Knabe kennt nun schon einige Spiele und scheint einige wenige auch inhaltlich zu verstehen. Er ist interessiert und will auch alles ausprobieren. Im Kreis lässt er sich weniger ablenken, schaut oft auf das sprechende Kind und scheint das Erzählte zu verstehen. ... Er zeigt ganz klar, dass er mit mir spielen möchte und weiss auch genau, was... Ich verstehe ihn besser und es dünkt mich, dass er genauer spricht. Seine Sätze scheinen mir zum Teil recht komplex zu sein. Er will immer wissen, wann ich wiederkomme" (7/8).

Etwa zu diesem Zeitpunkt, im Alter von 4;9 Jahren habe ich eine weitere Kontrolluntersuchung durchgeführt. Mit dem zunehmenden Interesse für die Sprache anderer hatte Daniel in der Zwischenzeit auch viele aktive Strategien entwickelt, um selbst verstanden zu werden. Er hatte zusätzliche Laute wie den velaren R- und einen palatalen S-Laut erworben und konnte diese zum Teil auch in die Spontansprache integrieren (bspw. "usleere", "Himbeeri"). Zusätzlich zeigte er allgemein weniger Assimilationen an die dritte Artikulationsstelle, d.h. er konnte auch die labialen und dentalen Laute vermehrt in Wörter und Sätze integrieren. Damit war es ihm möglich, seine Sprache auch in der Gruppe einzusetzen, um soziale Kontakte aufzubauen, seine Absichten und Gefühle auszudrücken und Informationen zu geben und zu erfragen. Er machte einen selbstsicheren, zufriedenen Eindruck und zeigte dies durch häufiges Lächeln und Lachen.

Während des Spiels hatte ich beobachtet, dass Daniel seine Handlungen immer unterbrach und sich mir zuwandte, wenn ich zu ihm sprach. Oft stutzte er dann und fragte nach, als ob er die Aeusserung nicht richtig gehört hätte. Als ich sie danach fragte, erzählte die Mutter, dass er im Gegensatz zu seinem jüngeren Bruder auch ins Ohr geflüsterte Worte nicht verstehen könne.

Aufgrund dieser Beobachtungen habe ich dem Kinderarzt vorgeschlagen, Daniel zu einer Gehör-Abklärung anzumelden. Nach der Untersuchung stellte der HNO-Arzt die Diagnose "einer Beeinträchtigung der zentralen Hörwahrnehmung". Ich stellte diese Diagnose jedoch in Frage, da weder die Art des sprachlichen Verlaufs noch die aktuellen Beobachtungen auf das Vorhandensein einer zentralen Hörstörung hinwiesen. Ich habe den Kinderarzt deshalb gebeten, eine weitere Abklärung in die Wege zu leiten. Diese ergab, dass Daniel eine Mittelohr-Schwerhörigkeit entwickelt hatte, nachdem er drei Monate zuvor eine entsprechende Erkrankung erlitten hatte. Im Alter von fünf Jahren erhielt er ein Hörgerät.

In diesem Teil der Geschichte zeigt sich sehr deutlich, welche Bedeutung das Sprachverständnis für den Aufbau der Sprache hat. Da Daniel die Möglichkeiten der sprachlichen Kommunikation entdeckt hatte, konnte er auch in der Zeit, als seine Hörfähigkeiten deutlich eingeschränkt waren, aktive Kompensationsstrategien entwickeln; er unterbrach sein Spiel, schaute die sprechende Person an und fragte nach. Gleichzeitig war er auch fähig, seine eigene Sprache zu erweitern, d.h. Möglichkeiten zu entwickeln, um selbst besser verstanden zu werden.

Als Daniel fünf Jahre alt war, konnte die Studentin ihre Arbeit im Kindergarten beenden. Ihre Schluss-Beobachtungen fasst sie so zusammen: "Er versteht oft, welchen Zusammenhang etwas hat und fragt auch danach. Er will das meiste alleine machen, merkt aber auch, wenn er Hilfe brauchen könnte. Wird eine Geschichte erzählt, will er sich oft nahe zur Kindergärtnerin setzen und ins Buch schauen. Er hat die Möglichkeit, etwas genauer zu artikulieren, wenn ich ihn nicht verstehe. Sein Interesse für andere Kinder wird grösser." (*Burkhardt* 1992, 12/13).

Während der Zeit, in der Daniel von der Stützperson betreut wurde, haben wir auf eine zusätzliche logopädische Therapie verzichtet. Damit war für das Kind wie für alle anderen Beteiligten klar, dass die Integration in die Kindergruppe im Vordergrund stand, und es entstand keine "Konkurrenz" durch die Einzeltherapie.

Eine weitere Therapiephase planten wir für den Beginn des zweiten Kindergartenjahres, wobei diese nun nicht mehr von uns, sondern von der Logopädin seines Wohn- und Schulkreises durchgeführt wurde.

*Ribaux-Geier* und *Rietschi Näf* haben Daniel ein Jahr später nochmals im Kindergarten besucht. Sie stellten fest: "Er ist jetzt fähig, kooperativ zu spielen und eine ihm zugewiesene Rolle darzustellen. In Konfliktsituationen wehrt er sich nun selber, ohne die Hilfe von Erwachsenen beizuziehen. Er verbalisiert differenzierter seine Wünsche und Bedürfnisse. Daniel eröffnet selbst Interaktionen mit anderen Kindern, "pläuderlet", fühlt sich wohl und lacht mit ihnen. Auf der verbalen Ebene erreicht er eine höhere Stufe, nämlich die des Dialogs." (1993, 54). Ich schliesse mich der Schluss-Forderung der beiden Fachfrauen an, "dass man/ frau von der Idee eines "kindergartengerechten Kindes" wegkommen sollte hin zur Idee eines "kindgerechten Kindergartens", in dem *alle* Kinder das Recht haben zu sein." (55)

## 6.7 Nadine

Nadine wurde im Alter von knapp acht Jahren zur Abklärung angemeldet, weil sie ausser "ja" keine Wörter sagte. Sie ist auf einem Bauernhof aufgewachsen und hat zwei ältere Brüder. Kurz nach der Geburt fiel auf, dass sie einen kleinen und schmalen Kopf hatte; später zeigte sie zudem leichte Wachstumsstörungen, und ihr Aussehen erweckte den Eindruck eines Vogelgesichts. Ab dem Alter von vier Jahren erhielt sie heilpädagogische Frühförderung und besuchte dann den heilpädagogischen Kindergarten. Da sie nie gesprochen und nur eine leichte Verzögerung der geistigen Entwicklung hatte, wurde sie im Alter von siebeneinhalb Jahren in die Sprachheilschule eingeschult, wo sie täglich logopädische Therapie erhielt.

Zum Zeitpunkt der Abklärung besuchte sie seit dreiviertel Jahren die erste Klasse. Die Logopädin und die Lehrerin hatten eine Liste der Fähigkeiten, erstellt, welche Nadine "nicht immer (von sehr gut bis gar nicht)" konnte; dazu gehörten bspw. den eigenen Namen schreiben, Schreiben von Wörtern nach Diktat, mit den Fingern der Reihe nach vorzählen, spontanes Sprechen und Schreiben von gelernten Lauten, Verschmelzen einzelner Laute, "lala" singen.

Meine Beobachtungen bei der Abklärung habe ich wie folgt zusammengefasst:

*Praktisch-gnostische Kompetenzen*
Nadine nimmt den Malstift im Erwachsenengriff in die rechte Hand und malt spontan eine Sonne, dann einen schwarzen Rand um das ganze Blatt; sie fügt Haus, Baum, einen Regenbogen und auf Aufforderung auch sich selbst hinzu. Aus dem Kamin des Hauses lässt sie viel Rauch aufsteigen und freut sich offensichtlich über das schwungvolle Gekritzel, welches das ganze Blatt bedeckt. So malt sie auf dem Dach gleich ein zweites Haus mit ebensoviel Rauch. In der Zeichnung sind die wichtigen, gegenstandsbestimmenden Elemente alle enthalten; die Ausführung erfolgt teilweise mit etwas flüchtiger Linienführung bei mehr oder weniger adäquater Kraftdosierung. Auch beim Nachzeichnen einer abstrakten Figur erfolgt die Ausführung mit raschen Strichen, doch Nadine ist fähig, alle Elemente bezüglich Form wie Dimension korrekt zu rekonstruieren. Die Schere greift sie mit der rechten Hand, schneidet ein Stück Klebstreifen ab und kann die Zeichnung damit selbständig an die Wand heften. Nadine ist fähig, zwei- und dreidimensionale Figuren mit Bausteinen nachzubilden; wird sie aufgefordert, selbst eine schwierige Figur zu legen, reiht sie die Steine mit abwechselnder Farbe rot-weiss hintereinander und ändert bei der Nachfrage, ob sie noch etwas viel schwierigeres konstruieren könne, nur die Farbe in blau-gelb.

*Symbolische Kompetenzen*
Nadine akzeptiert sofort, mit dem Kochherd zu spielen; sie leert Wasser und Glasperlen in die Pfanne, stellt diese auf den Herd, rührt mit dem Löffel um und verschiebt die Pfannen auf den Kochplatten. Spontan gibt sie diesem Spiel keine weitere Bedeutung; Erweiterungsvorschläge des Erwachsenen (bspw. zu essen geben) nimmt sie auf, imitiert oder expandiert diese aber von sich aus nicht weiter. Beim Betrachten eines Bilderbuches mit aufklappbaren Bildern öffnet sie die entsprechenden Teile und schaut sich den Inhalt kurz an, versucht aber nicht, einen Gesamteindruck der Darstellung zu gewinnen. Entsprechend scheint sie auch den dargestellten Handlungsablauf nicht wirklich erfasst zu haben.

*Sprachliche Kompetenzen*
Während der ganzen Abklärungssituation äussert Nadine spontan nur das Wort "ja"; auch Vokalisationen, Lautmalereien oder Lallsequenzen sind nicht zu beobachten. Zwei- dreimal bewegt sie die Lippen, als ob sie etwas kommentieren würde. Sie ist fähig, einzelne

Laute und Phoneme nachzuahmen. Im Sprachverständnis kann sie auch nicht-situationale Aufforderungen befolgen; beim Identifizieren von Bildern aufgrund sprachlicher Aeusserungen zeigt sie Schwierigkeiten im Verständnis komplexerer Strukturen wie Perfekt-, Futur- und Passivsätze.

*Sozial-kommunikative Kompetenzen*
Nadine akzeptiert sofort, sich mit einer fremden Person an den Tisch zu setzen und zu spielen. Von sich aus nimmt sie kaum sozialen Kontakt auf, erwidert jedoch die Kontaktsuche des Erwachsenen, indem sie Blicke austauscht und lächelt; Fragen beantwortet sie mit "ja" oder Kopfschütteln bzw. "e-e" oder aber durch Zeigen; der Gebrauch repräsentativer Gesten war nicht zu beobachten. In ihren Handlungen lässt sich Nadine grösstenteils durch den Erwachsenen bestimmen, d.h. sie versucht nicht, eigene Wünsche und Absichten mitzuteilen, um Hilfe zu bitten, den anderen in ihr Spiel einzubeziehen oder aber bestimmte Anforderungen zu verweigern. Sowohl bei gestellten Aufgaben wie bei der spontanen Beschäftigung zeigt sie keine offensichtliche Freude über das Erreichen eines Resultats und interessiert sich entsprechend auch nicht, ob der Erwachsene sich darüber freut. Sie schminkt die Puppe und hält ihr den Spiegel hin, äussert aber nicht den Wunsch, sich selbst zu schminken und die Veränderungen zu betrachten.

*Beurteilung*
Nadine zeigt ein leicht verzögertes stark heterogenes Entwicklungsprofil, in dem die praktisch-gnostischen Kompetenzen einem Entwicklungsalter von 5-6 Jahren entsprechen, während die symbolischen und sozial-kommunikativen Fähigkeiten und das Sprachverständnis bei zwei bis drei Jahren liegen.

Die mangelnde sprachliche Entwicklung kann vielleicht als Ausdruck einer Entwicklungsdysphasie betrachtet werden; von grosser Wichtigkeit - vor allem auch hinsichtlich Prognose und Therapie - ist jedoch die Beobachtung, dass Nadine die Sprache als Repräsentations- wie Kommunikationsmittel noch nicht entdeckt hat und sich damit auch gar nicht dafür interessieren kann.

Auffallend ist insbesondere, dass Nadine zwar einen sozialen Kontakt aufnimmt, dabei jedoch den Eindruck erweckt, dass sie dies mehr dem Erwachsenen zuliebe und weniger aufgrund eigener Wünsche oder Bedürfnisse tut. Gleichzeitig beherrscht sie sehr viele Tätigkeiten, scheint diesen aber von sich aus wenig Sinn und Bedeutung geben zu können und kann sich deshalb auch nicht wirklich darüber freuen.

In einem anschliessenden Gespräch mit der Erzieherin, der Logopädin und der Lehrerin beschlossen wir, uns einmal monatlich zu treffen und über Nadine zu sprechen.

Die Beschreibungen der Fachfrauen bestätigten die Eindrücke während der Abklärung. Die grösste Schwierigkeit aller, welche mit Nadine arbeiteten, bestand darin, dass sie keine Tätigkeit fanden, für welche das Kind wirklich Interesse zeigte. Die Logopädin beschrieb bspw., dass sie gegen Ende einer Stunde freudig auf einem Trampolin herumgesprungen sei, doch in den darauffolgenden Stunden wiederholte sie diese Tätigkeit spontan nicht, obwohl das Trampolin noch immer dort stand. Die Lehrerin sagte, dass Nadine auf Aufforderung zu schreiben und rechnen versuchte, von sich aus aber nie etwas von ihr wissen wollte. Am schwierigsten war es für die Erzieherinnen, welche trotz vieler Bemühungen kein Spiel fanden, welches Nadine ein einziges Mal spontan vorschlug.

Im Buch "Namenlos" von *Dietmut Niedecken* (1989) habe ich später eine Beschreibung gefunden, welche mich sofort an Nadine erinnert hat. "Ein Mädchen, das mit sechs Jahren bereits den Tagesplan eines Managers zu erfüllen hatte, war einmal zu einer Vorstellungsstunde bei mir. Musiktherapie fehlte zur Zeit noch im Förderplan, ... Sie, die mit hektisch beflissener Bemühung alles zu leisten versuchte, was von ihr verlangt wurde, sie wurde still und sass abwesend und völlig untätig, als ich nichts von ihr verlangte, nur ruhig ihr gegenüber sass, sie von Zeit zu Zeit bei ihrem Namen nannte, und den Szenotestkasten zwischen uns stellte. Anfangs empfand ich einen heftigen Widerwillen gegen das beflissen Marionettenhafte an ihr; wie wir aber so einander gegenübersassen, wich dieses Gefühl allmählich und machte einer unsäglichen Leere und Verzweiflung Platz, ich hätte hundert Jahre weinen mögen. Ich sah, wie ihre Augen in Tränen verschwammen, als sie schliesslich nach langem stummem Beeinandersitzen langsam mit zitternden Händen in den Szenokasten griff, ein paar einzelne Klötze herausholte, sie wahllos vor sich hinlegte, schliesslich, "braves Kind", sie wieder einräumte. Dieses Mädchen wäre durchaus in der Lage gewesen, eine Tierszene oder eine Puppenszene aus dem Szenokasten aufzubauen, hätte ich das von ihr verlangt. So aber, durch mein Dasein und Namensagen auf ihren eigenen Wunsch verwiesen, blieb ihr nichts, als mir zu zeigen, wie sie sich erlebte: nicht Puppenszene, nicht strukturiertes zusammenhängendes Erleben, vielmehr einzelne Bauklötze; unzusammenhängend, wie ihre einzelnen Leistungen unzusammenhängend bleiben mussten, (konnte) sie ihnen nicht mit ihrer eigenen affektiven und sinnlichen Wirklichkeit Zusammenhang und Sinn geben." (189)


6.71 Lernen, nicht zu fördern

Die Beschreibungen der Kolleginnen und die Beobachtungen während der Abklärung weisen darauf hin, dass Nadine während der letzten Jahre zwar viele einzelne Fertigkeiten erworben hat, deren Sinn ihr jedoch grösstenteils verborgen blieb. Sie kann schneiden, kleben, malen und sogar schreiben, Puzzles legen und vieles mehr, doch alle diese Tätigkeiten haben nichts mit ihr zu tun. Sie schminkt die Puppe, wenn ich ihr einen Lippenstift gebe, doch es gibt keine Geste zu ihren eigenen Lippen, keinen verstohlenen Blick in Richtung des Spiegels, keine Lust, mit dem Stift das Gesicht der Puppe zu beschmieren, nichts. Sie legt den Stift weg und schaut mich an, bereit, die nächste Tätigkeit auszuführen, die ich mir für sie ausgedacht habe.

Der Titel der Liste, welche die Lehrpersonen aufgestellt haben, umschreibt Nadine's Problem sehr genau: "geht nicht immer (von sehr gut bis gar nicht)".

Wenn ein Kind bestimmte Tätigkeiten manchmal gut und manchmal gar nicht durchführen kann, sprechen einige Autoren von Schwierigkeiten im "Transfer". Dies ist ein Ausdruck aus der Pädagogik und beschreibt ein Problem der Lehrperson. In der Entwicklungspsychologie gibt es dieses Problem nicht! Ein Kind, das eine neue Tätigkeit entdeckt hat, wie bspw. seinen Namen schreiben, will dies immer und immer wieder tun. Dabei sucht es spontan nach den Möglichkeiten, wo und wie es diese neue Errungenschaft noch einsetzen könnte. Dieses freudige Wiederholen, Ausprobieren und Suchen hat *Piaget* als "Assimilation" bezeichnet, das erstmalige Durchführen der neuen Tätigkeit als "Akkommodation". Lernen ist nach *Piaget* immer eine *Verbindung* von Assimilation und Akkommodation. Kein Kind wird spontan nur akkommodieren; wenn die Lehrperson jedoch Lernen mit Akkommodation gleichsetzt und die assimilativen Prozesse unterschlägt, dann entstehen Transfer-Probleme.

Wenn ein Kind eine neu erworbene Tätigkeit spontan nicht ausprobiert, heisst dies, dass es ihr keine Bedeutung geben kann, dass es in seinen Augen eine leere, sinnlose Handlung ist. Die Kunst der PädagogInnen besteht folglich nicht darin, nach Wegen zu suchen, wie es das sinnlose Tun in sein Leben integrieren könnte, sondern wie aus dem Sinnlosen etwas Bedeutungsvolles wird - oder welche Tätigkeit für das Kind überhaupt sinnvoll sein könnte.

Wir waren überzeugt, dass es auf der Gruppe, in der Schule wie auch in der Therapie darum ging, eine Tätigkeit zu finden, welche für Nadine interessant und bedeutungsvoll war. Nun hatten die Fachfrauen ja bereits nach einer solchen Tätigkeit gesucht; bei einem Kind aber, das sich schon vor langer Zeit damit abgefunden hat, dass es die Welt nie verstehen würde und seither dazu tendiert, vom Anderen vorgeschlagene Tätigkeiten in passiver Art "dem Erwachsenen zuliebe" auszuführen, ist dies sehr schwierig.

Die einzige Lösung besteht darin, dem Kind keine Vorschläge mehr zu machen und zu warten, bis es auf uns zukommt. Das Thema der darauffolgenden Gespräche drehte sich immer wieder um die Frage, was dies für die alltäglichen Situationen bedeutet. Denn auf den ersten Blick entsteht der Eindruck, dass die Lehr- und Erziehungspersonen nun auf ihren Anspruch zu erziehen, zu lehren und zu fördern verzichten und das Kind sozusagen sich selbst überlassen müssten. Dies stimmt natürlich nicht: Warten, bis ein Kind auf einen zukommt, bedeutet zuerst einmal, auf das Kind als Person zu setzen, zu wissen, dass es sich mit Bestimmtheit wünscht, einen Kontakt zu den Anderen und zu den Dingen dieser Welt zu finden. Nur wenn ich diese Haltung einnehme, kann ich die Schritte, welche das Kind in dieser Richtung macht, auch sehen und beantworten. Anfangs sind dies vielleicht nur kleine Gesten, ein Lächeln oder ein kurzes Aufleuchten der Augen; und meine Antworten sind kleine Zeichen, welche dem Kind zeigen, dass ich dies bemerkt habe.

Obwohl sie von diesem Weg überzeugt waren, fiel es den drei Fachfrauen in der alltäglichen Situation sehr schwer, auf das "Fördern" zu verzichten. Die Erzieherin berichtete, dass Nadine oft im Türrahmen stand und den anderen Kindern beim Spielen zuschaute; manchmal setzte sie sich auch in ihre Nähe, forderte sie aber nie dazu auf, etwas mit ihr zu spielen. Etwas einfacher war es für die Lehrerin; Nadine schien es nicht zu stören, dass sie nicht mehr gefragt wurde, was sie tun wollte. Sie malte, baute aus den Rechensteinen kleine Konstruktionen und brachte häufig Spielsachen mit, welche sie dann auch den anderen Kindern zeigte. Am schwierigsten war die Situation für die Logopädin; sie hatte während der Therapiestunde keine anderen Kinder, mit denen sie "trotzdem" etwas tun konnte, und auf ihr lastete auch der Druck, Nadine das Sprechen beizubringen. Während der gemeinsamen Gespräche berichtete sie, dass sie nicht widerstehen konnte, Nadine die eine oder andere Uebung zur Lautbildung vorzuschlagen. Ich habe sie darin unterstützt, denn wenn sich die Fachperson ihrer Aufgabe entfremdet fühlt, kann auch keine neue Form der Beziehung entstehen.

### 6.72 Das Thema der sexuellen Misshandlung

Mehr als ein Jahr lang bestanden unsere Gespräche vor allem darin, dass die Kolleginnen der Reihe nach erzählten, was ihnen in der Arbeit mit Nadine aufgefallen war, was sie beschäftigte und welche Tätigkeiten sie als Anzeichen erster Fortschritte interpretierten. Relativ lange beschäftigten wir uns mit dem Schwimm-Unterricht. Dieser wurde von einer anderen Lehrerin gehalten, wobei die Erzieherin und die Logopädin diese abwechslungsweise begleiteten. Nadine ging offensichtlich gerne schwimmen, hatte aber Angst vor dem Wasser und war jeweils nach kurzer Zeit völlig durchfroren. Die Erzieherin brachte ein Videoband mit, welches in eindrücklicher Weise zeigte, wie sie am ganzen Körper zitternd, mit weit aufgerissenen, angstvollen Augen immer wieder ins Wasser sprang und dann mit kleinen, hastigen Bewegungen von Armen und Beinen eine Gummimatratze zu erreichen versuchte. Was die Kolleginnen aber speziell irritierte, war, dass sie so oft als möglich den Bauch der Schwimm-Lehrerin ableckte. Sie erzählten, dass Nadine auch bei ihnen ab und zu versuchte, den Arm oder die Hand zu lecken, sie dies aber nicht zulassen würden.

Eine ähnliche Situation beobachteten sie später, als Nadine zum Reit-Unterricht gebracht wurde. Sie trug immer ein kleines Pferdchen mit sich und zeigte grosse Freude, als sie gefragt wurde, ob sie reiten wolle. Wie beim Schwimmen hatte sie auch vor dem Pferd grosse Angst, und die Logopädin, welche sie begleitete, beobachtete, wie sie zitternd am Rande des Geheges stand und den hölzernen Pfosten ableckte. Da sie weiterhin grosse Angst hatte und spontan den Wunsch nach dem Reiten nie mehr äusserte, wurde der Unterricht nach kurzer Zeit abgebrochen.

Etwas später berichtete die Erzieherin, dass Nadine drei-, viermal beim Spazierengehen eingekotet hatte. Es war immer am selben Ort am See, wo die Kinder spielten, und wo sich Nadine plötzlich hinter ein kleines Haus zurückgezogen hatte und dann leicht zögernd mit dem Kot in den Hosen wieder hervorkam. Die Erzieherin konnte sich nicht vorstellen, welche Bedeutung dies haben könnte, und sie erinnerte sich an kein spezielles Vorkommnis, welches sie mit dem Einkoten in Zusammenhang bringen konnte. Nach diesem Gespräch hatte sich das Ereignis nicht wiederholt.

Aufgrund dieser Erzählungen stellte ich die Frage nach Beobachtungen, welche auf einen sexuellen Missbrauch hinweisen könnten. Dies geschah zu einem Zeitpunkt, wo dieses Thema in Fachkreisen wie in der Oeffentlichkeit noch wenig diskutiert wurde; entsprechend fiel es allen Beteiligten am Anfang eher schwer, sich mit dieser Frage auseinanderzusetzen und es entstand eine Stimmung, die ich am ehesten mit ratlos umschreiben würde.

Während der darauffolgenden Gespräche aber wurden so viele Beobachtungen zusammengetragen, dass es bald unheimlich schien, weshalb wir diese Möglichkeit nicht schon lange in Betracht gezogen hatten. Die Erzieherin berichtete, dass Nadine's Scheide manchmal gerötet sei, und plötzlich erzählten alle von Berichten der Mutter und bestimmten Verhaltensweisen des Vaters, welche auf eine mögliche Beteiligung seinerseits schliessen liessen. Zuhause schlief Nadine immer im Bett der Eltern und die Mutter hatte berichtet, dass sie morgens im Bett gerne mit dem Vater spiele. Während die Mutter eher einen scheuen, ängstlichen Eindruck machte, verhielt sich der Vater bei Gesprächen laut und manchmal fast aggressiv, und er schien nicht wirklich daran zu glauben, dass Nadine je sprachliche Fortschritte machen würde. Gleichzeitig aber hatte er ihr ein Pferd als Belohnung für den Fall versprochen, dass sie zu sprechen beginnen würde. Dies wiederum hatte insofern eine spezielle Bedeutung, als sich die Familie in grossen finanziellen Schwierigkeiten befand.

Schon als wir zum ersten Mal über das Thema des sexuellen Missbrauchs sprachen, hatte ich auf eine mögliche Verbindung zu Nadine's Sprachlosigkeit hingewiesen. Wenn ein Kind von Angehörigen oder Bekannten sexuell missbraucht wird, ist dies immer mit einem Sprechverbot verknüpft. Könnte es sein, dass Nadine nicht spricht, weil sie nicht darf? Es wäre eine naheliegende Erklärung und gleichzeitig eine Entlastung für die Fachleute, welche bis anhin erfolglos versuchten, ihr die Sprache beizubringen. Dennoch reagieren nicht alle Kinder, welche sexuell missbraucht werden, mit Sprachlosigkeit, und bis anhin hatten wir auch keine Beweise dafür, dass dies wirklich geschehen war und vielleicht auch weiter geschah.

Einen solchen Beweis erhielten wir kurze Zeit später. Auf der Gruppe arbeitete eine Praktikantin, welche bald einen engen Kontakt zu Nadine geknüpft hatte. Beim gemeinsamen Arbeiten mit Ton modellierte Nadine zwei Figuren, welche deutlich als Mann und Frau zu erkennen waren, legte sie nahe zueinander und bewegte sie auf und ab wie bei einem sexuellen Akt.

Gemeinsam mit dem Schulleiter, welcher bis anhin die Elterngespräche geführt hatte, beschlossen wir, die Eltern mit diesen Figuren zu konfrontieren und sie direkt auf unsere Vermutung anzusprechen, dass Nadine sexuell missbraucht wurde. Von diesem Gespräch berichtete der Schulleiter, der Vater sei nachdenklich geworden und hätte dann gesagt, es könne schon sein, dass dies der Fall sei, da Nadine häufig alleine zu Nachbarn ginge und dort auch öfter längere Zeit verweile; er werde ihr dies nun verbieten. Die Mutter hätte dies mit Nicken bestätigt. Nun stelle ich mir vor, dass ich bei der Vermutung, meine Tochter würde missbraucht, ausser Rand und Band geriete, und voller Wut, Angst und Sorge herauszufinden versuchen würde, ob dies wahr und wer der Täter sein könnte. Die Reaktion der Eltern schien mir deshalb seltsam, doch war mir nicht klar, welche weiteren Schritte nun zu unternehmen seien.

Aus diesem Grund habe ich vorgeschlagen, eine Fachfrau beizuziehen, welche mit den rechtlichen und psychologischen Fragen in diesem Bereich vertraut ist. Es erfolgten mehrere Beratungsgespräche, doch bis heute, zwei Jahre später, ist die Situation nicht wirklich geklärt.

Ich muss klarstellen, dass zwischen dem Zeitpunkt, zu dem wir den Verdacht der sexuellen Misshandlung zum ersten Mal ausgesprochen hatten, und dem Moment, in dem wir eine Fachfrau beizogen, mehr als ein Jahr vergangen war. Während dieser Zeit haben wir uns fast ausschliesslich mit diesem Thema beschäftigt. Anfangs drängte es uns zu handeln; wir wollten sofort etwas unternehmen, um Nadine zu schützen. Je länger wir jedoch über mögliche Massnahmen sprachen, desto deutlicher wurde die Gefahr einer Zerstörung der Familie, und desto mehr scheuten wir uns davor, die entsprechende Verantworung zu übernehmen. Die Frage bleibt aber offen, inwiefern das Aufbrechen der familiären Strukturen nicht trotz allem nötig gewesen wäre und immer noch ist.
Die Therapeutin selbst ist in dieser Situationen dennoch nicht zu Untätigkeit und Passivität gezwungen, wie dies auf den ersten Blick den Anschein hat. Sie kann versuchen, dem Kind zu zeigen, dass auch im persönlichen Kontakt die Grenzen zwischen Ich und Du gewahrt werden können, dass man Aufforderungen des Anderen mit "nein" zurückweisen kann, und dass dieses Nein auch respektiert wird, und dass es durch die Sprache eine Möglichkeit gibt, die Verletzungen, Kränkungen, Wut- und Schamgefühle zu benennen und dem Anderen mitzuteilen, ohne dadurch seine Zuneigung zu verlieren


6.73 Die Logopädin als Anwältin des Kindes

Als Nadine gut neuneinhalb Jahre alt war, gingen die Lehrerin und die Logopädin von der Schule weg, und sie bekam einen Lehrer und eine neue Logopädin. Die beiden waren daran interessiert, die Gespräche fortzuführen und wir erzählten ihnen, was wir über Nadine wussten und welche Fragen wir uns stellten.

Die Logopädin hat die Idee, Nadine nicht zu "fördern", sondern ihr Gelegenheit zu geben, selbst die Initiative zu ergreifen, aufgenommen und in eindrücklicher Weise realisiert. Heute sind es zweieinhalb Jahre, seit sie die Arbeit mit Nadine begonnen hat. Ich habe sie gefragt, ob sie diese beschreiben könnte und gebe im folgenden Ausschnitte aus ihrem Bericht wieder (*Münger-Flaitz* 1994).

Anfangs kam Nadine in die Therapie und sass ohne Beteiligung auf dem Stuhl. Sie hatte keine Ideen und Wünsche und zeigte auch selten, wie sie sich fühlte, so dass es sehr schwierig war, mit ihr zu kommunizieren. Papier und Farben lagen bereit, und sie durfte das zeichnen, was sie gerade beschäftigte. Manchmal zeichnete sie Situationen aus der Erinnerung, oft auch einfach ein Farbengekrabbel. Nach dem Zeichnen entspannte sich ihr Gesichtsausdruck deutlich. Sie freute sich immer wieder von neuem, sich auf diese Art auszudrücken.

Das Angebot, nicht nur während der Therapiestunden zeichnen zu können, sondern auch in der Pause oder nach der Schule, nützte Nadine oft aus. Sie klopfte anfangs der Pause an die Tür, kam herein, holte sich Papier und Farben, setzte sich hin und fertigte eine oder sogar mehrere Zeichnungen an, welche sie anschliessend im Schrank versteckte. Danach räumte sie die Farben und das restliche Papier selbständig weg und ging in die Pause. Ich selbst war während der Pause nie bei ihr; sie führte dies selbständig aus.

Eines Tages deutete sie mir während der Therapiestunde an, dass ich nicht mehr zuschauen durfte. So drehte ich mich um, schaute aus dem Fenster oder las in einem Buch. Manchmal unterbrach ich sie und fragte, wie es ihr gehe, ob sie schon fertig sei oder noch weitermalen wolle.

Wichtig für Nadine war von Anfang an, dass sie ihre Zeichnungen verstecken konnte. Sie suchte sich im Schrank einen Ort aus, wo sie ihre Arbeiten hinlegte. Die Geste, den Zeigefinger auf den Mund zu drücken, bevor sie die Zeichnungen versteckte, wies darauf hin, wie sehr ihr daran lag, diese Zeichnungen als Geheimes zu bewahren.

Oft war es für sie wichtig, dass ich ihr zuschaute. Ich durfte Fragen stellen und sie antwortete sehr spontan mit "ja" und "nein". In bestimmten Momenten konnte ich ihr auch direkte Fragen zum Thema Sexualität stellen. Nadine antwortete jeweils sehr spontan, schaute mich dann aber erstaunt an. Es kam dann vor, dass sie nach einer solchen Frage einige Tage keine Lust am Zeichnen mehr hatte. Ich fragte mich, ob sie Angst habe, ich könnte zuviel erfahren, oder sie könnte jemanden verraten.

Nach zwei Jahren zeichnete sie mich und hängte das Bild zum ersten Mal an die Wand.

Die Idee, Nadine den Therapieraum zur Verfügung zu stellen, um ihr einen geschützten Rahmen für das Entstehen ihrer Zeichnungen zu geben, war von entscheidender Bedeutung. Beeindruckt hat mich dann aber vor allem die Haltung der Logopädin gegenüber dem "Geheimnis" der Zeichnungen. Nie hätte sie diese ohne die Erlaubnis des Kindes angeschaut. Als ich bspw. während eines gemeinsamen Gesprächs sagte, es wäre interessant, die Zeichnungen anzuschauen, antwortete sie, sie müsse erst Nadine fragen. Spontan fügte sie hinzu, sie könne ihr ja erklären, dass es für sie als Therapeutin wichtig sei, mit jemandem darüber zu sprechen. Sie werde die Bilder aber gleich wieder mitnehmen und dem Kind zurückgeben.

Eine andere Situation, in der sich die Logopädin zur Anwältin des Kindes macht, zeigt folgende Beschreibung. Nadine war zu diesem Zeitpunkt elfeinhalb Jahre alt.

Anna war die beste Freundin von Nadine; sie wohnten auf derselben Wohngruppe und schliefen im gleichen Zimmer. Ende des Schuljahres mussten sie Abschied nehmen, weil Anna die Schule verliess.

Am Morgen trat Nadine ihrer Freundin sehr stark auf den Fuss, so dass diese böse und traurig war. Sie konnte die Handlung nicht verstehen. Um neun Uhr kam Nadine zu mir in Therapie. Mit traurigem Gesicht stand sie vor dem Zimmer und war sehr ruhig. Ich wusste bereits von dem Fusstritt und habe nun mit Nadine darüber gesprochen und sie gefragt, ob sie das gemacht habe, um die Aufmerksamkeit auf sich zu lenken. Sie sei sicher traurig, dass Anna gehe und habe sie deshalb getreten. Nadine nickte und sagte leise "ja". Ich fragte, ob sie dies wieder gutmachen wolle, und dass ich ihr dabei helfe. Sie nickte und ihr Gesicht strahlte. Wir fragten die Logopädin von Anna, was ihr besondere Freude machen würde, und sie sagte "Ponys". Wir gingen in unser Zimmer und suchten ein Pony-Heftlein. Nun fragte ich Nadine, ob wir Anna zu uns in die Therapie einladen wollten. Sie rief laut "ja!". Wir telefonierten Anna, aber sie kam nicht. So entschlossen wir uns, sie abzuholen. Wir standen Anna gegenüber, und ich erklärte ihr, dass Nadine ihr auf den Fuss getreten hätte, weil sie so traurig sei, dass Anna gehe. Die beiden Kinder fielen sich um den Hals und weinten. Anna kam mit uns in das Therapiezimmer. Nadine wählte ein Spiel aus. Während des Spielens strich sie Anna mehrmals über die Haare. Plötzlich rief sie "juhui", strahlte und lachte. Sie holte die Zeichnungen, welche sie vor einer Woche gemalt hatte. Darauf war das Schulhaus von Anna abgebildet, denn Nadine war das Wochenende zuvor bei Anna zu Besuch gewesen. Anna freute sich riesig und erzählte, was sie gemeinsam unternommen hatten und was auf der Zeichnung zu sehen war. Die Stunde war vorbei, und ein anderes Kind klopfte an die Türe. Nadine fragte in Form von Gesten, ob sie noch länger bleiben dürften. Das Kind willigte ein, und gemeinsam spielten wir ein weiteres Spiel.

Diese Beschreibung zeigt auch, wie flexibel und zugleich einfühlsam die Logopädin den Kontakt mit anderen Kindern gestaltete. So sind zwar für jedes Kind bestimmte Einzelstunden vorgesehen, doch konnte Nadine auch andere Kinder in die Therapie einladen oder sie besuchen. Wenn sie dies wollte, zeigte sie jeweils auf dem Stundenplan, mit welchem Kind sie kommen wollte, wobei dieses ganz selbstverständlich gefragt wurde, ob es damit auch einverstanden sei.

Diese Möglichkeit des Kontaktes mit anderen Kindern in der geschützten Therapiesituation hatte für die Entdeckung und Entwicklung der sprachlichen Kommunikation eine ganz spezielle Bedeutung.

6.74 Die Entdeckung der Sprache mit 11 Jahren

Trotz intensiver logopädischer Therapie während mehr als sechs Jahren sagte Nadine bis zum Alter von elf Jahren spontan nur "ja". Durch viele Uebungen hatte sie zwar gelernt, einzelne Laute nachzuahmen, und die Wörter "Auto", "Haus" und "Ball" zu sagen, doch äusserte sie diese spontan nie.

Ihre ersten spontanen Wörter hat Nadine denn auch nicht im Rahmen von Trainings-Situationen gesprochen, sondern im Zusammenhang mit Ereignissen, welche für sie von Bedeutung waren. Während sie über lange Zeit eigentlich nur am Zeichnen wirklich interessiert war, entdeckte sie mit knapp zehneinhalb Jahren das Puppenhaus.

Zwei Mädchen bastelten in der Therapie ein Puppenhaus. Nadine verfolgte immer wieder mit grossem Interesse, wie dieses Haus entstand. Ich fragte sie, ob sie auch mit dem Haus spielen wolle, wir könnten ja die beiden Mädchen fragen. Als diese an der Arbeit mit dem Haus waren, rief ich Nadine und fragte an ihrer Stelle, ob sie auch damit spielen dürfe. Die Mädchen sagten spontan ja und luden Nadine ein, mit ihnen zu spielen.

Das Puppenhaus gewann nun immer mehr an Bedeutung. Vermehrt sprach Nadine mit den einzelnen Puppen; zum Teil tat sie dies in einer eigenen Sprache, dazwischen versuchte sie immer wieder, korrekte Wörter zu gebrauchen. Gestik und Mimik waren ein wesentlicher Bestandteil dieser Aeusserungen.

Ein halbes Jahr später hatte das Puppenhaus nach wie vor eine besondere Bedeutung; Nadine hatte viele eigene Ideen und konnte immer deutlicher zeigen, was sie ausführen wollte. Eines Tages sagte sie "ich Puppehus", und als ich verstand, was sie wollte, jauchzte sie vor Freude. Wir gingen in den Keller und holten fünf Schachteln, welche sie selbst aussuchte. Wir richteten das Haus liebevoll ein mit Teppichen und Vorhängen; aussen wurde es gestrichen. Die Fensterläden wollte sie jedoch nicht anmalen; sie zeigte auch immer wieder, dass sie noch weitere Stockwerke basteln wollte. Das Haus war und ist bis heute nicht fertig.

Etwa zur gleichen Zeit, in dem sie "ich Puppehus" sagte, begann sie sich vermehrt für die Eigenschaften von Dingen und Menschen zu interessieren, wobei vor allem das Ausdrücken negativer Gefühle eine wichtige Rolle spielte. Zuerst sagte sie "kaputt", später dann auch "nöd guet", "dräckig" (schmutzig), "au" und "au weh".

Dann entdeckte sie die Spielzeugtelefone und spielte in der Therapie begeistert damit. Eines Tages drückte sie mit Gesten aus, dass sie der Logopädin von der Gruppe aus telefonieren wolle. Sie vereinbarten eine Zeit, wo diese zuhause zu erreichen war, und tatsächlich rief sie genau zu diesem Zeitpunkt an und jauchzte vor Freude. Von da an nahm sie auf der Gruppe wie auch zuhause vermehrt das Telefon ab, meldete sich mit ihrem Namen, antwortete mit "ja" und "nein" und grüsste mit "hoi" und "tschüss".

In der Folge begann sie auch, die anderen Kinder, Lehr- und Erziehungspersonen laut zu grüssen und zu verabschieden. Dies war insofern etwas besonderes, als sie bis zu diesem Zeitpunkt nur im geschützten Rahmen des Therapieraums gesprochen hatte. Zuerst tat sie dies nur mit der Logopädin, später auch, wenn andere Kinder bei ihr "zu Besuch" waren. Diese sagten dann immer ganz erstaunt, die Nadine kann ja sprechen, worauf sie jeweils über das ganze Gesicht strahlte.

Zur gleichen Zeit bezeichnete sie sich nun regelmässig mit "ich", und zwei Monate später, im Alter von elfeinhalb Jahren antwortete sie auf die Aufforderung, etwas aufzuheben, "nei du". Sie beteiligte sich aktiver an Gesprächen und begann Fragen zu stellen: "hüt?" (heute?), "wo?", "du?". Kurz darauf produzierte sie die ersten Mehrwortäusserungen.

Ein Knabe und Nadine spielten zusammen ein Puzzle. Zuerst legten sie alle Teile verkehrt auf den Tisch; der Knabe drehte ein Teil um und sagte "ich gseh en Maa" (ich sehe einen Mann). Nadine nahm ebenfalls ein Stück und sagte spontan "ich han Maa" (ich habe Mann). Bei diesem Spiel äusserte sie auch andere Wörter, welche sie noch nie ausgesprochen hatte, wie "Bier" und "Bus".

Ein anderes Mal war Nadine gemeinsam mit einem Mädchen in der Therapie. Sie zeigte ihr Heft, in dem sie spontan Wörter aufgeschrieben hatte. Ich konnte nicht alles lesen. Das Mädchen schaute auf die Zeilen und entzifferte das Wort "Parfum". Nadine jubelte "ja, ja" und klopfte dem Mädchen auf die Schulter. Auf die Frage "häsch du eis?" (hast du eines?), antwortete sie "ja, hei" (ja, daheim). Da fragte Nadine das Mädchen spontan "häsch du eis?". Von diesem Zeitpunkt an stellte sie diese Frage in entsprechenden Situationen auch an andere Kinder.

Wie stolz Nadine über ihre Sprache war und wie sehr sie sich darüber freute, zeigt folgende Situation.

Im Herbst planten wir ein Weihnachtsspiel. Auch dieses Jahr war für Nadine keine Sprechrolle geplant. Ich wollte dies ändern und machte den Vorschlag, dass sie auf den Satz eines anderen Kindes "ich habe Angst vor den Soldaten" antworten könne "ja, ich au" (ich auch). In der Therapiestunde erklärte ich ihr, welche Rolle ich für sie ausgedacht hatte. Wenn sie keine Lust habe, könne sie es mir sagen. Sie freute sich riesig und übte den Satz in der Therapie, in der Schule und auch in der Freizeit. Am Abend, als ich das Schulhaus verliess, wartete Nadine auf mich. Sie rief laut und streckte mir eine Zeichnung entgegen. Darauf ist ein Haus, gefüllt mit über hundert farbigen Aepfeln und ein Kamin, aus dem sehr viel schwarz-grüner Rauch qualmt. Neben dem Haus steht ein Baum, und auf der anderen Seite sind neun Rauchröllchen zu sehen. Offensichtlich hatte sie sich so riesig über die Rolle am Weihnachtsspiel gefreut.

Heute ist Nadine zwölf Jahre alt. Sie ist nicht mehr "Namenlos", sondern ein junges Mädchen, welches weiss, was es will und dies auch ausdrücken kann. Damit ist sie auch für ihre Mutter eine grosse Tochter geworden, deren Absichten und Bedürfnisse sie verstehen und beantworten kann.

Es war Dienstag, draussen lag Schnee. Nadine kam in die Therapiestunde, deutete hinaus und zeigte auf ihre Hose. Ich fragte sie, ob sie am freien Mittwochnachmittag hinausgehen werde. Sie stöhnte, sagte "ja" und zeigte wieder auf ihre Hose. Ich fragte sie, ob sie keine Skihose hier hätte, und sie rief "nein". Ein anderes Kind riet ihr, zwei Hosen übereinander anzuziehen. Nadine lächelte, war aber mit dieser Lösung nicht ganz zufrieden.

Am nächsten Tag sah ich sie mit einem Skianzug vor der Türe stehen.

Am kommenden Samstag erzählte die Mutter während des Elterngesprächs voll Freude, dass Nadine sie am Dienstagabend angerufen und "Hose" gesagt hätte. Sie habe sofort gewusst, dass sie die Skihose meine und sich so gefreut, dass sie ihr diese am Mittwochmorgen gleich gebracht habe.

Ueberhaupt habe sich Nadine sehr verändert, sie spreche auch zuhause viel mehr und zeige vermehrt ihre Gefühle.

# 7. Literaturverzeichnis

*Adams, C.* (1990), Syntactic Comprehension in Children with Expressive Language Impairment. In: British Journal of Disorders of Communication, 25: 149-171

*Aeschbacher, G., Scholtes, F.* (1989), Entwicklungsneuropsychologische Abklärung für sprachunauffällige Kinder im Alter von 30-48 Monaten. Diplomarbeit aus dem Heilpädagogischen Institut der Universität Fribourg, Abt. Logopädie

*Affolter, F.* (1987), Wahrnehmung, Wirklichkeit und Sprache. Villingen-Schwenningen

*Affolter, F., Bischofsberger, W.* (1993), Wenn die Organisation des zentralen Nervensystems zerfällt - und es an gespürter Information mangelt. In: *Schulte, K.,* Wissenschfltiche Beiträge aus Forschung, Lehre und Praxis zur Rehabilitation behinderter Kinder und Jugendlicher. Villingen-Schwenningen: 24-54

*Amorosa, H., V. Benda, U., Wagner, E.* (1986), Die Häufigkeit psychiatrischer Auffälligkeiten bei 4-8jährigen Kindern mit unverständlicher Spontansprache. In: Zeitschrift für Kinder- und Jugendpsychiatrie, 14: 289-295

*Aram, D.M., Nation, J.E.* (1980), Preschool Language Disorders and Subsequent Language and Academic Difficulties. In: Journal of Communication Disorders, 13:159-170

*Aram, D.M., Ekelman, B.L., Nation, J.E.* (1984), Preschoolers with Language Disorders: 10 Years Later. In: Journal of Speech and Hearing Research, 27: 232-242

*Ayres, J.* (1984), Bausteine der kindlichen Entwicklung. Berlin, Heidelberg, New York, Tokio

*Bachmann, I.* (1986), Malen als Lebensspur. Die Entwicklung kreativer bildlicher Darstellung. Ein Vergleich mit den frühkindlichen Loslösungs- und Individuationsprozessen. Zürich

*Baker, L., Cantwell, D.P.* (1982), Developmental, Social, and Behavioral Characteristics of Speech and Language Disordered Children. In: Journal of Child Psychiatry and Human Development, 12: 195-206

*Bates, E., Thal, D., Janowsky, J.S.* (1992), Early Language Development and its Neural Correlates. In: *Segalowitz, S.J., Rapin, I.* (eds.), Handbook of Neuropsychology, Vol. 7: Child Neuropsychology. Amsterdam, London, New York, Tokyo: 69-110

*Baumgartner, S.* (1992), Sprechflüssigkeit. In: *Baumgartner, S., Füssenich, I.* (Hrsg.), Sprachtherapie mit Kindern. München, Basel: 204-289

*Becker, R.* (1961), Notwendigkeit und Möglichkeit der Früherfassung und Frühbehandlung Sprachgestörter. In: Die Sonderschule, 6: 297-301

*Beitchman, J.H., Hood, J., Rochon, J., Peterson, M.* (1989), Empirical Classification of Speech/Language Impairment in Children. II. Behavioral Characteristics. In: Journal Am. Acad. Child Adolesc. Psychiatry, 28: 118-123

*Benedict, H.* (1978), Language Comprehension in 9-15 months old Children. In: *Campbell, R.N., Smith, P.T.* (eds.), Recent Advances in the Psychology of Language. Language Development and Mother-Child-Interaction. New York, London

*Bettelheim, B.* (1977), Die Geburt des Selbst. München

*Bieber, K. et al.* (1989), Früherziehung ökologisch. Luzern

*Bischofsberger, W.* ((1989), Aspekte der Entwicklung taktil-kinästhetischer Wahrnehmung. Villingen-Schwenningen

*Brack, U.B.* (1986), Schwerpunkt: Rückstand der Sprachentwicklung. In: *Brack, U.B.* (Hrsg.), Frühdiagnostik und Frühtherapie. München, Weinheim: 171-189

*Brecht, B.* (1967), Die Mutter. In: Gesammelte Werke 2. Frankfurt a.M.: 823-906

*Brennecke, A., Klein, F.* (1992), Die verstehende Haltung als Grundorientierung einer ökologisch fundierten Frühförderung. In: Frühförderung interdisziplinär, 11:31-40

*Bridges, A., Sinha, C., Walkerdine, V.* (1982), The Development of Comprehension. In: *Gordon, A., Wells, G.* (eds.), Learning through Interaction. Cambridge

*Bruner, J. S.* (1974/75, dt. 1979), Von der Kommunikation zur Sprache. Ueberlegungen aus psychologischer Sicht. In: *Martens, K.* (Hrsg.): Kindliche Kommunikation. Frankfurt: 9-60

*Bruner, J.S.* (1977), Early Social Interaction and Language Acquisition. In: *Schaffer, H.R.* (ed.), Studies in Mother-Infant Interaction. Cambridge: 271-290

*Bryant, P.E., Bradley, L., Maclean, L., Crossland, J.* (1989), Nursery Rhymes, Phonological Skills and Reading. In: Journal of Child Language, 16: 407-428

*Burkhardt, B.* (1992), Förderdiagnostischer Bericht. Seminararbeit aus dem Sonderpädagogischen Institut der Universität Zürich

*Cantwell, D.P., Baker, L.* (1987), Clinical Significance of Childhood Communication Disorders: Perspectives from a Longitudinal Study. In: Journal of Child Neurology, 2: 257-264

*Castell, R., Biener, A., Artner, K., Beck, C.* (1980), Artikulation und Sprachleistung bei drei- bis siebenjährigen Kindern. Ergebnisse der Untersuchung einer Zufallsstichprobe aus der Bevölkerung. In: Praxis der Kinderpsychologie und Kinderpsychiatrie, 29: 203-213

*Castell, R., Biener, A., Artner, K., Dilling, H.* (1981), Häufigkeit von psychischen Störungen und Verhaltensauffälligkeiten bei Kindern und ihre psychiatrische Versorgung. In: Zeitschrift für Kinder- und Jugendpsychiatrie, 9: 115-125

*Castell, R., Meier, R., Biener, A. Artner, K., Dilling, H., Weyener, S.* (1985), Sprach- und Intelligenzleistungen gegenüber sozialer Schicht und Familiensituation. In: Praxis der Kinderpsychologie und Kinderpsychiatrie, 34: 120-123

*Caulfield, M., Fischel, J., DeBaryshe, B., Whitehurst, G.* (1989), Behavioral Correlates of Developmental Expressive Language Disorders. In: J. Abnormal Child Psychology, 17: 187-201

*Chapman, R.* (1978), Comprehension Strategies in Children. In: *Kavanagh, J.F., Strange, W.* (eds.): Speech and Language in Laboratory, School and Clinic. Cambridge Mass.: 85-93

*Chipman, H.H., Barblan, L., Dannenbauer, F.* (1986), Zeitliche Beziehungen in der Sprache: ein Vergleich zwischen normalen und dysphasischen Kindern. In: Die Sprachheilarbeit, 31: 197-201

*Chomsky, N.* (1957), Syntactic Structures. La Haye

*Chomsky, N.* (1965, dt.1973), Aspekte der Syntax-Theorie. Franfurt a.M.

*Dannenbauer, F.M.* (1983), Der Entwicklungsdysgrammatismus als spezifische Ausprägungsform der Entwicklungsdysphasie. Birkach, Berlin, München

*Dannenbauer, F.M.* (1992), Grammatik. In: *Baumgartner, S., Füssenich, I.* (Hrsg.), Sprachtherapie mit Kindern. München, Basel: 123-203

*Dannenbauer, F.M., Chipman, H.H.* (1988), Spezifische Sprachentwicklungsstörung und symbolische Repräsentationsschwäche. Anmerkungen zum Problem der ursächlichen Erklärung. In: Frühförderung interdisziplinär, 7: 67-78

*De Renzi, E., Vignolo, L.A.* (1962), The Token test. A sensitive Test to Detect Receptive Disturbances in Aphasics. In: Brain, 85: 665

*Dolto, F.* (1982), Die ersten fünf Jahre. Alltagsprobleme mit Kindern. Weinheim, Basel

*Ellis-Weismer, S.* (1985), Constructive Comprehension Abilities Exhibited by Language-Disordered Children. In: Journal of Speech and Hearing Research, 28: 175-184

*Erdheim, M.* (1988), Psychoanalyse und Unbewusstheit der Kultur. Frankfurt a.M.

*Erikson, E.H.* (1970), Identität und Lebenszyklus. Frankfurt a.M.

*Freud, S.* (1933), Neue Folge der Vorlesungen zur Einführung in die Psychoanalyse. In: Gesamtwerk, Bd XV, Frankfurt a.M.

*Freud, S.* (1960), Bruchstück einer Hysterie-Analyse. Krankengeschichte der >Dora<. Frankfurt a.M.

*Füssenich, I.* (1987), Gestörte Kindersprache aus interaktionistischer Sicht. Heidelberg

*Füssenich, I.* (1992), Semantik. In: *Baumgarner, S., Füssenich, I.*, Sprachtherapie mit Kindern. München: 80-122

*Fox, L., Long, S.H., Langlois, A.* (1988), Patterns of Language Comprehension Deficit in Abused and Neglected Children. In: Journal of Speech and Hearing Disorders, 53: 239-244

*Freiburger Projektgruppe* (1993), Heilpädagogische Begleitung in Kindergarten und Regelschule. Dokumentation eines Pilotprojektes. Bern, Stuttgart
*Fundudis, T., Kolvin, J., Garside, R.F.* (eds.) (1979), Speech Retarded and Deaf Children: their Psychological Development. London
*Gillam, R.B., Johnston, J.R.* (1985), Development of Printawareness in Language-Disordered preschoolers. In: Journal of Speech and Hearing Research, 28: 521-526
*Grimm, H.* (1977), Psychologie der Sprachentwicklung. Bd. I. Entwicklung der Semantik und der sprachlichen Kommunikation. Stuttgart
*Grimm, H.* (1983), Kognitions- und interaktionspsychologische Aspekte der Entwicklungsdysphasie. In: Sprache und Kognition 3: 169-186
*Grimm, H.* (1988), Sprachliche und kognitive Probleme dysphasischer Kinder. In: Frühförderung interdisziplinär 7: 57-66
*Grimm, H.* (1989), Entwicklungsdysphasie - kein einheitliches Konstrukt. In: Heilpädagogische Forschung 15: 3-14
*Grohnfeldt, M.* (1981), Sprachbehinderte Vorschulkinder in der Sicht der Mütter. In: *Heese, G., Reinartz, A.* (Hrsg.), Aktuelle Beiträge zur Sprachbehindertenpädagogik. Berlin: 6-31
*Grohnfeldt, M.,* (1982, 1993, 6. völlig neu bearbeitete Auflage), Störungen der Sprachentwicklung. Berlin
*Grohnfeldt, M.* (1985), Grundlagen der Therapie bei sprachentwicklungsgestörten Kindern. Berlin
*Grohnfeldt, M.* (Hrsg.) (1990), Handbuch der Sprachtherapie, Bd. 2, Störungen der Aussprache. Berlin
*Grohnfeldt, M.* (Hrsg.) (1991), Handbuch der Sprachtherapie, Bd. 3, Störungen der Semantik. Berlin
*Grohnfeldt, M.* (Hrsg.) (1993), Handbuch der Sprachtherapie, Bd. 4, Störungen der Grammatik. Berlin
*Grond, J.* (1985), Früherziehung. In: *Tobler, R., Grond, J.* (Hrsg.), Früherkennung und Früherziehung behinderter Kinder. Voraussetzungen für die Zusammenarbeit in der Praxis. Bern, Stuttgart, Toronto: 94-166
*Gutzmann, H. jun.*(1939), Erbbiologische, soziologische und organische Faktoren, die Sprachstörungen begünstigen. In: Die Deutsche Sonderschule 6: 485-496
*Häberlin, U., Bless, G., Moser, U., Klaghofer, R.* ($^2$1991), Die Integration von Lernbehinderten. Versuche, Theorien, Forschungen, Enttäuschungen, Hoffnungen. Bern, Stuttgart
*Häberlin, U., Jenny-Fuchs, E., Moser Opitz, E.* (1992), Zusammenarbeit - Wie Lehrpersonen in integrativen Kindergärten und Schulklassen die Kooperation zwischen Regel- und Sonderpädagogik erfahren. Bern, Stuttgart
*Hacker, D.* (1992), Phonologie. In: *Baumgarner, S., Füssenich, I.,* Sprachtherapie mit Kindern. München: 15-79

*Hacker, D., Weiss, K.H.* (1986), Zur phonemischen Struktur funktioneller Dyslalien. Oldenburg

*Hall, K.H., Tomblin, J.B.* (1978), A follow-up Study of Children with Articulation and Language Disorders. In: Journal of Speech and Hearing Disorders, 43: 227-241

*Harmon, R.J., Duhl Glicken, A., Gaensbauer, T.* (1982), The Relationship between Infant Play with Inanimate Objects and Social Interest in Mother. In: J. Am. Acad. Child Psychiatry, 21: 549-554

*Hardmeier, S.* (1993), Kinder mit Sprachentwicklungsstörungen. Ein sprachtherapeutisches Konzept für die Arbeit mit Kind, Familie und Umfeld. Luzern

*Hartmann, E.* (1994), Entwicklungsproximale Sprachtherapie im Vorschulalter. Grundlagen, praktische Erprobung und Evaluation mittels einer Einzelfallstudie. Lizentiatsarbeit der Philosophischen Fakultät der Universität Freiburg

*Heller, A.* (1980), Theorie der Gefühle. Hamburg

*Herzka, H.S.* (1979, 2. erw. Auflage), Gesicht und Sprache des Säuglings. Basel

*Herzka, H.S.* (1989), Die neue Kindheit. Dialogische Entwicklung - autoritätskritische Erziehung. Basel

*Holtz, A.* (1987), Die Entwicklungsdysphasie - sprachpathologisches Konzept oder psycholinguistisches Chaos. In: Sprache-Stimme-Gehör, 11: 21-26

*Holtz, A.* (1989), Kindersprache. Ein Entwurf ihrer Entwicklung. Hinterdenkental

*Homburg, G.* (1993), Konvergenz von grundschul- und sprachheilpädagogischer Arbeit. In: Die Sprachheilarbeit, 38: 279-296

*Howlin, R., Rutter, M.* (1987), The Consequences of Language Delay for other Aspects of Development. In: *Yule, W., Rutter, M.* (eds.), Language Development and Disorders. London: 271-294

*Ingram, D.* (1976), Phonological Disability in Children. London

*Jakobson, R.* (1962, dt. 1969), Kindersprache, Aphasie und allgemeine Lautgesetze. Frankfurt a. M.

*Jöhr, C., Koch, C.* (1989), Entwicklungsneuropsychologische Untersuchung von Kindern im Alter von 9-28 Monaten. Diplomarbeit aus dem Heilpädagogischen Institut der Universität Fribourg, Abt. Logopädie

*Jonas, M.* (1990), Behinderte Kinder - behinderte Mütter? Die Unzumutbarkeit einer sozial arrangierten Abhängigkeit. Frankfurt a.M.

*Kagan, J.* (1982), The Emergence of Self. In: Journal Child Psychol. Psychiat., 23: 363-381

*Kamhi, A.G., Catts, H.W.* (1989), Reading Disabilities: A Developmental Language Perspective. Boston

*Katz-Bernstein, N.* ($^5$1992), Aufbau der Sprach- und Kommunikationsfähigkeit bei redeflussgestörten Kindern. Ein sprachtherapeutisches Uebungskonzept. Luzern

*Knura, G.* (1973), Möglichkeiten und Grenzen schulischer Integration. In: Deutsche Gesellschaft für Sprachheilpädagogik (Hrsg.), Behandlung, Bildung, Erziehung Sprachbehinderter. Hamburg: 7-14

*Knura, G.* (1974), Sprachbehinderte und ihre sonderpädagogische Rehabilitation. In: Gutachten und Studien der Bildungskommission. Sonderpädagogik 35, 103-198

*Köhler, G., Egelkraut, H.* (1984), Münchener Funktionelle Entwicklungsdiagnostik für das 2. und 3. Lebensjahr. München

*Kolonko, B., Krämer, I.K.*(1992a), Heilen - separieren - brauchbar machen: Aspekte zur Geschichte der Sprachbehindertenpädagogik. Pfaffenweiler

*Kolonko, B., Krämer, I.K.* (1992b), Sprachbehindertenpädagogik und "Integration" - ein ambivalentes Verhältnis. In: Die Sprachheilarbeit, 37: 119-127

*Kruskal, J.B., Young, F.W., Seery, J.B.* (1978), How to use KYST-2A. A very flexible Program to do Multidimensional Scaling and Unfolding (Including Extensions of KYSTPLUS by H.H. Stassen). Murray Hills

*Kurz, F.* (1993), Zur Sprache kommen. Psychoanalytisch orientierte Sprachtherapie mit Kindern. München, Basel

*Largo, R.H., Howard, J. A.* (1979), Developmental Progression in Play Behavior between nine and thirty months. I Spontaneous Play and Imitation. II Spontaneous Play and Language. In: Develop. Med. Child Neurol. 21: 299-310, 492-503

*Largo, R.H.* (1993), Babyjahre. Die frühkindliche Entwicklung aus biologischer Sicht. Hamburg

*Levi, G., Zollinger, B.* (1981), Difficultés dans la communication mère-enfant et troubles du langage chez les enfants avec un retard mental. In: Enfance, 4-5: 289-298

*Levi, G., Piperno, F., Zollinger, B.* (1984), Troubles spécifiques de la communication et dysphasie évolutive. In: Neuropsychiatrie de l'Enfance et de l' Adolescence, 32: 49-56

*Levi, G., Bernabei, P., Fabrizi, A., Zollinger, B.* (1984a), Disturbi precoci della simbolizzazione: un nucleo patogenetico comune per i disturbi di sviluppo e per le disarmonie evolutive. In: Psichiatria dell' Infanzia e dell' Adolescenza, 51: 179-187

*Levi, G., Bernabei, P., Fabrizi, A., Zollinger, B.* (1984b), Spazio comunicativo e interazione corpo-mente nei disturbi precoci di simbolizzazione. Atti del XI Congresso Nazionale della SINPI. Urbino: 174-182

*Levi, G., Fabrizi, A., Mazzoncini, B., Musatti, I.* (1984c), Le groupe des enfants et le groupe des parents. In: Cahiers des Centres Médico-Psycho-Pédagogiques, 4: 24-30

*Levi, G., Zollinger, B.* (1986), Symbolische und kommunikative Prozesse bei Spracherwerbsstörungen. In: *Springer, L., Kattenbeck, G.* (Hrsg.), Aktuelle Beiträge zu kindlichen Sprech- und Sprachstörungen. München: 73-82

*Levi, G., Mazzoncini, B., Piredda, L., Zollinger, B.* (1988), Azione e meta-azione nella comprensione verbale dei bambini con disturbi precoci di linguaggio. In: Psichiatria dell'Infanzia e dell'Adolescenza, 55: 126-135
*Lowe, M.* (1975), Trends in the Development of Representional Play in Infants from One to Three Years. In: J. Child Psychol. Psychiat., 16: 33-47
*Lowe, M., Costello, A.* (1976), Manual for the Symbolic Play Test. Windsor
*Luria, A.R.* (1970), Die höheren kortikalen Funktionen des Menschen und ihre Störungen bei örtlichen Hirnschädigungen. Berlin
*Mahler, M.* (1979), Symbiose und Individuation (unter Mitarbeit von *Furer, M.*), Stuttgart
*Mann, V.A., Ditunno, P.* (1990), Phonological Deficiences: Effective Predictors of Future Reading Problems. In: *Pavlides, G.* (ed.), Perspectives on Dyslexia, Vol. 2, New York: 105-131
*Mathieu, S.* (1993), Sprachverständnis im Kindergarten, vergleichende Untersuchungen. Diplomarbeit aus dem Heilpädagogischen Institut der Universität Fribourg, Abt. Logopädie
*Mc Cune Nicolich, L.* (1981), Toward Symbolic Functioning. Structure of Early Pretend Games and Potential Parallels with Language. In: Child Development, 52: 785-797
*Mc Donald, M.A., Sigman, M., Ungerer, J.A.* (1989), Intelligence and Behavior Problems in 5-Years-Olds in Relation to Representational Abilities in the Second Year of Life. In: Dev. and Beh. Pediatrics, 10: 86-91
*Meier-Seetaler, C.* (1988), Ursprünge und Befreiungen. Eine dissidente Kulturtheorie. Zürich
*Möhring, H.* (1940), Das stammelnde Schulkind. In: Die Deutsche Sonderschule, 7: 392-401
*Motsch, H.J.* (1979), Emanzipatorische Rehabilitation in der Logopädie. In: Die Rehabilitation, 18: 51-108
*Münger-Flaitz, S.* (1994), Die Beschreibung einer Therapie. Unveröffentlichtes Manuskript
*Nelson, K.* (1973), Structure and Strategy in Learning to talk. In: Monographs Child Development 38, 1-2
*Nelson, K.* (1981), Individual Differences in Language Development: Implications for Development and Language. In: Developmental Psychology, 17: 170-187
*Niedecken, D.* (1989), Namenlos. Geistig Behinderte verstehen. München
*Oviatt, L.S.* (1980), The Emerging Ability to Comprehend Language. In: Child Development, 51: 97-106
*Parin, P.* (1977), Das Ich und die Anpassungsmechanismen. In: Psyche, 31: 481-515
*Penner, P., Kölliker Funk, M., Zimmermann, H.* (1992), Gestörter Grammatikerwerb im Schweizerdeutschen. Ein Diagnoseverfahren mit Fallbeispielen. Luzern

*Piaget, J.* (1923, dt.1972), Sprechen und Denken des Kindes. Düsseldorf
*Piaget, J.* (1936, dt.1975), Das Erwachen der Intelligenz beim Kinde. Stuttgart
*Piaget, J.* (1937, dt.1975), Der Aufbau der Wirklichkeit beim Kinde. Stuttgart
*Piaget, J.* (1959, dt.1975), Nachahmung, Spiel und Traum. Stuttgart
*Piperno, F., Maurizi, P., Levi, G.* (1992), Fattori di rischio cognitivo nei bambini con disturbo specifico di linguaggio in età prescolare. In: Psichiatria dell' infanzia e dell' adolescenza, 59: 507-521
*Poeck, K.* (1982), Klinische Neuropsychologie. Stuttgart, New York
*Pompili, E., Bernabei, P.* (1992), Il Distrubo Generalizzato di Sviluppo tra autoriconoscimento e autocoscienza attraverso l'esperienza allo specchio. In: Psichiatria dell' infanzia e dell' adolescenza, 59: 477-488
*Prizant, B., Audet, L., Burke, G., Hummel, L., Maher, S., Theadore, G.* (1990), Communication Disorders and Emotional/Behavioral Disorders in Children and Adolescents. In: Journal of Speech and Hearing Disorders, 55: 179-192
*Puppe, P.* (1976), Sprachauffälligkeit im Vorschulalter - der neue Schwerpunkt einer zeitgemässen Sprachbehindertenpädagogik. In: Die Sprachheilarbeit, 21: 141-152, 169-184
*Radtke, J.* (1973), Effektivität der Sprachbehandlung. In: Die Sprachheilarbeit, 18: 33-40
*Rennen-Alhoff, A., Alhoff, P.* (1987), Entwicklungsdiagnostik für das Kleinkind- und Vorschulalter. Berlin, Heidelberg, New York
*Ribaux-Geier, B., Rietschi Näf, B.* (1993), Pilotprojekt: Integration eines spracherwerbsauffälligen Kindes in den Regelkindergarten. Diplomarbeit aus dem Heilpädagogischen Institut der Universität Freiburg, Abt. Logopädie
*Ruf-Bächtiger, L.* ($^2$1991), Das frühkindliche psychoorganische Syndrom. Stuttgart
*Ruf-Bächtiger, L.* (1989), Visuelle Wahrnehmung und ihre Störungen. In: Schweiz. Rundschau Med. (PRAXIS), 78: 1313-1318
*Rutter, M., Lord, C.* (1987), Language Disorders Associated with Psychiatric Disturbance. *Yule, W., Rutter, M.* (eds.), Language Development and Disorders. London
*Sarimski, K.* (1986a), Die wichtigsten Entwicklungstests und ihre Bedeutung. In: *Brack, U.B.* (Hrsg.), Frühdiagnostik und Frühtherapie. München, Weinheim: 59-65
*Sarimski, K.* (1986b), Psychologische Tests für das Vorschulalter. In *Brack, U.B.* (Hrsg.), Frühdiagnostik und Frühtherapie. München, Weinheim: 66-73
*Sarimski, K.* (1991), Vom Vorwärtstreiben, Verändern und Vermitteln: 10 Jahre Erfahrungen als Verhaltenstherapeut in der Frühförderung. In: Frühförderung interdisziplinär, 10: 10-19
*Sarimski, K.* (1993), Interaktive Frühförderung. Behinderte Kinder: Diagnostik und Beratung. Weinheim
*Sartre, J.P.* (1940, dt.1971), Das Imaginäre. Phänomenologische Psychologie der Einbildungskraft. Hamburg

*Sartre, J.P.* (1943, dt.1962), Das Sein und das Nichts. Versuch einer phänomenologischen Ontologie. Hamburg
*Sartre, J.-P.* (1971, dt.1977), Der Idiot der Familie. Gustave Flaubert 1821-1857. Hamburg
*Sassenroth, M.* (1991), Schriftspracherwerb. Entwicklungsverlauf, Diagnostik und Förderung. Bern, Stuttgart
*Scarborough, H., Dobrich, W.* (1990), Development of Children with Early Language Delay. In: Journal of Speech and Hearing Research, 33: 70-83
*Scarborough, H.S.* (1990), Very Early Language Deficits in Dyslexic Children. Child Development, 61: 1728-1743
*Schiebinger, L.* (1993), Schöne Geister. Frauen in den Anfängen der modernen Wissenschaft. Stuttgart
*Schlienger, I.* (1988), VADEMECUM (Begleite-mich) für die Entwicklung des Säuglings und des Kleinkindes. Zürich
*Schöler, H., Fromm, W., Kürsten, F.* (1993), Längsschnittstudie zur spezifischen Sprachentwicklungsstörung: ein Zwischenbericht. Arbeitsberichte aus dem Forschungsprojekt "Dysgrammatismus", Pädagogische Hochschule Heidelberg
*Schopler, E., Reichler, R.J.* (1980), Förderung autistischer und entwicklungsbehinderter Kinder. Entwicklungs- und Verhaltensprofil. Dortmund
*Sellin, B.* (1993), Ich will kein inmich mehr sein. botschaften aus einem autistischen kerker. Köln
*Shepard, R.N., Romney, A.K., Nerlove, S.B.* (1972), Multidimensional Scaling (Vol I). New York
*Silva, P.A.,Williams, S.M.* (1983), Developmental Language Delay from Three to Seven Years and its Significance for Low Intelligence and Reading Difficulties at Age Seven. In: Journal of Developmental Medicine and Child Neurology, 25: 783-793
*Sinclair, H.* (1978), Erkenntnislehre und Untersuchung der Sprache. In: *Inhelder, B., Chipman, H.H.* (Hrsg.), Von der Kinderwelt zur Erkenntnis der Welt. Wiesbaden
*Spitz, R.A.* (1967), Vom Säugling zum Kleinkind. Stuttgart
*Stassen, H.H.* (1983), Ein EEG-Informationssystem zur Untersuchung der Langzeitstabilität von EEG-Spektralmustern. Inaugural-Dissertation an der Philosophischen Fakultät der Universität Zürich
*Stern, D.N.* (1985, dt.1992), Die Lebenserfahrung des Säuglings. Stuttgart
*Stevenson, J., Richman, N.* (1976), The Prevalence of Language Delay in a Population of Three-Year-Old-Children and its Association with General Retardation. In: Journal of Developmental Medicine and Child Neurology, 18: 431-441
*Stevenson, J., Richman, N., Graham, P.* (1985), Behavior Problems and Language Abilities at Three Years and Behavioral Deviance at Eight Years. In: Journal of Child Psychology and Psychiatry, 26: 215-230

*Tallal, P.* (1987), The Neuropsychology of Developmental Language Disorders. In: Proceedings of the First International Symposium, Specific Speech and Language Disorders in Children. Reading: 36-47

*Tallal, P., Dukette, D., Curtiss, S.* (1989), Behavioral/Emotional Profiles of Preschool Language-Impaired Children. In: Development and Psychopathology, 1: 51-67.

*Teumer, J.* (1976), Probleme und Notwendigkeiten der Früherfassung und -förderung von Sprachgeschädigten - Konsequenzen für die Ausbildung von Sonderschullehrern für Sprachbehinderte. In: Die Sprachheilarbeit, 21: 133-140

*Teumer, J.* (1977), Möglichkeiten zur Erfassung und Entwicklung von sensomotorischen Wahrnehmungsleistungen bei (sprachgeschädigten) Kindern im Vorschulalter. In: Sonderpädagogik, 7: 53-73

*Teumer, J.* (1978), Aspekte der Früherfassung (Früherkennung und Frühförderung) sprachgeschädigter Kinder - Gedanken zur Grundlegung der Sprachgeschädigtenpädagogik. In: Die Sprachheilarbeit, 23: 1-16

*Thurmair, M.* (1983), Aufgabe und Dilemma der Elternarbeit in der pädagogischen Frühförderung. In: *Speck, O., Warnke, A.* (Hrsg.), Frühförderung mit den Eltern. München, Basel: 32-42

*Uzgiris, I., Mc Hunt, V.J.* (1975), Assessment in Infancy: Ordinal Scales of Psychological Development. Urbana

*Veit, S.E.* (1986), Das Veständnis von Plural- und Komparativformen bei entwicklungsdysgrammatischen Kindern im Vorschulalter. In: *Kegel, G. et al.* (Hrsg.), Sprechwissenschaft und Psycholinguistik. Opladen

*Veit, S.E.* (1992), Sprachproduktion, Sprachverständnis und Verhalten bei dysgrammatisch sprechenden Vorschulkindern. Dissertation zum Erwerb des Doktorgrades der Medizin, München

*Veit, S.E., Castell, R.* (1992), Sprachproduktion und Sprachverständnis bei dysgrammatisch sprechenden Vorschulkindern. In: Zeitschrift für Kinder- und Jugendpsychiatrie, 20: 12-21

*Vygotsky, L.S.* (1977), Denken und Sprechen. Frankfurt a.M.

*Watzlawick, P.* (1969), Menschliche Kommunikation. Formen, Störungen, Paradoxien. Bern, Stuttgart, Wien

*Weiss, H.* (1991), Familien zwischen Autonomie und "sozial arrangierter Abhängigkeit". In: Geistige Behinderung, 30:196-218

*Weiss, H.* (1992), Das Verhältnis von Prävention und Frühförderung. In: Frühförderung interdisziplinär, 11: 1-11

*Westby, C.E.* (1988), Children's Play: Reflections of Social Competence. In: Seminars of Speech and Language, 9: 1-13

*Wetterer, A.* (Hrsg.) (1992), Profession und Geschlecht. Ueber die Marginalität der Frauen in hochqualifizierten Berufen. Frankfurt

*Wettstein, P.* ($^2$1987), Der LSVT. Nach *Schalch, F., Sonderegger, H.*, Heilpädagogisches Seminar Zürich, Abt. Logopädie (Hrsg.), Winterthur

*Widmer von, A.C.* (1993), Logopädie als Frauenberuf. Diplomarbeit am Heilpädagogischen Institut der Universität Fribourg, Abt. Logopädie
*Winnicott, D. W.* (1979), Vom Spiel zur Kreativität. Stuttgart
*Zazzo, R.* (1983), Ou en est la psychologie de l'enfant. Paris
*Zollinger, B.* (1987), Spracherwerbsstörungen. Grundlagen zur Früherfassung und Frühtherapie. Bern, Stuttgart
*Zollinger, B.* (1989a), Auswirkungen visuell-räumlicher Wahrnehmungsstörungen auf die Sprachentwicklung. In: Der Kinderarzt, 20: 1387-1389
*Zollinger, B.* (1989b), Spracherwerb und Wissen über die Sprache. In: Schweizerische Lehrerzeitung, 16: 12-16
*Zollinger, B.* (1990), Frühtherapie spracherwerbsgestörter Kinder. In: Vierteljahreszeitschrift für Heilpädagogik und ihre Nachbargebiete, 59: 14-26
*Zollinger, B.* (1991), Förderung des Sprachverständnisses als Integration symbolischer und kommunikativer Kompetenzen. In: *Grohnfeldt, M.* (Hrsg.), Handbuch der Sprachtherapie, Band 3. Berlin: 110-128
*Zollinger, B.* (1994), Störungen des Sprachverständnisses: Entwicklung und Erscheinungsbilder. In: *Hollenweger, J., Schneider, H.* (Hrsg.), Sprachverstehen beim Kind. Diagnose und Therapie. Luzern
*Zollinger, B., D'Andrea, A.* (1987), Les Pérturbations de la communication chez l'enfant dysphasique. In: *Gérard, J.* (ed.), Savoir parler, savoir dire, savoir communiquer. Neuchâtel: 164-172
*Zollinger, B., Conen, V., Ruf, L.* (1990), Entwicklungsneuropsychologie früher Spracherwerbsstörungen: differentialdiagnostische und therapeutische Konzepte. Nationalfonds-Schlussbericht
*Zollinger, B., Conen, V.* (1994), Die Entdeckung der Sprache. CD-ROM mit Videosequenzen und Texten zur Entwicklung von Kindern zwischen ein und drei Jahren. Bern, Stuttgart, Wien

# Anhang 1: Angaben zur Statistik

## Aehnlichkeitsmatrix

Als Mass für die Aehnlichkeit der Profile haben wir folgende symmetrische und ungewichtete Uebereinstimmungsrelation für binär-codierte Merkmalsvektoren verwendet:

$$\text{Aehnlichkeit} = \frac{\text{Anzahl identischer Codierungen (0/1)}}{\text{Anzahl verglichener Merkmale bei paarweisen Ausschluss von Missing Data}}$$

Abb. 4: Histogramm der Aehnlichkeitskoeffizienten von $N*(N-1)/2 = 17391$ Profilvergleichen

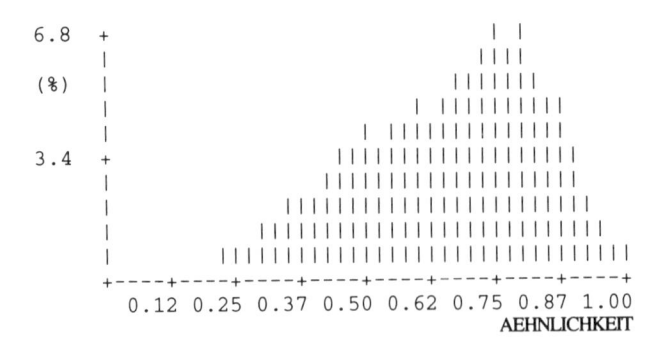

```
6.8  +                  | |
     |                  | | | |
(%)  |                  | | | | | | |
     |                | | | | | | | | |
     |              | | | | | | | | | | | | |
3.4  +            | | | | | | | | | | | | | | | |
     |            | | | | | | | | | | | | | | | |
     |          | | | | | | | | | | | | | | | | | |
     |        | | | | | | | | | | | | | | | | | | |
     |      | | | | | | | | | | | | | | | | | | | | |
     +----+----+----+----+----+----+----+----+
       0.12 0.25 0.37 0.50 0.62 0.75 0.87 1.00
                                         AEHNLICHKEIT
```

Abb. 4 zeigt die relative Häufigkeitsverteilung der Aehnlichkeitskoeffizienten aller möglichen Profil-Vergleiche. Die Koeffizienten sind so rechtsschief verteilt, dass hier vermutlich 2 oder 3 (Normal-) Verteilungen übereinanderliegen, was darauf hinweist, dass die Vektoren im dem Raum, den sie aufspannen, nicht gleichmässig verteilt sind, sondern sich in Regionen gruppieren, die hinsichtlich ihrer Dichteverteilungen von einander unterschieden werden können.

Abb. 5 zeigt, dass der "Stress" als Mass für die Güte der Abbildung bereits bei der 2-dimensionalen Lösung unter 0.20 und damit in einem befriedigenden Bereich liegt und mit zunehmender Anzahl an Dimensionen nur leicht und fast kontinuierlich abnimmt.

Auch das sogenannte Shepard-Diagramm von Abb. 6 (vgl.*Shepard/ Romney/ Nerlove* 1972) zeigt, dass sich schon mit einer 3-dimensionalen Lösung ein Raum konstruieren lässt, in dem die Aehnlichkeitsrelationen ohne grosse Verzerrung metrisch abgebildet werden können. Daraus kann man ableiten, dass die Daten eine Struktur haben, die sie gruppierungs- und, wenn man will, skalierungsfähig macht: 187 Protokolle mit 94 Merkmalen können nur dann ohne bedeutsamen Informationsverlust in einem 3-dimensionalen metrischen Raum abgebildet werden, wenn ganze Gruppen von Merkmalen musterähnlich variieren.

# Multidimensionale Skalierung

## Abb. 5: Multidimensionale Skalierung: Stress versus Dimensionen

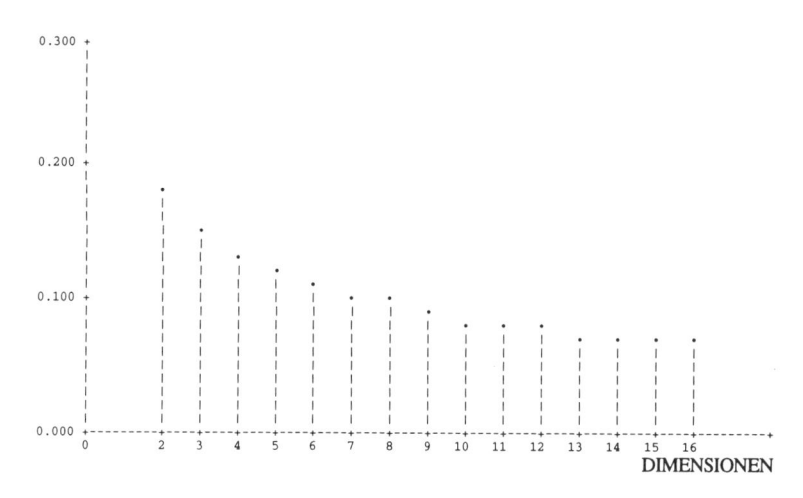

```
STRESS

0.300 +
      |
      |
      |
      |
      |
0.200 +
      |    .
      |
      |      .
      |
      |        .
0.100 +         .
      |           .   .
      |             .   .   .
      |                       .   .   .   .   .   .
      |
      |
0.000 +---+---+---+---+---+---+---+---+---+---+---+---+---+---+---+---+
      0   2   3   4   5   6   7   8   9  10  11  12  13  14  15  16
                                                            DIMENSIONEN
```

## Abb. 6: Shepard-Diagramm: Distanzen versus Aehnlichkeiten

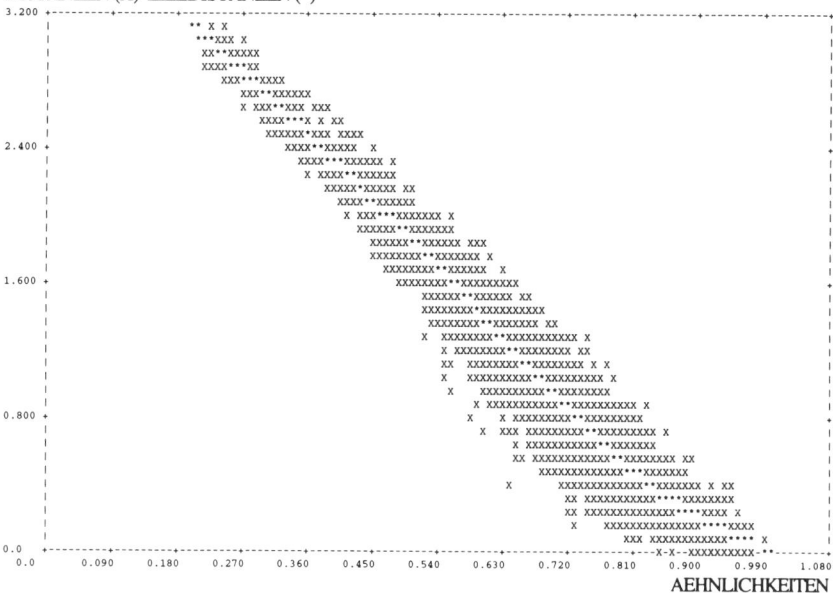

```
DISTANZEN (X) ZIELDISTANZEN (*)
3.200 +
      |             ** X X
      |             ***XXX X
      |             XX**XXXXX
      |             XXXX***XX
      |              XXX****XXXX
      |               XXX**XXXXXX
      |               X XXX**XXX XXX
      |                XXXX***X X XX
      |                XXXXXX*XXX XXXX
2.400 +                 XXXX**XXXXX X
      |                  XXXX***XXXXXX X
      |                  X XXXX**XXXXXX
      |                   XXXXX*XXXXX XX
      |                   XXXX**XXXXXX
      |                    X XXX***XXXXXXX X
      |                    XXXXXX**XXXXXXXX
      |                     XXXXXX**XXXXXX XXX
      |                     XXXXXXXX**XXXXXXX X
      |                      XXXXXXXX**XXXXXX   X
1.600 +                      XXXXXXXX**XXXXXXXX
      |                       XXXXXX**XXXXXX XX
      |                       XXXXXXXX*XXXXXXXXXX
      |                        XXXXXXXX**XXXXXXX XX
      |                     X  XXXXXXXX**XXXXXXXXXX X
      |                        X XXXXXXXX**XXXXXXXX XX
      |                       XX XXXXXXXX**XXXXXXXX X X
      |                        X XXXXXXXXXX**XXXXXXXX X
      |                           X XXXXXXXXXX**XXXXXXXXX
      |                          X XXXXXXXXXXX**XXXXXXXXXX X
0.800 +                          X   X XXXXXXXX**XXXXXXXXX
      |                           X  XXX XXXXXXXXX**XXXXXXXXXX X
      |                               X XXXXXXXXXXX**XXXXXXX
      |                               XX XXXXXXXXXXX**XXXXXXX XX
      |                                XXXXXXXXXXXXX***XXXXXXX
      |                            X    XXXXXXXXXXX**XXXXXXX X XX
      |                                 XX XXXXXXXXX****XXXXXXXXX
      |                                 XX XXXXXXXXXXXX****XXXX X
      |                                 X   XXXXXXXXXXXXXX****XXXX
      |                                     XXX XXXXXXXXXXX**** X
0.0   +----+----+----+----+----+----+----+----+-X-X--XXXXXXXXXX-**------+
      0.0  0.090 0.180 0.270 0.360 0.450 0.540 0.630 0.720 0.810 0.900 0.990 1.080
                                                            AEHNLICHKEITEN
```

199

# Anhang 2: Entwicklungsprofil
### für Kinder mit einem Entwicklungsalter von ein bis drei Jahren

A. PRAKTISCH-GNOSTISCHE KOMPETENZEN

**Malstift**
Händigkeit
○ Ambivalent
○ Bestimmt

Greifen
○ Faustgriff
○ Daumenquergriff
○ Erwachsenengriff

Deckel
○ Wegnehmen spontan
○ Aufsetzen

Malen
○ Punkte/Striche
○ Kritzeln eckig
○ Kritzeln zirkulär
○ Geschlossene Formen
○ Linie
○ Kreis

**Bürste**
○ Zu den Haaren
○ Durch die Haare führen

**Telefon**
Klingelknopf drücken
○ Mit Modell
○ Spontan

Hörer ans Ohr
○ Daneben
○ Korrekt

Hörer auf die Gabel
○ Daneben
○ Korrekt

**Flasche**
Deckel
○ Drehbewegung
○ Aufschrauben
○ Zuschrauben

Umleeren
○ Flasche kippen
○ Auf Gefäss zielen
○ Kapazität abschätzen

**Knetmasse**
○ Mit Gabel aufspiessen
○ Zu Wurst rollen
○ Mit Messer zerschneiden
○ Mit Wallholz auswallen

**Mechanisches Spielzeug**
○ Fahren lassen
○ Mechanismus erfassen
○ Drehbewegung
○ Aufziehen

**Formbox**
○ Nur einzelne Formen
○ Alle Formen über Versuch/Irrtum
○ Alle Formen antizipierend

**Brio-Bahn**
Schienen zusammensetzen
○ Ueber Versuch/Irrtum
○ Antizipierend
○ Zug selbständig zusammensetzen

Zug auf Schienen bewegen
○ Mit Entgleisen
○ Korrekt

**Schere**
○ Oeffnen und schliessen
○ Schnitte machen beidhändig
○ Schnitte machen einhändig

**Klebband**
○ Auf Papier heften
○ Nahtstelle erfassen

**Spezielle Beobachtungen**
☐ Assoziierte tonische Reaktionen
☐ Motorische Koordination auffällig
☐ Kraftdosierung auffällig
☐ Räumliche Anordnung auffällig
☐ Reaktion auf neue Reize auffällig

## B. SYMBOLISCHE KOMPETENZEN

**Spontanspiel**
○ In den Mund nehmen/fallen lassen
○ Funktionale Handlungen nachahmen
○ Ineinanderstellen/Umleeren
○ Funktional gebrauchen
○ Handlungsresultat beachten
○ Einfache symbolische Handlungen
○ Symbolische Sequenzen linear
○ Symbolische Sequenzen geplant

**Bildliche Vorstellung**
○ In Bilderbuch blättern
○ Bilderbuch betrachten
○ Fehlende Bildteile erkennen
○ Dargestellte Abläufe erfassen
○ Eigener Zeichnung Bedeut. geben

**Spezielle Beobachtungen**
☐ Sprunghaftes Spiel
☐ Stereotype Handlungen
☐ Aggressive/destruktive Handlungen

## C. SOZIAL-KOMMUNIKATIVE KOMPETENZEN

**Individuation**
○ Anwesenheit der Mutter kontrollieren

Handlungen ablehnen
○ Abwenden
○ Kopfschütteln
○ Nein-Sagen

Spiegelbild
○ Umdrehen/betasten
○ (Beschämt) Wegsehen
○ Sich betrachten

Fremd-/Ich-Standard
○ Auf Schmutz/Nässe/Defekt reagieren
○ Lächeln nach gelungener Handlung
○ Auf eigene Schwierigkeiten reagieren

Sich bezeichnen
○ Sich beim Namen nennen
○ Ich-Sagen

**Aussersprachliche Kommunikation**
○ Referentieller Blickkontakt
○ Geben
○ Zeigen
○ Absicht ausdrücken
○ Gegenstand austauschen
○ Um Hilfe bitten

**Spezielle Beobachtungen**
☐ Direkter Blickkontakt selten
☐ Spiegelbild verweigern
☐ Auto-aggressive Handlungen

## D. SPRACHLICHE KOMPETENZEN

### Sprachverständnis
- ○ Situationale Aufforderungen befolgen
- ○ Alltägliche Gegenstände geben
- ○ Nicht-sit. Aeusserungen verstehen
- ○ Absurde Aufforderungen verstehen

### Lautebene
- ○ Vokalisationen
- ○ Lall-Laute

### Lautbildung im Wort
- ○ Assim./Elisionen/Substitutionen
- ○ Korrekt (ohne/mit S,SCH,R)

### Wortebene
- ○ Einzelne Wörter
- ○ Einzelne Bilder benennen
- ○ Alltägl. Gegenst./Handl. benennen
- ○ Differenzierter Wortgebrauch
- ○ Tierbilder differenziert benennen

### Satzebene
- ○ Einwortsätze
- ○ Zweiwortsätze
- ○ Mehrwortsätze
- ○ Komplexe Strukturen

### Sprachliche Kommunikation
- ○ Direkte sprachliche Repetitionen
- ○ Handlungsbegleitende Aeusserungen
- ○ Absichten und Gefühle ausdrücken
- ○ Ereignisse/Situationen beschreiben
- ○ Fragen stellen
- ○ Informationen geben
- ○ Gespräch führen

### Spezielle Beobachtungen
- ☐ Reaktion auf Geräusche auffällig
- ☐ Schlüsselwort-Interpretation
- ☐ Tendenz zu "ja"-Antworten
- ☐ Echolalien
- ☐ Speichelkontrolle mangelhaft
- ☐ Lautfehlbildungen
- ☐ Artikulation verwaschen/undeutlich
- ☐ Stimmgebung auffällig
- ☐ Prosodie/Intonation auffällig
- ☐ Sprechablaufunflüssig
- ☐ Passe-par-tout-Wörter
- ☐ Fehlbenennungen
- ☐ Phrasen
- ☐ Stereotype Fragen

## E. ZUSAMMENFASSUNG UND BEURTEILUNG

### Entwicklungsalter in Monaten
- ☐-☐ Praktisch-gnost. Kompetenzen
- ☐-☐ Symbolische Kompetenzen
- ☐-☐ Sozial-Komm. Kompetenzen
- ☐-☐ Sprachliche Kompetenzen

### Entwicklungsprofil
- ○ Homogen
- ○ Heterogen

- ○ Altersentsprechend
- ○ Leicht verzögert
- ○ Mittel-schwer verzögert

## F. PROCEDERE
- ○ Kontrolluntersuchung
- ○ Beratung
- ○ Therapie

### Diagnose
☐

# Anhang 3: Die Items des Entwicklungsprofils

## A. PRAKTISCH-GNOSTISCHE KOMPETENZEN

### MALSTIFT
**Händigkeit ambivalent**

Im ersten und zweiten Lebensjahr wird das Kind durch die Dinge herausgefordert, gerufen: es ergreift sie, bewegt und verschiebt sie im Raum, kippt oder stellt sie auf- und ineinander. Den Gegenstand selbst erfasst es als etwas Gegebenes: es kann ihn noch nicht verändern und deshalb auch nicht als Instrument behandeln, um einen anderen Gegenstand zu verändern. In dieser Entwicklungsphase zeigt es noch keine Bevorzugung einer Hand, sondern gebraucht jeweils diejenige, in deren Nähe sich der Gegenstand befindet.

**Händigkeit bestimmt**                                                    **ab 24-30 Mten**

Gegen Ende des zweiten Lebensjahres entdeckt das Kind, dass es durch seine Handlungen etwas bewirkt, dass sie Veränderungen in der Welt hervorrufen. Damit beginnt eine ganz neue Entwicklungsstufe: die Gegenstände können zu Instrumenten werden, mit denen andere Gegenstände behandelt, verändert werden. Bei den Tätigkeiten im dritten Lebensjahr werden deshalb gehäuft zwei Dinge miteinander in Beziehung gebracht: bspw. Deckel und Flasche beim Schrauben, Filzstift und Papier beim Malen, Formen und Box bei der Formbox, Schere und Papier beim Schneiden. Dies bedeutet aber auch, dass für diese Tätigkeiten die Zuhilfenahme beider Hände erforderlich ist, wobei deren Aufgabe unterschiedlicher Art ist. Die meisten Kinder beginnen deshalb, eine Hand gegenüber der anderen zu bevorzugen; die Händigkeit wird bestimmt. Die Tätigkeit selbst wird nun von der bevorzugten, dominanten Hand ausgeführt. Die andere Hand ist aber nicht nur Unterstützung, indem sie den zu behandelnden Gegenstand hält und wenn nötig Gegendruck gibt. Eigentlich ist sie der dominanten immer ein wenig voraus, d.h. sie bringt den zu behandelnden Gegenstand in die richtige Position, so dass die spezialisierte Hand die Bewegung nur noch ausführen muss.

**Faustgriff**

Während der ersten zwei Lebensjahre greift das Kind die Dinge mit der ganzen Hand, bewegt, verschiebt sie und weist mit einer Geste auf ihre Funktion hin. Sind die Gegenstände schmal und länglich wie ein Malstift oder auch ein Löffel oder ein Stab, hält es sie im Faustgriff eingeschlossen.

**Daumenquergriff**                                                      **ab 24-30 Mten**

Im dritten Lebensjahr, wenn das Kind "etwas" malen will, wird der Stift zum Werkzeug und nicht mehr einfach gegriffen, sondern in die Hand gelegt. Dabei wird er von der Handfläche in Richtung Fingerspitzen geschoben; die Finger sind gestreckt und stehen in Opposition zum Daumen; diese Art des Greifens wird als Daumenquergriff bezeichnet. Die Bewegungen erfolgen aus dem Ellbogen oder Handgelenk heraus und können dadurch gut gesteuert und koordiniert werden.

### Erwachsenengriff                                               ab 36-42 Mten

Gegen Ende des dritten Lebensjahres, wenn das Kind nicht mehr "etwas", sondern genau "dies" malen möchte, ist der Erwachsenengriff zu beobachten. Bei diesem Griff wird der Stift nur noch von Zeigefinger und Daumen gehalten; die übrigen Finger sind leicht gebogen. Der Unterarm und die Hand liegen auf dem Tisch und die Bewegung erfolgt durch die Finger. Durch diese Haltung wird eine optimale Steuerung und Koordination auch feiner Bewegungsmuster ermöglicht.

### Deckel wegnehmen spontan/ aufsetzen                            ab 15-18 Mten

Mit etwa 15 Monaten, in der Phase des Ineinanderstellens und -steckens, beginnt sich das Kind für den Deckel des Malstiftes zu interessieren und versucht spontan, diesen wegzunehmen, um ihn dann gleich wieder aufzusetzen. Am Anfang braucht es dazu meist mehrere Versuche, da das Zielen auf die Oeffnung eine gute Koordination und gezielte feinmotorische Bewegungen erfordert. Sobald es mit 18-24 Monaten beginnt, das Resultat seiner Handlungen zu beachten, wird die Tatsache von Bedeutung, dass die Spitze des Stiftes Spuren hinterlässt. Ab diesem Zeitpunkt nimmt es den Deckel weg, *um* zu malen. Auch das Aufsetzen des Deckels bekommt Ende des zweiten Lebensjahres eine andere Bedeutung: das Kind weiss, dass die Malstifte in der Welt mit einem Deckel versehen sind. Es wird den Deckel deshalb nicht mehr aus Freude an der Handlung selbst schliessen, sondern weil die Malstifte eben mit Deckeln geschlossen werden.

### Punkte/Striche malen                                           ab 15-18 Mten

Die Funktion eines Malstiftes besteht zunächst nur darin, ihn zum Papier zu halten und dort zu bewegen. Wenn die Kinder anfangs des zweiten Lebensjahres die Handlungen anderer beobachten und diese nachahmen, werden sie diese Funktion entdecken. Die ersten Punkte und Striche im Alter von etwa 15 Monaten können auch als Spuren bezeichnet werden, welche der Stift hinterlässt, wenn man ihn seiner Funktion entsprechend gebraucht. In dieser Entwicklungsphase sind solche Spuren aber noch ohne Bedeutung.

### Kritzeln eckig                                                 ab 18-24 Mten

Wenn das Kind zwischen 18 und 24 Monaten auf das Resultat seiner Handlungen zu achten beginnt, verändert sich das Malen. Der Stift wird nicht mehr zum Papier gehalten, weil er dorthin gehört, sondern weil er dort etwas bewirkt. Die Bewegung des Strich-Malens dauert an, weil das Kind schaut, was es auf dem Papier hinterlässt. Das eckige Kritzeln entsteht aus dem Fortführen der Strich-Malen-Bewegung. Anfangs hat diese noch kein Ziel, sondern die Faszination liegt gerade darin, bei der Entstehung der Spuren auf dem Papier zuzuschauen.

### Kritzeln zirkulär                                              ab 24-30 Mten

Das zirkuläre Kritzeln taucht in der ersten Hälfte des dritten Lebensjahres auf. Ueber das eckige Kritzeln hat das Kind Erfahrungen mit dem Malstift und seinen Möglichkeiten gesammelt: der Bewegungsablauf wird damit fliessender; der Stift muss nicht mehr fest in der Faust liegen, sondern kann im Daumenquergriff gehalten werden. Das zirkuläre Kritzeln ist das Resultat einer rhythmischen, schwungvollen - und lustvollen - Bewegung, welche darauf gerichtet ist, ein Zeichen in der Welt zu sein.

### Geschlossene Formen malen                                          ab 30-36 Mten

Die geschlossene Form entsteht dann, wenn das Kind "Etwas" malen will. Sie hat ihren Ursprung in der Bewegung des zirkulären Kritzelns; dieses wird nun abgebrochen, sobald die fortlaufende Linie ihren Anfang berührt und so ein "Etwas", eine Form bildet. Dieses erste "Etwas" hat nur dann eine Bedeutung, wenn es eine geschlossene Form darstellt. Das Kind wird deshalb dazu tendieren, bspw. eine Spirale mit einem zusätzlichen Strich zu schliessen oder umgekehrt, nach dem Malen einer Linie nicht anzuhalten, sondern mit einem Bogen zum Ausgangspunkt zurückzukehren. Man könnte auch sagen, dass in dieser Entwicklungsphase ein offener Kreis oder eine Linie kein "Etwas" sind, d.h. noch nicht als "Etwas" erfasst werden können.

### Linie malen                                                       ab 30-36 Mten

Das Spezielle an der Linie liegt darin, dass sie eine offene Form darstellt. In ihrer Einfachheit ist sie etwas und doch nichts. Das Schwierige an der Linie besteht denn auch weniger im Malen selbst, als darin, die Mal-Bewegung abzubrechen, einfach anzuhalten, wo doch noch nichts ist. Dies ist wohl der Grund, weshalb die Linie in der Kinderzeichnung etwa zur gleichen Zeit und fast immer in Verbindung mit dem Kreis auftaucht (Sonne); oder aber dann, wenn das Kind mit seiner Zeichnung bereits etwas Bestimmtes darstellen will.

### Kreis malen                                                       ab 30-36 Mten

Der Kreis ist die vollkommene geschlossene Form. Um einen Kreis zu malen, braucht es Entschlossenheit: von Beginn an kennt die Bewegung ihr Ende; kein Zögern, keine Ausschweifungen haben hier Platz. Das Kind malt nicht mehr "Etwas", sondern es malt jetzt "Dies". Es erstaunt deshalb nicht, dass die Fähigkeit, einen Kreis zu malen, mit der Entwicklungsstufe von 30-36 Monaten zusammenfällt, wo das Kind von sich selbst als "Ich" spricht.

## BUERSTE

### Geste zu den Haaren                                                ab 12-15 Mten

Wenn die Kinder im Alter von etwa 15 Monaten die Funktion der Bürste erfasst haben, werden sie diese zu den eigenen Haaren halten oder zu den Haaren der Puppe bringen und die Geste des Bürstens ausführen. Anfangs spielt es dabei noch keine Rolle, ob die Borsten zu den Haaren gehalten bzw. durch die Haare geführt werden. Anders gesagt, im Rahmen des Funktionsspiels liegt der Schwerpunkt beim Kind als Handelndem (ich bürste).

### Bürste durch die Haare führen                                      ab 24-30 Mten

Die Frage, wie die Bürste gehalten und durch die Haare geführt wird, bekommt erst dann eine Bedeutung, wenn das Kind auch auf das Resultat seines Tuns achtet. Es ist, als ob es sich nun in die zu bürstende Puppe hineinversetzen würde. Es passt deshalb seine Bewegungen der Kopfform und den vorhandenen oder nicht vorhandenen Haaren liebevoll an. Gleichzeitig kann es die Bürste auch korrekt zu seinem eigenen Kopf halten und sie vorsichtig durch die Haare führen.

TELEFON
### Klingel drücken mit Modell          ab 12-15 Mten
Die Funktion eines Klingelknopfes ist die, gedrückt zu werden. Eine spezielle Faszination liegt dabei darin, den Widerstand zu überwinden, den ein Knopf aufgrund seiner inneren Federung bietet. Gleichzeitig geschieht aber auch etwas, wenn der Knopf gedrückt wird: es klingelt. Anfangs des zweiten Lebensjahres können die Kinder den Knopf auf der Oberfläche des Telefons noch nicht sofort erfassen. Mit Modell werden sie das Drücken des Knopfes jedoch sofort ausführen.

### Klingel drücken spontan          ab 15-18 Mten
Im Alter zwischen 12-15 Monaten entdecken sie, dass zwischen dem Drücken und dem Klingeln (oder dem Licht) eine Beziehung besteht. Ein Knopf ruft dann sozusagen danach, gedrückt zu werden, und die Kinder haben dabei auch den Anspruch, dass dann etwas passiert. Ab dem Alter von etwa 15 Monaten werden sie den Klingelknopf deshalb spontan drücken, auch wenn sie dieses spezielle Spielzeugtelefon mit diesem Knopf noch nicht kennen.

### Geste zum Ohr mit Hörer          ab 12-15 Mten
Das Telefon ist ein in vielfacher Hinsicht faszinierendes Objekt. Da es die Kommunikation als solche repräsentiert, hat es schon früh eine spezielle Anziehungskraft. Kann das Kind Person und Gegenstand verbinden, wird es als erstes entdecken, dass die Personen den Hörer nehmen, zum Kopf halten und dann etwas sagen. Die erste Handlung mit dem Telefon besteht deshalb im Alter von 12-15 Monaten darin, den Hörer irgendwo in die Nähe des Ohres oder zum Hals zu halten.

### Hörer korrekt zum Ohr halten          ab 24-30 Mten
Ab dem Alter von 24-30 Monaten hat das Kind eine Vorstellung von seinem Körper; es nimmt eine Haltung ein. Auch das Sprachverständnis hat sich so weit entwickelt, dass es erste Aeusserungen des Sprechenden im Telefon verstehen und ihm nun zuhören kann. Dazu hält es den Hörer zum Ohr. In dieser Entwicklungsphase spricht es selbst nur einzelne Wörter wie "hallo", "tschüss" oder "ja" ins Telefon. Obwohl es gewisse Aeusserungen bereits verstehen kann, hat es noch nicht vollständig erfasst, dass der Andere auch bei Abwesenheit fähig ist, sprachliche Mitteilungen zu verstehen und entsprechende Vorstellungen aufzubauen. Bis es spontan auch Mitteilungen über das Telefon macht, dauert es deshalb noch eine gewisse Zeit.

### Geste des Zurücklegens mit Hörer          ab 15-18 Mten
Beobachtet das Kind die anderen beim Telefonieren, sieht es, dass sie den Hörer auch wieder auf die Gabel legen. Im Rahmen des Funktionsspiels führt es die Geste des Zurücklegens aus; die korrekte Plazierung spielt dabei aber noch keine Rolle.

### Hörer korrekt auf die Gabel legen          ab 24-30 Mten
Erst wenn das Kind gegen Ende des zweiten Lebensjahres beginnt, auf das Resultat seiner Handlungen zu achten und erste Vorstellungen aufzubauen, bekommt die Position des Hörers eine Bedeutung. Es weiss dann, dass die Telefone dieser Welt solche mit aufgelegtem Hörer sind und wird sehr darauf achten, seinen Hörer korrekt auf die Gabel zu le-

gen. Gelingt ihm dies nicht spontan, wird es mehrmals versuchen, bis es die richtige Position gefunden hat.

## FLASCHE

### Drehbewegung mit dem Deckel — ab 18-24 Mten

Sobald das Kind beginnt, die Gefässe zu kippen, interessiert es sich auch für deren Verschluss, d.h. für das Oeffnen und Schliessen von Deckeln. Es entdeckt, dass viele Gefässe einen Schraubverschluss haben, d.h. dass die Anderen den Deckel zum Oeffnen drehen und ahmt diese Bewegung nach. Um die Handlung des Schraubens auszuführen, muss der Deckel zwischen den Drehbewegungen jeweils kurz losgelassen werden. Behält das Kind den Deckel aber in der Hand, entsteht zwischen 18-24 Monaten das Hin- und Herdrehen.

### Aufschrauben — ab 24-30 Mten

Das Aufschrauben gelingt den Kindern anfangs des dritten Lebensjahres. Es handelt sich um eine der ersten Bewegungen der Art "es liegt in meiner Hand". Die Finger der einen Hand legen sich um den Deckel, die Bewegung des Drehens wird unterbrochen und der Deckel von neuem gefasst. Die andere Hand hält die Flasche und gibt wenn nötig Gegendruck. Die Handlung des Drehens wird solange wiederholt, bis beim Schrauben kein Widerstand mehr spürbar ist.

### Zuschrauben — ab 30-36 Mten

Das Zuschrauben verlangt denselben Bewegungsablauf wie das Aufschrauben mit dem Unterschied, dass hier der Beginn entscheidend ist. Der Deckel muss erst so auf die Flasche gelegt werden, dass die Schraubgewinde ineinander fassen können. Zusätzlich ist auch der Ursprung der Handlung ein anderer. Während das Motiv zum Aufschrauben meist im Inhalt des mit dem Deckel verschlossenen Gefässes (Wasser, Creme) liegt, geht es beim Zuschrauben darum, den gebrauchten Gegenstand wieder in seinen ursprünglichen Zustand zu bringen: hat die Flasche einen Deckel, muss dieser auch drauf sein. Anfangs des dritten Lebensjahres hat das Kind solche Vorstellungen entwickelt und legt den Deckel auf; ab etwa 30 Monaten schraubt es ihn auch wieder zu.

### Flasche kippen — ab 15-18 Mten

Anfangs des zweiten Lebensjahres interessieren sich die Kinder für den Inhalt von Gefässen. Sie versuchen dann, diesen Inhalt, z.B. eine kleine Kugel, zu erreichen, indem sie den Finger in die Flasche stecken. Ab etwa 15 Monaten entdecken sie, dass man Gefässe kippen kann, um an deren Inhalt heranzukommen.

### Auf Gefäss zielen — ab 15-18 Mten

Etwa mit einem Jahr erfährt das Kind, dass es die Gegenstände auch dann noch gibt, wenn man sie nicht mehr sieht; deshalb wird es nun von Interesse, die Dinge zu behalten. Das Gefäss bekommt dadurch eine neue Bedeutung: die des Behälters. Beim Kippen der Flasche wird das Kind deshalb versuchen, auf ein anderes Gefäss zu zielen, damit es den Inhalt behalten kann. Das Spiel, welches daraus entsteht, ist das Umleeren.

**Kapazität abschätzen** ab 36-42 Mten

Wenn das Kind sich gegen Ende des zweiten Lebensjahres auf das Resultat seiner Handlung konzentrieren kann, ist es ihm möglich, beim Umleeren auch das zweite Gefäss zu berücksichtigen. Es wird dann bemerken, dass dieses schon voll oder übergelaufen ist. Gleichzeitig ist es in dieser Entwicklungsphase aber noch so, dass beim Umleeren der ganze Inhalt ausgeschüttet werden muss. Dies führt häufig dazu, dass das Kind sich zwar über das übergelaufene Wasser ärgert, die Handlung dennoch nicht unterbrechen kann. Erst etwa mit drei Jahren kann es die Kapazität des Gefässes während des Umleerens abschätzen und die Handlung unterbrechen, bevor die Flasche leer ist.

## KNETMASSE

**Mit der Gabel aufspiessen** ab 15-18 Mten

Eine erste Funktion der Knetmasse liegt darin, sie zu geben, oder besser, sie zu "verfüttern". Wenn das Kind mit etwa 15 Monaten die Funktion der Gabel erfasst hat, wird es sie mit der Faust greifen und zur Knetmasse halten. Sind die Stücke weich und nicht zu klein, kann es schon in diesem Alter ein Stück Knete mit der Gabel aufspiessen. Ist das aufzuspiessende Ding jedoch klein oder unförmig und liegt nicht fest auf der Unterlage, wird es nötig, dass die Gabel ganz anders angefasst wird, damit der Widerstand der Masse gebrochen werden kann. In diesem Falle kann es diese Handlung erst im Laufe des dritten Lebensjahres ausführen.

**Zu Wurst rollen** ab 30-36 Mten

Um die Knete zu formen, muss sie "ganz in der Hand" liegen. Soll sie zu einer Wurst gerollt werden, muss das Kind die Bewegung der Beschaffenheit der Knete anpassen, sie so umschliessen und manipulieren, dass sie sich ihrer Bestimmung entsprechend verändert. Dies gelingt im Alter von etwa 30-36 Monaten.

**Mit Messer schneiden** ab 30-36 Mten

Auch das Schneiden einer Knetwurst mit dem Messer ist eine "es liegt in der Hand"-Tätigkeit. Die Geste des Schneidens kann das Kind schon im zweiten Lebensjahr ausführen. Soll nun aber die Knetmasse geschnitten werden, muss das Messer in einer besonderen Weise angefasst werden, gut in der Hand liegen und der Bewegungsablauf muss sich der Härte und Dicke der Knetwurst anpassen. Gleichzeitig muss die andere Hand die Knete halten und wenn nötig Gegendruck geben. Die Fähigkeit, eine Knetwurst zu zerschneiden, erreicht das Kind wie das Rollen etwa mit 30-36 Monaten.

**Mit Wallholz auswallen** ab 30-36 Mten

Das Spezielle beim Auswallen mit dem Wallholz liegt im Unterschied zum Rollen und Schneiden darin, dass beide Hände gleichwertig beteiligt sind, d.h. keine Hand ist frei für Stütz- oder Hilfestellung, und keine Hand darf die andere überbieten. Auch die Fähigkeit des Auswallens wird etwa im Alter von 30-36 Monaten erreicht.

## MECHANISCHES SPIELZEUG

**Fahren lassen** ab 12-15 Mten

Werden ein Auto oder ein Ball gestossen oder ein mechanisches Spielzeug aufgezogen und losgelassen, bewegen sie sich "von alleine", und es ist eine ganz spezielle Freude, diesen Gegenständen eine solche Eigendynamik oder Lebendigkeit zu verleihen. Ganz anders sieht dies das kleine Kind: es erlebt sich gewissermassen als Mittelpunkt der Welt; die Dinge müssen ergriffen werden und sie bewegen sich mit und dank ihm. Bis zum Alter von etwa einem Jahr kann man ein Kind x-mal auffordern, den Ball oder ein Auto rollen zu lassen oder einem hüpfenden Frosch zuzuschauen; kaum bewegt sich das Ding, wird es dieses an sich nehmen, um die Bewegung selbst auszuführen, indem es das Auto schiebt, den Ball gibt oder den Frosch bewegt. Erst ab 12-15 Monaten hat es eine erste Stufe der Dezentrierung erreicht, welche ihm erlaubt, den Dingen eine Eigendynamik zuzugestehen und kann sie dann auch fahren lassen.

### Drehbewegung ab 15-18 Mten
Wenn ein mechanisches Spielzeug aufgezogen wird, dann bewegt es sich. Im Alter von etwa 15 Monaten kann das Kind dieses "wenn- dann"-Prinzip erfassen, d.h. es ist fähig, zwei Ereignisse in eine kausale Verbindung zu bringen; bspw. wenn man den Lichtschalter drückt, dann kommt oder verschwindet das Licht; wenn man den Knopf am aufziehbaren Spielzeug dreht, dann bewegt es sich. Nachdem das Kind diese Wenn-Dann-Beziehung entwickelt hat, wird es versuchen, über eine Drehbewegung des Knopfes oder des Schlüssels das Spielzeug in Bewegung zu bringen.

### Aufziehen ab 24-30 Mten
Das Aufziehen ist eine Handlung, welche erst dann ausgeführt werden kann, wenn das Kind seine Bewegungen ganz dem Gegenstand anpassen kann, wenn er "in seiner Hand liegt": die eine Hand muss das Ding halten und bisweilen noch die bewegbaren Teile fixieren, während die andere eine Drehbewegung mit dem Schlüssel oder dem Knopf ausführen und mehrmals wiederholen muss. Dies gelingt den Kindern zwischen 24-30 Monaten; wenn der Knopf sehr klein, und der Widerstand beim Drehen stark ist, brauchen sie etwas länger.

## FORMBOX
### Einzelne Formen reintun ab 15-18 Mten
Im Alter von 12-18 Monaten besteht ein bevorzugtes Spiel darin, Dinge in ein Gefäss einzufüllen, um sie dann gleich wieder rauszunehmen. In diesem Entwicklungsalter wird auch die Formbox als ein solches Gefäss behandelt und die Formen als Dinge, welche man da reintun kann. Es ist also noch nicht die Korrespondenz der Formen und Oeffnungen, wofür sich die Kinder interessieren, sondern das Gefäss, in das man etwas reintun kann. Da sie spontan häufig zuerst die runden Formen greifen, also die Zylinder, und gleichzeitig die runden Oeffnungen bevorzugen, gelingt es ihnen manchmal schon im Alter von 15-18 Monaten, einzelne Formen in die Box zu tun.

### Alle Formen über Versuch/Irrtum einführen ab 18-24 Mten
Wenn die Kinder zwischen 18-24 Monaten erste Vorstellungen entwickeln, wie die Welt sein soll, bekommt auch das Spiel mit der Formbox eine neue Bedeutung: sie wissen, dass alle Formen in die Box getan werden können und sollen. Damit verändert sich in diesem Entwicklungsalter vor allem die Haltung der Aufgabe gegenüber; das Kind nimmt die Form und probiert, in welche Oeffnung sie passt. Dabei scheint mir wichtig zu betonen, dass eine solche Versuch-Irrtum-Strategie erst dann möglich ist, wenn das Kind die Gewissheit hat, dass die Formen auch sicher in eine der Oeffnungen passen, wenn es al-

so ein gewisses Vertrauen in die Welt (der Erwachsenen) hat. Dies ist vielleicht auch der Grund, weshalb fast alle Kinder eine spezielle Freude daran haben, die Tätigkeit mit dem Erwachsenen zu teilen, d.h. zu fragen "da?" und sich von seiner Antwort leiten zu lassen. Dass es sich um ein besonderes Spiel handelt, sieht man auch daran, dass sie manchmal die Form in der passenden Oeffnung nicht gleich loslassen, sondern einen kurzen Moment innehalten oder sie sogar noch in ein anderes Loch einführen, als ob sie das Spiel dadurch etwas länger auskosten wollten.

### Alle Formen antizipierend einführen    ab 30-36 Mten

Im dritten Lebensjahr verändert sich aber auch die Art, wie das Kind die Dinge in die Hand nimmt und manipuliert: im zweiten Lebensjahr nimmt es die Form und tut sie in die Box rein; jetzt "liegt sie in seiner Hand", d.h. sie kann durch leichtes Drehen der Oeffnung angepasst und damit in diese eingeführt werden. Zudem verändert sich die Sicht der Dinge: das Kind beginnt sich für ihre Eigenschaften zu interessieren. Es kann eine Puppe als gross erfassen, weil es gleichzeitig kleine Puppen "im Kopf" hat; es kann eine Form als rund erfassen, weil es sie von einer eckigen unterscheidet. Bei der Aufgabe, zu einer Form die korrespondierende Oeffnung zu suchen, muss es aber nicht nur die Eigenschaft einer Form beachten, sondern diese auch mit den Eigenschaften der verschiedenen Oeffnungen vergleichen, um dann die passende auszuwählen. Im Alter von etwa zweieinhalb Jahren entdeckt das Kind, dass sich die Eigenschaften von Form und Oeffnung gleichen, und damit ändert es die Haltung dem Spiel gegenüber von neuem: der Reiz liegt jetzt nicht mehr im Ausprobieren, sondern gerade darin, zu antizipieren, welche Form in welche Oeffnung passt.

## BRIO-BAHN
### Schienen über Versuch/Irrtum zusammensetzen    ab 18-24 Mten

Die Schienenteile der Brio-Bahn sind so geformt, dass sie jeweils auf der einen Seite eine Ausstülpung und auf der anderen Seite eine entsprechende Einbuchtung haben. Zusätzlich gibt es gerade und gekrümmte sowie spezielle Teilstücke, um eine Brücke, einen Tunnel oder eine Weiche zu bauen. Wenn die Kinder das Resultat ihrer Handlungen beachten, beginnen sie sich für das Zusammenfügen der Schienen zu interessieren. Spontan nehmen sie zwei Schienenteile, legen sie zueinander und drehen sie um, wenn sie nicht zueinander passen. Wie beim Einführen der Formen in die Formbox wissen die Kinder in diesem Entwicklungsalter, dass die Schienen (von den Erwachsenen) sicher so gemacht sind, dass sie zusammengefügt werden können, und gerade deshalb macht das Ausprobieren über Versuch-Irrtum auch Spass.

### Schienen antizierend zusammensetzen    ab 30-36 Mten

Mit etwa zwei Jahren beginnt sich das Kind für die Eigenschaften der Dinge zu interessieren, und ab Mitte des dritten Lebensjahres ist es auch fähig, die Eigenschaften von zwei Gegenständen gleichzeitig zu berücksichtigen und sie miteinander in Verbindung zu bringen. Damit nimmt es die Schienenteile nicht mehr zufällig und probiert, ob sie passen, sondern es antizipiert bereits, wie die Schiene aussehen soll, damit sie zum ersten Teil passt: es wählt ein passendes Stück aus und dreht es schon in der Hand so, dass es mühelos ins vorherige eingefügt werden kann. Interessant ist, dass dabei sowohl die Antizipation wie aber auch die Fähigkeit eine Rolle spielt, die Schiene so in der Hand zu halten, dass ihre Lage durch feine Bewegungen der Hand leicht verändert werden kann.

**Zug über Magnete zusammensetzen**                                                  **ab 30-36 Mten**

Magnete sind faszinierende Dinge: sie halten zusammen, klammern sich fest, ohne dass man sehen kann, wie sie das eigentlich tun. Damit diese Faszination aber überhaupt entstehen kann, muss die Entwicklung der Dezentrierung schon weit fortgeschritten sein: das Kind muss gewissermassen akzeptieren, dass zwei Dinge unabhängig von ihm selbst, ohne sein Zutun aneinander haften. Erleichtert wird ihm dies, wenn es die Anziehungskraft bzw. das Abstossen von zwei Magneten selbst spüren kann. Dies ist aber nur möglich, wenn die beiden Teile so leicht und fein in der Hand liegen, dass die Bewegung der Hand nicht diejenige des Magneten überdeckt. Für kleine Kinder sind deshalb Magnete eher uninteressant; oft sind sie sogar enttäuscht, wenn sie den Zug nicht über kleine Haken selbst zusammenfügen können. Für den Magnetmechanismus beginnen sie sich ab dem Alter von 30-36 Monaten zu interessieren und sind dann auch fähig, die Zug-Wagen selbständig zusammenzufügen.

**Zug auf Schienen bewegen mit Entgleisen**                            **ab 24-30 Mten**

Bereits anfangs des zweiten Lebensjahres interessieren sich die Kinder für Gegenstände mit Rädern und bewegen diese hin und her. Noch bis zur Hälfte des dritten Lebensjahres spielt es beim Spiel mit Fahrzeugen aber keine Rolle, wo diese fahren. Wird das Kind aufgefordert, mit dem Zug auf den Schienen zu fahren, legt es ihn darauf und bewegt ihn. Dabei scheint es aber den vorgegebenen Lauf des Schienenstrangs noch nicht wirklich zu akzeptieren; gerade wenn die Schienen gebogen sind, hat es deshalb oft Schwierigkeiten, seine Bewegungen dieser Vorgabe anzupassen. Nach kurzer Zeit wird der Zug somit entgleisen. Die für diese Entwicklungsphase typische Reaktion des Kindes besteht darin, dass es sich daran keineswegs stört, sondern den Zug ganz zufrieden neben den Schienen weiterführt.

**Zug auf Schienen bewegen ohne Entgleisen**                           **ab 30-36 Mten**

Erst ab Mitte des dritten Lebensjahres, wenn das Kind sich für die Beziehungen zwischen den Dingen und Ereignissen zu interessieren beginnt, bekommt das Geleis als Unterlage für den Zug eine Bedeutung. Von diesem Zeitpunkt an wird es den Zug spontan auf die Schienen legen und beim Fahren speziell darauf achten, dass er korrekt fährt und nicht entgleist. Sollte dies dennoch geschehen, gibt es dem Ereignis eine symbolische Bedeutung, bspw. die eines Unfalls, oder es ärgert sich. In jedem Falle aber wird es von sich aus bemüht sein, den Zug wieder auf die Schienen zurückzulegen.

SCHERE

**Oeffnen und schliessen**                                                                  **ab 24-30 Mten**

Mit 15 Monaten halten die Kinder die Schere zum Papier und zeigen mit einer Geste die Funktion des Schneidens an. Bis zum Alter von etwa zwei Jahren versuchen sie, die Schere wie die Erwachsenen mit einer Hand zu manipulieren, was jedoch noch selten gelingt. Erst dann nehmen sie beide Hände zuhilfe und meist ist es nun möglich, die Schere zu öffnen. Das Schliessen ist insofern noch etwas schwieriger, als es eine Gegenbewegung erfordert, bei der ein bestimmter Widerstand nicht durch Kraft, sondern nur durch Anpassung überwunden werden kann. In der Phase zwischen 24-30 Monaten, kann das Kind die Schere öffnen und schliessen; es kann aber nur dann schneiden, wenn ihm jemand den zu schneidenden Gegenstand zwischen die Klingen der Schere hält.

**Schnitte machen beidhändig**　　　　　　　　　　　　　　　　**ab 30-36 Mten**

Ab Mitte des dritten Lebensjahres kann das Kind die Bewegung des Oeffnens und Schliessens mit beiden Händen gezielt ausführen. Es öffnet die Schere, führt sie so, dass das Klebband oder die Schnur zwischen die Klingen zu liegen kommt und macht dann entschlossen die Bewegung des Schliessens. Damit kann es die Schere als Instrument gebrauchen, um Schnitte zu machen.

**Schnitte machen einhändig**　　　　　　　　　　　　　　　　**ab 36-42 Mten**

Mit etwa drei Jahren erfolgt der Uebergang vom zweihändigen zum einhändigen Gebrauch der Schere. Das Kind versucht nun, wie die Erwachsenen je einen Finger in die Griffe der Schere zu stecken; es bleibt aber noch unklar, welche Art von Bewegung zum Oeffnen der Schere führen könnten. Häufig greift es diese deshalb wieder mit beiden Händen, beobachtet das Oeffnen und Schliessen und versucht es erneut mit einer Hand. Ab etwa drei Jahren kann die Bewegung des Schliessens auch mit einer Hand gezielt ausgeführt werden; das Kind macht einen Schnitt. Das eigentliche Schneiden, d.h. die Wiederholung des Bewegungsablaufes Oeffnen und Schliessen, ist noch sehr viel komplexer und wird erst gegen Ende des vierten Lebensjahres erreicht.

KLEBBAND

**Auf Papier heften**　　　　　　　　　　　　　　　　　　　　　**ab 24-30 Mten**

Für das Aufkleben eines Klebstreifens muss das Kind beide Hände zuhilfe nehmen, was mit etwa zwei Jahren möglich ist. Der Bewegungsablauf des Aufklebens selbst ist nicht sehr komplex, wird aber durch die Klebrigkeit, d.h. den dadurch entstehenden Widerstand bei der Bewegungsausführung erschwert. Zusätzlich ist es für viele Kinder schwierig, die klebende von der nicht-klebenden Seite zu unterscheiden und das Band entsprechend zu drehen. Zwischen 24-30 Monaten gelingt es ihnen, ein Klebband auf das Papier zu heften.

**Nahtstelle erfassen**　　　　　　　　　　　　　　　　　　　　**ab 36-42 Mten**

Die Funktion des Klebstreifens liegt darin, zwei Dinge miteinander zu verbinden. Das Kind muss folglich eine Beziehung zwischen drei Dingen herstellen, nämlich zwei Teile miteinander verknüpfen, so dass eine Nahtstelle entsteht, und einen dritten Teil, den Klebstreifen, als Verbindungsmittel darüber heften. Während des dritten Lebensjahres ist es noch schwierig, drei Dinge gleichzeitig zu berücksichtigen; die Kinder halten bspw. das Papier neben ein anderes und heften dann den Klebstreifen in die Mitte des einen Blattes. Erst im vierten Lebensjahr gelingt es ihnen, die drei Elemente miteinander zu verbinden, d.h. die Nahtstelle zu erfassen und das Klebband darüber zu kleben.

B. SYMBOLISCHE KOMPETENZEN

SPONTANSPIEL

**In den Mund nehmen/ fallen lassen**　　　　　　　　　　　　**ab 9-12 Mten**

Im Alter von etwa einem Jahr richtet sich das Interesse des Kindes auf die Erforschung der Gegenstände als solche. Es führt die ihm bekannten Handlungen wie in den Mund nehmen oder fallen lassen aus, beginnt dann aber, diese Handlungen so zu variieren, dass neue, unerwartete Ereignisse entstehen. Durch das Variieren der Handlungen lernt es die speziellen Eigenschaften verschiedener Gegenstände kennen, d.h. es entdeckt, dass sie sich unterschiedlich gut in den Mund nehmen lassen und dass sie ganz verschiedene Geräusche verursachen, wenn sie zu Boden fallen.

### Ineinanderstellen/ Umleeren ab 12-15 Mten

Im Alter von etwa einem Jahr erkennt es auch, dass die Dinge weiterhin existieren, wenn sie aus seinem Blickfeld verschwunden sind; es hat die erste Stufe der Objektpermanenz erreicht. Dies bedeutet, dass es die Dinge nun behalten will und kann. Die Gegenstände, welche die Funktion des Behaltens erfüllen, nämlich die Behälter, interessieren das Kind jetzt ganz besonders und es beginnt, diese ineinanderzustellen. Es legt Löffel, Bürste oder Malstift in die Pfanne, stellt diese in ein anderes Gefäss und räumt dann alles wieder um. Dadurch entdeckt es auch, dass viele Behälter bereits einen Inhalt haben; für das Kind im Alter zwischen 12 und 18 Monaten ist es etwas ganz besonderes, mit diesem Inhalt zu hantieren, d.h. Knete und Glasperlen umzuleeren oder aber Stück für Stück in eine Flasche zu füllen.

### Funktionale Handlungen nachahmen ab 12-15 Mten

Gegen Ende des ersten Lebensjahres beginnt es zudem, die Gegenstands- und Personenwelt über den triangulären Blick zu verbinden: es schaut, ob die Bezugsperson sieht, was es eben gemacht hat, interessiert sich aber auch dafür, was die Anderen mit den Gegenständen tun. Zusätzlich kann es in diesem Alter seine Bewegungen bereits so gut steuern und koordinieren, dass es erste Handlungen nach Modell ausführen kann. Es wird aber nur jene Handlungen nachahmen, denen es einen Sinn geben kann, d.h. die es bereits kennen und verstehen gelernt hat.

### Funktional gebrauchen ab 12-15 Mten

Zwischen 12 und 15 Monaten lernt das Kind die Funktion alltäglicher Gegenstände kennen, und es wird sie nun dementsprechend manipulieren. Das Spezielle dieser Entwicklungsphase liegt darin, dass diese Verbindung von Gegenstand und der zu ihm passenden funktionalen Handlung nicht eine lose, sondern eine zwingende ist. Der Gegenstand ruft sozusagen nach der ihm entsprechenden Handlung, d.h. das Telefon existiert eigentlich erst dann als Telefon, wenn es telefonierend, die Bürste ist erst dann eine Bürste, wenn sie bürstend ist. In diesem Alter ist deshalb das Funktionsspiel die zentrale Spielform. Inhaltlich gehören auch die Handlungen des Umleerens, Auf- und Ineinanderstellens zum Funktionsspiel. So ist die Funktion von Bau-Elementen (Klötze/Würfel) diejenige, als Turm aufeinandergestellt oder in einen (Form-) Behälter gefüllt zu werden, die Funktion einer Flasche liegt darin, dass ihr Inhalt in ein anderes Gefäss geleert wird. Ein besonderes Merkmal des Funktionsspiels besteht auch darin, dass das Kind die Spielhandlungen häufig wiederholt; z.B. dass es den Löffel zum Mund der Puppe, des Bären und der Mutter bringt, oder dass es beim Umleeren die Flüssigkeit von einem Gefäss ins andere und wieder zurück schüttet. Das Spiel hat deshalb häufig eine repetitive oder zirkuläre Form. Eine weitere Eigenschaft des Funktionsspiels liegt darin, dass die ganze Faszination in der Handlung selbst liegt und nicht in dem, was sie bewirkt. Ob nun die Haare der Puppe nach dem Bürsten glatt sind, ob der Turm hoch oder der Strich auf dem Papier farbig, gerade oder krumm ist, hat in dieser Entwicklungsphase noch keine Bedeutung.

### Handlungsresultat beachten                               ab 18-24 Mten

Indem das Kind immer wieder dieselben Handlungen durchführt, lernt es die Dinge sehr genau kennen und die ihnen entsprechenden Handlungen mit Leichtigkeit auszuführen. Dies bedeutet, dass die Handlungen selbst nach einer gewissen Zeit nicht mehr seine ganze Konzentration erfordern, so dass es mit etwa 18 Monaten die Entdeckung machen kann, dass sie auch ein Resultat haben: nämlich dass beim Malen ein Strich entsteht oder beim Umleeren nun die eben noch leere Tasse jetzt eine volle ist - und auch, dass es mit bestimmten Handlungen beim Anderen eine Reaktion bewirkt. Durch diese Entdeckung erscheint die Welt in einem ganz neuen Licht: nicht mehr das Tun selbst oder der Gegenstand als solcher stehen im Vordergrund des Interesses, sondern die Tatsache, dass die Welt verändert werden kann.

### Einfache symbolische Handlungen                          ab 18-24 Mten

Die Möglichkeit des Kindes, sich nicht nur auf die Handlung, sondern auch auf deren Resultat zu konzentrieren, kann auch als erste Form der kognitiven Dezentrierung beschrieben werden. Wenn das Kind in der Phase des Funktionsspiels dem Tier zu essen gibt, steht es selbst als "Fütterndes" im Zentrum der Handlung. Beginnt es sich für das Resultat seines Tuns zu interessieren, heisst dies, dass das Tier als essendes, bzw. als gefüttertes Wesen in den Vordergrund rückt. In gewissem Sinne muss es sich also in die Situation des Essenden hineinversetzen oder anders gesagt, eine Vorstellung des Essens aufbauen; das Füttern wird so zu einer symbolischen Handlung. Wie aktiv das Kind an diesem Prozess beteiligt ist, kann man daran beobachten, dass es manchmal den Löffel kurz zum eigenen Mund führt oder diesen öffnet und schliesst, um sich die Handlung genau in den Sinn zu rufen - eben vorzustellen.

### Symbolische Sequenzen linear                             ab 24-30 Mten

Der Entwicklungsschritt der Konzentration auf das Handlungsresultat bedeutet auch, dass nicht mehr derjenige Gegenstand im Zentrum des Interesses steht, mit dem das Kind eben gehandelt hat, sondern derjenige, mit dem die Handlung ausgeführt wird. Während es im Funktionsspiel immer wieder zu dem Gegenstand zurückkehrt, welchen es eben gebraucht hat, kann es diesen jetzt weglegen und einen Schritt weitergehen: der Gegenstand, auf dem es die erste Handlung ausgeführt hat, wird nun zum Ausgangspunkt der zweiten Handlung. Hat das Kind zum Beispiel die Puppe mit dem Löffel gefüttert, kann es den Löffel weglegen und die eben gefütterte Puppe zum Ausgangspunkt der nächsten Handlung machen: es nimmt die Puppe und legt sie ins Bett zum Schlafen. Beachtet es jetzt wieder das Resultat seiner Handlung, so ist die Puppe nun eine Schlafende, d.h. der Ausgangspunkt für die nächste Handlung ist die schlafende Puppe: sie kann nun geweckt werden. Auf dieser Basis entstehen die ersten symbolischen Sequenzen im Alter von etwa zwei Jahren. Diese sind insofern als linear zu bezeichnen, als die Abfolge nicht geplant ist, sondern sich jede Handlung aus der vorherigen Situation ergibt.

### Symbolische Sequenzen geplant                            ab 30-36 Mten

Wenn das Kind im dritten Lebensjahr erste Vorstellungen von Dingen und Situationen aufbauen kann, sind seine Spielhandlungen nicht mehr so direkt an die vorhandenen Gegenstände geknüpft. Es kann bspw. ein der Vorstellung entsprechendes Spielzeug suchen gehen oder durch ein anderes, ähnliches ersetzen. Durch die Möglichkeit, sich Situationen und Ereignisse vorzustellen, ist auch der Spielablauf nicht mehr von der Abfolge der einzelnen Handlungen abhängig. Szenen, welche das Kind gerne spielt, können ausgedehnt, andere wiederum verkürzt oder sogar ausgelassen werden. Ab Mitte des dritten Lebensjahres sind die symbolischen Sequenzen geplant und ihr Merkmal ist die hierarchische Struktur: an erster Stelle steht die Spielidee, welche auf der Handlungsebene je nach Lust und Situation beliebig ausdifferenziert werden kann.

BILDLICHE VORSTELLUNG
### Im Bilderbuch blättern                                   ab 12-15 Mten
Ein Bilderbuch besteht aus mehreren zusammengehefteten Seiten; die dazu passende funktionale Handlung ist deshalb die des Blätterns und Schauens. Schon im Alter von 12-15 Monaten interessieren sich die Kinder für diese Handlungen. Haben sie entdeckt, dass die Erwachsenen zu den Bildern auch etwas sagen, beginnen sie, auf diese zu zeigen und einzelne sogar selbst zu kommentieren. Das Blättern, Schauen und Zeigen wie auch die ersten sprachlichen Kommentare sind die Handlungen, nach denen der Gegenstand des Bilderbuches ruft. Obwohl das Kind die Bilder anschaut, steht in der Entwicklungsphase von 12-18 Monaten nicht das Betrachten im Vordergrund, sondern das aktive Tun.

### Bilderbuch betrachten                                    ab 18-24 Mten
Wenn es sich zwischen 18 und 24 Monaten für das Resultat der Handlungen zu interessieren beginnt, steht nicht mehr die Handlung des Blätterns, sondern das Bild selbst im Zentrum. Auf der Beobachtungsebene zeigt sich dies durch eine Art Zurücktreten, Verweilen, um zu betrachten. Das Zeigen bezieht sich nicht mehr auf das Bild als Einheit, sondern verweist auf Einzelheiten; das Kind stellt Zusammenhänge her zwischen Bildteilen sowie zwischen den Bildern und den Dingen, welche abgebildet sind. Das Betrachten von Bilderbüchern ist damit auch entscheidend an der Begriffsbildung beteiligt.

### Fehlende Bildteile erkennen                              ab 30-36 Mten
Wenn das Kind im Alter von 18-24 Monaten erste Vorstellungen darüber entwickelt hat, wie es sich mit den Dingen verhält, wird es spontan auf Veränderungen des Bilderbuches als Ding hinweisen, bspw. auf einen Riss oder eine verbogene Ecke des Papiers. In diesem Alter kann es aber noch nicht erkennen, wenn die Abbildung selbst unvollständig ist. Um einen Gegenstand als defekt zu erfassen, muss dieser mit der Vorstellung des intakten verglichen werden. Ebenso muss beim Erkennen eines Bildes die Vorstellung eines entsprechenden realen Gegenstandes aufgebaut werden. Beim Erkennen von fehlenden Bildteilen, bspw. ein fehlendes Rad bei einem gemalten Auto, sind diese beiden Prozesse miteinander verbunden: sobald das Auto als Abbildung eines realen Autos erkannt und die Vorstellung eines vollständigen Autos aufgebaut wird, kann das Kind das fehlende Rad als "ein zu malendes" erfassen.

### Eigener Zeichnung Bedeutung geben                        ab 30-36 Mten
Aehnliche Prozesse spielen bei der Fähigkeit eine Rolle, den eigenen Zeichnungen eine Bedeutung zu geben. Wenn das Kind mit 30-36 Monaten beginnt, geschlossene Formen oder Linien zu zeichnen, sind dies Figuren, welche "etwas" darstellen. Damit es ihnen aber auch Bedeutung geben kann, muss es sie innerlich ergänzen und beleben, das heisst von der Figur ausgehend entsprechende Vorstellungen aufbauen.

**Bildlich dargestellte Handlungsabläufe erfassen**       **ab 30-36 Mten**

Bilderbücher für kleine Kinder bestehen aus einzelnen Bildern; in den Büchern für etwas grössere Kinder ist nicht nur das einzelne Bild, sondern auch die Abfolge der Bilder von Bedeutung; es wird ein Handlungsablauf, eine kleine Geschichte erzählt. Eine solche Geschichte besteht bspw. darin, dass eine Hunde-Mutter ihr Hunde-Kind sucht; sie sucht es hinter der Tür, unter dem Bett, in der Kiste - und findet es im Korb. Das Verstehen eines bildlich dargestellten Handlungsablaufes erfordert ganz ähnliche Prozesse wie das Verstehen einer erzählten Geschichte. Es geht nicht mehr nur darum, aufgrund eines Bildes - oder eines Satzes - eine Vorstellung aufzubauen, sondern diese Vorstellung muss nun aufgrund der weiteren Bilder - oder Sätze - laufend verändert werden. Eine Geschichte verstehen bedeutet, im Kopf ein kleines Theater mit fremder Regieanweisung hervorzubringen.

## C. SOZIAL-KOMMUNIKATIVE KOMPENZEN

### AUSSERSPRACHLICHE KOMMUNIKATION

**Referentieller Blickkontakt**       **ab 9-12 Mten**

Während des ersten Lebensjahres ist das Kind in der Kommunikation wie im Spiel so stark beteiligt, dass es die Personen- und Gegenstandswelt noch nicht verbinden kann. Anders gesagt zeigt es während der direkten Interaktion kein Interesse für die Gegenstände und umgekehrt kann es während der Manipulation der Dinge die Personen nicht einbeziehen. Im Alter zwischen 9-12 Monaten kennt es die Menschen und die Dinge so gut, dass eine erste Verbindung möglich wird: bspw. lässt es den Gegenstand fallen und schaut dann die Person an, als ob es fragen wollte, ob sie dies auch gesehen oder gehört habe. Damit stellt es über den Blick erstmals die Dreicks-Verbindung (Triangulierung) Ich-Du-Gegenstand her, d.h. es schaut zum Du und bezieht mit diesem Blick den Gegenstand mit ein. Diese Art des Blickaustausches kann als triangulärer oder referentieller Blickkontakt bezeichnet werden.

**Geben**       **ab 12-15 Mten**

Ueber den referentiellen Blickkontakt entdeckt das Kind, dass es interessant ist, was die Anderen zu den Dingen sagen und auch, was sie mit ihnen tun, und es beginnt deshalb anfangs des zweiten Lebensjahres, die Gegenstände dem Anderen zu geben. Dabei verbindet es dies immer mit einem erwartungsvollen Blick, als ob es fragen wollte 'was meinst du dazu?' oder 'was tust du damit?'.

**Zeigen**       **ab 12-15 Mten**

Auch das Zeigen hat seinen Ursprung im referentiellen Blickkontakt. Indem das Kind schaut, was der Andere zu einem Ereignis meint, ist es ihm jetzt möglich, eine erste Beziehung zwischen den Wörtern und den Ereignissen herzustellen, und es wird bald realisieren, dass die gleichen Wörter immer wieder in ähnlichen Situationen auftauchen. Zwischen 12-15 Monaten beginnt es deshalb, auf die Dinge zu zeigen, als ob es seine Entdeckung überprüfen wollte: "stimmt es wirklich, dass die Erwachsenen immer etwas zu sagen haben, und dass sie zu ähnlichen Dingen immer dasselbe sagen?". Das Zeigen bildet damit zusammen mit dem Geben die erste aktive Form des Spracherwerbs.

### Absichten ausdrücken                                              ab 15-18 Mten

Bis zum Alter von etwa 15 Monaten drückt das Kind seine Absichten aus, indem es sich mit dem ganzen Körper oder den Armen zu dem gewünschten Gegenstand hinwendet und sich dazu auch meist lautlich äussert. Dies kann insofern als "magische Kausalität" bezeichnet werden, als das Kind handelt, als ob sich der gewünschte Gegenstand ihm von allein nähern könnte. Tatsächlich geschieht dies auch oft, nämlich immer dann, wenn jemand das Ding holt und es ihm gibt. Zwischen 12-15 Monaten entdeckt es dann, dass es bestimmte Mittel braucht, um ein Ziel zu erreichen. Gleichzeitig erfährt es über den Prozess der Loslösung, dass es eine eigenständige kleine Person ist, deren Absichten sich manchmal von denjenigen der Bezugsperson unterscheiden. Mit etwa 15 Monaten beginnt es deshalb, seine Absichten dem Anderen mitzuteilen - oder anders gesagt, es versucht, den Anderen als Mittel einzusetzen, um ein Ziel zu erreichen. Es zeigt auf den gewünschten Gegenstand, äussert Laute, zieht den Anderen am Aermel, und vor allem schaut es ihn jetzt auch an.

### Gegenstand austauschen                                            ab 15-18 Mten

Eine erweiterte Form der Triangulierung ist das Austauschen eines Gegenstandes im Turnus - oder das "ich bin dran - du bist dran"-Spiel. Im Unterschied zu den Turn-Taking-Spielen in früheren Entwicklungsphasen (z.B. beim Austausch von Vokalisationen) gibt es jetzt zwischen dem Ich und dem Du noch ein Ding, einen Ball oder ein Auto, das hin- und hergerollt wird. Darin liegt auch das Besondere an diesem Spiel: die Interaktion mit dem Anderen steht im Vordergrund, der Gegenstand ist ganz da und ist dennoch nur im Dienste der Interaktion da, nämlich zum Geben und Nehmen. Bis zum Alter von etwa 15 Monaten fällt es den Kindern schwer, diese Spielregel einzuhalten. Entweder sind sie vom Auto angezogen und schieben es hin und her, oder aber sie suchen den direkten Austausch mit der Person und lassen das Auto stehen.

Eine zusätzliche Schwierigkeit liegt darin, dass der Gegenstand im Spiel nicht nur gegeben, sondern gerollt wird, d.h. den Anderen eigentlich "von allein" erreicht. Erst mit 12-15 Monaten können die Kinder den Dingen diese Eigendynamik zugestehen und ein Auto fahren oder einen Ball rollen lassen. Die Fähigkeit, einen Gegenstand hin- und herzurollen, -zu schieben oder -zu werfen, erreichen sie somit erst im Alter von 15-18 Monaten.

### Um Hilfe bitten                                                   ab 18-24 Mten

Den Höhepunkt der frühen Integration von Personen- und Gegenstandswelt bildet die Fähigkeit, um Hilfe zu bitten. Der Handlungsablauf des um Hilfe Bittens beinhaltet folgende Elemente: das Kind möchte eine bestimmte Handlung mit dem Gegenstand ausführen, d.h. es hat bereits ein Ziel. Nun gelingt es ihm nicht, dieses Ziel selbständig zu erreichen. Damit es den Erwachsenen um Hilfe bitten kann, muss es jetzt erst an ihn denken und auch wissen, dass er Dinge kann, die es selbst nicht tun kann. Dann kann es ihm seine Absicht mitteilen und den Gegenstand übergeben. Nun muss es warten, bis der Andere die Hilfestellung ausgeführt hat, um dann den Gegenstand wieder in Empfang zu nehmen. Bis zum Alter von 18 Monaten geschieht es oft, dass die Kinder so mit der Handlung beschäftigt sind, dass sie den Anderen auch bei Schwierigkeiten nicht einbeziehen können. Oder aber sie geben den Gegenstand für die Hilfestellung aus den Händen, wenden sich dann jedoch einem anderen zu, als ob das Ding dann seine Bedeutung verloren hätte, wenn sie es nicht mehr selbst in den Händen halten. Erst zwischen 18-24 Monaten kann das Kind seine Erfahrungen mit der Personen- und Gegenstandswelt so miteinander verbinden, dass es die Dinge wirklich teilen und damit auch um Hilfe bitten kann.

INDIVIDUATION

**Anwesenheit der Mutter kontrollieren**                                           **ab 9-12 Mten**

Während des ersten Lebensjahres bildet die Beziehung zwischen dem Kind und seiner Bezugsperson eine Art Zwei-Einheit oder Symbiose, d.h. das Kind erlebt die Mutter in dem Sinne als Teil von sich selbst, als sie seine Bedürfnisse kennt und sie auch befriedigen kann. Durch die physische Selbständigkeit, welche das Kind durch das Krabbeln und die ersten Schritte erfährt, wird der Prozess der Loslösung gegen Ende des ersten Lebensjahres eingeleitet. Das Kind entdeckt, dass es von der Mutter unabhängig existiert, womit aber gleichzeitig auch die Angst vor deren Verlust auftaucht. In der Phase der Loslösung wird es deshalb während des Spiels mit einer fremden Person immer wieder den Kontakt zur Bezugsperson suchen oder über einen Blick die Anwesenheit der Mutter kontrollieren. Erst im Laufe des dritten Lebensjahres erreicht es in der Individuations-Entwicklung soviel Eigenständigkeit und Sicherheit, dass die regelmässige Kontrolle während des Spiels nicht mehr nötig ist.

**Handlungen ablehnen durch Abwenden**                              **ab 12-15 Mten**

Solange das Kind mit seiner Bezugsperson in einer Beziehung der Zwei-Einheit steht, erlebt es in gewissem Sinne seine Bedürfnisse als die ihren und umgekehrt. Bis zum Alter von 12-15 Monaten verweigert es deshalb Handlungen, welche es nicht mag, indem es sich einfach zurückzieht oder abwendet, ohne sich wirklich mit dem Anderen auseinanderzusetzen. Wird es jedoch an einer Handlung gehindert, welche es sehr gerne tun möchte, scheint es in dieser Zeit oft untröstlich, stampft, wirft sich zu Boden und weint heftig.

**Handlungen ablehnen durch Kopfschütteln**                          **ab 15-18 Mten**

Sobald es sich selbständig fortbewegen kann, beginnt es, sein Umfeld zu erforschen und erfährt dabei immer häufiger, dass seine Bedürfnisse nicht denjenigen Anderer entsprechen; bspw. wenn es sich für die Knöpfe der Stereoanlage oder für die Erde in den Blumentöpfen interessiert. Diese Erfahrungen sind zwar oft schmerzlich, unterstützen aber den Prozess der Loslösung und Individuation, da es in diesen Situationen zu einer Auseinandersetzung zwischen Ich und Du kommt. Ab etwa 15 Monaten beginnt es sich aktiv von diesem Du abzugrenzen, d.h. es wendet sich nicht mehr einfach ab, sondern teilt ihm seine Ablehnung mit durch Kopfschütteln oder deutliche Gesten wie bspw. den Teller zu Boden werfen und das Essen Ausspucken.

**Handlungen ablehnen durch Nein-Sagen**                                **ab 18-24 Mten**

Durch die aktiven Auseinandersetzungen mit der Bezugsperson in der Phase der Loslösung wird es nun häufig mit dem Wort "nein" konfrontiert. Dieses Wort erlebt es zwar als Einschränkung, gleichzeitig entdeckt es aber auch dessen spezielle Faszination, weshalb es zwischen 15-18 Monaten auch selbst beginnt, "nein" zu sagen. Wie in einem Sprachspiel beantwortet es in dieser Phase oft jede Frage oder Aufforderung unabhängig von deren Inhalt mit "nein". Denn solange das Kind eine Aeusserung nur verstehen kann, wenn es die entsprechende Handlung auch ausführt, ist ein "Nein-Sagen" als Ablehnung einer sprachlichen Aufforderung noch nicht möglich. Erst wenn es zwischen 18 und 24 Monaten beginnt, aufgrund der Wörter Vorstellungen aufzubauen, kann es diese auch durch Nein-Sagen zurückweisen.

### Spiegel umdrehen/ betasten
**ab 12-15 Mten**

Zwischen 12 und 15 Monaten, wenn es sich für Bilder zu interessieren beginnt, exploriert das Kind auch den (Hand-)Spiegel: es sieht ein Bild, welches sich bewegt; es betastet es und dreht den Spiegel um, als ob es nachsehen wollte, ob dort eine Fortsetzung der Figur sei. Findet es auf der Rückseite nur eine einfache Oberfläche, dreht es den Spiegel wieder um und erforscht das Bild von neuem.

### (Beschämt) Wegsehen vom Spiegel
**ab 15-18 Mten**

Im Alter von 15-18 Monaten zeigen die meisten Kinder ein eher zurückhaltendes, oft sogar abweisendes Verhalten, wenn sie mit dem (Hand-)Spiegel konfrontiert werden. Zum rein funktionalen Spiel eignet er sich nicht gut und durch die früheren Explorationen haben sie bereits entdeckt, dass auf der glitzernden Oberfläche ein ganz spezielles Bild zu sehen ist. Noch scheinen sie in diesem Alter nicht zu wissen, dass es sich dabei um ihr Spiegelbild handelt. Sie schauen aber auch nicht einfach unbeteiligt zur Seite, sondern wenden sich jetzt aktiv ab oder schauen beschämt weg, als ob sie mindestens ahnen würden, dass dieses Bild etwas mit ihnen zu tun hat.

### Sich im Spiegel betrachten
**ab 18-24 Mten**

Zwischen 18-24 Monaten beginnt sich das Kind aktiv mit seinem Spiegelbild auseinanderzusetzen: es erkennt sich. Zuerst schaut es ganz ernst in den Spiegel, lächelt und antwortet dann verlegen mit seinem Namen, wenn es gefragt wird, wen es dort sehe. Später lächelt es spontan und sagt stolz seinen Namen, macht auch Grimassen und erforscht so sein Gesicht und die Möglichkeiten, dieses zu verändern. Von diesem Zeitpunkt an wird es nie mehr ganz unbeteiligt hinschauen, wenn der Blick auf sein Spiegelbild fällt, sondern immer kurz innehalten - wie auch wir Erwachsene es tun. Entdeckt es im Spiegelbild eine Veränderung, bspw. einen gemalten Punkt auf der Nase, wird es sofort zu seiner Nase greifen und zeigt so, dass es das Spiegelbild als Abbild seiner selbst erkannt hat.

### Auf Schmutz/Nässe/Defekt reagieren
**ab 18-24 Mten**

Hat es im Alter von etwa zwei Jahren eine Vorstellung von der Welt der Dinge, der Personen und von sich selbst entwickelt, kann es auch erkennen, wenn sich etwas oder jemand von diesen Vorstellungen unterscheidet. Solche Vorstellungen davon, wie die Welt sein sollte, kann man als Standards bezeichnen. Im Alter von zwei bis drei Jahren interessieren sich die meisten Kinder sehr für alles, was von den Standards abweicht: sie weisen darauf hin, wenn eine Person auffällig gekleidet ist, wenn ihre Hände schmutzig sind oder wenn sie eine kleine Narbe haben; sie stören sich, wenn ein Auto defekt oder der Tisch nass ist; stolz zeigen sie ihre neuen Schuhe oder ein Pflaster am Finger. Einige Kinder reagieren sogar sehr empfindlich auf Veränderungen der Standards und sind sehr besorgt, die Welt wieder "in Ordnung" zu bringen, aufzuräumen, zu reinigen und zu ordnen.

### Lächeln nach gelungener Handlung
**ab 18-24 Mten**

Das Kind entwickelt aber nicht nur bezüglich der äusseren Welt solche Standards, sondern auch für sich selbst. Wenn es im Alter zwischen 18-24 Monaten entdeckt, dass seine Handlungen in der Realität etwas bewirken, dass sie ein Resultat und damit eine Bedeutung haben, verändert sich das Spiel: im Vordergrund des Interesses steht nicht mehr die Handlung selbst, sondern das, was dabei entsteht. In der Phase des Funktionsspiels stellt das Kind bspw. einzelne Klötze aufeinander und legt sie dann wieder in einen Behälter; erst ab etwa 18 Monaten entdeckt es, dass beim Aufeinanderstellen etwas entsteht, nämlich ein Turm. Von jetzt an sind die Bauklötze da zum Türme bauen, und es wird spontan versuchen, sie so zu plazieren, dass der Turm immer höher wird. Wenn ihm dies gelingt, freut es sich. Diese Freude äussert sich meist in einem zufriedenen Lächeln, welches ganz privat und nicht an den Anderen gerichtet ist. Dieses Lächeln nach einer gelungenen Handlung hat für das Kind eine spezielle Bedeutung: es drückt aus, dass es eine selbständige und selbst bestimmte Person ist, welche sich eigene Ziele setzt und diese auch verwirklichen kann.

### Auf eigene Schwierigkeiten reagieren     ab 18-24 Mten

Gelingt es dem Kind nicht, seine Ziele zu erreichen, realisiert es seine Schwierigkeiten, und es ärgert sich. Natürlich stösst es schon während der ersten zwei Lebensjahre auf Hindernisse bei der Ausführung einer Handlung; im Unterschied zu dieser neuen Entwicklungsphase liegen diese jedoch ausserhalb von ihm selbst, d.h. in den anderen Personen oder in den Dingen selbst. Erst wenn das Kind seine Ziele selbst bestimmt, erfährt es mögliche Probleme auch als seine eigenen. Dadurch lernt es im Laufe des dritten Lebensjahres, seine Fähigkeiten einzuschätzen und kann deshalb Schwierigkeiten, welche auftauchen könnten, schon bald antizipieren. Ab diesem Zeitpunkt stehen viele Kinder bestimmten Tätigkeiten skeptisch gegenüber und sind oft nicht mehr bereit, alle vom Erwachsenen geforderten Aufgaben auszuführen.

### Sich beim Namen nennen     ab 18-24 Mten

Die eigenständige kleine Person hat natürlich auch einen Namen. Diesen hört das Kind zwar vom ersten Tag an: er wird geflüstert, gerufen, gesungen, liebevoll und manchmal auch fordernd ausgesprochen. In vielen Spielen versucht die Bezugsperson darauf hinzuweisen, dass dieser Name zu ihm gehört; sie fragt immer wieder "Wo ist Luca?" und antwortet gleich selbst, indem sie auf ihn zeigt, ihn in die Arme nimmt und drückt. Dennoch weist das Kind auf viele andere Personen und Dinge hin und kann viele andere Wörter sagen, bevor es auf sich selbst zeigt und seinen Namen ausspricht. Dies ist insofern verständlich, als es die anderen Personen und Dinge ja auch sieht, während es von sich selbst nur Teile wie Arme, Beine oder den Bauch sehen kann. Gerade diese sind aber nicht "Luca", sondern eben "Bauch". Erst wenn es sich als eigenständige Person erlebt, wird es von Bedeutung, dass diese einen Namen hat. Die meisten Kinder nennen sich deshalb dann erstmals beim Namen, wenn sie sich im Spiegel erkennen und betrachten, also im Alter von 18-24 Monaten.

Wenn es dem Anderen etwas mitteilt, wird es in diesem Alter seinen Namen noch nicht spontan äussern; erst wenn es im Laufe des dritten Lebenjahres von Bedeutung wird, was andere tun, ist es auch wichtig zu sagen, wer etwas tut. Das heisst, das Kind sagt erst dann "Luca essen", wenn es sich dafür interessiert, ob auch noch jemand anders isst.

### Ich-Sagen     ab 30-36 Mten

Das Wort "Ich" ist insofern ein ganz spezielles Wort, als es als einziges nicht über die direkte Nachahmung erworben werden kann. Denn wenn du "ich" sagst, bist du "du" für mich und wenn ich "du" sage, bist du "ich" für dich. Das Wort "Ich" ist auch das einzige Wort, welches aus der Sicht des Sprechenden nur zu einem einzigen Objekt in dieser Welt passt, nämlich zu sich selbst. Um von sich selbst als "Ich" zu sprechen, braucht es also auch ein bisschen Mut; ich sollte mich über meine Unabhängikeit und Freiheit freuen: die Roberta bin ich für Dich genauso wie für mich; "Ich" aber bin ich nur für mich selbst. Spontan beginnt das Kind deshalb erst im Alter von 30-36 Monaten "Ich" zu sagen.

## D. SPRACHLICHE KOMPETENZEN

SPRACHVERSTAENDNIS

### Situationale Aufforderungen befolgen               ab 12-15 Mten

Anfangs des zweiten Lebensjahres fordert das Spiel mit dem Gegenstand nicht mehr die gesamte Aufmerksamkeit des Kindes. Es beginnt, die Gegenstands- und Personenwelt miteinander zu verbinden, d.h. es zeigt dem Anderen Dinge oder bringt sie ihm, und während oder nach einer Handlung schaut es, was sie zu einer bestimmten Situation meinen, welche Mimik sie zeigen oder was sie sagen. Dadurch entdeckt es, dass die Wörter und Sätze eine bestimmte Bedeutung haben. Im Alter zwischen 12 und 15 Monaten ist diese Bedeutung noch stark an die Situation gebunden, d.h. das Kind reagiert auf eine Aufforderung, indem es tut, was es normalerweise in dieser Situation tut. Bei der Aufforderung "gib mir die Gabel" wird es den Gegenstand geben, mit dem es gerade hantiert; d.h. wenn es die Gabel im Moment der Aufforderung in der Hand hält und sie gibt, hat es eine situationale Aufforderung befolgt. Gibt es gerade der Puppe etwas zu essen, wird es auf die Aufforderung "noch mehr!" nach weiteren Dingen suchen, die es ihr geben kann.

Während des zweiten Lebensjahres ist das Sprachverständnis noch weitgehend an das Handeln gebunden oder anders gesagt, um zu verstehen, muss das Kind den genannten Gegenstand nehmen und "behandeln". Es wird deshalb auf die Aussage "das Tier isst" genau gleich reagieren wie auf die Aufforderung "gib dem Tier zu essen".

### Alltägliche Gegenstände geben                     ab 15-18 Mten

Im Laufe des zweiten Lebensjahres lernt es die Gegenstände im Funktionsspiel besser kennen; es entdeckt, dass es mit ähnlichen Gegenständen gleiche Handlungen ausführen kann, bspw. mit dem Spielzeug-Telefon telefonieren wie mit dem richtigen. Mit 15-18 Monaten kann es einen genannten Gegenstand aus mehreren auswählen, auch wenn sich dieser von demjenigen zuhause bspw. in der Grösse oder in der Farbe unterscheidet. In den meisten Fällen wird es diesen dann auch geben, nicht in erster Linie, weil es auch das Verb versteht, sondern weil dies von der Situation her die naheliegendste Handlung ist.

### Nicht-situationale Aeusserungen verstehen          ab 18-24 Mten

Im Alter zwischen 18 und 24 Monaten kennt das Kind die Namen alltäglicher Gegenstände und Handlungen; gleichzeitig hat es eine gewisse Distanz (Dezentrierung) zu den Dingen entwickelt, d.h. es ist nicht mehr so, dass ein Gegenstand nach genau dieser Handlung ruft, sondern Gegenstand und Handlung können auch unabhängig voneinander betrachtet werden. Damit kann das Kind nun auch nicht-situationale Aufforderungen befolgen, also Aufforderungen, bei denen das Verb und das Substantiv voneinander unabhängig entschlüsselt werden müssen. Die Aufforderung "gib dem Hund zu essen" ist dann eine nicht-situationale, wenn das Kind bis jetzt nur die Puppe gefüttert und diese eben gekämmt hat.

### Absurde Aufforderungen verstehen                                      ab 24-30 Mten

Mit etwa zwei Jahren kann es bereits drei Elemente einer nicht-situationalen Aufforderung verstehen und die entsprechende Handlung ausführen. Gleichzeitig ist es ihm nun möglich, Aeusserungen zu verstehen, deren Inhalt nicht mit seinen Erfahrungen und Kenntnissen über die Welt korrespondiert, wie dies bei absurden Aufforderungen der Fall ist: bspw. 'gib der Puppe mit dem Malstift zu essen' oder 'kämme den Bären mit dem Löffel'. Um eine solche Aeusserung zu verstehen, muss das Kind nicht nur zu jedem bedeutungstragenden Wort eine Vorstellung aufbauen, sondern diese innerlich auch zu einer kleinen Szene verknüpfen, was ihm etwa im Alter von 30 Monaten gelingt. Beurteilt es nun die vorgestellte Szene als absurd, wird es die Aufforderung entschieden mit "nein" zurückweisen. Viele Kinder lösen das Problem auch so, dass sie die absurde Handlung kurz andeuten, um dann gleich die entsprechende sinnvolle hinzuzufügen; also bspw. den Löffel erst zu den Haaren des Bären und dann zu seinem Mund halten. Als erste Reaktion schauen sie aber immer den Erwachsenen mit einem Blick an, der etwa bedeutet "Spinnst du oder habe ich dich falsch verstanden?". Dieser Blick verrät oft mehr über das Verstehen des Kindes als die Handlung, welche es effektiv ausführt.

## LAUTEBENE
### Vokalisationen

Schon in den ersten Lebenstagen äussert das Kind einzelne Laute; diese bestehen hauptsächlich aus einzelnen Vokalen und werden deshalb als Vokalisationen bezeichnet. Mit etwa sechs Monaten kann es diese Vokalisationen mit der Bezugsperson im Turnus austauschen, und im Alter von etwa einem Jahr äussert es sie, um den Anderen auf sich oder einen Gegenstand aufmerksam zu machen. Viele Kinder vokalisieren auch während des zweiten Lebensjahres noch oft, sei es, um ihre Handlungen zu begleiten, sei es, um eine bestimmte Absicht auszudrücken. Sobald sie die ersten Wörter auch gebrauchen können, um dem Anderen ihre Absichten und Gefühle mitzuteilen, beschränken sich die Vokalisationen auf wenige spezielle Situationen, wie bspw. das Einschlafen.

### Lall-Laute                                                                 ab 6-9 Mten

Ab dem Alter von etwa sechs Monaten äussern die Kinder erste Lall-Laute. Dies sind sprachliche Produktionen, welche aus einer Vokal-Konsonanten-Verbindung bestehen und meist mehrere Male wiederholt werden, so dass sogenannte Lall-Ketten entstehen. Erst äussern sie diese Lallketten vorwiegend für sich, später auch beim Spiel mit Gegenständen sowie im direkten Austausch mit anderen Personen.

### Assimilationen/Elisionen/Substitutionen                                   ab 18-24 Mten

Im ersten Lebenjahr produziert das Kind spontan eigentlich alle Lauttypen. Mit den ersten Wörtern schränkt sich die Lautproduktion ein: das Kind äussert die Laute der ersten Artikulationsstelle "M" und "P" in Verbindung mit dem Grundvokal "A" ("mama", "papa"), dann die Laute der dritten "G/K" und der zweiten Artikulationsstelle "D/T" und "N" sowie die weiteren Vokale, woraus Lautmalereien wie "memem", "gaga" oder "pipi" entstehen. Das spezielle dieser ersten Wörter bezüglich ihrer lautlichen Struktur liegt darin, dass sich die Lautabfolgen wiederholen, d.h. das Kind muss nicht innerhalb eines Wortes von einer Artikulationsstelle zur anderen wechseln.

Wenn es ab etwa 18 Monaten beginnt, alltägliche Gegenstände und Handlungen zu benennen, tendiert es dazu, die Wörter der Erwachsenensprache in diesem Sinne zu vereinfachen: die Konsonanten werden einander angeglichen, z.B. "Dett" f. Bett, "Buppe" f. Suppe, "momeh" f. noch mehr, "geggi" f. dreckig. Solche Assimilationen treten vor allem während des dritten Lebensjahres auf. Sie sind nicht konstant, sondern variieren in Abhängigkeit von der Komplexität des Wortinhaltes, des Satzbaus und der kommunikativen Situation.

Als weitere Möglichkeit der Vereinfachung kann das Kind einzelne Laute weglassen: meist handelt es sich bei den Elisionen um Endlaute wie bei "momeh" (noch mehr) oder um Laute bei Konsonantenhäufungen wie bspw. "Detti" (Bettli). Die Elisionen treten vor allem bei komplexen Konsonantenverbindungen auch im fünften und sechsten Lebensjahr noch auf.

Schliesslich können Laute, welche besonders schwer zu bilden sind, durch andere ersetzt werden, also bspw. "R" durch "L" , "S/SCH" durch "T" oder später "SCH" durch "S" ("fahle" f. fahren, "Tonne" f. Sonne, "Fis" f. Fisch). Solche Substitutionen sind im Gegensatz zu den Assimilationen relativ konstant und treten auch im sechsten Lebensjahr noch häufig auf.

### Alle Laute ausser S/SCH/R bilden　　　　　　　　　　　ab 36-42 Mten

Zwischen drei und vier Jahren können die meisten Kinder alle Laute ausser S, SCH und R korrekt bilden. In Abhängigkeit von der Komplexität der Aeusserung treten jedoch noch Elisionen und Substitutionen auf. Bei der Bildung der Laute S, SCH und R gibt es recht grosse Unterschiede zwischen den Kindern, d.h. die einen erwerben schon früh den R- und erst sehr spät den SCH-Laut, bei anderen ist es genau umgekehrt. Da bis zum siebten Lebensjahr immerhin noch 30% aller Kinder *einen* dieser Laute nicht korrekt bilden können, muss dies als "normal" betrachtet werden.

## WORTEBENE
### Einzelne Wörter　　　　　　　　　　　　　　　　　　ab 12-15 Mten

Zwischen 12 und 15 Monaten spricht das Kind die ersten Wörter. Dazu gehören "Mama" und "Papa", verschiedene Lautmalereien, das hinweisende Wort "da", häufig auch "dada" (danke) beim Geben und Nehmen, und etwas später auch das Wort "nein". Die meisten dieser ersten Wörter werden inhaltlich noch stark über- oder unterdehnt, d.h. ihre Bedeutung ist viel breiter oder enger als in der Erwachsenensprache. Viele Kinder sagen z.B. "Mama" zu beiden Eltern oder "Papa" zu allen Männern, oder aber "Bébé" nur gerade zu ihrer eigenen kleinen Schwester. Ein weiteres Merkmal dieser ersten Wörter liegt darin, dass sie noch ganz an die Situation gebunden sind, d.h. sie sind eigentlich ein Teil der Handlung oder des Gegenstandes, den sie bezeichnen. Sie werden durch die Situation hervorgerufen, dienen aber gleichzeitig als eine Art Hilfsmittel, um diese als "etwas" zu erfassen und ihr eine Bedeutung zu geben. Das Kind kann deshalb diese ersten Wörter noch nicht gebrauchen, um dem Anderen etwas mitzuteilen. In diesem Sinne handelt es sich auch nicht um "Einwort-Sätze, sondern um "einzelne Wörter".

### Einzelne Bilder benennen　　　　　　　　　　　　　　ab 15-18 Mten

Beim Blättern und Schauen in Bilderbüchern ahmt das Kind bald erste Lautmalereien des Erwachsenen nach wie "gaga" oder "wuwu", und mit etwa 15 Monaten kann es spontan schon einzelne Bilder benennen. Diese ersten Benennungen der Bilder sind Handlungen, welche wie das Blättern und Schauen zum Bilderbuch-Betrachten gehören. Im Alter zwischen 12-18 Monaten ist es häufig so, dass das Kind zuhause schon alle Abbildungen in seinem Buch benennen kann, den Hund oder das Auto in einem anderen Buch aber nicht spontan wiedererkennt. Sagt der Erwachsene dann das entsprechende Wort, kann es dem Bild über das Wort Bedeutung geben und wiederholt dann auch sofort die Aeusserung des Erwachsenen.

### Alltägliche Gegenstände und Handlungen benennen        ab 18-24 Mten
Mit etwa 15 Monaten weiss das Kind, dass alltägliche Gegenstände eine bestimmte Funktion haben, d.h. dass es zu ihnen passende Handlungen und auch Wörter gibt. Etwas später entdeckt es, dass diese Handlungen nicht mehr an den Gegenstand gebunden, sondern etwas Eigenständiges sind. Dies führt dazu, dass es sich im Sprachverständnis sowohl für die Gegenstands- wie für die Handlungswörter zu interessieren beginnt und lernt dadurch, alltägliche Gegenstände und Handlungen zu benennen. Gleichzeitig beginnt es darauf zu achten, was es mit diesen Wörtern bewirkt und erfährt, dass sie von den Anderen verstanden werden. Diese aktive Auseinandersetzung zwischen Sprachproduktion und Verständnis ermöglicht, dass das Kind im Alter von 18-24 Monaten die repräsentative und kommunikative Funktion der Sprache entdeckt: es weiss, dass ähnliche Dinge und Handlungen in seinem Alltag von verschiedenen Personen gleich benannt und diese Namen von den Personen auch verstanden werden.

### Differenzierter Wortgebrauch        ab 30-36 Mten
Diese Entdeckung führt dazu, dass sich das Kind der Sprache mit ganz neuem Interesse zuwendet: es beginnt zu fragen. Da sich Ende des zweiten Lebensjahres die Fähigkeit entwickelt hat, Vorstellungen aufzubauen, sind diese Fragen nicht an das Hier und Jetzt gebunden, sondern richten sich auch auf abwesende, vergangene oder zukünftige Dinge und Ereignisse. Ueber das Fragen kann es seinen Wortschatz so stark erweitern, dass dieser bereits mit 30-36 Monaten sehr differenziert ist, d.h. es äussert spontan Begriffe wie bspw. "schielen" oder "ähnlich".

### Verschiedene Tierbilder benennen        ab 30-36 Mten
Mit etwa zwei Jahren betrachtet das Kind die Bilder eines Buches intensiv, verweist auf Einzelheiten und auf Zusammenhänge zwischen den Bildern und der abgebildeten Realität und beginnt auch aktiv, nach den entsprechenden Namen zu fragen. Im Alter von 30-36 Monaten ist es fähig, die speziellen Eigenschaften, welche den abgebildeten Gegenstand kennzeichnen, zu erkennen und diesen zu benennen. Ab diesem Alter nehmen deshalb die Ueberdehnungen deutlich ab und das Kind kann nun schon innerhalb einer semantischen Kategorie differenzierte Benennungen machen, bspw. 10 Tiere aus Haus und Stall oder vom Zoo unterscheiden und korrekt benennen.

SATZEBENE
### Einwortsätze        ab 18-24 Mten
Gegen Ende des zweiten Lebensjahres entdeckt das Kind, dass es mit den Wörtern Veränderungen in der Welt bewirken kann. Es realisiert, dass die Anderen auf seine Aeusserungen antworten, d.h. dass seine Wörter verstanden werden und bei den Anderen zu bestimmten sprachlichen oder nicht-sprachlichen Handlungen führen. Aufgrund dieser Entdeckung beginnt es, die ersten Aeusserungen an den Anderen zu richten, um ihn zu einer Handlung aufzufordern oder um ihm etwas mitzuteilen. Solche einzelnen Wörter, welche

mit einer kommunikativen Absicht geäussert werden, kann man als Einwort-Sätze bezeichnen.

### Zweiwortsätze                                                          ab 18-24 Mten
Zwischen 18-24 Monaten baut das Kind erste Vorstellungen auf, wodurch nun auch die Eigenschaften der Dinge interessant werden. Dies hängt damit zusammen, dass es einen Gegenstand erst dann als "kaputt" oder "schmutzig" erfassen kann, wenn es eine Vorstellung seiner Intaktheit hat; die Abwesenheit einer Puppe kann erst dann erfasst und bezeichnet werden, wenn sie auch anwesend sein könnte. Mit der Zweiwort-Aeusserung drückt das Kind diese neue Sicht der Welt aus.

### Mehrwortsätze                                                          ab 24-30 Mten
In den ersten zwei Lebensjahren ist das Kind ganz damit beschäftigt, erste Beziehungen zwischen sich und den anderen Personen sowie zwischen sich und den Dingen aufzubauen. Durch die fortlaufende soziale und kognitive Dezentrierung im dritten Lebensjahr beginnt es sich auch für die Beziehungen zwischen den Dingen und den Personen, zu interessieren. Dies bedeutet vorerst, dass das Subjekt benannt werden muss, da es nicht mehr zwingend das Kind selbst ist, welches handelt, sondern die Puppe der Bär sein kann. Mit der Möglichkeit, Vorstellungen aufzubauen, kann es in diesem Alter auch das Hier und Jetzt überschreiten. Das heisst, dass es sich für das Vergangene und das Zukünftige sowie für die Orte zu interessieren beginnt, wo sich Personen und Dinge befinden. So fragt es zum Beispiel "wo ist Mama?" und erhält als Antwort "sie ist arbeiten gegangen" oder "sie kommt bald wieder" oder "sie ist in der Garage". Die Mehrwortsätze, welche das Kind im dritten Lebensjahr äussert, widerspiegeln diesen neuen Entwicklungsschritt: es ist von Bedeutung, wer was tut, wann, wo und mit wem, und deshalb muss dies auch benannt werden.

### Komplexe Sätze (Nebensätze)                                            ab 36-42 Mten
Durch die Erfahrungen mit der Verzeitlichung während des dritten Lebensjahres erfährt das Kind, dass die Ereignisse selten plötzlich auftreten, d.h. dass es fast immer einen Grund gibt, weshalb etwas passiert oder weshalb die Anderen sich gerade so und nicht anders verhalten. Es beginnt sich deshalb für diese Art von logischen Verknüpfungen zu interessieren und fragt "warum?" oder "wieso?". Die Antwort lautet "weil..." oder "wenn..., dann...". Es ist deshalb das Interesse für die Zusammenhänge zwischen den Ereignissen, welches das Kind zu diesen Fragen führt. Die Antworten geben inhaltlich die Erklärung und formal das Modell, wie es diese Zusammenhänge auch selbst sprachlich ausdrücken kann: durch komplexe Satzstrukturen mit über- und untergeordneten Satzteilen.

SPRACHLICHE KOMMUNIKATION
### Direkte sprachliche Repetitionen                                       ab 12-15 Mten
Im Alter zwischen 12-15 Monaten beginnen sich die Kinder dafür zu interessieren, was die Erwachsenen tun und sind gleichzeitig auch fähig, erste Handlungsabläufe so zu planen und zu koordinieren, dass sie einfache Bewegungen direkt nachahmen können. Ueber den triangulären Blickkontakt, das Geben und Zeigen entwickeln sie in der gleichen Zeit ein erstes Sprachverständnis und mit etwa 15 Monaten beginnen sie, bestimmte Wörter spontan zu repetieren; anfangs sind es vor allem Lautmalereien wie "gaga" oder

"nina-nana", dann auch Namen und zwischen 18-24 Monaten eigentlich alle Arten von Inhaltswörtern. Für die Entwicklung des Sprachverständnisses hat diese direkte sprachliche Repetition eine grosse Bedeutung. In der ersten Hälfte des zweiten Lebensjahres kann das Kind noch keine Vorstellungen aufbauen, d.h. es kann die Sprache nur verstehen, wenn es entsprechend handelt. Nun ist auch das Sprechen eine Handlung, d.h. das Kind gibt dem Wort Bedeutung, indem es dieses repetiert. Gerade beim Bilderbuch-Schauen wird sehr deutlich, dass die Bilder eigentlich erst dann lebendig werden, wenn es die Namen selbst ausspricht. Auch noch nach dem Alter von 18 Monaten kann man beobachten, dass das Kind neue, unbekannte Wörter direkt repetiert, als ob es erst so deren Bedeutung richtig erfassen könnte. Aus kommunikativer Sicht beinhaltet die direkte sprachliche Nachahmung eigentlich immer die Frage: hast du es so gesagt? habe ich dich richtig verstanden? Die direkte Repetition stellt damit eine der frühesten Formen der sprachlichen Kommunikation dar.

### Handlungsbegleitende Aeusserungen    ab 15-18 Mten

In der Entwicklungphase des Funktionsspiels zwischen 12-18 Monaten äussert das Kind die ersten Wörter. Das besondere Merkmal dieser Wörter besteht darin, dass sie fest mit dem Gegenstand oder der Handlung, welche sie bezeichnen, verknüpft sind. Es sagt bspw. "mämäm", wenn es die Flasche sieht oder der Puppe den Löffel reicht, aber es kann noch nicht "mämäm" sagen, um auszudrücken, dass es Hunger hat. Aus kommunikativer Sicht sind diese Wörter deshalb noch nicht wirklich an den Erwachsenen gerichtet; ihr Sinn besteht darin, den Gegenstand bzw. die Handlung in den Vordergrund zu bringen, sie zu erfassen. Dennoch hat es eine grosse Wichtigkeit, dass die Erwachsenen diese Aeusserungen so behandeln, als ob es sich um Aufforderungen oder um Fragen handelte und entsprechend antworten; bspw. indem sie auf die Aeusserung "mämäm" sagen: "ja, jetzt kannst du gleich trinken" oder "ja, die Puppe isst jetzt".

### Absichten und Gefühle sprachlich ausdrücken    ab 18-24 Mten

Mitte des zweiten Lebensjahres entdeckt das Kind, dass seine Wörter auch verstanden werden, und gleichzeitig erlebt es sich als kleine Person mit eigenen Bedürfnissen. So beginnt es zwischen 18-24 Monaten, die Wörter direkt an den Anderen zu richten und ihm so seine Absichten und Gefühle mitzuteilen.

### Ereignisse und Situationen beschreiben    ab 24-30 Mten

Während sich die Prozesse bis zur Entdeckung der Sprache ganz auf die kognitiv-symbolische und sozial-kommunikative Entwicklung abstützen, bekommt die Sprache ab dem dritten Lebensjahr ihrerseits eine grosse Bedeutung für die weitere kognitive und soziale Entwicklung. Das Kind gebraucht sie jetzt häufig, um Situationen und Ereignisse zu beschreiben und dadurch in seiner Welt Ordnung, Klarheit und Sicherheit zu schaffen; es führt bspw. die absurde Handlung des Kämmens mit der Schere aus, macht gleich anschliessend einen Schnitt und sagt dann ganz für sich selbst "schneiden", als ob es dadurch noch deutlicher würde, dass die Schere zum Schneiden bestimmt ist.

### Fragen stellen    ab 24-30 Mten

Ab dem dritten Lebensjahr eröffnet sich dem Kind eine Welt, welche nicht mehr auf das Hier und Jetzt beschränkt ist. Es ist jetzt eine selbständige Person und beginnt, seine eigenen Fähigkeiten einzuschätzen und von denjenigen Anderer zu unterscheiden. Es entdeckt die Möglichkeit, die Welt durch das Sprachverständnis auszudehnen und über die Sprachproduktion zu erobern. Alle diese neuen Errungenschaften finden anfangs des dritten Lebensjahres im Fragen ihren Ausdruck. Mit den Was-ist-das?-Fragen versucht es seine Kenntnisse über die Sprache zu erweitern und immer auch zu bestätigen. Mit den Wo?-Fragen zeigt es den Erwachsenen, dass sie ihm jetzt etwas von der Welt ausserhalb von Haus und Familie erzählen können. Mit den Warum?-Fragen bedeutet es, dass es mehr über die Beziehungen zwischen Personen, Dingen und Ereignissen erfahren möchte.

### Informationen geben                                   ab 30-36 Mten

Durch seine spontanen Aeusserungen im dritten Lebensjahr zeigt das Kind den Erwachsenen, dass es sich nun auch für Ereignisse aus der Vergangenheit und unmittelbaren Zukunft sowie für abwesende Personen und Dinge interessiert; so fragt es plötzlich "wo Omama?" oder es sagt, es wolle zur Grossmutter fahren. Der Erwachsene beginnt deshalb, ebenfalls nicht-situationale Fragen zu stellen und erkundigt sich zum Beispiel, was es bei der Grossmutter gemacht hat, oder wo es mit ihr gewesen ist. Das Kind erfährt so, dass es Ereignisse gibt, über welche die Anderen nicht Bescheid wissen, und ab Mitte des dritten Lebensjahres beginnt es spontan, ihnen davon zu erzählen, Informationen zu geben. Noch mit fünf bis sechs Jahren fällt es ihm jedoch schwer, genau einzuschätzen, welche Kenntnisse eine fremde Person von seiner Welt haben kann, d.h. welche Informationen es ihr vermitteln muss, damit sie seine Geschichte verstehen kann.

### Gespräch führen                                       ab 36-42 Mten

Das Gespräch hat Aehnlichkeit mit dem Austauschen von Gegenständen, nur werden hier statt der Dinge Wörter hin- und hergeschoben. Im dritten Lebensjahr verläuft die sprachliche Kommunikation noch meist wie ein einmaliges Geben und Nehmen: das Kind stellt eine Frage und erwartet eine Antwort, oder es antwortet umgekehrt auf eine Frage. Erst anfangs des vierten Lebensjahres wird es möglich, eine Antwort zu geben, daran gleich eine Frage anzuknüpfen und das Wort so im eigentlichen Sinne dem Anderen zurückzugeben, also ein Gespräch zu führen.

Die Fachzeitschrift des Heilpädagogen

# VHN
# Vierteljahresschrift für Heilpädagogik und ihre Nachbargebiete

herausgegeben im Heilpädagogischen Institut
der Universität Freiburg/Schweiz

## Die vielseitige und führende Fachzeitschrift mit Beiträgen zur schulischen und ausserschulischen Heilpädagogik

## Jahresabonnement

Schweiz SFr. 42.– / 23.– (Studentenpreis; mit Ausweis)
Deutschland DM 52.– / 31.–
Österreich öS 370.– / 230.–
übriges Ausland SFr. 46.– / 28.–

**Verlangen Sie eine Probenummer!**

Bestellung an:

Heilpädagogisches Institut der Universität Freiburg
Petrus-Kanisius-Gasse 21
CH-1700 Freiburg

# Beiträge zur Heil- und Sonderpädagogik

Urs Haeberlin
**Allgemeine Heilpädagogik**
92 Seiten. kartoniert, 4. Auflage, 1996. Fr. 16.50 / DM 19.50 / öS 152.– (Beiheft 1 zur VHN)

Urs Haeberlin
**Das Menschenbild für die Heilpädagogik**
102 Seiten, kartoniert, 3. Auflage, 1994. Fr. 16.50 / DM 19.50 / öS 152.– (Beiheft 2 zur VHN)

Urs Haeberlin / Christine Amrein (Hrsg.)
**Forschung und Lehre für die sonderpädagogische Praxis**
**Wie schlagen wir in der Ausbildung die Brücke?**
309 Seiten, kartoniert, 1987. Fr. 33.– / DM 39.– / öS 304.– (Heft 2 / 87 der VHN)

Walter Spiess / Hans-Joachim Motsch
**Heilpädagogische Handlungsfelder 1:**
**Umgang mit Verhaltensauffälligen / Arbeiten mit Sprachbehinderten**
128 Seiten, kartoniert, 1986. Fr. 16.50 / DM 19.50 / öS 152.– (Beiheft 3 zur VHN)

Albin Niedermann / Markus Müller / Réne Simmen
**Die TARC-Methode – Ein Hilfsmittel der heilpädagogischen Diagnostik**
36 Seiten inkl. Beurteilungsbogen, kartoniert. 1987. Fr. 19.– / DM 23.– / öS 180.–
(Beiheft 4 zur VHN)

Barbara Zollinger
**Spracherwerbsstörungen**
**Grundlagen zur Früherfassung und Frühtherapie**
158 Seiten, kartoniert, 4. Auflage, 1994. Fr. 28.– / DM 34.– / öS 265.– (Beiheft 5 zur VHN)

René Simmen
**Heimerziehung im Aufbruch**
**Alternativen zu Bürokratie und Spezialisierung im Heim**
174 Seiten, kartoniert, 3. Auflage, 1993. Fr. 24.– / DM 27.– / öS 211.– (Beiheft 7 zur VHN)

Urs Haeberlin / Urs Moser / Gérard Bless / Richard Klaghofer
**Integration in die Schulklasse**
**Fragebogen zur Erfassung von Dimensionen der Integration**
**von Schülern FDI 4 – 6**
53 Seiten, kartoniert, 1989. Fr. 19.– / DM 23.– / öS 180.– (Beiheft 8 zur VHN)

**Verlag Paul Haupt Bern · Stuttgart · Wien**

# Beiträge zur Heil- und Sonderpädagogik

Urs Haeberlin / Gérard Bless / Urs Moser / Richard Klaghofer
**Die Integration von Lernbehinderten**
**Versuche, Theorien, Forschungen, Enttäuschungen, Hoffnungen**
368 Seiten, kartoniert, 2. Auflage, 1991. Fr. 25.– / DM 29.– / öS 226.– (Beiheft 9 zur VHN)

Irène Baeriswyl-Rouiller
**Die Situation autistischer Menschen – Ergebnisse einer Untersuchung der Schweizerischen Informations- und Dokumentationsstelle für Autismusfragen**
145 Seiten, 39 Tabellen, kartoniert, 1991. Fr. 19.– / DM 23.– / öS 180.– (Beiheft 10 zur VHN)

Walter Spiess (Hrsg.)
**Gruppen- und Teamsupervision in der Heilpädagogik**
**Konzepte, Erfahrungen**
131 Seiten, kartoniert, 1991. Fr. 19.– / DM 23.– / öS 180.– (Beiheft 11 zur VHN)

Martin Sassenroth
**Schriftspracherwerb – Entwicklungsverlauf, Diagnostik und Förderung**
205 Seiten, 52 Abbildungen, kartoniert, 2. Auflage, 1995. Fr. 23.– / DM 27.– / öS 211.–
(Beiheft 12 zur VHN)

Urs Haeberlin / Elisabeth Jenny-Fuchs / Elisabeth Moser Opitz
**Zusammenarbeit – Wie Lehrpersonen Kooperation zwischen Regel- und Sonderpädagogik in integrativen Kindergärten und Schulklassen erfahren**
172 Seiten, kartoniert, 1992. Fr. 23.– / DM 27.– / öS 211.– (Beiheft 13 zur VHN)

Urs Haeberlin / Freiburger Projektgruppe (Hrsg.)
**Heilpädagogische Begleitung in Kindergarten und Regelschule –**
**Dokumentation eines Pilotprojektes zur Integration**
208 Seiten, kartoniert, 1993. Fr. 24.– / DM 27.– / öS 211.– (Beiheft 14 zur VHN)

Martin Stahlmann
**Die berufliche Sozialisation in der Heimerziehung – Erziehende im Spannungsfeld von Grenzsituationen, Leitbildern und Berufsbiographie**
213 Seiten, kartoniert, 1993. Fr. 24.– / DM 27.– / öS 211.– (Beiheft 15 zur VHN)

## Verlag Paul Haupt Bern · Stuttgart · Wien

# Die CD zum Buch

### Zum Inhalt

Die CD-ROM erscheint parallel zum gleichnamigen Buch von Barbara Zollinger und zeigt in über 160 Videosequenzen die kleinen und grossen Schritte der frühkindlichen Entwicklung, die im 2. und 3. Lebensjahr zur Entdeckung der Sprache führen.
Der Veröffentlichung liegt eine wissenschaftliche Datenbank zugrunde, die entwickelt wurde, um Videoaufnahmen von verschiedenen Kindern in ähnlichen Spielsituationen miteinander vergleichen und beschreiben zu können: Zusammengestellt zu kleinen Filmen und dem Beobachtungsmodell der Autorin folgend geben sie einen faszinierenden Einblick in die Entwicklung der praktisch-gnostischen, symbolischen, sozial-kommunikativen und sprachlichen Fähigkeiten.
Zu allen Videoaufnahmen wie auch zum Beobachtungsmodell gibt es kleine Texte, welche die Szenen kommentieren und den theoretischen Hintergrund beschreiben.
Durch diese Kombination von Bild und Text eröffnet sich ein neuer Zugang zur praktischen und wissenschaftlichen Arbeit im Bereich der frühkindlichen Entwicklung und ihrer Störungen.

### Zur Bildverarbeitung

Die Videosequenzen sind mit 12.5 Bildern pro Sekunde, 240 mal 180 Bildpunkten und in 256 Graustufen auf einem Quadra 840 AV digitalisiert, dann in Kontrast und Helligkeit nachbearbeitet und anschliessend mit einem neu entwickelten Verfahren ohne sichtbaren Qualitätsverlust komprimiert worden. In Verbindung mit einem Double-Speed CD-ROM-Laufwerk von Apple können sie praktisch auf jedem Macintosh flüssig und synchron wiedergegeben werden.

### Systemvoraussetzungen

– Ein Macintosh mit 4 MB RAM unter System 6.07 oder höher (ab LC)
– Ein Double-Speed CD-ROM-Laufwerk von Apple (CD 300) (*)
– Ein Monitor, auf dem 256 Graustufen dargestellt werden können.

(*) In Verbindung mit einem anderen Laufwerk wird ein 68040 Prozessor empfohlen. In jedem Fall aber muss das Laufwerk mind. 300 KB/sec lesen können.

**CD**
Fr. 44.– / DM 49.– / öS 382.–    ISBN 3-258-04933-5

**Buch und CD**
Fr. 67.– / DM 75.– / öS 585.–    ISBN 3-258-04949-1